개발자를 위한
인덱스 생성과 SQL작성 노하우

개발자를 위한 인덱스 생성과 SQL 작성 노하우

초판 1쇄 발행 2018년 6월 15일
초판 2쇄 발행 2023년 11월 6일

지은이 이병국
감수 김기창
펴낸이 박세영

편집 도희주, 김혜영
디자인 page9
등록 2010-000016호

펴낸곳 글봄크리에이티브
서울시 관악구 신림로29길 3-20, 402호
전화 02-507-2340, 팩스 02-507-2350
www.mustree.com / friend@mustree.com

Published by Geulbom Creative, Co. Printed in Korea
© 이병국·글봄크리에이티브, 2018
이 책의 저작권은 이병국과 글봄크리에이티브에 있습니다.
저작권법에 의해 보호를 받는 저작물이므로 무단 복제 및 무단 전재를 금합니다.

이 책에 대한 의견이나 오탈자, 잘못된 내용에 대한 정보는 팩스나 이메일로 보내주십시오.
잘못된 책은 구입하신 서점에서 교환해 드립니다.

ISBN 979-89-965600-8-1 93000

CIP 제어번호
이 도서의 국립중앙도서관 출판예정도서목록(CIP)은 서지정보유통지원시스템 홈페이지(http://seoji.nl.go.kr)와
국가자료공동목록시스템(http:// www.nl.go.kr/kolisnet)에서 이용하실 수 있습니다.
(CIP제어번호: 2018015397)

개발자를 위한
인덱스 생성과
SQL작성
노하우

이병국 지음 | 김기창 감수

글봄

목차

서문 · '쉬운 것이 바른 것' · 12

이 책의 특징과 구성 · 14

KEY WORD PCTFREE, PCTUSED

물탱크 구조와 오라클의 블록 옵션 비교하기 · 16
약방의 감초: PCTFREE와 PCTUSED 블록 옵션 · 16
PCTFREE 10%와 PCTUSED 40% 설정값 바꿔본 사람 있나요? · 19
둘의 합이 100에 가까워서는 안 된다 · 20
맥가이버 병사의 순발력이 문제를 해결하다 · 20
고정관념에서 벗어나기를 바라며 · 22
◆ 원리를 이해하고 논리로 풀어가는 쉬어가는 **스토리 DB 문제 ❶** · 23

KEY WORD 인덱스

이산가족 찾기로 배우는 DB의 분류 원리 · 24
KBS 이산가족 찾기 생방송 · 24 | 대형 할인매장의 전략 · 25
'도둑은 분류를 좋아한다' · 27 | 개미 세계의 분류 · 28
◆ 원리를 이해하고 논리로 풀어가는 쉬어가는 **스토리 DB 문제 ❷** · 30

KEY WORD 인덱스

인덱스는 분류, 물리적 분류와 논리적 분류 · 31
물리적 분류에서 논리적 분류로 · 32 | 거실의 책장 분류 · 32
라디오 방송국의 음반 분류 · 34 | 분류 대상과 분류 정보의 분리 · 35
물리적 분류와 논리적 분류 · 37 | 인덱스는 논리적 분류 · 37
지식은 그것을 필요로 하는 사람의 몫 · 38
◆ 원리를 이해하고 논리로 풀어가는 쉬어가는 **스토리 DB 문제 ❸** · 40

KEY WORD 인덱스

스토리 04 인덱스에 대한 오해와 진실 · 41
결혼인가, 화혼인가! · 41 | 결합인덱스의 컬럼 순서 결정방법 · 42
추천하는 결합인덱스의 컬럼 순서 · 46
◆ 원리를 이해하고 논리로 풀어가는 쉬어가는 **스토리 DB 문제 ❹** · 47

KEY WORD 인덱스

스토리 05 쉬운 것이 바른 것! 인덱스 컬럼 선정 기준 · 48
바른 것이 쉽다 · 49 | 성능 제고를 위해 우선 고려할 것, 인덱스 · 50
인덱스 대상 후보컬럼 선정 기준 · 51 | 분포도가 좋은 컬럼인가? · 52
인덱스보다 풀스캔이 유리할 때 · 52 | 논리적 분포도로 판단할 때의 위험 · 53
특별한 물고기 · 54 | ORDER BY 절 컬럼도 인덱스 후보일 수 있다 · 60
◆ 원리를 이해하고 논리로 풀어가는 쉬어가는 **스토리 DB 문제 ❺** · 61

KEY WORD 인덱스

스토리 06 분류 본능을 활용하라 '인덱스 끝장리뷰' · 62
인덱스 수는 적정해야 한다 · 62
인덱스는 위치정보와 순서정보로 구성됐다 · 65
조건절에 사용하는 인덱스와 조인절에 사용하는 인덱스 · 67
인덱스 생성/삭제 시 고려사항 · 68 | 결합인덱스의 컬럼 순서 결정방법 · 69
◆ 원리를 이해하고 논리로 풀어가는 쉬어가는 **스토리 DB 문제 ❻** · 71

KEY WORD 인덱스

스토리 07 누구도 알려주지 않았던 '오라클 인덱스 생성도'의 비밀 · 72
어머니의 심부름: 두부가게와 쌀가게 · 72 | 오라클의 RBO 방식과 CBO 방식 · 75
인덱스 생성도의 기본 규칙 · 77 | 인덱스 생성도에 대한 이해 · 79
◆ 원리를 이해하고 논리로 풀어가는 쉬어가는 **스토리 DB 문제 ❼** · 88

KEY WORD 쿼리

스토리 08 누구도 알려주지 않았던 SQL 작성의 규칙과 방법 · 89
공정무역과 공정여행, 공정쿼리 · 89 | 공정쿼리 · 91
나막사 주부의 심부름 메모지 · 92 | 나계획 주부의 심부름 메모지 · 93
공정쿼리, 반드시 이렇게 작성하라! · 96
◆ 원리를 이해하고 논리로 풀어가는 쉬어가는 **스토리 DB 문제 ❽** · 102

KEY WORD 쿼리

쿼리 최적화와 튜닝을 한 번에! 공정쿼리 작성법 • 103
배낭여행 스마트앱 만들기 • 103 | 오라클 CBO 방식과 통계정보 • 106
테이블 접근 순서 규칙 1: 진입형 테이블을 결정하라(사원테이블 선택 접근 시) • 106
테이블 접근 순서 규칙 2: OUTER JOIN보다 INNER JOIN을 우선하라 • 107
테이블 접근 순서 규칙 3: 연결 확장형보다는 연결 축소형 테이블을 우선하라 • 108
인덱스 생성도와 공정쿼리 재작성하기 • 109
◆ 원리를 이해하고 논리로 풀어가는 쉬어가는 **스토리 DB 문제 ⑨** • 111

KEY WORD 쿼리

만능 쿼리와 한방 쿼리, DB는 집합적 사고로 접근해야 • 112
나쁜 사람이 세상을 발전시킨다? • 112 | 심각한 만능 쿼리 • 113
핵심 조건절의 수만큼 쿼리를 분리해야 • 115 | 한방 쿼리에 대한 이해 • 116
◆ 원리를 이해하고 논리로 풀어가는 쉬어가는 **스토리 DB 문제 ⑩** • 118

KEY WORD 튜닝, 옵티마이저

오라클 옵티마이저, CBO와 RBO 이해하기 • 119
어머니의 심부름: 두부가게와 쌀가게 • 119 | CBO 방식과 RBO 방식 • 120
CBO 방식: 옵티마이저와 통계정보, 실행계획 • 122
◆ 원리를 이해하고 논리로 풀어가는 쉬어가는 **스토리 DB 문제 ⑪** • 125

KEY WORD 쿼리, 쉬어가는 이야기

재미있는 DB 이야기 '60 갑자와 쿼리' • 126
10천간과 12지지 • 127 | 60갑자에서 규칙 찾기 • 129
10천간과 12지지 그리고 오라클 쿼리 • 132
◆ 원리를 이해하고 논리로 풀어가는 쉬어가는 **스토리 DB 문제 ⑫** • 134

KEY WORD 조인

그림으로 풀어보는 오라클의 조인 방식 • 135
택시 같은 Nested Loop Join • 136 | 짝꿍 정해주기와 같은 Sort Merge Join • 137
성씨 구역처럼 구분하는 Hash Join • 139 | 오라클 조인 방식의 특징 비교 • 141
조인 방식과 조인 순서 결정하기 • 141
◆ 원리를 이해하고 논리로 풀어가는 쉬어가는 **스토리 DB 문제 ⑬** • 143

KEY WORD 실행계획

쿼리를 작성한 후에는 실행계획을 확인하라 · 143
실행계획을 알고 있어야 하는 이유 · 143 | 실행계획을 늘 확인하자 · 144
오라클 옵티마이저의 실행계획과 개발자의 실행계획 · 153 | 바인드 변수와 하드 파싱 · 156
◆ 원리를 이해하고 논리로 풀어가는 쉬어가는 **스토리 DB 문제 ⓮** · 157

KEY WORD 튜닝, 힌트절

놓치면 후회할 오라클 힌트절 7가지 · 158
힌트절로 옵티마이저의 실수 차단 · 158
접근 방법을 결정하는 힌트절: USE_NL과 USE_HASH · 164
자원 사용을 결정하는 힌트절: INDEX, FULL, PARALLEL · 168
배치 튜닝의 마법사 같은 힌트절 삼총사: USE_HASH, FULL, PARALLEL · 170
◆ 원리를 이해하고 논리로 풀어가는 쉬어가는 **스토리 DB 문제 ⓯** · 172

KEY WORD NULL

개발자들의 영원한 숙제 NULL 이야기 · 173
이길 수 있을 때 공격하라 · 173 | 쉬우면서 어려운 존재, NULL · 174
개발자를 힘들게 하는 NULL · 183 | NULL 회피 전략 · 184
◆ 원리를 이해하고 논리로 풀어가는 쉬어가는 **스토리 DB 문제 ⓰** · 185

KEY WORD 튜닝, 힌트절

개발자를 위한 유용한 선물, GATHER_PLAN_STATISTICS 힌트절 · 186
호미, 무시할 수 없는 그 존재감 · 186
GATHER_PLAN_STATISTICS, 무시할 수 없는 엄청난 존재감 · 187
튜닝을 위한 최고의 힌트절 · 194
◆ 원리를 이해하고 논리로 풀어가는 쉬어가는 **스토리 DB 문제 ⓱** · 196

KEY WORD 튜닝

놓치기 아까운 오라클의 유용한 기능들 · 197
COMMIT 이전의 상태로 되돌리는 기능 FLASHBACK · 198
오라클에서 스케줄 작업 사용법 · 200
SAMPLE 혹은 SAMPLE BLOCK을 이용한 SAMPLE SCAN · 202
종을 횡으로 구현하는 함수 WM_CONCAT · 203
횡을 종으로 구현하는 함수 REGEXP_SUBSTR · 204
◆ 원리를 이해하고 논리로 풀어가는 쉬어가는 **스토리 DB 문제 ⓲** · 206

KEY WORD DICTIONARY

오라클 딕셔너리 기반의 DB 툴 프로그램 'FreeSQL' • 208
씨줄과 날줄 • 208 | 오라클 딕셔너리 • 209
오라클 딕셔너리를 이용한 DB 툴 개발 • 212
새로운 DB 프로그램 개발의 주인공은 바로 나 • 215
◆ 원리를 이해하고 논리로 풀어가는 쉬어가는 **스토리 DB 문제 ⑲** • 216

KEY WORD DICTIONARY, 쉬어가는 이야기

이제는 말할 수 있다, 주식 자동매매 프로그램(상) • 218
프로그래머의 길에서 벗어나다 • 218
IMF! 구조조정! 주식! 새로운 길을 찾다 • 219
주식 자동매매 프로그램을 개발하다 • 220

KEY WORD DICTIONARY, 쉬어가는 이야기

이제는 말할 수 있다, 주식 자동매매 프로그램(하) • 225
공시·뉴스 수집 프로그램 • 225 | 공시·뉴스 분석 프로그램 • 229
주식 자동매매 프로그램 • 232 | 테이블 구성에 대한 이해 • 234
API를 알면 보이는 것들 • 236

KEY WORD 에러 메시지

개발자들이 자주 접하는 오라클 에러 메시지 • 238
김기사와 빅데이터 • 238 | '조선시대에도 빅데이터가 있었다' • 239
오라클 에러 메시지 톱10 • 240 | 오라클 에러 메시지를 마무리하며 • 245
◆ 원리를 이해하고 논리로 풀어가는 쉬어가는 **스토리 DB 문제 ㉒** • 246

KEY WORD 함수, 쉬어가는 이야기

사라진 날짜를 찾아라, 오라클에서 달력 다루기 • 247
곶감 만들기에 도전하다 • 247 | 동양과 서양의 달력 • 248
사라진 날짜를 찾아라 • 249 | 그레고리력과 오라클 DB • 250
그레고리력 규칙을 이용해 요일 구하기 • 253
달력 팝업 창 쿼리 만들기 • 256 | 스토리를 마무리하며 • 257
◆ 원리를 이해하고 논리로 풀어가는 쉬어가는 **스토리 DB 문제 ㉓** • 258

KEY WORD 랜덤 함수

오라클 랜덤 함수와 사용자 정의 함수 • 259
오라클 랜덤 패키지 DBMS_RANDOM • 260
문자열을 역순으로 리턴하는 REVERSE 함수 • 262
사용자 정의 함수를 만들어 쓰기 • 263 | 사용자 정의 함수 ISNUMERIC • 263
◆ 원리를 이해하고 논리로 풀어가는 쉬어가는 **스토리 DB 문제 ㉔** • 265

KEY WORD 공정쿼리

그림으로 배우는 '공정쿼리와 인덱스 생성도' • 266
오라클 CBO 방식과 통계정보 • 266 | 장바구니 = 무엇을 + 어떻게 • 269
공정쿼리 = 무엇을 + 어떻게 • 271 | 인덱스 생성도에 대한 이해 • 277
◆ 원리를 이해하고 논리로 풀어가는 쉬어가는 **스토리 DB 문제 ㉕** • 279

KEY WORD 오라클 파라미터

디폴트 세팅의 함정과 오라클 파라미터 • 280
디폴트 세팅의 영향 • 280 | 디폴트 세팅의 함정 • 281
'사용자 설정은 의지의 설정' • 282 | 오라클 파라미터의 이해 • 283
오라클의 주요 파라미터 • 286 | 무모한 도전과 경험 사이에서 • 287
◆ 원리를 이해하고 논리로 풀어가는 쉬어가는 **스토리 DB 문제 ㉖** • 289

KEY WORD 쿼리, 쉬어가는 이야기

재미있는 DB 이야기, SQL로 구현하는 마방진 • 290
마방진은 현재 진행형 • 290 | 3차 마방진 • 29
4차 마방진 • 295 | 4차 슈퍼 마방진 • 297
3차 입체 마방진 • 299 | 기타 각종 마방진 • 299
◆ 원리를 이해하고 논리로 풀어가는 쉬어가는 **스토리 DB 문제 ㉗** • 301

KEY WORD 블록

오라클 운반 최소 단위, 블록 • 302
오라클 블록에 대한 이해 • 304
오라클 블록의 크기와 OLTP & OLAP • 306
오라클 블록과 Row Chaining & Row Migration • 307
오라클 블록과 성능의 연관성 • 308
◆ 원리를 이해하고 논리로 풀어가는 쉬어가는 **스토리 DB 문제 ㉘** • 309

KEY WORD 인공지능, 쉬어가는 이야기

데이터가 촉발한 인공지능과 그 새로운 도전 • 310
컴퓨터와 인간의 대결? • 311
구글의 인공지능 알파고 • 314 | 인공지능·머신러닝·딥러닝 • 315
머신러닝 • 316 | 딥러닝 • 319

KEY WORD 쉬어가는 이야기

DB 엔지니어의 계산 방식과 기계의 계산 방식 • 320
'옥뮤다' 택배 실종사건 • 320
두 번째 버스를 타자 • 322
인간의 계산 방식 vs. 기계의 계산 방식 • 325

KEY WORD 튜닝, 페이징

페이징 처리에 대한 이해 • 327
프로그램 페이징 처리와 서버 페이징 처리 • 327
전체 범위 페이징 처리와 부분 범위 페이징 처리 • 329
MySQL의 LIMIT와 오라클의 ROW_NUMBER • 332
최고의 페이징 처리와 최적의 페이징 처리 • 332

KEY WORD 튜닝, 쿼리

보기 좋은 떡이 먹기도 좋다, 좋은 쿼리 좋은 성능 • 334
무질서와 질서 • 334
옵티마이저가 동일한 쿼리로 인식하도록 작성 • 336
표현 방식이 다르면 다른 SQL 문으로 인식 • 337

KEY WORD 튜닝, 테이블 분할

성능 개선을 위한 테이블 수직분할과 수평분할 • 339
테이블 분할을 알아야 하는 이유 • 340
I/O 성능 개선을 위한 수직분할 • 341
처리 성능 개선을 위한 수평분할 • 341
수직분할과 수평분할의 결정 기준 • 343

KEY WORD 튜닝, 채번

성능 제고를 위한 채번 이해와 방식별 장단점 비교 • 344
채번에 대한 이해 • 344
채번 테이블을 이용하는 방식 • 345
테이블에서 최댓값을 이용하는 방식 • 347
시퀀스를 이용하는 방식 • 347
채번 방식에 대한 장단점 비교 • 348

KEY WORD 튜닝

개발자를 위한 튜닝실전 1편: 생명체처럼 다뤄라 • 349
인덱스, 필요한 데이터를 빨리 찾기 • 350
GROUOP BY 절 사용과 성능 이슈 • 351

KEY WORD 튜닝

개발자를 위한 튜닝실전 2편: 줄이고 또 줄여라 • 356
줄이고 줄이고 또 줄이자 • 357
홍길동을 찾아라 • 358

KEY WORD 튜닝

개발자를 위한 튜닝실전 3편: 인덱스를 사용하지 않을 때 대처법 • 361
인덱스를 사용하지 않는 경우 1: 컬럼 변형 시 • 361
인덱스를 사용하지 않는 경우 2: 타입 변형 시 • 363
인덱스를 사용하지 않는 경우 3: NULL 사용 시 • 364
인덱스를 사용하지 않는 경우 4: 부정형 사용 시 • 364
인덱스를 사용하지 않는 경우 5: LIKE 사용 시 • 365
인덱스를 사용하지 않는 경우 6: 인덱스 경합 발생 시 • 365
인덱스를 회피하는 방법 • 366

스토리 DB 문제 풀이와 정답 • 367

찾아보기 • 400

서문

'쉬운 것이 바른 것'

동아제약 전산실에서 소프트웨어 개발 업무를 그만두고 프리랜서 개발자로 활동하던 중 데이터베이스(DB)와 인연을 맺게 됐습니다. 이후 삼성생명 전산 운영팀에서 쿼리 성능을 개선하는 DB 튜닝과 IOA(Input-Output Analysis) 업무를 담당하다가 2014년 여름, 우연한 기회에 한국데이터진흥원의 DBGuide.net에 DB와 관련된 연재를 시작했습니다.

3년간 '개발자를 위한 오라클 DB 이야기'란 주제로 DB 및 SQL 경험과 지식을 독자들과 즐겁게 나눴습니다. 지금은 공공데이터를 활용한 부동산 정보 제공업을 시작하기 위해 새로운 출발점에 서 있습니다.

성공과 실패의 경험을 나누자, 용기와 희망을 나누자

'정보의 불균형이 시장 왜곡을 가져온다'는 레몬시장이론은 중고차 거래에서 흔히 볼 수 있습니다. 좋은 차와 나쁜 차를 아는 중개인과 모르는 구매자 사이에는 정보의 비대칭이 존재해, 구매자가 손해를 보기 쉽습니다.

구매자도 차에 대해 기본적인 지식을 알고 있어야 정보의 균형이 이뤄져 서로 손해를 보지 않고 만족할 만한 거래를 할 수 있습니다. 마찬가지로 개발자들도 DB의 기본 지식을 습득해 정보의 균형을 맞추면, DBA(DataBase Administrator)·튜너·모델러·DA(Data Architect) 등 데이터 전문가들과 협업이 더 쉬워지고 한 단계 더 성장한 자신의 모습을 발견할 수 있을 것입니다.

개발자 출신의 DBA로 활동하면서 개발자에게 DB 관련 지식이 꼭 필요함을 절감했습니다. 10년 가까이 DB 엔지니어로서 활동하면서 얻은 경험과 지식을 개발자 입장에서 나누고자 합니다. DB를 자주 접하는 소프트웨어 개발자뿐 아니라, DB 및 데이터 전문가를 꿈꾸는 대학생부터 이 분야에 입문한 지 1~2년 된 기입문자가 쉽게 이해할 수 있도록 이야기로 쉽게 접근했습니다.

선물하는 마음으로 구성했습니다

지금 개발자들에게 필요한 것은 원리를 넘어선 DB 성능을 높이는 노하우와 인덱스 등 늘 헷갈리는 개념을 분명하게 이해하는 것이 아닐까 합니다. 본문에 소개했지만 '쉬운 것이 바르다'를 염두에 두고 엮었습니다.

누구나 공감할 만한 이야기를 곁들여 기술 원리를 소개한 다음, 실무 적용방법을 소개하고 글 뒤에는 직접 풀어볼 수 있는 문제로 재미있게 공부할 수 있도록 했습니다. 제시한 문제가 어렵다면, 그냥 넘어가도 됩니다. 이 책은 DB 전문가 수준의 이해를 요구하지 않습니다. 하지만 끝까지 읽은 독자라면, 준전문가 수준의 DB 원리를 체득하게 될 것입니다.

개발자에게도 데이터 분야는 점점 더 중요해지고 있습니다. 이에 따라 SQLP(SQL Professional)나 DAP(Data Architecture Professional) 등 데이터 전문가 자격증을 준비하는 개발자가 늘어나고 있습니다. 개발자·데이터 분석가·DB 전문가 모두에게 꼭 필요한 것은 SQL 활용력입니다. 이 책이 SQL을 활용하거나 공부하면서 이해하기 어려웠던 내용을 스스로 해결하는 좋은 길잡이자 새로운 세계로 나아가는 좋은 선물이 되기를 기원합니다.

2018년 5월 7일

이병국

이 책의 특징과 구성

― 원하는 주제를 빨리 찾아갈 수 있도록 키워드를 제시했습니다. 이 책은 일반적인 DB 관련 책의 목차와 다르게 구성됐습니다. 인덱스나 쿼리 등 특정 주제를 찾을 때 이 키워드를 참고하시면 도움이 됩니다.

① (KEY WORD) 인덱스

인덱스는 분류
물리적 분류와 논리적 분류

② 개발자에게 중요한 것은 인덱스의 목적이나 기능이 아니다. 개발자는 인덱스를 어떻게 잘 만들 것인지를 고민하는 사람들이다. 개발자로서 10여 년의 시간이 지난 후, '인덱스는 분류'라는 것을 터득했을 때에 비로소 인덱스를 잘 만들고 잘 분류할 수 있게 됐다.

지금까지 개발 및 DB 분야 일을 두루 경험하면서 인덱스의 중요함을 뼈저리게 느꼈다. 필자는 개발자 초년생이었을 때, 인터넷을 검색해 가면서 인덱스를 공부하거나 DB 관련 책을 보면서 공부했다. 하지만 인덱스에 대해 잘 알지도 못했고, 인덱스를 잘 만들지도 못했다. 10여 년의 시간이 지난 후 '인덱스는 분류'라는 것을 터득했을 때에 비로소 인덱스를 잘 만들게 됐다. 그리고 잘 분류할 수 있게 됐다. 그때부터 인덱스에 대한 어려움은 없었다. 이것을 터득하기까지 10년이라는 먼 길을 돌아왔다.

'인덱스는 논리적 분류'라는 것을 인식하고 접근한다면, 이해가 빠르고 좋은 인덱스, 최적의 인덱스를 만들 수 있을 것이다. 인덱스를 만들 때 인덱스와 분류를 연관시켜 생각하기 바란다. 그때 비로소 인덱스는 편안하게 여러분을 찾아갈 것이다.

이전 스토리에서 소개한 분류의 특징을 요약하면 다음과 같다.

― 지루하지 않도록 37개의 스토리로 구성해 소개문과 함께 제시했습니다.

온라인 쿼리 튜닝, 한 번에 끝내자! '인덱스 생성도'라는 그림으로 DB 성능의 핵심 요소인 인덱스를 새로운 관점에서 소개합니다. 인덱스 생성도를 적용하면, 아무리 복잡한 쿼리라도 인덱스 생성 포인트를 정확히 집어낼 수 있습니다.

③

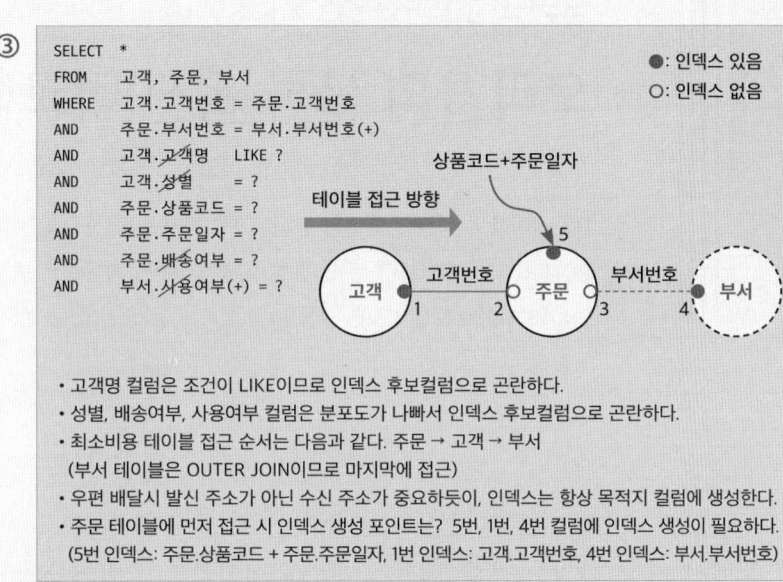

그림 8-7 나신입 사원이 작성한 쿼리와 인덱스 생성도

④

원리를 이해하고 논리로 풀어가는 쉬어가는
스토리 DB 문제 ❸

각 스토리의 끝에 간단하면서도 재미있고 생각해 보는 DB 문제를 출제한다. 모든 문제는 DB의 원리를 이해할 수 있는 기준으로 출제한다. 문제를 풀어보면서 DB 원리를 하나씩 배우고 이해할 수 있다.

다음 그림은 웹사이트에서 빈번하게 볼 수 있는 달력 팝업 화면이다. 이전달, 다음달 표시 버튼을 클릭하면 해당 월의 달력을 보여주는 쿼리를 가장 단순하게 작성하시오(단 입력 변수는 YYYYMM).

매회 스토리의 뒷부분에 독자 스스로 풀어볼 수 있는 문제를 냈습니다. 학습한 내용을 검토해 보고 생각해 보면서 공부할 수 있습니다. 일부 문제가 없는 회도 있습니다.

이 책의 특징과 구성 15

KEY WORD PCTFREE, PCTUSED

물탱크 구조와 오라클의 블록 옵션 비교하기

DB 테이블을 생성할 때마다 만나는 PCTFREE와 PCTUSED 파라미터는 무엇일까? PCTFREE와 PCTUSED는 물이 90% 정도 차면, 자동으로 물을 잠그고(블록 사용 차단) 40% 아래로 떨어지면 물을 보충(블록 사용 승인)하는 물탱크 원리와 동일하게 작동한다.

이 책에서 가장 먼저 소개할 내용은 데이터베이스(DB) 테이블을 생성할 때 만나는 PCTFREE와 PCTUSED 파라미터에 관한 것이다. 가장 기초적인 내용인데도 그 의미를 모르고 쉽게 지나칠 수 있는 부분이다. 본격적인 스토리를 펼치기에 앞서 간단한 내용을 첫 주제로 잡아 보았다.

약방의 감초: PCTFREE와 PCTUSED 블록 옵션

PCTFREE는 변경 작업에 따라 데이터 블록에 저장된 로우 데이터의 행 크기가 증가할 상황에 대비한 여유 공간이다. 기본값으로 10%가 설정된다. 반면에 PCTUSED는 블록 재사용 여부를 결정하는 요소다. 데이터가 사용하는 공간이 설정값 이하이면 해당 블록을 재사용할 수 있다. 기본값으로 40%가 설정된다. [코드 1-1]은 PCTFREE와 PCTUSED에 대한 간단한 예제다.

코드 1-1 테이블 생성 구문에서의 PCTFREE와 PCTUSED

```
CREATE TABLE USER."고객"
(
   "고객번호"      CHAR (10) DEFAULT ' ' NOT NULL,
   "성명"         VARCHAR2 (30) DEFAULT ' ' NOT NULL,
   "나이"         NUMBER (3) DEFAULT 0 NOT NULL
)
TABLESPACE USER_FILE_01
PCTFREE 10          ------------------------------------- ①Default 10%로 설정
PCTUSED 40          ------------------------------------- ②Default 40%로 설정
INITRANS 1
MAXTRANS 255
STORAGE
(
   INITIAL 65536
   NEXT 1048576
   MINEXTENTS 1
   MAXEXTENTS UNLIMITED
   BUFFER_POOL DEFAULT
)
LOGGING
MONITORING;
```

읽어봐도 무슨 내용인지 솔직히 모를 수도 있다. 군대 이야기를 하면 싫어할 사람도 있겠지만, 좀 더 이해하기 쉽도록 군대 환경의 예로서 알아보자. 필자가 군대 생활을 할 때만 해도 수도 시설이 부실했던 부대가 적지 않았다. 필자가 근무했던 부대는 지하수를 퍼 올려 저수조에 저장해두고 사용했다. 대략적인 구조는 [그림 1-1]과 같다.

군부대는 산 기슭에 있는 경우가 많다. 이런 환경에서는 저수조를 산 중턱에 설치·운영한다. 가압 펌프가 없더라도 낙차를 이용해 막사에서 물이 잘 나오도록 하기 위해서다. 이 저수조에는 센서가 설치된다. 이 센서는 두 가지 기능을 해야 한다. 하나는 수위가 내려가면 모터를 가동시켜 물을 채우는 것이고, 다른 하나는 정해진 수위를 넘으면 모터 가동을 중지시켜 저수조의 물이 넘치지 않도록 하는 것이다.

[그림 1-1]에서 점선으로 구분한 ①은 물이 차면 모터를 멈추게 하는 센서 역할을 한다. 실선 ②는 저수조의 물이 떨어졌을 때 모터를 가동시키는 센서 역할을 한다. 이것이 바로

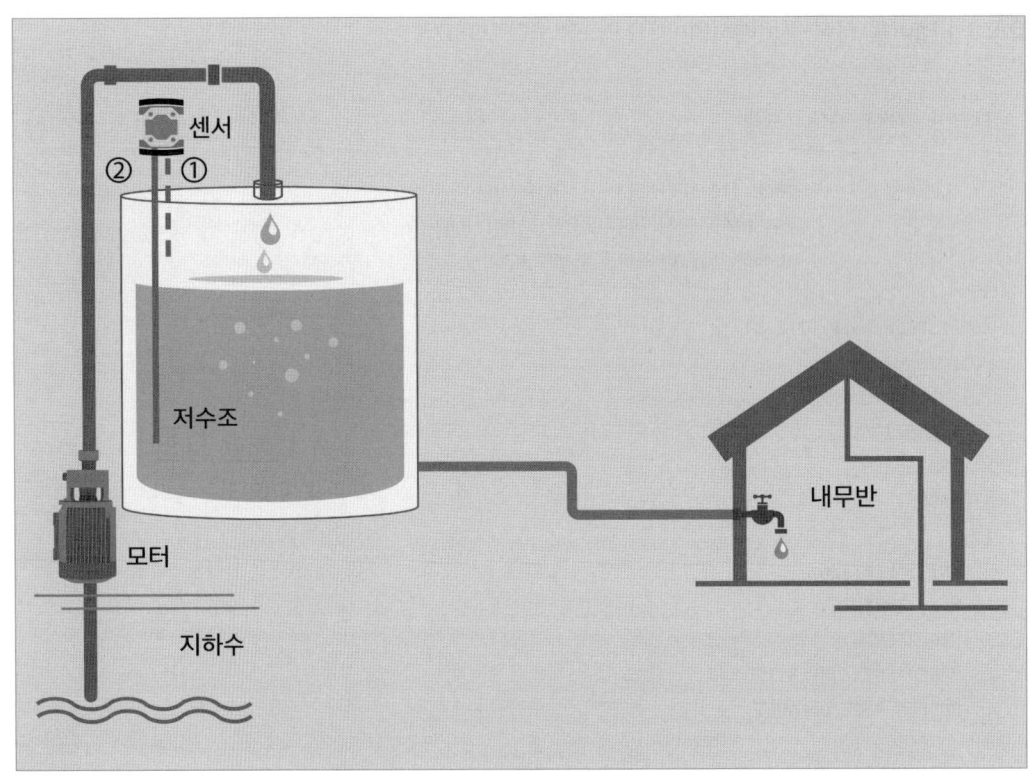

그림 1-1 낙차 압력을 이용한 저수조 구조

전극봉이다. 대개 녹이 안 스는 스테인리스강 자재를 사용해야 한다. 요즘은 달라졌겠지만, 20~30년 전만 해도 '삽과 괭이만 있으면 건물도 짓는다'는 말이 있을 정도였으니, 스테인리스강 재질의 전극봉은 말 그대로 '그림의 떡'이었다.

당시 필자가 근무했던 부대에서는 접지 선에 철근 쪼가리를 매달아 사용해야 했다. 문제는 철근에 녹이 슬거나 이끼라도 끼는 날이면, 센서 오작동 현상으로 연결된다는 데 있었다. 밤새도록 모터가 돌아가면서 물난리가 난적도 있었고, 바닥이 드러났는 데도 모터가 작동되지 않아 점심 무렵에야 물을 공급받을 수 있었던 적도 있었다. 여기다 센서 오작동에 따라 전원이 자주 켜지기와 꺼지기를 반복하면서 모터 오버히트로 불이 붙은 적도 있었다.

요즘은 물의 전도를 이용하는 대신, 물고기 부레의 원리를 이용해서 전기적으로 검출하는 장치를 사용하기도 하는데 조금 비싸다. 결론적으로 저수조에서 모터 작동 차단 기능을 하는 점선으로 구분한 ①전극봉이 PCTFREE이며, 모터를 가동시키는 ②전극봉이

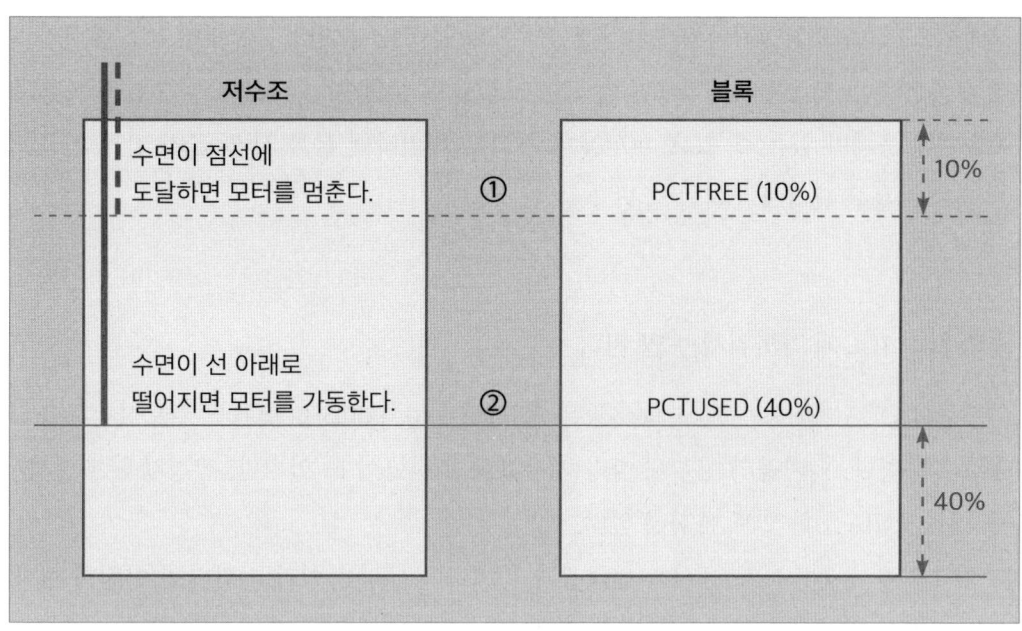

그림 1-2 저수조 모터 작동/정지 구조와 PCTFREE와 PCTUSED의 원리

PCTUSED다.

[그림 1-2]를 살펴보면 어쩜 이렇게 오라클의 블록 관리 알고리즘이 우리나라 저수조의 원리와 같단 말인가! 오라클 연구원 중에 한국인이 다수 있다는 이야기를 들었는데, 아마 1980년대에 군대 다녀온 사람일 수 있겠다고 생각해 본다.

PCTFREE 10%와 PCTUSED 40% 설정값 바꿔본 사람 있나요?

저수조 수위가 ①점선에 도달하면 모터를 중지시켜 물 넘침을 방지하는 것처럼, 블록에서도 PCTFREE 설정값이 10%에 이르면, 즉 해당 블록에 데이터가 90% 쌓이면 더 이상 데이터를 쌓지 않는다. 다시 말해 블록 사용을 차단한다. **그러면 왜 10%를 남겼을까?** 만약 업데이트 발생 시, varchar 컬럼 타입은 길이가 늘어날 수도 있으므로 동일 블록에 저장하기 위해 예비 공간을 마련한 것이다. 만약 다른 블록에 저장하게 된다면, 두 블록을 액세스해야 하므로 속도에 영향을 미친다.

저수조 수위가 ②전극봉 하단 아래로 떨어지면 모터를 재가동해 물을 보충해야 한다. 블록에서도 PCTUSED 설정값이 40%가 되면, 즉 해당 블록에 데이터가 삭제돼 40% 이하가 되면 블록 사용을 승인한다. 그러면 왜 40%가 디폴트 값일까? 40%보다 낮으면 블록 사용 효율성에 문제가 있을 수 있고, 40%보다 높다면 빈번하게 블록 사용 금지 및 승인을 해야 하므로 블록 관리에 부하가 발생할 수 있기 때문이다.

둘의 합이 100에 가까워서는 안 된다

대부분의 DBA(DataBase Administrator)들은 PCTFREE(10%), PCTUSED(40%)의 기본 설정값을 그대로 사용한다. 테이블의 성격에 따라 기본값을 조정할 수도 있지만, 설정값을 조정해서 사용하는 DBA를 한 번도 본적은 없다.
[그림 1-2]에서 점선 ①로 표시한 전극봉과 ②번 전극봉의 사이가 가깝다면 어떻게 될까? 수위의 작은 변화에도 수시로 모터가 작동(ON/OFF)하므로 결국 모터의 오버히트 발생 가능성이 올라간다. 결국 이 말은 PCTFREE 값과 PCTUSED 값의 합이 100에 가깝다는 뜻인데, 이 경우 블록 관리에 엄청난 부하를 줄 것이다. 결코 그 둘의 합은 100에 가까워서는 안 된다.

맥가이버 병사의 순발력이 문제를 해결하다

다시 군대 모드다. 우리나라 군대는 참 흥미로운 조직이다. 다양한 배경을 가진 사람들이 모이다 보니 순발력을 발휘하는 '만능 엔지니어 맥가이버 병사'가 으레 있게 마련이다. 우리 부대에도 맥가이버 병사가 있었으니, 그 병사는 순간적으로 전극봉 오작동에 따른 저수조 물 넘침 방지 방법과 이를 빨리 인지하는 아이디어를 생각해 냈다. 맥가이버 병사가 내놓은 방법은 다음과 같다.
저수조에서 물이 넘쳐 흐르기 전, [그림 1-3]의 ③파이프를 통해 도랑으로 미리 흘려 보냄과 동시에 파이프 끝에 소리를 내는 피리 비슷한 것을 설치했다. 피리 소리가 나면, 물이 넘치는 것이므로 바로 조치를 할 수 있는, 꽤 그럴듯한 방법이었다.

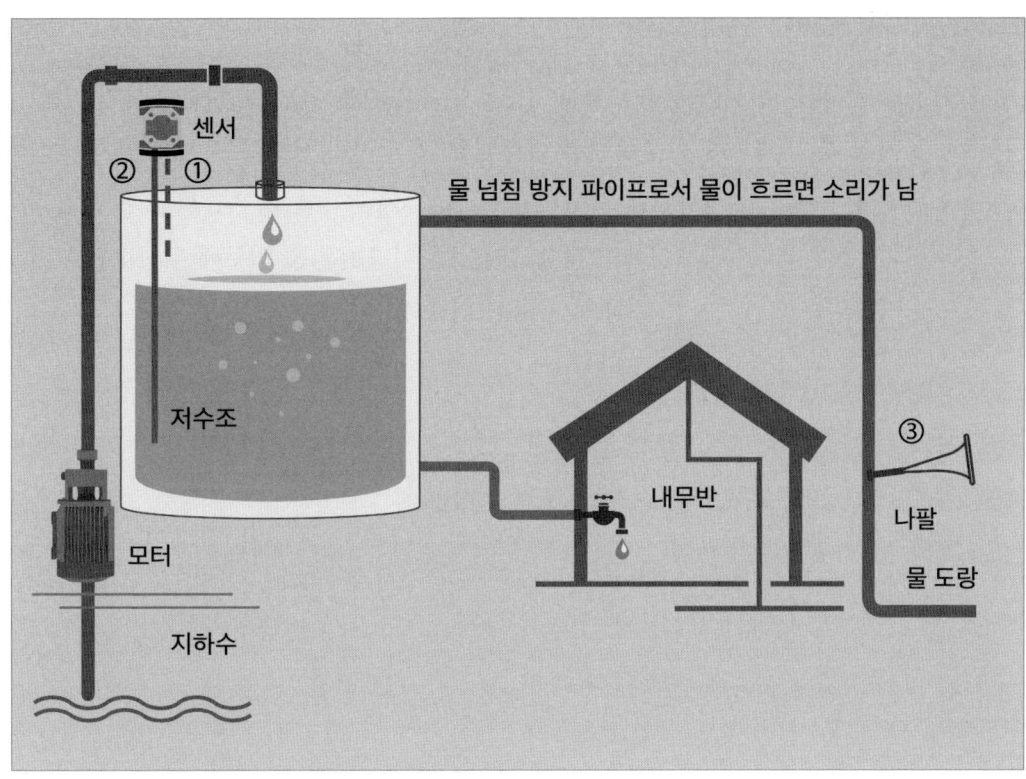

그림 1-3 물 넘침 방지 구조

예전엔 PCTFREE와 PCTUSED 두 파라미터 모두에 대해 설정했지만, 요즘은 PCTFREE만 설정해 사용한다. PCTUSED는 오라클 9i부터 ASSM(Automatic Segment Space Management, 자동 세그먼트 공간 관리)이 자동으로 관리해 준다. 그렇다고 PCTUSED 파라미터가 없어졌다는 말은 아니다. 오라클에서 더 세분화해 내부적으로 자동으로 관리하므로 DBA가 그만큼 신경 쓸 부분이 줄어들었다. 이때 설정값을 지정하더라도 무시된다. '자동으로 관리된다'는 의미는 관리 부담이 줄어들었다는 뜻이지, 최상의 설정값으로 관리된다는 말은 아니다.

블록에 대해 더 자세히 설명한다면, 블록은 데이터 I/O의 가장 작은 단위이자 할당될 수 있는 공간의 가장 작은 단위다. 결국 블록이란 저장의 기본 단위이고, 운반(조회)의 최소 단위라 할 수 있다.

고정관념에서 벗어나기를 바라며

참고로 오라클 DB뿐 아니라 대부분의 DB 구성 알고리즘은 어느 날 '하늘에서 뚝 떨어져 새로 만들어진 것'이 아니라 실생활에서 이용되는 혹은 이미 상식 수준에서 인지되고 있는 그런 보편적인 원리를 바탕으로 만들어졌으므로 '저수조(물탱크) 구조'처럼 쉽게 접근하고 이해할 수 있다. 이 책 소개말에서 말했듯이 '레몬시장이론'을 염두에 두고 DB를 지레짐작으로 어려워하지 말고 용기를 내서 하나씩 터득해 나갔으면 좋겠다.

원리를 이해하고 논리로 풀어가는 쉬어가는
스토리 DB 문제 ❶

각 스토리의 끝에 간단하면서도 재미있고 생각해 보는 DB 문제를 출제한다. 모든 문제는 DB의 원리를 이해할 수 있는 기준으로 출제한다. 문제를 풀어보면서 DB 원리를 하나씩 배우고 이해할 수 있다.

다음은 지뢰찾기 게임 화면이다. 지뢰찾기 게임을 자동 생성하는 랜덤 쿼리를 만들어보시오. 단 이때 지뢰판의 크기는 10×10이고 지뢰 수는 20개로 한정한다.

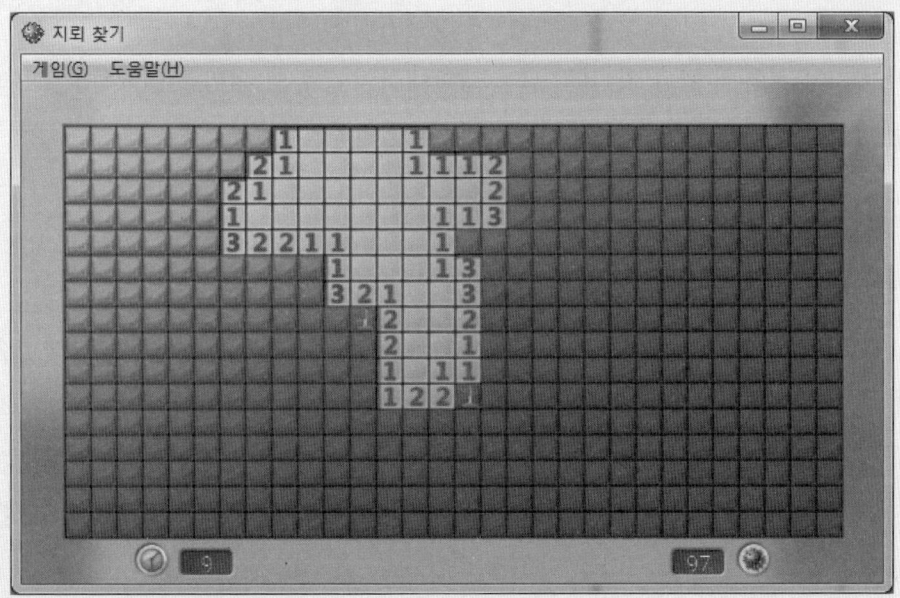

※ 정답과 풀이는 '스토리 DB 문제 풀이와 정답'에 있다.

KEY WORD 인덱스

이산가족 찾기로 배우는 DB의 분류 원리

'분류는 DB의 시작이자 끝이고 부분이며 전체다.' 분류는 DB의 많은 부분에서 활용되고 있다. 대표적인 곳이 바로 인덱스다. 개발자에 특히 중요한 DB의 인덱스 개념을 분명하게 전달하는 차원에서 분류에 대해 소개한다.

이번 이야기는 분류에 관한 것이다. 일상 생활에서의 분류의 의미를 이해하고 DB의 많은 부분에서 활용되고 있는 분류에 대해 소개한다.

KBS 이산가족 찾기 생방송

50대 전후의 세대라면, 지난 1983년 6월 30일부터 11월 14일까지 136일간 온 국민을 울렸던 KBS '이산가족 찾기' 생방송을 기억할 것이다. 한국전쟁 와중에 헤어졌던 부모, 형제, 친척을 찾는 사람들의 안타까운 사연은 전 국민을 TV 앞에 끌어들이며 78%라는 최고 시청률을 기록하게 했다. 벽보는 빗물에 젖고 사연은 눈물에 젖고, 이산 33년만에 재회하는 모습을 보며 국민 모두가 눈시울을 붉혔다.

여의도광장에는 수많은 이산가족들이 모여 들었다. 가족을 찾는 벽보는 KBS 본관 주변을 뒤덮고 여의도광장으로 펼쳐져 나갔다. 사연을 적은 종이를 들고 온종일 광장을 헤매며 돌아 다녔고 밤을 지새웠다. 결국 1만여 명의 이산가족이 상봉의 기쁨을 누렸다.

당시 중학교 2학년이었던 필자는 약간 슬프다는 느낌, 딱 그 정도였다. 그러면서 그때 생각했던 것은 여의도광장이 엄청 넓고 사람도 매우 많은데 사람 찾기가 엄청 힘들겠구나!

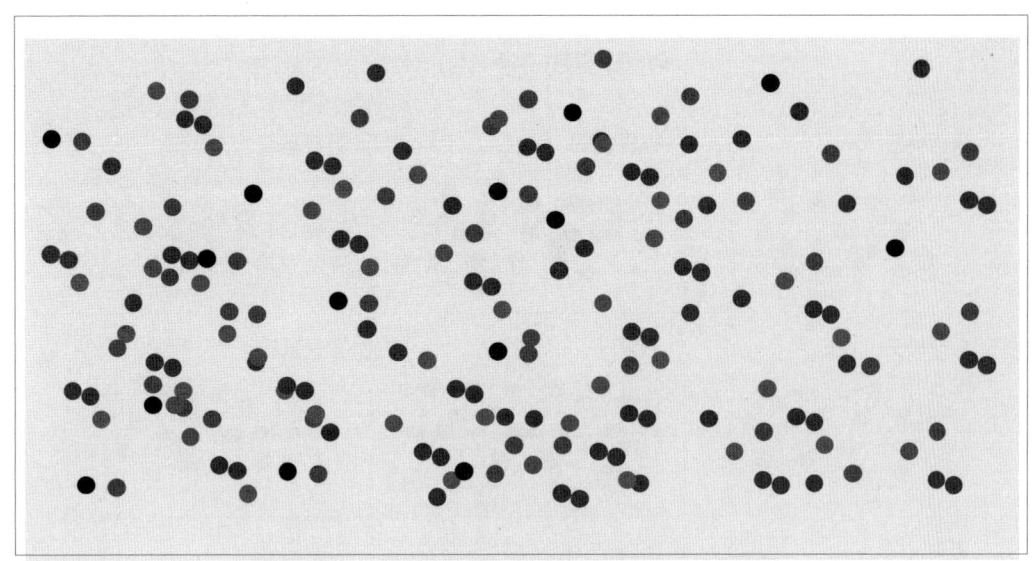

그림 2-1 구역 미지정에 따른 여의도광장의 혼잡성

이산가족을 출신 지역별로 구역을 나누면 좀 더 쉽게 찾지 않을까! 하는 생각을 했다. [그림 2-1]처럼 구역이 나눠지지 않은 상태의 여의도광장에서 수만 명의 사람들이 헤어진 가족을 서로 찾는다면 얼마나 힘든지 미루어 짐작할 수 있다. 하지만 출신 지역별로 구역을 나눠서 찾는다면 상황은 달라진다. 즉 자신의 고향 구역에서만 찾으면 되므로 좀더 수월해질 것이다. 물론 행정 구역을 시군 단위로 더 세분화하면 찾기는 더욱 쉬워진다.

당시 여의도는 [그림 2-1]의 상황이었는지 [그림 2-2]의 상황이었는지는 필자로서는 알 수 없다. 여기서 말하려는 내용은 분류가 얼마나 중요한가이다. 설사 [그림 2-1]의 상황이었어도 분류 전문가가 없었던 그때의 시대 상황을 탓하고 싶지는 않다. 여의도광장에 모이게 한 그 자체만으로도 최소한의 분류는 된 상태였으므로 말이다. 그렇지 않았다면 이산가족들은 전국을 헤매면서 찾아야만 했을 것이다.

대형 할인매장의 전략

물건이나 대상의 분류는 특별한 상황이나 특정한 곳에서만 이뤄지는 것은 아니다. 우리 생활 대부분에 분류가 있다. 대형 할인매장을 예로 들어 보자.

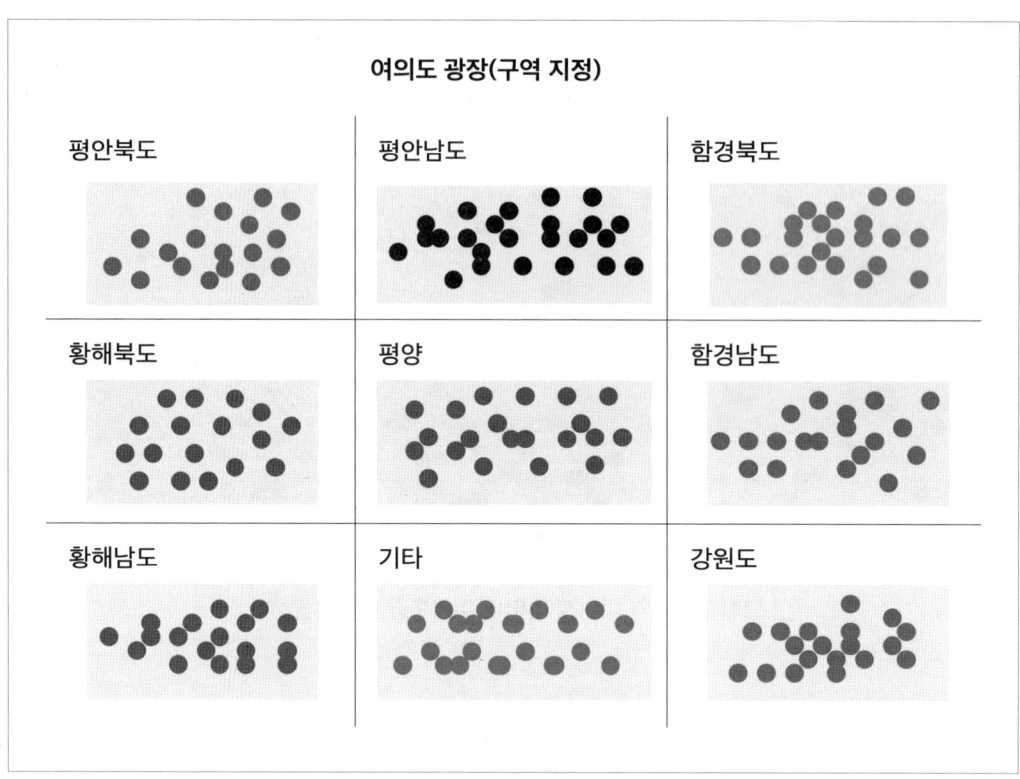

그림 2-2 구역을 지정해 여의도광장을 세분화한 모습

대부분의 대형 할인매장은 가전제품, 생활용품, 식품류 등 큰 구역으로 나누어 물건을 진열한다. 식품 구역에 가면 식품 종류에 따라 다시 소구역으로 나누어져 있다. 우유제품 소구역에 가면, 브랜드별로 더 작은 구역으로 나누어져 있다. 그럼 여기서 분류는 끝일까? 아니다. 동일한 회사의 우유더라도 유통기한이 며칠 남지 않은 우유는 앞쪽에 진열돼 있을 것이고, 유통기한이 많이 남은 우유는 뒤쪽에 진열돼 있을 것이다.

유통기한이 임박한 우유가 앞에 진열돼 있다는 것을 아는 주부들은 뒤쪽의 우유를 고를 것이다. 분류 마지막 단계에서 대형 할인매장의 진열 전략이 작용하며 잘못된 분류가 발생했으나 현명한 주부들은 분류의 마지막을 잘 마무리 한다.

[그림 2-3]처럼 분류가 잘된 대형 할인매장에는 전체적인 구역을 총괄하는 분류 관리자가 있을 것이고, 구역별 분류를 담당하는 중간 관리자도 있을 것이다. 거기다 유제품만 분류하는 직원도 있을 것이다. 이에 따른 인력 운용비도 적지 않을 것이다.

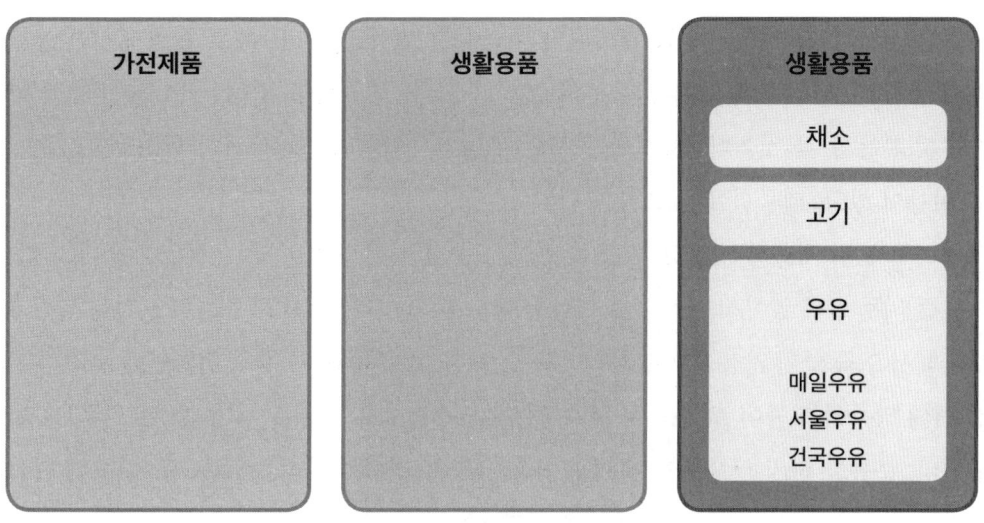

그림 2-3 대형 할인매장의 매장 분류

그럼 왜 상품 분류에 이처럼 많은 인력을 투입할까?

만약 대형 할인점에 있는 모든 제품이 분류되지 않은 채 뒤죽박죽으로 진열돼 있다면 어떻게 될까? 아마 수많은 고객들의 방문으로 인해 그 혼란스러움은 상상을 초월할 것이다. 원하는 물건을 찾지 못해 고객들이 매장에 머무르는 시간이 늘어나면서 주차장도 혼란스러워질 것이며, 더 나아가 주변 도로교통까지 영향을 미칠 것이다. 결국 고객 불만으로 이어지면서 줄어드는 매출은 분류에 따른 인건비를 뛰어넘을 것이다.

'도둑은 분류를 좋아한다'

분류는 무엇일까? 분류는 동일한 속성들로 묶는 것이다. 한 가지 속성만으로 분류할 수도 있고, 여러 속성(대분류, 중분류, 소분류)으로 분류할 수도 있다. 분류는 왜 할까? 빨리 찾기 위해서다. 헤어졌던 가족을 빨리 찾을 수 있고, 상품도 빨리 찾을 수 있다.

효율을 높여 비용을 줄이기 위해서다. 비용을 줄인다는 의미는 시간과 경비를 줄였고, 노동을 줄였다는 의미와 같다. 시간과 경비와 노동을 줄였으니 이익인 셈이다. 분류는 우리에게 이익을 가져다 준다. 손해 보는 분류란 없.

우리 생활 속에는 인지하든 못하든 늘 분류가 있다. 군대에서는 군인들의 분류가 있고,

시골 조그마한 가게에는 주인 할머니만의 분류가 있을 것이다. 물론 들판에서는 농부들만의 분류가 있다. 가정에서는 주부의 분류가 있다. 퇴근하고 집에 가면 잘 분류해 놓은 주부의 분류를 볼 것이다. 서재에는 책들이 있고, 냉장고에는 음식이 있고, 장롱에는 옷과 이불이 있고, 패물함에는 보석이 있다.

쓰레기를 분리·배출하러 나갔다 왔을 뿐인데 순식간에 도둑을 맞는 경우가 있다고 한다. 분류를 너무 잘해 놓아서 도둑이 보석함만 들고 간 것이다. 어떤 주부들은 보석을 냉장고에 보관해서 도둑 맞지 않음을 자랑하는 경우도 있다. 분류는 빨리 찾기 위함인데 오히려 분류를 하지 않아서 도둑이 보석을 못 찾은 경우다. 그렇다고 분류를 하지 않아도 된다는 말은 아니다. 분류를 하지 않으므로 해서 도난을 예방할 것이 아니라, 자물쇠를 하나 더 달아서 예방하거나 잠깐 자리를 비우더라도 문을 잠그는 습관으로 대비하는 게 좋지 않을까.

개미 세계의 분류

분류는 인간 세계에만 있지 않다. 동물 세계에서도 얼마든지 분류의 예를 찾을 수 있다.

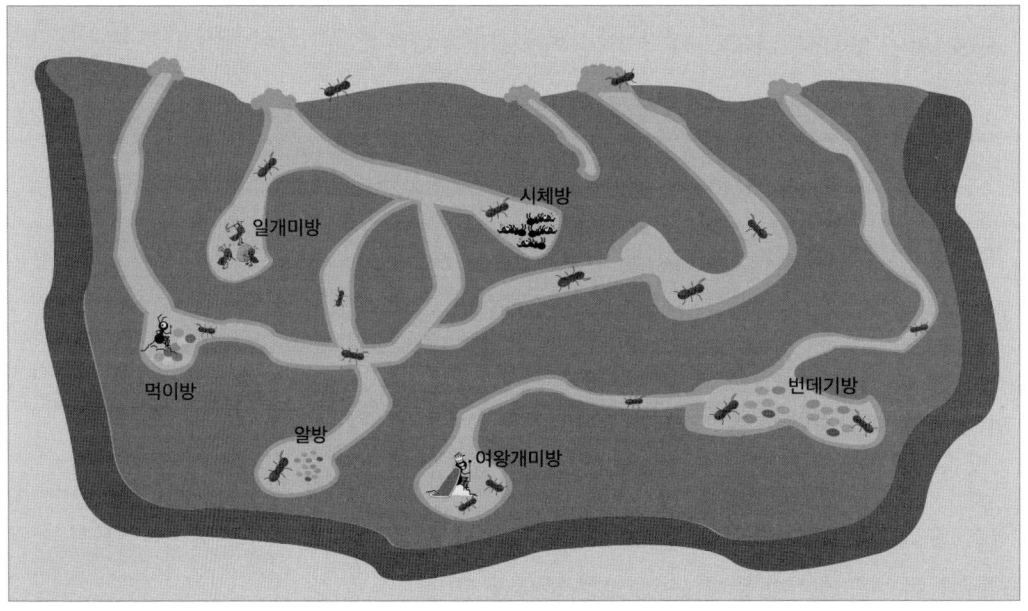

그림 2-4 개미집 구조

너구리는 자기만의 화장실을 갖고 있어서 아무데나 배설하지 않는다고 한다. [그림 2-4] 처럼 개미에게도 분류는 있다. 개미는 여왕개미방, 먹이방, 번데기방, 알방 등 많은 방으로 분류해 관리한다. 심지어 동료 개미의 시체를 보관하는 시체방도 있다고 한다.

분류는 과거에도 있었고 미래에도 있을 것이다. 분류는 인류 역사와 함께 늘 존재했다. 중요한 곳에도 분류가 있고, 아무리 하찮은 곳에도 분류는 있다. 심지어 쓰레기도 분리해 재활용한다.

지금까지 분류에 대해 몇 페이지를 할애해 설명했다. 그 이유는 DB에 분류가 있기 때문이다. 독자 여러분은 분류에 대해 얼마만큼 중요하게 생각할지 모르지만, 필자는 '세상의 시작이요 끝'이라고 생각한다. 결국 분류란 DB의 시작이자 끝이고, 부분이자 전체다. 분류는 DB의 많은 부분에서 활용되고 있다. 그럼 DB의 어떤 부분에서 분류가 사용되고 있을까? 그것은 바로 인덱스다.

원리를 이해하고 논리로 풀어가는 쉬어가는
스토리 DB 문제 ❷

각 스토리의 끝에 간단하면서도 재미있고 생각해 보는 DB 문제를 출제한다. 모든 문제는 DB의 원리를 이해할 수 있는 기준으로 출제한다. 문제를 풀어보면서 DB 원리를 하나씩 배우고 이해할 수 있다.

다음 두 개의 쿼리 결과가 왜 다른지 고민해 보시오.

```
SELECT        1/4 + 1/6 + 1/7 + 1/8 + 1/9 + 1/11 + 1/12 + 1/14 + 1/15 FROM DUAL
SELECT 1/15 + 1/4 + 1/6 + 1/7 + 1/8 + 1/9 + 1/11 + 1/12 + 1/14        FROM DUAL
```

※ 정답과 풀이는 '스토리 DB 문제 풀이와 정답'에 있다.

KEY WORD 인덱스

인덱스는 분류
물리적 분류와 논리적 분류

개발자에게 중요한 것은 인덱스의 목적이나 기능이 아니다. 개발자는 인덱스를 어떻게 잘 만들 것인지를 고민하는 사람들이다. 개발자로서 10여 년의 시간이 지난 후, '인덱스는 분류'라는 것을 터득했을 때에 비로소 인덱스를 잘 만들고 잘 분류할 수 있게 됐다.

지금까지 개발 및 DB 분야 일을 두루 경험하면서 인덱스의 중요함을 뼈저리게 느꼈다. 필자는 개발자 초년생이었을 때, 인터넷을 검색해 가면서 인덱스를 공부하거나 DB 관련 책을 보면서 공부했다. 하지만 인덱스에 대해 잘 알지도 못했고, 인덱스를 잘 만들지도 못했다. 10여 년의 시간이 지난 후 '인덱스는 분류'라는 것을 터득했을 때에 비로소 인덱스를 잘 만들게 됐다. 그리고 잘 분류할 수 있게 됐다. 그때부터 인덱스에 대한 어려움은 없었다. 이것을 터득하기까지 10년이라는 먼 길을 돌아왔다.

'인덱스는 논리적 분류'라는 것을 인식하고 접근한다면, 이해가 빠르고 좋은 인덱스, 최적의 인덱스를 만들 수 있을 것이다. 인덱스를 만들 때 인덱스와 분류를 연관시켜 생각하기 바란다. 그때 비로소 인덱스는 편안하게 여러분을 찾아갈 것이다.

이전 스토리에서 소개한 분류의 특징을 요약하면 다음과 같다.

1. 분류의 역사는 인류의 역사와 궤를 같이한다.
2. 분류는 인간 세계뿐만 아니라 동물의 세계에서도 존재한다.
3. 수많은 자료를 정리·관리·검색한다는 의미에서 분류는 DB 그 자체다.
4. 과거의 계층적인 분류부터 최근의 컴퓨터 정보 분류에 이르기까지 분류는 지속

적으로 발전했다.
5. 체계적으로 정리된 자료는 검색 시간을 줄여 비용 절감으로 연결된다. 이것이 분류의 힘이다.

분류를 자세히 알아본 김에 물리적 분류와 논리적 분류의 차이점도 알아보자. 앞서 DB의 많은 부분에서 분류가 활용된다고 했는데, 그 첫 번째인 인덱스에 대해 소개한다.

어떤 일을 새로 시작했거나 공부를 할 때, 남보다 유독 나만 받아들이기 힘들어 했던 것들이 있지 않았던가? 개발자 출신인 필자도 10년 넘게 DBA로 일하면서 유독 받아 들이기 어려웠던 DB의 개념 몇 가지가 있었다.

이제 소개할 'DB 인덱스'도 그 가운데 하나다. 글을 읽으면 무슨 말인지 짐작은 가는데, 마음이 받아들이지 못했다고나 해야 할까? 그 이유를 나중에 알게 됐다. 이 글에서는 혹시라도 필자와 같은 고민을 하고 있을 개발자들을 위해 그 경험을 나누고자 한다.

물리적 분류에서 논리적 분류로

분류는 물리적(직접적) 분류와 논리적(간접적) 분류로 나눌 수 있다. 불과 몇 십 년 전까지는 물리적 분류가 대부분이었다. 물리적 분류는 시각적 분류이기도 하다. 20세기 이전에는 물리적 분류만으로도 충분할 만큼 세상은 복잡하지 않았다. 하지만 정보화 시대에 접어들면서 세상은 복잡해지고 분류할 정보는 점점 늘어났다. 또한 분류의 규칙과 요구 사항은 점점 다원화됐다.

컴퓨터가 사용되면서 대량의 정보에 대한 분류에도 새로운 방법이 적용됐다. 물리적 분류만으로는 더 이상 이 복잡한 세상을 분류하거나 이해하기 어렵다. 이를 해결할 수 있는 방법이 논리적 분류다. 먼저 물리적 분류에 대해 살펴 보자.

거실의 책장 분류

1년 전, 지금 살고 있는 집에 이사 오면서 방에 있던 책장을 거실로 빼고 TV는 안방으로 옮겼다. 가족들이 주로 생활하는 거실을 책 읽는 공간으로 꾸미고 싶어서였다. 처음엔 책장을 분류하면서 자주 보거나 아직 읽지 않은 책들은 책장 1단에, 더 이상 보지 않을 책들은 책장 4단에 꽂아 두었다.

얼마 지나지 않아 이 방법이 옳지 않음을 깨달았다. 키가 작은 둘째 아이가 4단 높이에 있는 책을 보기 위해서 1단 혹은 2단을 딛고서 책을 꺼내고 있지 않은가. 책장이 넘어질 것 같아 마음이 조마조마 했다. 결국 지금은 가족들의 키 순으로 책을 다시 분류했.

둘째가 사용하는 책장 1단은 늘 어지럽다. 책을 읽고 난 후 아무렇게나 두기 때문이다. 분류는 인류의 역사와 함께 시작됐으므로 DNA에 내재돼 있을 법한데, 우리 둘째는 그렇지 않은가 보다. 그렇다면 분류는 후천적인 교육의 산물인지 궁금해진다.

[그림 3-1]처럼 책을 보관할 책장에 직접 분류하는 것을 물리적(직접적) 분류라 한다. 기존 분류가 마음에 들지 않으면, 다른 분류 방법으로 재분류하면 된다. 원하는 책을 빠르게 찾기 위해서는 평소에 늘 분류하고 유지하는 노력이 필요하다. 세상에 공짜로 얻어지는 것은 없다.

그림 3-1 거실의 책장을 통해 본 물리적 분류

스토리 03 인덱스는 분류, 물리적 분류와 논리적 분류

라디오 방송국의 음반 분류

여러분이 지금까지 경험하고 인지하는 대부분의 분류는 물리적 분류였다. 만약 라디오 방송국에서 다음과 같은 기준으로 음반을 분류한다고 가정하자(물론 요즘은 파일로 관리하겠지만). 여러분들은 어떻게 분류할 것인가? 현실적으로 분류가 가능한가?

1. 가수를 기준으로 해당 가수의 초창기부터 지금까지 연도별로 분류한다(가수별·연도별).
2. 가요, 팝송, 재즈, 클래식, 블루스, 교향곡 등 음악 장르를 기준으로 가수별로 분류한다(장르별·가수별).
3. 연도를 기준으로 해당 시기의 가수별로 분류한다(연도별·가수별).
4. 연도를 기준으로 인기가요 순으로 분류한다(연도별·가요 순위별).
5. 국가를 기준으로 가수별·연도별로 세부적으로 분류한다(국가별·가수별·연도별).

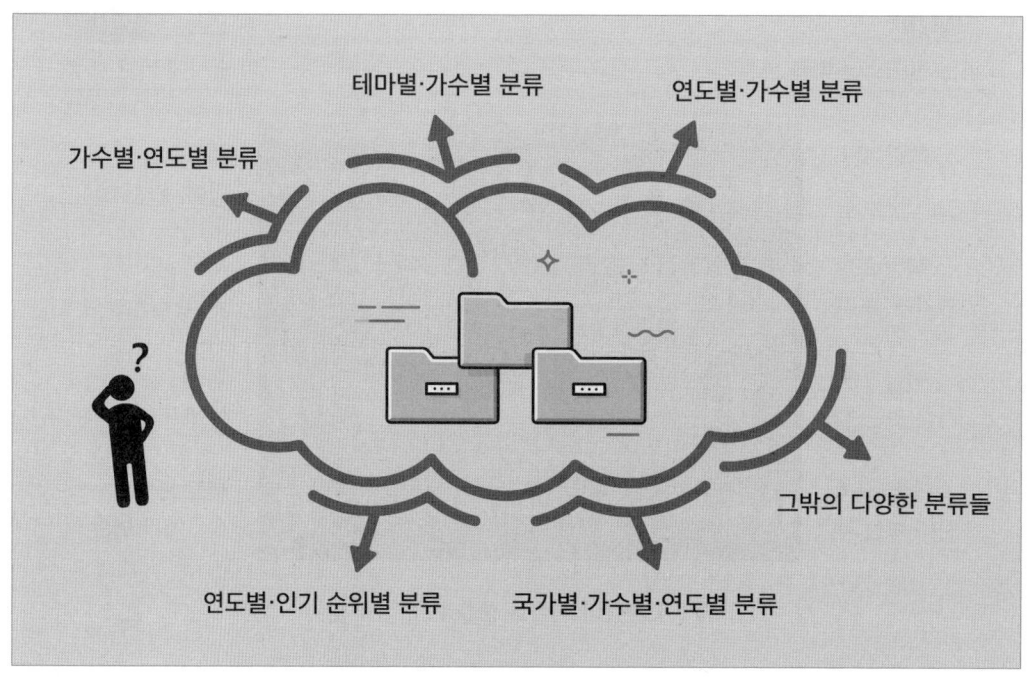

그림 3-2 방송국의 음반실을 통해 본 물리적 분류의 한계

방송국의 음악 방송 PD들은 이외에도 더 다양한 분류를 원할 것이다. 이 모든 분류를 동시에 충족할 수 있는 물리적 분류는 존재할까? 단언컨대 없다. 만약 획기적인 물리적 분류 방법이 있다면 알려 주기 바란다.

동일한 시공간에서는 오로지 하나의 물리적 분류만 가능하다. [그림 3-2]처럼 여러 분류 방법을 동시에 만족하는 물리적 분류는 없다. 만약 동일한 공간이 아니라면 가능할 수도 있다. 그 대신 분류의 종류만큼 저장 공간이나 음반 수는 배수가 돼야 한다. 또한 동일한 시간이 아니라면 가능할 수도 있다. 당연한 얘기지만, 그렇게 하려면 해당 분류가 필요한 시점에 매번 분류해야 하는 노력이 따른다.

현실적으로 자원(보관 공간, 음반, 시간)이 무한정 제공될 수 없으므로, 결국 동일한 시공간에서 물리적 분류는 한 가지만 존재한다. 그렇다면 동시에 여러 분류를 가능케 하는 해결 방안은 없을까?

분류 대상과 분류 정보의 분리

우리가 일상 생활에서 경험한 대부분의 분류는 물리적 분류였다고 이미 말했다. 물리적 분류는 분류 대상과 분류 정보가 1:1의 관계에 있고 일체형이다. 그런데 라디오 방송국 음악 담당 PD들이 원하는 음반 분류는 다양하다. 분류 대상(음반)과 분류 정보(색인)의 관계는 1:1 관계가 아니라 1:N의 관계다.

음반을 나라별, 가수별, 연도별, 장르별, 인기 순위별 등 여러 분류로 나눌 수 있어야 한다. 이러한 다양한 분류를 동시에 가능하게 하는 유일한 방법은 분류 대상(음반)과 분류 정보(색인)를 분리하는 것이다. 이것이 논리적 분류로서 디지털 세계에서 대량의 복잡한 자료를 다양하게 분류하는 데 매우 적합하다.

[그림 3-3]처럼 방송국의 음반 자료실에는 분류 대상(음반)이 실제로 보관된 물리적인 장소로서 여기에 음반이 순차적으로 보관돼 있다. 또한 주변에 있는 분류 정보(색인)에는 각각의 분류 특성에 맞는 정보가 들어 있다. 물론 음반의 물리적 위치 정보도 갖고 있다. 이와 같이 분류 대상(음반)과 분류 정보(색인)를 분리함으로써 다양한 분류가 동시에 가능하게 됐다.

논리적 분류는 컴퓨터 대중화와 함께 현재 널리 이용되고 있다. DB의 많은 부분에서도

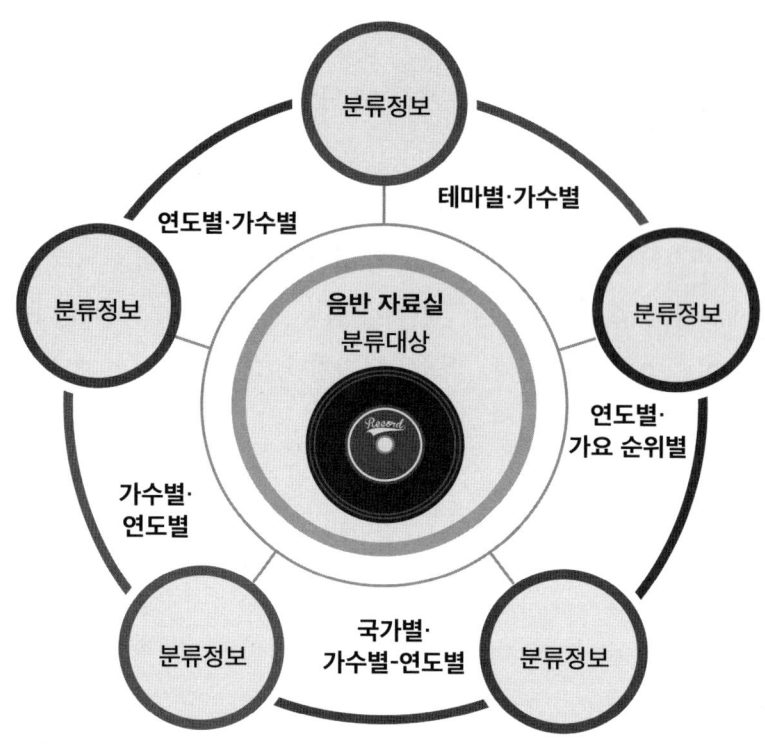

그림 3-3 방송국 음반 자료실의 논리적 분류

논리적 분류가 활용되고 있다. 인류의 역사에서 직립 보행의 의미만큼이나, 논리적 분류는 분류의 역사에서 중요한 의미를 갖고 있지 않을까?

부연하자면 인류는 직립 보행을 하기 전에는 네 다리로 걷고, 뛰고, 사냥했을 것이다. 직립보행 후 손은 자유로워졌다. 걷고·뛰고·사냥하는 데 있어서 약간의 불편함은 있었지만, 물건을 잡고·던지고·만들고·(열매를) 따는 등의 다양한 용도로 활용할 수 있게 됐다. 인류는 직립 보행을 해서 획기적으로 발전했다기보다는 손이 자유로워지면서 발전한 것이라고 한다. 손이 다리에서 분리돼 새로운 역할을 맡았기 때문이다. 마찬가지로 분류 대상과 분류 정보를 분리함으로써, 그동안 (물리적 분류에서) 할 수 없었던 다양한 분류가 동시에 가능해졌다. 이러한 논리적 분류는 컴퓨터를 사용하는 정보화 세계에서 매우 중요한 의미를 갖는다.

물리적 분류와 논리적 분류

앞서 소개했듯이, 물리적 분류는 인류 역사와 함께 시작됐던 분류 방식이다. 동일한 시공간에서 유일하게 한 가지 분류만 가능하다고 했다. 반면 논리적 분류는 컴퓨터 사용과 더불어 데이터, 즉 정보로 넘쳐나는 정보화 시대에 적합한 분류 방식이다. 분류 대상과 분류 정보를 분리함으로써 동일한 시공간에서 다양한 분류가 가능해졌다. 물리적 분류와 논리적 분류는 [표 3-1]과 같이 비교·요약할 수 있다.

인덱스는 논리적 분류

필자가 왜 분류에 대해 이렇게 강조하는지를 여러분은 이미 눈치를 챘을 것이다. 그렇다. DB에서 인덱스는 논리적 분류의 특성을 갖고 있기 때문이다. 따라서 DB에서 인덱스는 매우 중요한 요소이며 의미 또한 깊다. 인덱스는 DBA보다는 개발자에게 더 중요한 개념이다. DBA에게 인덱스는 DB에서 관리해야 할 여러 요소 중에서 하나지만, 개발자에게 인덱스는 빈번하게 사용하는 DB의 핵심 요소이기 때문이다.

[표 3-1]에 나와 있듯이 논리적 분류는 '분류 대상과 분류 정보의 분리(종속적)'가 특징이다. 여기에서 **분류 대상은 테이블과 동일한 의미고, 분류 정보는 인덱스와 동일한 의미다**. 우리는 테이블과 인덱스의 관계가 종속적임을 알고 있다. DB에서 테이블을 삭제하면, 인덱스는 자동으로 함께 삭제된다. 그래서 테이블과 인덱스는 종속적 관계다.

참고로 테이블을 삭제할 때 뷰는 자동으로 삭제되지 않는다. 그래서 테이블과 뷰의 관계

물리적 분류의 특징	논리적 분류의 특징
• 직접적이고 시각적인 분류 방식 • 인류 역사와 함께 널리 사용됨 • 현실 세계의 분류에서 적합 • 분류 대상과 분류 정보 일체형 • 동일한 시공간에서 오직 한 분류만 가능 • 분류 대상과 분류 정보는 1:1 관계	• 간접적이고 추상적인 분류 방식 • 컴퓨터 사용과 더불어 폭넓게 사용 • 디지털 세상의 분류에 적합 • 분류 대상과 분류 정보 분리 • 동일한 시공간에서 동시에 다양한 분류 가능 • 분류 대상과 분류 정보는 1:N 관계

표 3-1 물리적 분류와 논리적 분류의 특징

는 종속 관계가 아니다. 뷰는 테이블의 객체 정보를 갖고 있으므로 굳이 함께 삭제할 이유가 없다. 하지만 인덱스(분류 정보)는 테이블(분류 대상)의 위치 정보를 갖고 있으므로, 테이블 삭제 시 자동으로 삭제돼야 이치에 맞다.

[표 3-1]의 논리적 분류의 특징에 '동일한 시공간에 동시에 다양한 분류 가능'이 나와 있다. 이 말은 하나의 테이블에 여러 개의 인덱스가 종속적으로 존재하고 있다는 것으로 이해해도 좋다.

테이블에는 분류 대상이 있고, 인덱스에는 분류 정보가 있다. 테이블은 분류 정보를 갖고 있지 않다. 만약 갖고 있다면 어떤 문제가 있을까? 다시 말해 분류 대상과 분류 정보가 분리되지 않았다면, 어떤 문제가 발생할까?

1. 저장 공간을 분류의 특성에 맞게 미리 할당해야 한다.
2. 상시적으로 공간 이동을 해야 하고, 분류를 유지하는 데 많은 비용이 든다.
3. 오직 하나의 분류만 가능하다.

1번과 2번에서 많은 유지 비용이 필요한 것도 문제지만, 특히 3번에 대한 제약은 심각하다. 데이터에 대한 다양한 분류가 필요한 디지털 세상에서는 치명적인 약점이다. 이러한 이유 때문에 DB를 처음 만든 사람이 테이블과 인덱스를 분리했을 것이다. 그래서 테이블은 분류 대상만을 갖게 됐고, 인덱스는 분류 정보를 갖게 됐다.

분류 대상(테이블)과 분류 정보(인덱스)가 분리됐으므로, 하나의 테이블에 대해 다양한 분류와 접근이 가능하게 됐다. 약간의 단점도 있겠지만 유리한 점이 훨씬 더 많다.

지식은 그것을 필요로 하는 사람의 몫

DB의 인덱스에 대해 '네이버'에서 검색하면 다음과 같은 내용이 나온다. 또한 DB 관련 도서들을 찾아봐도 다음 내용과 크게 다르지 않다.

- 인덱스는 책의 목차와 같다.
- 인덱스는 테이블의 원하는 레코드를 빠르게 찾아갈 수 있도록 만들어진 데이터

구조다.
- 인덱스는 SQL 명령문의 처리 속도를 높이기 위해 컬럼에 대해 생성하는 객체다.
- 오라클의 인덱스 내부 구조는 B-tree 구조다.
- 인덱스를 생성하는 구문에 대한 내용… Create Index………

위는 인덱스에 대한 틀림이 없는 설명이다. 하지만 앞서 소개했듯이 개발자에게 중요한 것은 인덱스의 목적이나 기능이 아니다. 인덱스 생성 구문도 아니다. 또한 개발자에게 인덱스가 B-tree 구조인지, 그 어떤 구조인지는 그리 중요하지 않다. 인덱스 목적·기능·구조·생성 구문을 몰라도 된다는 것이 아니라, 중요하지 않다고 말하고 싶다. 인덱스를 만들고 관리하는 일은 DBA가 한다. **개발자는 인덱스를 어떻게 잘 만들 것인지가 중요하다.** 즉 어떻게 잘 분류할 것인지를 고민하는 게 중요하다.

지금까지 개발 및 DB 분야 일을 두루 경험하면서 인덱스의 중요함을 뼈저리게 느꼈다. 다시 한번 소개하지만 필자가 개발자 초년생이었을 때, 인터넷을 검색해 가면서 DB 관련 책을 보면서 공부했다. 하지만 인덱스에 대해서 잘 알지도 못했고, 인덱스를 잘 만들지도 못했다. 10여 년의 시간이 지난 후 '인덱스는 분류'라는 것을 터득했을 때에 비로소 인덱스를 잘 만들게 됐다. 그리고 잘 분류할 수 있게 됐다. 그때부터 인덱스에 대한 어려움은 없었다. 이것을 터득하기까지 10년이라는 먼 길을 돌아왔다.

여러분은 필자처럼 먼 길을 돌아오지 않았으면 좋겠다(물론 '젊어서 고생은 사서라도 하라'는 말이 있듯이, 고난은 사람을 강하게 함을 부정하지 않는다^^). 지식은 '글 쓰는 사람의 것이 아니라 그것을 필요로 하는 사람의 것'이라고 믿고 있다.

'인덱스는 논리적 분류'라는 것을 염두에 두고 접근한다면, 인덱스에 대한 이해가 빠르고 좋은 인덱스, 나아가 최적의 인덱스를 만들 수 있을 것이다. 인덱스를 만들 때 인덱스와 분류를 연관시켜서 생각하기 바란다. 그때 비로소 인덱스는 편안하게 여러분을 찾아갈 것이다.

다시 말하지만 지금까지 검색 사이트나 DB 관련 책을 많이 보았지만, 인덱스와 분류를 연관시켜서 설명한 경우를 본적은 없다. 그래서 약간의 두려움도 있었지만, 이번 스토리의 방향이 올바르고 내용이 적합하다는 확신은 있다. 조금이나마 여러분에게 도움이 됐으면 해서 용기를 내보았다.

원리를 이해하고 논리로 풀어가는 쉬어가는
스토리 DB 문제 ❸

각 스토리의 끝에 간단하면서도 재미있고 생각해 보는 DB 문제를 출제한다. 모든 문제는 DB의 원리를 이해할 수 있는 기준으로 출제한다. 문제를 풀어보면서 DB 원리를 하나씩 배우고 이해할 수 있다.

다음은 웹사이트에서 빈번하게 볼 수 있는 달력 팝업 화면이다. 이전달, 다음달 표시 버튼을 클릭하면 해당 월의 달력을 보여주는 쿼리를 가장 단순하게 작성하시오(단 입력 변수는 YYYYMM).

◀　　　　　　　**2014년 12월**　　　　　　　▶

일	월	화	수	목	금	토
30	1	2	3	4	5	6
7	8	9	10	11	12	13
14	15	16	17	18	19	20
21	22	23	24	25	26	27
28	29	30	31	1	2	3
4	5	6	7	8	9	10

※ 정답과 풀이는 '스토리 DB 문제 풀이와 정답'에 있다.

KEY WORD 인덱스

인덱스에 대한 오해와 진실

개발자 입장에서 DB 성능 문제의 대부분은 인덱스를 제대로 작성하지 못하는 데서 발생한다. 앞서 소개했듯이 제대로 분류(인덱스)하지 않으면 DB 엔진은 많은 수고를 하여 쿼리 조건을 만족하는 값을 찾아야 한다. DB 성능 문제의 근본적인 부분인 인덱스를 새로운 관점에서 소개한다.

어느 날 직장 남자 후배의 결혼식에 가려고 사무실 양식 보관함에서 '華婚(화혼)'이라고 인쇄된 봉투 하나를 챙겼다. 지나가던 선배가 필자가 들고 있던 봉투를 보면서 지나가는 말로 한마디 했다.
'結婚(결혼)은 남자 측에 낼 때, 화혼은 여자 측에 낼 때 쓴다.'

결혼인가, 화혼인가!

화혼이라고 인쇄된 봉투가 아닌 결혼이라고 인쇄된 봉투를 챙겨야 한다는 것이다. 그 선배의 지적을 듣고 당황해 알겠다고 말하고, 내가 알고 있는 내용과 다른 것 같아 바로 인터넷 검색을 해봤다. 크게 다음의 3가지 주장이 있었다.

1. 결혼은 남자 결혼식에서 사용하고 화혼은 여자 결혼식에서 사용한다.
2. 결혼은 나와 동일하거나 아랫사람일 때 사용하고, 화혼은 남녀 구분 없이 남의 결혼식을 높여 부르는 말이다.
3. 결혼과 화혼을 사용하기보다는 '혼인'을 사용해야 한다.

어느 것이 오른지는 이 책에서는 중요하지 않다. 하지만 요즘 출처가 불분명하고 부정확한 내용이 블로그 등에 인용되고, 정확한 내용인 것처럼 빠르게 퍼져 나가는 것을 볼 때가 있다. DB 분야에서도 이런 글을 간혹 목격할 수 있다. 지금까지는 나만 올바르게 알면 됐지 남이 쓴 글에 이렇다 저렇다 다른 의견을 제시할 필요는 없다고 생각했다.

하지만 이번 책을 계기로 용기를 내서 필자가 알고 있는 부분에 대해 의견을 제시하고자 한다. 논란의 여지가 있고 어떤 반응이 나올지 궁금하지만, 이 또한 서로 지식 교류이고 정확하게 짚고 넘어가는 기회가 될 것 같아 나름 위안을 삼는다.

결합인덱스의 컬럼 순서 결정방법

검색 사이트에서 결합인덱스의 컬럼 순서 결정방법에 대한 내용을 검색해 보면, 다수의 블로그에서 다음과 같은 내용을 인용하고 있다.

1. 항상 WHERE 조건에 사용되는 컬럼인가?
2. 항상 '=' 로 사용되는가?
3. 분포도가 좋은 컬럼인가?
4. SORT에 사용되는 컬럼인가?

여기에서 논란이 되는 부분은 3번과 4번이다. 나머지 내용에는 필자도 동의한다. 하지만 구체적인 설명이나 예가 없어서 내용을 덧붙여서 설명한다.

첫째, 항상 WHERE 조건에 사용되는 컬럼인가?

결합인덱스의 첫 번째 컬럼을 조건에서 사용하지 않는다면, 그 인덱스는 사용되지 않는 경우가 대부분이다. 따라서 많은 쿼리에서 공통적으로 사용되는 조건절의 컬럼을 인덱스 선행컬럼에 주로 사용한다. 다수의 쿼리에서 공통적으로 사용된다는 것은 필수 조건절이라는 의미와 동일하다. 이러한 필수 조건절은 결합인덱스의 선행컬럼으로 사용돼야 한다.

둘째, 항상 '=' 로 사용되는가?

결합인덱스에서 선행컬럼이 '=' 조건이 아니라면 후행컬럼 조건에서 '=' 을 사용하더라도 처리범위는 줄어들지 않는다. 조건절에서 '=' 이 아닌 연산자를 사용하는 첫 번째 컬럼까지만 인덱스를 타고, 그 다음 후행컬럼부터는 인덱스를 타지 않고 필터만 한다. 다른 말로 체크한다고도 한다. 예를 들어 다음과 같은 결합인덱스가 있다고 하자.

```
결합인덱스 = 컬럼1 + 컬럼2 + 컬럼3 + 컬럼4 + 컬럼5
```

만약 다음과 같이 컬럼3 조건에서 BETWEEN을 사용했다면, 컬럼3까지만 인덱스를 타고 결합인덱스의 후행컬럼인 컬럼4, 컬럼5는 비록 '=' 조건이 있더라도 인덱스를 타지 않고 필터만 한다.

```
WHERE 컬럼1 = ?
AND   컬럼2 = ?
AND   컬럼3 BETWEEN ? AND ?  -- 결합인덱스에서 '='이 아닌 연산자를 사용하는 첫 번째 컬럼
AND   컬럼4 = ?
AND   컬럼5 LIKE ?
```

일반적으로 날짜의 의미를 갖고 있는 주문일자, 생산일자, 결제일자 등의 컬럼은 구간 조건으로 많이 사용되는 컬럼이다. 따라서 결합인덱스의 후행컬럼으로 주로 사용된다. 결국 결합인덱스는 다음과 같은 컬럼의 순서로 변경할 것을 고려해야 한다.

```
결합인덱스 = 컬럼1 + 컬럼2 + 컬럼4 + 컬럼3 + 컬럼5
```

셋째, 분포도가 좋은 컬럼인가?

'분포도가 좋은 컬럼은 처리 범위를 줄여주므로 결합인덱스의 선행컬럼으로 사용해야 한

다'고 여러 블로그에서 인용하고 있다. 과연 그럴까?

필자는 그렇지 않다고 생각한다. 만약 분포도가 좋은 선행컬럼이라면, 굳이 결합인덱스로 사용할 필요는 없고 단일인덱스로 사용하면 된다. 결합인덱스는 여러 컬럼을 합쳐서 처리 범위를 줄여주는 인덱스다. 이미 첫 번째 선행컬럼이 분포도가 좋아서 처리 범위가 많이 줄어들었으므로 굳이 결합인덱스로 만들 필요까지는 없다.

결국 분포도가 좋은 컬럼은, 결합인덱스의 선행컬럼 대상이라기보다는 단일인덱스 컬럼 선정의 중요한 고려사항이다. 지금까지 경험한 대부분의 결합인덱스 컬럼 순서와 분포도의 관계는 다음과 같았고, 블로그에서 설명하는 내용과는 정반대였다.

> 결합인덱스:선행컬럼(분포도 나쁨) + … + 중간컬럼(분포도 보통) + … + 후행컬럼(분포도 좋음)

결합인덱스는 여러 컬럼을 합쳐서 처리 범위를 줄인다는 의미도 있지만, 다수의 단일인덱스를 대체하는 공통의 인덱스라는 의미도 있다. 바로 이 부분을 간과한 것 같다. [그림 4-1]을 보면 분포도가 좋은 컬럼(소분류망)이 왜 선행컬럼이 돼서는 안 되는지 이유가 명확해 진다. 분포도는 빈도나 개수의 개념이라서 크기의 개념인 망에 비유하기가 다소 애매한 부분이 있지만 맥락 파악 차원에서 이해하기를 바란다.

만약 [그림 4-1]에서 분포도가 좋은 소분류 망이 제일 위에 있다면 어떻게 될까? 우리는 모래만 얻을 수 있을 것이다. 하지만 분류기에서 분류망의 순서를 [그림 4-1]과 같이 배치한다면, 큰돌·자갈·모래를 동시에 얻을 수 있다.

또한 대분류망은 큰돌, 자갈, 모래를 모두 구할 수 있는 필수 분류망이기도 하다. 이는 결합인덱스 컬럼 순서 결정 방법의 첫 번째 규칙에 해당한다. 결국 결합인덱스에서 선행컬럼의 순서는 분포도로 접근하기보다는, 분류의 개념으로 접근하는 것이 오히려 더 좋은 결과를 가져 올 수 있다.

현실 세계에서 우리가 접하는 대부분의 분류 순서는 큰 범위에서 작은 범위로의 분류다. [그림 4-1]에서 우리는 다수의 단일 인덱스의 역할을 동시에 가능하게 하는 결합인덱스의 구성 원리를 보았다. 그 원리는 다음과 같다.

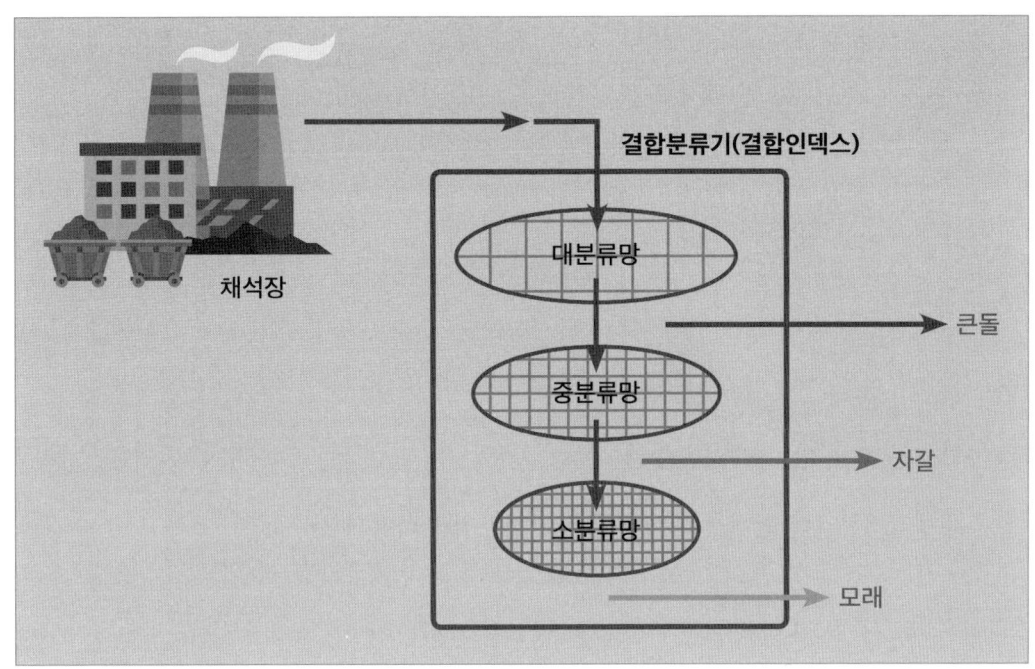

그림 4-1 채석장에서 분류작업

> 결합인덱스: 선행컬럼(대분류) + … + 중간컬럼(중분류) + … + 후행컬럼(소분류)

넷째, 소트에 사용되는 컬럼인가?

이 부분에도 약간 논란의 여지가 있다. 소트에 사용됐다고 결합인덱스의 선행컬럼으로 반드시 사용돼야 하는 것은 아니다. 결합인덱스는 결합된 컬럼의 순서로 정렬·저장되므로 소트에 사용되는 컬럼은 결합인덱스의 일부분일 수는 있으나, 선행컬럼의 조건일 수는 없다. 오히려 소트에 사용되는 컬럼은 결합인덱스 후행컬럼에 자주 사용된다.

인덱스는 책의 목차나 색인의 역할처럼 빨리 찾는 의미로 인식되고 있는데, 인덱스는 기본적으로 위치(조건) 정보와 순서(정렬) 정보의 특성을 동시에 갖고 있다. 따라서 결합인덱스에는 위치정보를 갖고 있는 컬럼도 있고, 순서 정보를 갖고 있는 컬럼도 있다. 결합인덱스는 다음과 같은 규칙으로 구성돼야 한다.

1. 위치정보 컬럼만으로 구성할 수 있다. 혹은 순서정보 컬럼만으로 구성할 수 있다.
2. 위치정보 컬럼과 순서정보 컬럼의 순으로 구성할 수 있다.
3. 위치정보 컬럼과 순서정보 컬럼의 순서는 혼재돼서는 안 되며 뒤바뀌어도 안 된다.

결론적으로 결합인덱스의 컬럼 순서에서 순서정보 컬럼은 위치정보 컬럼의 후행에 있어야 한다.

추천하는 결합인덱스의 컬럼 순서

필자가 생각하는 결합인덱스의 컬럼 순서 결정방법은 다음과 같다.

1. 공통적으로 사용하는 필수 조건절 컬럼을 우선한다.
2. '=' 조건의 컬럼을 다른 연산자 컬럼보다 우선한다.
3. 대분류 → 중분류 → 소분류 컬럼순으로 구성한다.
4. 위치(조건) 정보 컬럼은 순서(SORT) 정보 컬럼보다 우선한다.

위의 4가지 방법으로 결합인덱스의 컬럼 순서를 결정할 수 있으며, 각 방법은 우선 순위가 없으므로 복합적으로 판단·결정해야 할 것이다.

원리를 이해하고 논리로 풀어가는 쉬어가는
스토리 DB 문제 ④

각 스토리의 끝에 간단하면서도 재미있고 생각해 보는 DB 문제를 출제한다. 모든 문제는 DB의 원리를 이해할 수 있는 기준으로 출제한다. 문제를 풀어보면서 DB 원리를 하나씩 배우고 이해할 수 있다.

대용량 고객 테이블에 1,000만 건의 고객 정보가 있다. 현재 존재하는 인덱스는 지역 + 고객이다. 아래 ①, ②, ③ 예시를 보고 문제를 풀어보시오(데이터는 균등 분포된다고 가정함).

① 성별이 남자인 고객 100명 조회하기
② 특정 지역에 거주하는 고객 100명 조회하기
③ 고객명이 홍길동인 사람 1명 조회하기

1) ①, ②, ③ 중에서 보편적으로 비용이 가장 적게 드는 것은?
2) 최소한의 비용이 발생 할 수 있는 경우는 몇 번이며 어떤 경우인가?
3) 최대한의 비용이 발생 할 수 있는 경우는 몇 번이며 어떤 경우인가?

※ 정답과 풀이는 '스토리 DB 문제 풀이와 정답'에 있다.

KEY WORD 인덱스

쉬운 것이 바른 것! 인덱스 컬럼 선정 기준

인덱스로 사용 가능한 컬럼이라고 하여 무조건 인덱스로 만들 수 있는 것은 아니다. 조건절 혹은 조인절에서 자주 사용돼야 한다. 인덱스 대상 후보컬럼을 어떻게 선정하면 좋을까? 다양한 경험과 검증을 거친 기준을 제시한다.

이제 본격적으로 인덱스에 대해 알아보자. 인덱스는 DB에서 데이터를 검색할 때 검색되는 데이터의 수를 줄여, 성능을 높이기 위해 지정하는 식별자다. 데이터의 논리적 분류 정보를 갖고 있으며 DB의 여러 요소 중에서 가장 중요한 부분이기도 하다. 잘못된 인덱스가 문제가 돼서 시스템 성능 저하나 장애를 불러올 수 있으므로 개발자 입장에서도 매우 중요한 부분이다. 향후 이 책에서는 인덱스를 다음과 같은 순서로 자세히 소개한다.

1. 인덱스를 잘 만들기 위한 기본 원리들에 대한 이해
2. 인덱스 생성도와 실전 인덱스
3. 인덱스의 종류와 사용 목적에 대한 이해

이 가운데 두 번째의 '인덱스 생성도와 실전 인덱스'는 이 책에서 필자가 가장 중요하게 생각하는 부분이기도 하다.

바른 것이 쉽다

장자는 노자의 도가 사상을 계승했고, 맹자는 공자의 유가 사상을 계승했다. 맹자는 인간의 본성을 선하다고 전제하고 인의에 따라 세상을 다스려야 한다고 주장했다. 맹자는 자연의 순리대로가 아니라 인위적인 예와 의에 따라 사회를 다스리고 인간의 선한 본성을 회복해야 한다고 주장했다.

반면에 노자의 도가 사상을 계승한 장자는 인위적인 통치가 아니라 자연의 순리에 따를 것을 주장했다. 장자의 도는 항상 현실 가능한 도이며 실천 불가능한 이상향의 도가 아니었다. 장자의 제자들 중에 깨달음을 얻지 못한 자가 없었다고 한다. 요즘처럼 복잡하고 어수선한 세상에서는 간단 명료하게 살아가는 장자의 지혜가 필요하다. 필자는 장자가 말한 아래 문구를 무척 좋아한다.

> 쉬운 것이 올바른 것이다.
> 올바르게 시작하면 모든 것이 쉬워진다.
> 쉽게 앞으로 나아가라. 그게 올바르다.
> 쉬운 것을 찾아내는 올바른 방법은
> 올바른 방법을 잊어 버리고
> 그게 쉽다는 것을 잊어버리는 것이다.
>
> - 장자

▲ 장자의 호접몽 (출처: 위키피디아)

쉬운 것이 올바르다. 올바른 것이 쉽다. 이 말처럼 이 책도 쉽게 쓰고자 노력했다. 필자의 개발자 시절 경험으로 볼 때, 개발자들이 DB의 인덱스를 얼마나 어렵게 인식하는지를 잘 알고 있다. 장자는 은유와 과장된 표현 방법을 많이 사용했다. 듣는 사람에게 그 의미를 쉽게 전달할 수 있기 때문이었다고 한다. 그만큼 은유나 과장이 들어간 이야기는 사람의 흥미를 더 끌게 마련이다.

이번 스토리뿐만 아니라 앞으로의 계속된 스토리에도 장자의 방법을 따르고자 한다.

이번에 소개할 내용은 '인덱스를 잘 만들기 위한 기본 원리들에 대한 이해'다. 기존 책이나 블로그에 많이 인용된 부분과는 다른 내용이 있다. DB 인덱스의 원론적인 규칙은 존재하나, 실제로 업무 적용이나 그 사용에 있어서는 맞지 않는 부분들이 있다. 이 글은 10여 년을 개발자로 지내면서 실제로 경험한 내용을 바탕으로 썼으며, 인덱스에 대한 전반적인 기본 규칙을 쉽게 이해하도록 설명했다.

성능 제고를 위해 우선 고려할 것, 인덱스

개발자라면 SQL을 작성하면서 성능을 보장하기 위해 가정 먼저 무엇을 고려해야 할까? 바로 인덱스다. 앞서 소개했듯이 인덱스는 책의 목차나 색인처럼 빨리 찾기 위한 용도로 알려져 있지만, 분류 정보이기도 하다.

분류는 물리적 분류와 논리적 분류로 나눌 수 있다고 소개했다. 현실 세계에서 우리가 접하는 대부분의 분류는 물리적 분류다. 물리적 분류는 하나의 공간에 한 가지 분류만 가능하다는 것도 알아보았다. 하지만 세상은 복잡해졌고 분류할 정보는 점점 늘어났다. 컴퓨터가 사용되면서 대량의 정보에 대한 다양한 분류가 필요해졌다.

하나의 공간에 한 가지 분류만 필요하다면 인덱스는 필요 없을 것이다. 테이블에서 바로 분류하면 되기 때문이다. 하지만 디지털 세계의 자료는 하나의 공간에 여러 가지 분류가 필요하다. 이것을 가능하게 하는 방법은 분류 대상(테이블)과 분류 정보(인덱스)를 나눈다는 것도 기억날 것이다. 결국 테이블과 인덱스는 분리됐다. 테이블에 인덱스는 종속적인 관계이면서 1:N의 관계다. 종속적이므로 테이블을 삭제하면 인덱스도 삭제된다. 참고로 테이블과 뷰는 종속적인 관계가 아니므로 테이블을 삭제해도 뷰는 삭제되지 않는다.

분류 대상(테이블)과 분류 정보(인덱스)를 분리함으로써 다양한 분류가 동시에 가능하게 됐다. 이것이 논리적 분류다. 인덱스는 논리적 분류다. 우리가 알고 있는 모든 DB는 테이블과 인덱스가 분리·관리되고 있다. 앞서 소개했지만, DB 관련 책이나 블로그에서 인덱스의 특징을 다음과 같이 다양하게 내리고 있다.

- 인덱스는 책의 목차와 같다.
- 인덱스는 테이블의 원하는 레코드를 빠르게 찾아갈 수 있도록 만들어진 데이터 구조다.

- 인덱스는 SQL 명령문의 처리 속도를 향상시키기 위해 컬럼에 대해서 생성하는 객체다.
- 오라클에서 인덱스 내부 구조는 B-tree 구조다.
- 인덱스를 생성하는 구문에 대한 내용… Create Index…………

필자는 여기에 다음의 내용을 추가하고 싶다.

- 분류 대상과 분류 정보를 분리함으로써 다양한 분류가 동시에 가능하게 됐다.
- 테이블은 분류 대상이고 인덱스는 분류 정보다.
- 인덱스는 논리적 분류다.
- 분류는 물리적(현실 세계) 분류와 논리적(디지털 세계) 분류로 나눌 수 있다

인덱스 대상 후보컬럼 선정 기준

인덱스는 테이블에서 찾고자 하는 레코드를 빨리 찾아가는 색인 또는 목차의 개념이기도 하고, 분류 대상(테이블)에 대한 논리적인 분류 정보(인덱스)이기도 하다. 테이블에 존재하는 수많은 컬럼을 모두 인덱스 컬럼으로 사용할 수 있는 것은 아니다. 컬럼들 중에서 인덱스로 사용할 수 있는 컬럼이 있고, 그렇지 않은 컬럼도 있다. 또한 가능하다고 무조건 인덱스로 만들 수 있는 것도 아니다. 조건절 혹은 조인절에서 자주 사용돼야 한다. 필자는 아래 5가지 규칙에 따라서 인덱스 대상 후보컬럼을 결정한다.

1. 분포도가 좋은 컬럼인가?
2. 갱신이 자주 발생하지 않는 컬럼인가?
3. 조건절에서 자주 사용되는 컬럼인가?
4. 조인의 연결고리에 사용되는 컬럼인가?
5. 소트 발생을 제거하는 컬럼인가?

분포도가 좋은 컬럼인가?

분포도란 전체 레코드에서 식별 가능한 수에 대한 백분율을 의미한다. 예를 들면 고객 테이블에서 성별 컬럼은 식별 가능한 수가 2개(남자, 여자)이고 분포도는 50%다. 나이 컬럼은 식별 가능한 수가 100개(1세~100세)이고 분포도는 1%다. 식별 가능한 수가 클수록 분포도는 낮으며, 분포도가 낮을수록 분포도가 좋다고 한다. 분포도가 좋은 컬럼은 인덱스 후보컬럼이 될 수 있다. [그림 5-1]에서 고객 테이블의 레코드는 1,000만 건이다. 균등 분포됨을 가정하고 각 컬럼의 분포도를 구해 보았다.

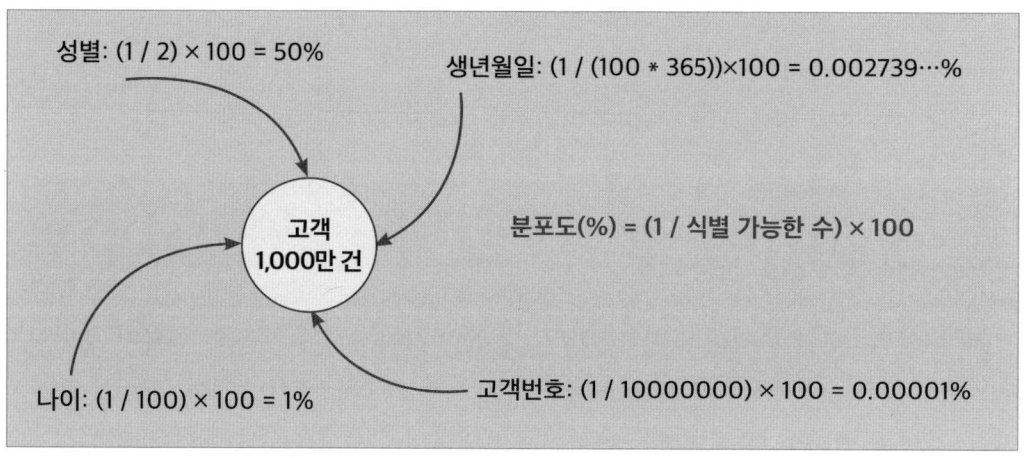

그림 5-1 1000만 건 레코드에서 컬럼 분포도

인덱스보다 풀스캔이 유리할 때

앞서 분포도가 좋은 컬럼은 인덱스 후보컬럼이 될 수 있다고 했다. 그렇다면 좋은 분포도의 기준은 무엇일까? 일반적인 DB 전문서나 블로그를 살펴보면, 전체 레코드의 10% 이내를 주장하는 경우도 있고, 3% 이내를 주장하는 경우도 있다. 나름대로 타당한 원리를 바탕으로 했으나 현실은 그렇지 않았다.

테이블 풀스캔 시의 멀티 블록으로 운반됨을 감안해야 하고, Index Random 접근 시의 Leaf Block 접근도 감안해야 한다. 또한 인덱스 생성으로 인한 부하까지도 고려한다면, 인덱스 후보컬럼으로 허용 가능한 기준치는 1% 이내이다. 수많은 실전 경험을 통해서도 분포도가 1% 이상이면 인덱스의 효율성은 없었다. 오히려 테이블 풀스캔이 좋았던 적이 더 많았다.

올바른 규칙이라도 모두 행동해야 하는 것은 아니다. 초등학교에 입학한 자녀를 둔 부모들이 많이 겪는 문제가 있다. 학교에서 선생님이 아이들에게, 휴지를 보면 주우라고 가르친다. 그 중에 순진한 어린이는 등굣길에 휴지를 줍다가 지각을 하기도 하고, 하굣길에 휴지 줍다가 집에 늦게 돌아와서 부모를 걱정하게 하기도 한다. 휴지를 줍는 것은 좋은 일이지만, 그렇다고 그대로 실천하기도 불가능에 가까운 일이다.

컬럼의 분포도가 10% 이내 혹은 3% 이내의 컬럼은 인덱스로 생성 가능하다는 주장은 기본 원리로만 이해해야지, 무조건 적용하지 말기 바란다. 필자가 주장하는 1% 이내도 배치 쿼리에서나 가능한 일이다. 온라인 쿼리에서는 1% 분포도도 좋은 분포도가 아니다. 테이블의 크기는 소형·중형·대형 등으로 제각각이다. 이러한 테이블에 동일한 기준 1%를 적용하는 것은 문제가 있어 보인다. 예를 들어 1,000만 건으로 구성된 고객 테이블에서 1%는 10만 건이다. 온라인 쿼리에서 10만 건을 조회할 이유는 없을 것이다.

논리적 분포도로 판단할 때의 위험

온라인 쿼리에서의 인덱스 후보컬럼 선정 기준은, 분포도가 1% 이내 조건 외에도 한 가지를 더 추가할 필요가 있다. 화면에서 페이징을 구현한다고 가정할 때, 10페이지 이내의 건수에 해당하는 컬럼 정도만 인덱스 후보컬럼으로 선정하자.

[그림 5-1]에서 생년월일 컬럼의 분포도는 0.002739…%다. 분포도가 아주 좋다. 그렇다고 인덱스 후보컬럼으로 선정할 수 있을까?

고객 마케팅팀에서 이벤트를 하거나 감사의 메일을 보낼 때를 생각해 보자. 고객의 생일이 몇 월 며칠인지가 중요하지, 탄생년도는 그리 중요하지 않다. 컬럼의 분포도가 좋으나 업무적으로 봤을 때 조건절에 사용되지 않을 컬럼이므로 인덱스 후보컬럼으로 선정할 수 없다.

만약 주문 테이블에 '배송여부' 컬럼이 있다고 가정하자. 배송여부 컬럼의 식별 가능한 수는 2개(Y, N)이며 분포도는 50%임을 알 수 있다. 컬럼의 분포도가 아주 좋지 않다. 그렇다면 배송여부 컬럼은 인덱스 후보컬럼으로 선정할 수 없을까?

그렇지 않다. 논리적으로 식별 가능한 수는 Y, N 2가지 경우로서 분포도가 좋지 않다. 하지만 실제 테이블에 존재하는 물리적인 레코드의 배송여부 값은 대부분 Y이며, 최근에 주문한 극소수의 레코드 값만 N일 것이다. 논리적으로 판단하면 분포도가 좋지 않으나, 물리적으로 실제값을 확인 했을 때는 배송여부 컬럼의 값에 따라 분포도가 극단적으로 쏠림을 알 수 있다. 분포도는 논리적으로 판단하기보다는 물리적으로 판단해야 한다. 아래와 같은 쿼리라면, 배송여부 컬럼은 인덱스 후보컬럼으로서 자격이 충분하다.

```
SELECT *
FROM 주문
WHERE 배송여부 = 'N'
ORDER BY 주문일자 ASC
```

서해 대부도에 사는 지인이 있어서 가끔 망둥어 낚시를 하곤 한다. 세상에! 이렇게 쉬운 낚시를 지금까지 경험해보지 못했다. 물에 낚시를 드리우자마자 망둥어가 그냥 잡혀 올라왔다. 필자는 낚시를 좋아하지 않지만 망둥어 낚시만은 예외다. 특별한 떡밥이나 미끼도 필요 없다. 먹을 수 있는 모든 것이 미끼가 됐다. 망둥어를 잡기 위한 떡밥을 만든다면 팔리지 않을 것이다.

앞의 [그림 5-1]에서 성별 컬럼이 바로 그렇다. 고객 테이블에서 남자 고객은 50%의 분포도를 가진다. '물 반 고기 반'이라는 말이 있듯이 '남자 반 여자 반'이다. 물 반 고기 반인데 무슨 떡밥이 필요할 것이며, 그물이 필요하겠나. 남자 반 여자 반인데 무슨 인덱스가 필요할 것인가. 당연히 필요 없다.

특별한 물고기

망둥어처럼 낚시를 드리우자마자 잡히는 물고기가 있는 반면, 천만 번 낚시를 드리우고 나서야 한 번 잡힐까 말까한 특별한 물고기도 있다고 하자. 여러분들은 천만 번 던질 것인가, 아니면 떡밥을 살 것인가?

여러분은 아마 낚시를 천만 번 드리우는 수고를 하기보다는 약간의 비용이 들어가더라도 떡밥을 사서 한 번만에 그 특별한 물고기를 잡으려 할 것이다. [그림 5-1]에서 고객번호 컬럼이 바로 그러하다. 특정 고객번호를 찾기 위해서는 1000만 건 고객 테이블을 풀 스캔을 해야 한다. 하지만 약간의 부하가 있더라도 인덱스를 만들어 놓으면, 한 번의 랜덤 액세스로 원하는 고객 정보를 찾을 수 있다.

인덱스를 만들 때, 컬럼의 분포도가 좋은지 나쁜지를 항상 고민해야 한다. 인덱스 후보컬럼으로서 자격이 있는지 고민해야 한다. 해당 컬럼이 특별한 물고기인지 고민해야 한다는 말이다.

지금까지 단일인덱스의 분포도에 대해 설명했다. 그렇다면 결합인덱스의 분포도는 어떻게 판단할 것인가? 단일인덱스에서는 컬럼의 분포도가 중요한 요소이지만, 결합인덱스에서는 컬럼들의 순서가 중요한 요소다. 그렇다고 결합인덱스에서 분포도가 나빠도 된다는 이야기는 아니다. 결합인덱스도 각각의 컬럼은 분포도가 나쁠지라도 전체 컬럼의 분포도는 좋아야 하는 것은 당연하다.

첫째, 갱신이 자주 발생하지 않는 컬럼인가?

인덱스 컬럼이 자주 갱신(update)되면, [그림 5-2]처럼 인덱스 밸런싱이 깨진다. 인덱스는 조회를 빨리 하기 위해 만들어졌지만, 그만큼 우리가 희생해야 하는 부분이 있다. 테이블에 처리(insert, update, delete) 작업을 할 때, 인덱스에 대한 정보도 반영해야 하기 때문이다.

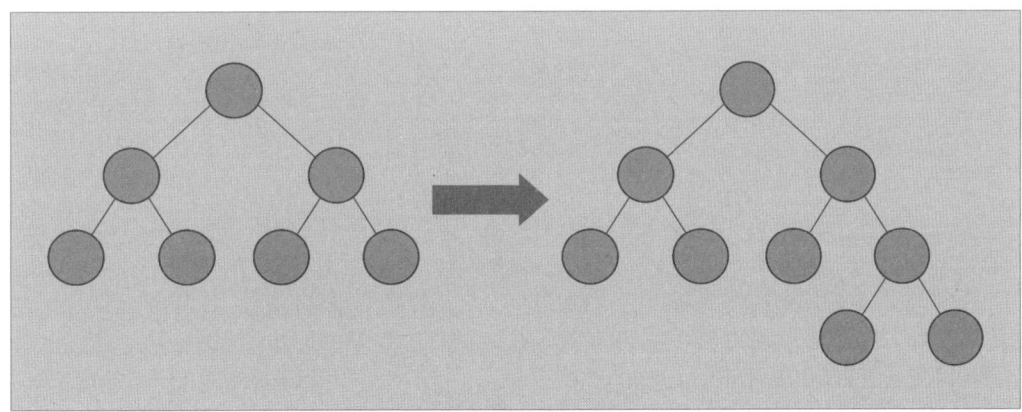

그림 5-2 인덱스 밸런싱

가급적 update 항목에서 사용하는 컬럼은 인덱스 후보컬럼에서 배제하는 것이 좋다. update 항목에 속하는 컬럼인지 아닌지, 컬럼명으로 어느 정도 알 수 있다. 수정일자, 종료일자, 취소일자, 승인일자, 상태코드, 결과코드, 배송여부, 진행상태코드 등을 예로 들 수 있다. 이러한 update 유발 컬럼이라도 인덱스에 반드시 사용해야 하는 경우도 있다. 배송여부, 진행상태코드 등의 컬럼이 그 예이다. 이러한 컬럼은 단일인덱스에 사용되기 보다는 결합인덱스의 후행컬럼으로 주로 사용된다. 갱신이 자주 발생하는 컬럼은, 인덱스 후보컬럼 선정 시 더 엄격한 기준으로 대해야 한다.

둘째, 조건절에서 자주 사용되는 컬럼인가?
조건절에 자주 사용한다는 의미는 중요한 조건절이라는 의미도 있지만, 범용적인 조건절이라는 의미가 더 크다. 테이블에 종속적인 인덱스가 많으면 많을수록 데이터 처리 시 부하도 높을 것이다. 그렇다면 우리는 가능한 한 필요한 만큼의 인덱스만 만들도록 노력해야 한다.
[그림 5-3]처럼 동일한 테이블에 쿼리1, 쿼리2, 쿼리3이 있다고 가정하자. 이때 컬럼 1~7은 해당 쿼리의 조건절에서 사용하는 인덱스 후보컬럼이다. 우리가 필요로 하는 인덱스는 각각의 쿼리 1, 2, 3에 하나씩 총 3개가 필요하다. 만약 한 개의 인덱스만 만들 수 있다면 여러분은 어떤 인덱스를 만들 것인가? 이와 같은 경우는 실제 운영하면서 많이 만나는

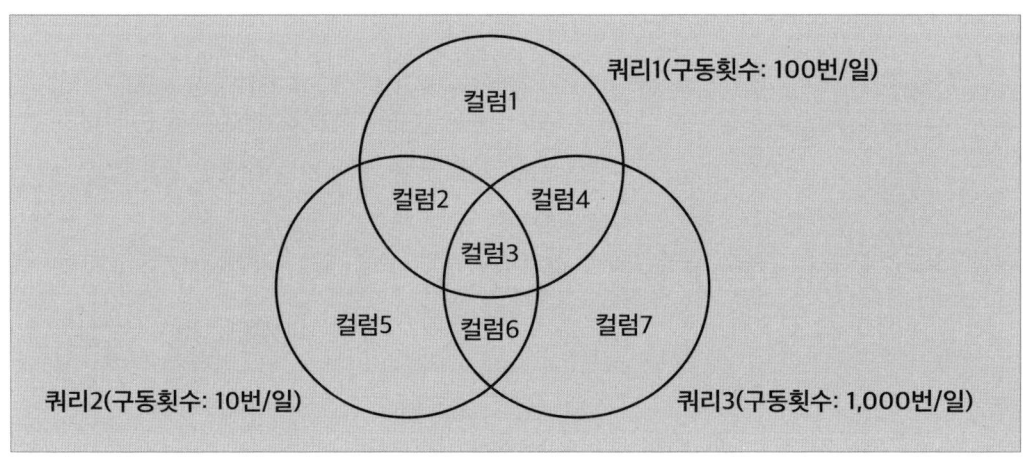

그림 5-3 한 테이블에 3개의 쿼리가 존재하는 경우

문제다. 내용을 요약하면 다음과 같다.

- 쿼리 일일 구동 횟수: 쿼리3(1,000번) > 쿼리1(100번) > 쿼리2(10번)
- 조건절에서 자주 사용: 컬럼3(3회) > 컬럼2(2회)= 컬럼4 = 컬럼6 > 컬럼1(1회) = 컬럼5 = 컬럼7

필자는 다음과 같이 인덱스를 만든다.

- 결합인덱스 = 컬럼3 + 컬럼4 + 컬럼6 + 컬럼7

제일 먼저 가장 빈번히 구동되는 쿼리 3을 기준으로 인덱스를 만든다. 그리고 다른 쿼리도 범용적으로 사용할 수 있도록 조건절에서 자주 사용하는 컬럼을 결합인덱스의 선행으로 두었다.

셋째, 조인의 연결고리에 사용되는 컬럼인가?

인덱스는 조건절에서 사용되기도 하고 조인절에서 사용되기도 한다. 조건절에서 사용하는 인덱스는 최초로 접근하는 테이블을 결정하는 중요한 인덱스이며, 데이터 접근 범위를 줄여주는 역할을 한다. 조인절에서 사용하는 인덱스는 테이블간의 관계를 맺는 인덱스로서, 데이터 접근 범위를 항상 줄여주는 것은 아니다. 1:N 관계의 테이블 조인에서는 오히려 접근 범위가 커지기도 한다.

오라클 쿼리에서 테이블간의 관계를 연결해주는 조인의 방법에는 다음과 같이 3가지가 있다.

1. Nested Loop Join: 온라인 쿼리에서 90% 이상을 차지한다. 조인절에 인덱스가 반드시 있어야 한다.
2. Sort Merge Join: 거의 발견할 수 없다. 조인절에 인덱스가 반드시 있어야 하는 것은 아니다.
3. Hash Join: 배치 쿼리에서 30% 이상을 차지한다. 조인절에 인덱스가 반드시 있

어야 하는 것은 아니다.

앞 테이블간 조인 방법 3가지 중에서 개발자들이 접하는 대부분의 방식은 Nested Loop Join이다. 현재 운영중인 쿼리의 90% 이상을 차지하고 있다. 이 수치는 아마 대부분의 회사가 비슷할 것이다. 이 경우에는 조인절에 인덱스가 반드시 있어야 한다. 솔직히 말하면 선후가 바뀌었다. 앞의 3가지 조인 방식에 따라서 인덱스가 필요한 것이 아니라, 인덱스 존재 여부에 따라서 앞의 3가지 조인 방법이 결정되는 경우가 많다.

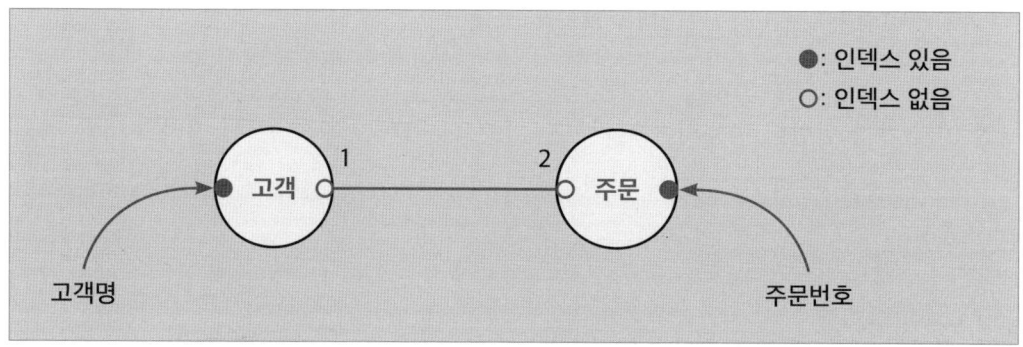

그림 5-4 고객 및 주문 테이블이 고객번호 컬럼으로 조인된 경우

[그림 5-4]처럼 고객 테이블과 주문 테이블이, 고객번호 컬럼으로 조인돼 있다고 가정하자. 인덱스를 생성해야 할 위치는 몇 번인가? 다음 4가지 경우에서 가장 저비용의 방법을 선택하면 된다.

1. 1번 위치에 인덱스를 생성할 경우: 주문 테이블에서 고객 테이블로 접근(조인 연결)
2. 2번 위치에 인덱스를 생성할 경우: 고객 테이블에서 주문 테이블로 접근(조인 연결)
3. 1번, 2번 위치에 모두 다 있을 경우: 오라클에서 통계 정보를 바탕으로 테이블 간 방향을 결정
4. 1번, 2번 위치에 모두 다 없을 경우: Sort Merge Join 방식이나 Hash Join 방식으로 실행계획(plan)이 결정

넷째, 소트 발생을 제거하는 컬럼인가?

인덱스는 기본적으로 위치정보 + 순서 정보로 구성된다. 조건절에 사용하는 컬럼만 인덱스 후보컬럼이 되는 것은 아니다. ORDER BY 절에 있는 컬럼도 인덱스 후보컬럼으로 사용할 수 있다. 하나의 테이블에 인덱스가 많으면 많을수록 부하가 점점 증가 하듯이 결합인덱스도 컬럼 수가 많으면 많을수록 부하가 점점 증가한다.

결국 소트 발생 제거를 위해 인덱스에 해당 컬럼을 포함시킬지 말지는 비용을 따져 봐야 한다. 결합인덱스에 조건절 컬럼 이외에 ORDER BY 절 컬럼을 추가할 때 발생하는 인덱스 부하와, 추가하지 않을 때 발생하는 SORT 부하를 비교해 결정한다. 만약 소트 부하가 더 크다고 판단되면 ORDER BY 절 컬럼도 인덱스 후보로 선정할 수 있다.

```
SELECT *
FROM 주문
WHERE 상품코드 = '텐트'
AND   배송여부 = 부
ORDER BY 주문일자 DESC
```

위의 쿼리에서 **상품코드**와 **배송여부**는 위치정보 컬럼이고, **주문일자** 컬럼은 순서정보 컬럼이다. 이때는 다음과 같이 2가지 인덱스를 고려할 수 있다.

- 결합인덱스 1: 상품코드(위치) + 배송여부(위치)
- 결합인덱스 2: 상품코드(위치) + 배송여부(위치) + 주문일자(순서)

소트 부하가 인덱스 부하보다 크다면 결합인덱스 2를 고려해야 하며, 소트 부하가 인덱스 부하보다 작다면 결합인덱스 1을 고려해야 한다. 그런데 이러한 부하 비교는 명확하게 수치적으로 구할 수 없다. 대부분의 개발자들은 아마 결합인덱스 2로 결정할 것이다. 왜냐하면 인덱스 부하는 DBA가 해결할 문제이지만, 소트 부하는 개발자가 해결해야 할 문제이기 때문이다.

ORDER BY 절 컬럼도 인덱스 후보일 수 있다

필자는 다음과 같은 기준으로 결정을 한다. 상품코드, 배송여부 컬럼과 같이 위치정보 컬럼만으로 조회한 건수가 수백 건 단위라면 결합인덱스 1로 결정한다. 수천 건 단위라면 결합인덱스 2로 결정한다. 덧붙여서 쿼리 구동 횟수가 많을수록 결합인덱스 2로 결정할 가능성이 높다. 이런 고민도 하기 싫은 개발자들은 결합인덱스 2로 결정하기 바란다(DBA에게는 미안한 이야기지만…).

병원의 예를 들어 보자. 전산화 이전의 병원에서는 종이로 된 진료 카드로 환자정보를 관리했다. 만약 창고에 수만 명의 환자 진료 카드가 수백 개의 박스에 보관돼 있다고 하자. 이때 수만 명의 환자 진료 카드를 가져오기 위한 노력은 미미할 것이다. 수백 개의 박스만 이동하면 되기 때문이다. 하지만 가져온 수만 명의 환자 진료 카드를 어떤 순서로 정렬하고자 할 때, 얼마나 많은 노력이 필요할지는 충분히 예상할 수 있을 것이다.

DB에서도 마찬가지다. 조건에 따른 결과 데이터를 가져오는 데에 필요한 부하보다는, 가져온 데이터를 소트하는 데 필요한 부하가 수십 배 이상인 경우가 아주 흔하다. 가져온 데이터의 건수가 많으면 많을수록 부하는 급격하게 증가한다. 그래서 인덱스를 생성할 때 소트 발생을 제거하는 컬럼인지 여부는 그만큼 중요하다. 대부분의 개발자들은 인덱스를 생성할 때 조건절 컬럼만 인덱스 후보컬럼으로 생각하는 경향이 있다. 하지만 ORDER BY 절 컬럼도 인덱스 후보컬럼으로 중요하게 사용되는 경우가 있음을 알아야 한다.

원리를 이해하고 논리로 풀어가는 쉬어가는
스토리 DB 문제 ⑤

각 스토리의 끝에 간단하면서도 재미있고 생각해 보는 DB 문제를 출제한다. 모든 문제는 DB의 원리를 이해할 수 있는 기준으로 출제한다. 문제를 풀어보면서 DB 원리를 하나씩 배우고 이해할 수 있다.

다음의 3가지 쿼리를 보고 수행 시간이 가장 빠른 순으로 나열하시오(우편번호 테이블 10만 건, 고객 테이블 100만 건, 동 이름 조건 100건으로 한정).

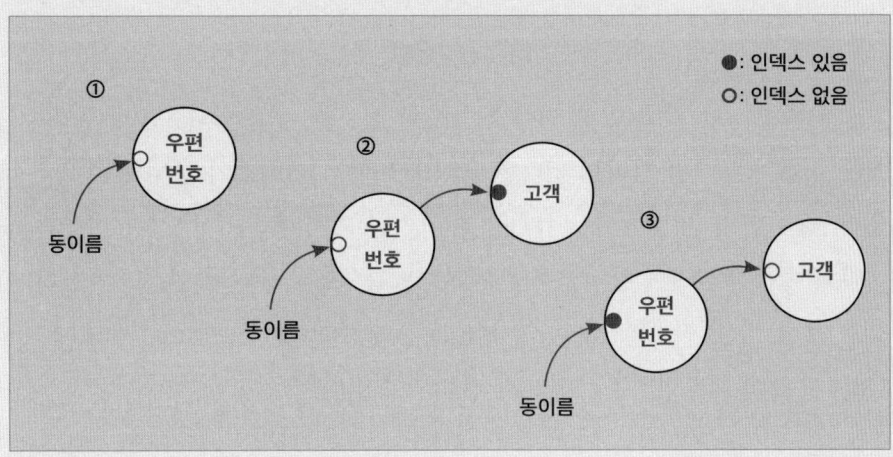

※ 정답과 풀이는 '스토리 DB 문제 풀이와 정답'에 있다.

KEY WORD 인덱스

분류 본능을 활용하라 '인덱스 끝장리뷰'

대부분의 DBA는 사용중인 인덱스를 잘못 삭제하는 데 따르는 사고 발생 가능성 때문에 개발자의 인덱스 삭제 요청을 싫어한다. 솔직히 인덱스 생성 요청도 DBA에게는 부담이 된다. 개발 현장에서 인덱스를 어떻게 다뤄야 할지를 제대로 알아본다.

테이블은 분류 대상을 갖고 있고 인덱스는 분류 정보를 갖고 있다. 만약 우리가 필요로 하는 분류 정보가 하나만 있어도 된다면 굳이 테이블과 인덱스가 분리돼 따로 존재할 필요는 없다. 테이블 그 자체에서 분류가 이루어지면 되기 때문이다. 분류 대상과 분류 정보가 하나의 물리적 공간에 같이 존재한다면, 우리는 오직 하나의 분류만 가능하다. 하지만 우리는 분류 대상(테이블)에 대한 다양한 분류 정보(인덱스)가 필요로 하기 때문에 대부분의 DB에서 테이블과 인덱스는 분리돼 관리되고 있다.

인덱스 수는 적정해야 한다

결국 오라클에서 테이블은 분류 대상만을 가지게 됐고, 인덱스는 분류 정보만을 가지게 됐다. 테이블과 인덱스는 1:N의 관계에 있으며 인덱스는 테이블에 종속적이다. 테이블이 삭제되면 인덱스는 자동으로 삭제된다. 그렇다면 하나의 테이블에 종속 관계인 인덱스의 개수는 적어야 좋을까, 많아도 괜찮을까? 인덱스의 개수가 많으면 많을수록 처리(Insert, Update, Delete)에서 많은 부하가 발생할 것이다. 그대신 조회(Select)에서는 빠른 결과를 얻을 수 있다. 일반 DB 서적에서는 가능하면 최소한으로 만들어야 한다는 내용들이 많이 있고, 블로그 등을 살펴보면 하나의 테이블에 3~5개 정도의 인덱스가 적정하다고 주장하는 경우도 많다. 물론 타당한 내용이기도 하지만, 필자가 생각하기엔 테이블의 성격에 따라서 접근하는 것이 좋을 것 같다. 만약 테이블의 성격이 처리성 테이블이라면 가능한 적게 만들어야 할 것이며, 반면에 조회성 테이블이라면 많이 만들어도 부담이 없을 것이다.

다음과 같이 테이블을 분류할 수 있고, 해당 테이블의 성격에 맞게 인덱스를 만들 수 있다.

1. 코드성 테이블: 필요한 만큼 인덱스 생성 가능(인덱스 경합이 발생하지 않도록 주의)
2. 처리성 테이블: 최소한으로 사용(대용량 테이블이라면 가능한 한 적게)
3. 집계성 테이블: 필요한 만큼 적정하게 사용
4. 로그성 테이블: 필요 없음(필요에 따라서 하나 정도는 존재할 수도 있음)

1번 코드성 테이블은 처리성 테이블이라기보다는 조회성 테이블에 가깝다.
테이블 생성 초반에 필요로 하는 데이터가 적재될 가능성이 많으며, 수시로 변화하거나 추가되는 일은 별로 없는 테이블이다. 따라서 처리에 대한 부담이 없으므로 필요한 만큼 만들어서 사용하면 된다. 너무 인덱스 개수에 연연하지 말고 부담 없이 만들어서 사용하면 될 것이다. 단 비슷한 인덱스가 생성된다면 인덱스 경합이 발생하므로 그 부분만 주의하면 될 것이다.

2번 처리성 테이블인 경우 인덱스가 많을수록 부하가 많이 발생할 것이다. 처리성 테이블의 성격은 동사적인 성격을 갖고 있다. 예를 들면 쇼핑몰에서 주문 테이블(주문하다), 보험회사에서 계약 테이블(계약하다), 커뮤니티에서 게시판 테이블(게시하다) 등이다.
이런 동사적인 성격을 갖고 있는 처리성 테이블은 조회(Select)보다는 처리(Insert, Update, Delete)에 더 많은 비중이 있는 테이블이므로 가능한 한 인덱스 개수를 최소화해야 한다.

3번 집계성 테이블은 대부분 데이터 적재가 야간 배치에서 발생하는 경우가 많다. 처리에 대한 부담보다는 조회에 비중이 있는 테이블이므로 인덱스가 많아도 무방하다.

4번 로그성 테이블은 조회의 비중이 거의 없는 테이블이다. 따라서 인덱스가 없는 경우가 대부분이며 필요에 따라 PK 정도는 있을 수 있다. 그 해당 PK도 데이터 추적에 용이

한 시간의 정보를 갖고 있는 컬럼이면 충분할 것이다.

개발자가 필요로 하는 인덱스 요청에 대해 DBA는 몇 개 이상은 절대 안 된다며 일률적인 숫자로서 강제하기보다는, 위의 네 가지 테이블의 성격에 따라서 적절한 개수의 인덱스 생성을 지원하는 것이 좋을 듯 하다.

반면 인덱스는 정부의 규제와도 같다. 만들기는 쉬워도 삭제하기는 어렵다. 만들기 전에 반드시 필요한 것인지 충분하게 고민해야 한다. 인덱스는 가능하면 적게 만들어서 사용할수록, DB 서버 부하가 낮다는 것은 자명하다. 만약 해당 테이블에 인덱스가 너무 많다면, 다음과 같은 내용도 인덱스 생성 여부를 결정하는 요소가 될 수 있다.

1. 쿼리 구동 시간이 낮인지 밤인지에 따라서 인덱스 생성 여부를 결정할 수 있다(온라인, 배치).
2. 누가 사용하는지에 따라서 인덱스 생성 여부를 결정할 수 있다(담당자, 관리자, 사장).
3. 얼마나 많이 구동되는지에 따라서 인덱스 생성 여부를 결정할 수 있다.

추가적으로 한 가지 덧붙인다. 테이블의 크기가 수백 바이트 이내이거나 데이터 건수가 수백 건 이내인 소형 테이블일 때는 인덱스가 필요 없다는 의견도 있는데, 일면 맞는 면도 있지만 반드시 그렇지는 않다. 그 정도 규모의 테이블이라면 대부분 코드성 테이블인 경우가 많다. 코드성 테이블에 있는 인덱스는 조건절에 사용되기보다는 조인절에 사용되는 경우가 더 빈번하다. 조건절보다는 조인절에 사용하는 인덱스가 더 중요하다고 필자는 생각한다. 뒤에 다시 한번 자세히 언급돼 있다.

인덱스가 없어서 실행계획에서 풀스캔이 보이면 튜닝 전문가는 멈칫하고 긴장한다. 튜닝 전문가 입장에서는 일관성 있고 실행계획이 좋게 보이길 원할 것이다. 소형 테이블이므로 인덱스가 없어도 얻는 이익이 거의 없지만, 인덱스가 있어도 크게 부하를 걱정할 필요도 없다. 이런 여러 가지 이유로 인해 필자는 아주 규모가 작은 테이블이라도 인덱스는 있어야 한다고 말하고 싶다.

인덱스는 위치정보와 순서정보로 구성됐다

지난 스토리에서 인덱스는 위치(조건) 정보와 순서(정렬) 정보의 특성을 갖고 있다고 이미 말했다. 인덱스는 도서의 목차나 색인의 역할처럼 빨리 찾는 의미로 많이 인식되기도 하지만, 인덱스는 기본적으로 위치 정보와 순서 정보의 특성을 동시에 갖고 있는 분류 정보이기도 하다.

데이터베이스의 인덱스와 마찬가지로 분류에도 위치정보와 순서정보를 갖고 있다. 대형 할인매장에서 우유를 찾아보자. 일단 식품 코너를 찾을 것이며, 수많은 식품 코너에서 우유가 진열된 곳을 찾을 것이다. 또한 본인이 좋아하는 특정 브랜드 우유를 찾을 것이다. 우리는 이미 알고 있는 위치정보로 여기까지 찾아왔다. 과연 우리가 원하는 최종 목적지까지 왔는가?

동일한 브랜드 우유라도 우리는 가장 신선한 우유를 원할 것이다. 식품 코너 분류 담당자가 제조일자(ASC, 오름차순)로 분류할지라도 여러분은 제조일자(DESC, 내림차순)로 찾을 것이다. 필자는 인덱스가 목차나 색인처럼 축소된 역할의 의미로 인식되기보다는 좀 더 광범위한 분류의 의미로 인식되기를 바라고 있다.

```
WHERE 구획 = '식품코너'
AND   제품 = '우유'
ORDER BY 제조일자 DESC
```

앞 쿼리에서 **구획** 컬럼과 **제품** 컬럼은 위치(조건) 정보를 갖고 있고, **제조일자** 컬럼은 순서(정렬) 정보를 갖고 있다. 우리는 다음 두 가지 경우의 인덱스를 검토할 수 있다.

```
인덱스 1 = 구획 + 제품
인덱스 2 = 구획 + 제품 + 제조일자(DESC)
```

두 가지 경우의 인덱스가 모두 가능하지만, 인덱스가 많을수록 DB에 부하가 올라가므로 동시에 만들면 안 된다는 사실을 우리는 이미 알고 있다. 또한 인덱스에서 구성 컬럼의 수가 많을수록 부하도 많다는 것도 안다. 그러면 앞의 두 가지 인덱스에서 어떤 인덱스를 생성할지 결정하는 기준은 무엇일까?

일반적으로 CBO(Cost Based Optimizer)에서는 조건에 따른 Get Block 비용(부하)보다 소트 비용(부하)이 몇 배 더 높다. 따라서 조건에 따른 데이터 결과 건수가 소트 비용(부하)을 감내할 수 있다면 인덱스 1이 좋을 것이고, 감내할 수 없다면 인덱스 2가 좋을 것이다.

사람마다 시스템마다 판단 기준이 다를 수 있으므로, 스스로 최적의 기준을 세우기 바란다. 필자는 다음과 같은 기준으로 결정하고 있다.

조건에 따른 데이터 결과 건수가 수백 건 단위라면 소트에 부담이 없다고 판단해 인덱스 1을 생성하고, 수천 건 단위라면 소트에 부담이 있다고 판단해 인덱스 2를 생성한다. 물론 여기에는 해당 쿼리의 구동횟수에 따른 부하도 감안해 결정한다.

```
WHERE 구획 = '식품코너'
AND 제품 = '우유'
AND 제조일자 BETWEEN '20140701' AND '20140707'
ORDER BY 제조일자 DESC, 제조번호 ASC
```

앞 쿼리에서 **구획, 제품, 제조일자, 제조번호** 컬럼은 인덱스 후보컬럼이다. 만약 여러 개의 컬럼으로 인덱스를 생성하고자 한다면 고려해야 할 중요한 요소 중 하나가 바로 인덱스 컬럼의 순서이다. 다음의 규칙으로 인덱스 컬럼의 순서를 정하면 된다.

1. 위치정보 컬럼만으로 구성할 수 있다. 혹은 순서정보 컬럼만으로 구성할 수 있다.
2. 위치정보 컬럼과 순서정보 컬럼 순으로 구성할 수 있다.
3. 위치정보 컬럼과 순서정보 컬럼의 순서는 혼재돼서는 안 되며 뒤바뀌어서도 안 된다.

구획: 위치정보 컬럼이다('=' 조건이므로…).
제품: 위치정보 컬럼이다('=' 조건이므로…).
제조일자: 위치정보 + 순서정보 컬럼이다('=" 조건이 아니라 범위 조건이므로).
제조번호: 순서정보 컬럼이다(소트 절에 있으므로).

따라서 앞의 규칙을 적용하면 아래와 같은 인덱스를 구성할 수 있다.

- 인덱스 = 구획(위치) + 제품(위치) + 제조일자(위치+순서) + 제조번호(순서)

위 인덱스는 위치정보 및 순서정보 컬럼으로 구성돼 있다. 순서정보 컬럼은 반드시 위치정보 컬럼의 후행에 있다는 것을 명심하자.

조건절에 사용하는 인덱스와 조인절에 사용하는 인덱스

인덱스는 조건절에서 사용되기도 하고 조인절에서 사용되기도 한다. 조건절에서 사용하는 인덱스는 최초로 접근하는 테이블을 결정하는 중요한 인덱스이며, 데이터 접근 범위를 줄여주는 역할을 한다. 조인절에서 사용하는 인덱스는 테이블간의 관계를 맺는 인덱스로서, 데이터 접근 범위를 항상 줄여주는 것은 아니다. 1:N 관계의 테이블 조인에서는 오히려 접근 범위가 커지기도 한다.

오라클 쿼리에서 테이블간의 관계를 연결해주는 조인의 방법에는 Nested Loop Join, Sort Merge Join, Hash Join 세 가지가 있다. 온라인 쿼리에서 우리가 접하는 대부분의 조인 방법은 Nested Loop Join이다. Nested Loop Join만으로 구성된 쿼리에서는 오로지 하나의 조건절 인덱스와 다수의 조인절 인덱스로 구성된다. 따라서 우리가 접하는 대부분의 쿼리에서는 조건절 인덱스가 최초로 접근하는 테이블을 결정한다고 해도 틀린 말은 아니다.

[그림 6-1]에서 ①은 조건절에 인덱스가 없는 경우이고, ②는 조인절에 인덱스가 없는 경우다.

조건절에 인덱스가 없는 것보다 조인절에 인덱스가 없는 것이 성능 면에서 더 치명적이다. ①처럼 조건절에 인덱스가 없다면, 주문 테이블에 풀스캔이 한 번만 발생하며, 거기에서 얻어진 레코드 수만큼만 고객 테이블을 Index(Random Access)로 접근할 것이다. 만약 ②처럼 조인절에 인덱스가 없다면 어떻게 될까? 테이블간 조인 방식에 따라서는 고객 테이블의 풀스캔이 한 번 혹은 그 이상 발생할 수 있다. 결국 튜닝의 관점에서 본다면, 조인절에 인덱스가 없는 것이 더 성능 저하를 가져올 수 있다는 점을 잊지 말아야 한다.

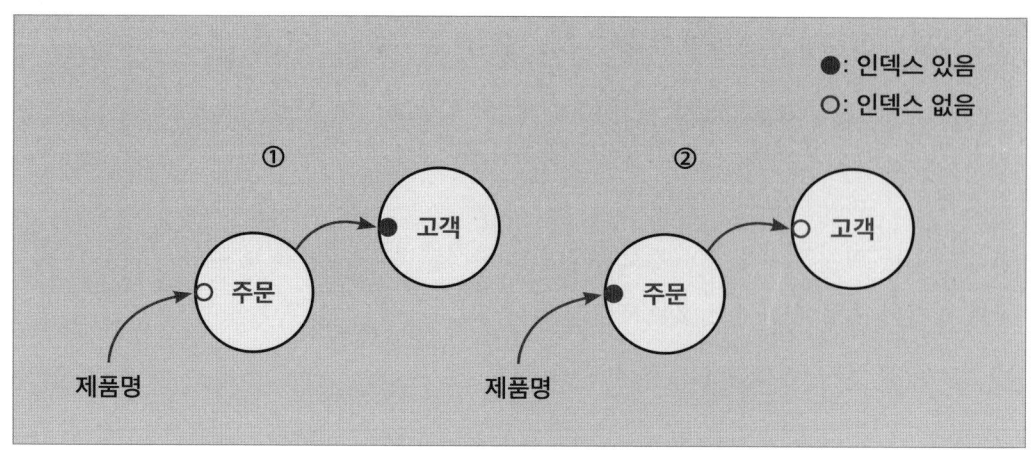

그림 6-1 조건절에 인덱스가 있는 경우와 없는 경우

인덱스 생성/삭제 시 고려사항

인덱스는 만들었다고 모두 이용되는 것도, 사용하지 않는다고 바로 삭제 가능한 것도 아닙니다. 인덱스는 만들 때나 삭제할 때나 언제나 신중하게 접근해야 한다. 물론 불필요한 인덱스는 만들지도 말아야 하고, 사용하지 않는다면 인덱스를 삭제하거나 유사 인덱스끼리 통합해야겠지만, 여러 가지 발생 가능한 문제점에 대한 충분한 검토가 필요하다.

1. 신규 인덱스를 생성하기 전에 유사 인덱스가 존재하는지 확인한다(꼭 필요한 인덱스인가?).
2. 신규 인덱스를 생성하기 전에 Index Split을 유발하지 않는지 확인한다.
3. 신규 인덱스를 생성하기 전에 CBO 방식에서의 통계정보가 최신인지 확인한다.
4. 기존 인덱스를 삭제하기 전에 사용하지 않는 미사용 인덱스인지 반드시 확인한다.

1번에 해당하는 경우를 간과한다면 유사한 인덱스끼리 경합이 발생할 수도 있고, 기존 쿼리의 실행계획이 변동해 성능상 문제가 발생할 수 있어서 주의가 요구된다.
2번의 경우가 중요한 이유는 다음과 같다. 인덱스 분류 작업이 한 곳으로 집중돼서, 동일한 Leaf Block에 대해 과도한 Split이 발생한다면 성능상의 문제가 발생할 수도 있기 때문이다. 더 쉬운 예를 든다면, 대규모 물류 창고에서 수많은 지게차가 카테고리에 맞게 물품을 분류할 것이다. 만약 지게차가 분산되지 않고, 분류 지역의 좁은 공간에 몰려서 특정 물품에 대해서 분류 작업을 하고 있다면, 서로 간의 작업 간섭 때문에 분류 작업이 정체되는 경우와 같다. Split이 발생하는 대표적인 컬럼으로는 등록일시와 같은 컬럼이며, 해결 방안으로는 Reverse Index 이용이 있다.

3번의 경우는 인덱스를 생성할 테이블의 통계정보와 실제 정보간의 갭이 용인 가능한지 아닌지에 대한 문제다. 급격하게 데이터가 증가하는 테이블에는 더욱더 확인이 필요하다. 만약 통계 정보와 실제 정보가 현격하게 차이가 난다면, 인덱스가 생성돼도 이용되지 않을 가능성이 높다.

4번의 경우처럼 이미 만들어진 인덱스가 어떤 쿼리에서도 사용되지 않는다는 확신이 있어도 결코 삭제하기가 쉽지 않다. 우리가 모르는 어떤 배치 쿼리, 어떤 온라인 쿼리에서 실제로 사용하는 경우가 있을 수도 있다. 게다가 사용중인 인덱스를 잘못 삭제하는 데 따르는 사고 발생 가능성 때문에, 대부분의 DBA는 개발자의 인덱스 삭제 요청을 싫어한다. 솔직히 인덱스 생성 요청도 DBA에게는 부담이 된다.

결합인덱스의 컬럼 순서 결정방법

하나의 컬럼으로 만들어진 인덱스는 단일인덱스이고, 여러 컬럼으로 만들어진 인덱스는 결합인덱스라는 것은 알고 있을 것이다. 단일인덱스에서는 컬럼의 분포도가 중요한 요소이지만, 결합인덱스에서는 컬럼들의 순서가 중요한 요소이다. 물론 결합인덱스도 각각의 컬럼은 분포도가 나쁠지라도 전체 컬럼의 분포도는 좋아야 하는 것은 당연하다.

결합인덱스를 만들 때 우리가 가장 신경을 써야 하는 부분은 인덱스를 구성하는 컬럼의 순서 결정이다. 필자가 생각하는 결합인덱스의 컬럼 순서 결정 방법은 다음과 같다.

1. 공통적으로 사용하는 필수 조건절 컬럼을 우선한다.
2. '=' 조건의 컬럼을 다른 연산자 컬럼보다 우선한다.
3. 대분류 중분류 소분류 컬럼순으로 구성한다.
4. 위치(조건) 정보 컬럼은 순서(정렬) 정보 컬럼보다 우선한다.

앞의 4가지 방법으로 결합인덱스의 컬럼 순서를 결정할 수 있다. 각각의 방법간에는 우선 순위가 없으며 복합적으로 종합 판단해 결정해야 할 것이다.

분포도가 좋은 컬럼은 처리 범위를 줄여 주기 때문에 결합인덱스의 선행컬럼으로 사용해야 한다고 다수의 블로그에서 강조하기도 한다. 하지만 이것은 옳지 않다. 분포도가 좋은 컬럼을 선행으로 할 때와 후행으로 할 때의 Get Block을 실제로 비교하면, 그 값은 별로 차이가 없다. 분포도가 좋은 컬럼을 선행으로 해야 하는 명확한 이점은 없다. 이미 지난 스토리에서 이 부분에 대해 자세히 설명했다.

원리를 이해하고 논리로 풀어가는 쉬어가는
스토리 DB 문제 ⑥

각 스토리의 끝에 간단하면서도 재미있고 생각해 보는 DB 문제를 출제한다. 모든 문제는 DB의 원리를 이해할 수 있는 기준으로 출제한다. 문제를 풀어보면서 DB 원리를 하나씩 배우고 이해할 수 있다.

다음 쿼리 구성도, 즉 인덱스 생성도에서 조건 1로 진입 시 테이블 접근 순서는? 또한 반드시 존재해야 할 인덱스 생성 포인트는 어디인가?

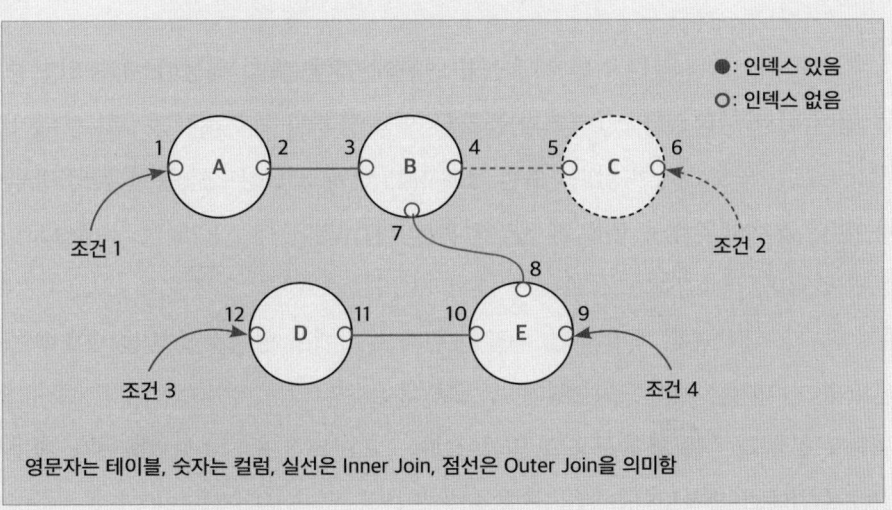

영문자는 테이블, 숫자는 컬럼, 실선은 Inner Join, 점선은 Outer Join을 의미함

※ 정답과 풀이는 '스토리 DB 문제 풀이와 정답'에 있다.

KEY WORD 인덱스

누구도 알려주지 않았던 '오라클 인덱스 생성도'의 비밀

사람은 최소한의 힘으로 일하는 방법을 순간적으로 떠올리지만 DBMS는 그렇지 못하다. 이런 특성을 가진 DBMS를 배려하면서 코딩하는 개발자라면 이미 DB 전문가 수준에 다다른 것이다. DBMS에게 올바르고 쉽게 일을 시키는 노하우를 알아보자.

온라인 쿼리에서의 튜닝은 대부분 인덱스와 연관돼 있다. 쿼리 성능과 가장 밀접한 관계가 있는 것이 바로 인덱스다. 인덱스의 올바른 생성 규칙과 관련해서는 6회 스토리인 '인덱스 끝장리뷰'를 참고하기 바란다. 이번 스토리는 인덱스 생성도를 통한 튜닝 방법에 대한 내용이다. 필자의 경험을 따르면 온라인 쿼리의 튜닝은 대부분 인덱스 생성도만으로 해결할 수 있었다.

지금까지 만나본 대부분의 개발자는, 복잡한 실제 쿼리에서 인덱스를 만들어야 하는 정확한 포인트를 잘 알지 못했다. 물론 필자도 초보 개발자일 때는 마찬가지였다. 수년간의 경험과 노하우로 쿼리에서 인덱스를 만들어야 하는 포인트를 쉽게 아는 방법을 체득했다. 그것이 바로 인덱스 생성도다.

어머니의 심부름: 두부가게와 쌀가게

어릴 때 누구나 어머니의 심부름을 해 본 적이 있을 것이다. 필자도 바쁜 어머니를 대신해 많은 심부름을 하곤 했다. 어느날 어머니는 나에게 두부 한 모와 쌀 한 포대를 사오라고 심부름을 시켰다. 만약 여러분이 두부 한 모와 쌀 한 포대를 사오는 심부름을 하게 된

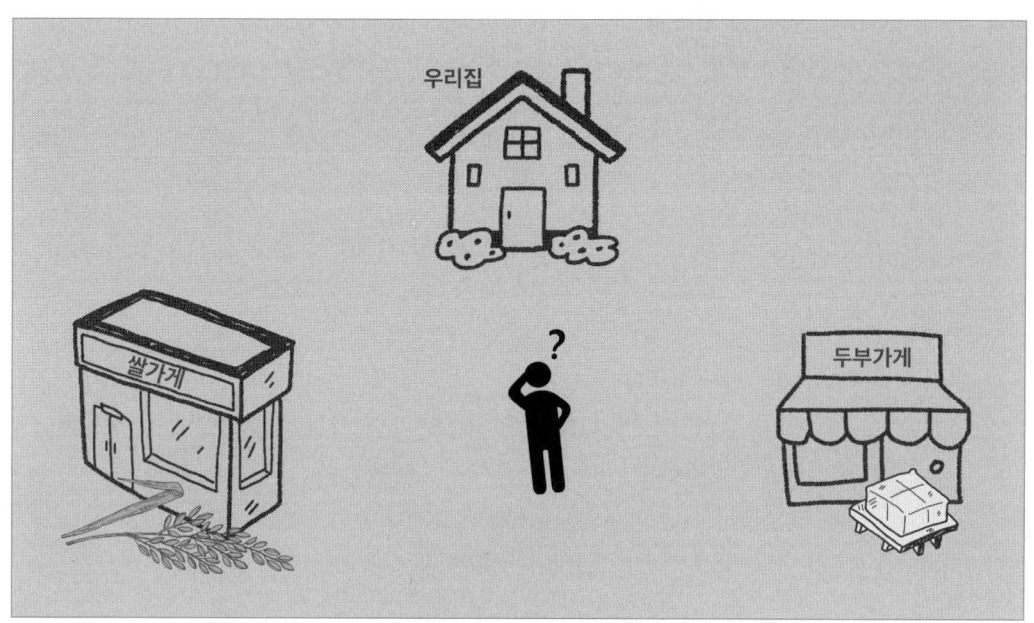

그림 7-1 두부 한 모와 쌀 한 포대 사오기

다면, 어떤 가게부터 방문하겠는가? 아마 대부분은 두부가게부터 갈 것이다. 필자도 당연히 두부가게를 먼저 방문해 두부 한 모를 산 후에 쌀가게에서 쌀 한 포대를 사서 집으로 돌아왔었다.

필자가 DB 관련 교육을 여러 번 진행하면서 위와 같은 질문을 했을 때, 대부분의 사람이 1초의 망설임도 없이 두부가게부터 방문하겠다고 대답했다. 쌀가게부터 방문한다는 사람을 지금까지 단 한 명도 본적이 없다. 어느 누구라도 쌀가게를 먼저 방문해 무거운 쌀 한 포대를 사서 힘들게 어깨에 메고 두부가게로 향하지는 않을 것이다. 누구나 본능적으로 최소한의 힘을 소모하는 방법으로 심부름을 한다. 이것은 교육 받은 것이 아니라, 경험의 기억을 바탕으로 본능적으로 판단하는 거다.

대부분의 사람들은 두부가게부터 먼저 방문해야 함을 잘 알고 있다. 계산을 통해 증명할 필요는 없지만, 굳이 계산식을 통한 이해가 필요하다면 다음과 같다.

```
W = F * S        일 = 힘 * 거리
F = M * A        힘 = 무게 * 가속도
W = M * A * S    일 = 무게 * 가속도 * 거리
```

결국 심부름은 일이고, 일은 거리나 무게에 비례함을 알 수 있다. 다음 [그림 7-2]를 보면 두부가게를 먼저 방문하는 경우보다 쌀가게를 먼저 방문하는 경우가 2배 가까이 일이 많음을 알 수 있다.

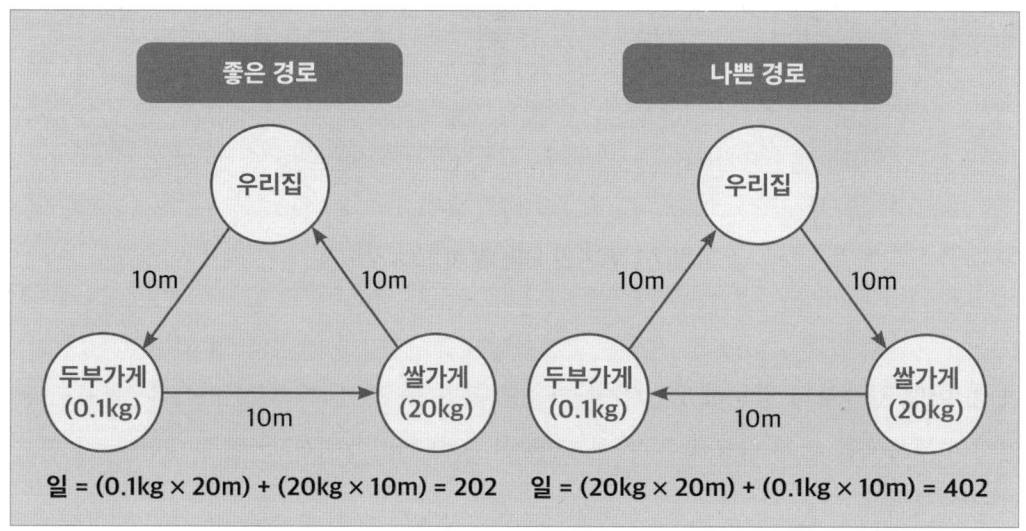

그림 7-2 심부름의 양 계산

우리는 심부름 할 때 일의 양을 계산해 행동하지는 않는다. 아무리 복잡하고 힘든 심부름이라도 본능적으로 최적의 방법으로 수행한다. 오라클 튜닝도 마찬가지다. 필자는 지금까지 계산해 튜닝한 적이 거의 없다. 그냥 본능적으로 심부름 하듯이 튜닝을 했을 뿐이다. 단지 심부름에서는 무게와 거리와 방문 순서가 중요하지만, 튜닝에서는 블록과 인덱스와 접근 방향이 중요한 요소임을 잊지 말자.

우리가 최소한의 힘으로 심부름을 하듯이 오라클도 우리와 동일한 방식으로 쿼리를 분석해 가장 낮은 비용으로 결과 데이터를 가져온다. 만약 이 글을 읽는 독자도 두부가게를 먼저 방문한다고 생각했다면, 당신은 이미 타고난 DB 전문가가 될 소질을 갖췄다고 생

각한다. 여러분은 아무리 어려운 심부름을 하더라도 최소한의 힘(비용)을 들여 완벽하게 심부름을 할 수 있다. 이미 그런 능력을 갖고 있다. 이것이 인간의 능력이고 창조자가 우리에게 준 선물이다. 하지만 대부분의 개발자들은 이런 능력을 갖고 있음에도 안타깝게도 DB 쿼리에서는 그 능력을 충분히 발휘하지 않고 있다. 그 이유는 무엇 때문일까? 필자는 그 이유를 다음과 같이 생각한다.

받아들이기 어렵겠지만 상대를 배려하는 마음이 부족하기 때문이다. 여러분은 자신을 사랑한다. 더 정확하게 말하자면, 절대로 자신을 고생시키려 하지 않는다. 그것은 본능이다. 자기 자신에 대해 배려하는 만큼 오라클 서버에 대해서도 약간의 배려하는 마음을 가진다면, 훌륭한 DB 전문가가 될 수 있다. 여러분이 세심한 배려(생각) 없이 작성한 쿼리가 오라클 서버를 힘들게 한다. 때로는 오라클 서버를 죽게 한다. 여러분은 아무리 어려운 심부름을 맡게 되더라도 찰나에 완벽하게 성공적인 계획을 세울 수 있다. 이와 같은 능력을 가진 여러분이 DB 전문가가 되지 못할 이유는 절대 없다. 우리는 오라클에게 올바르고 쉬운 방법으로 심부름을 시켜야 한다. 올바르고 쉬운 방법으로 명령을 내려야 한다.

그렇다면 올바르고 쉬운 방법이란 무엇일까? 필자는 그에 대한 해법으로 인덱스 생성도를 제시한다. 인덱스 생성도는 여러분이 제작한 복잡한 쿼리를 간단하게 도식화한 것이다. 또한 인덱스를 생성할 위치를 알기 쉽게 해주는 그림이다. 아무리 복잡한 쿼리라도 인덱스 생성도를 이용한다면 인덱스 생성 위치를 쉽게 알 수 있다. 앞서 살펴봤듯이 본능적으로 심부름을 잘 할 수 있지만, 오라클은 스스로 그러하지 못하다. 인덱스 생성도를 이용해 최적의 올바른 인덱스를 생성해 주어야만 오라클은 비로소 심부름을 잘할 수 있다.

오라클의 RBO 방식과 CBO 방식

구체적으로 인덱스 생성도를 알아 보기 전에 먼저 오라클의 RBO(Rule Based Optimizer)와 CBO(Cost Based Optimizer)를 이해할 필요가 있다. RBO는 순위가 있는 규칙을 적용해 SQL에 대한 실행계획을 결정한다. 반면에 CBO는 SQL에 대한 최소한의 비용이 소요되는 실행계획(plan)을 선택한다. 9i 버전까지는 함께 지원했지만, 10g부터는 CBO만 지원한다. 향후의 진행 방향으로 봤을 때는 CBO가 필수적이고 대세인 거 같다. CBO 방식은 주기적으로 통계정보(Analyze Object)를 갱신해 주어야 한다. 통계정보를 근거로 해 여러 경우의

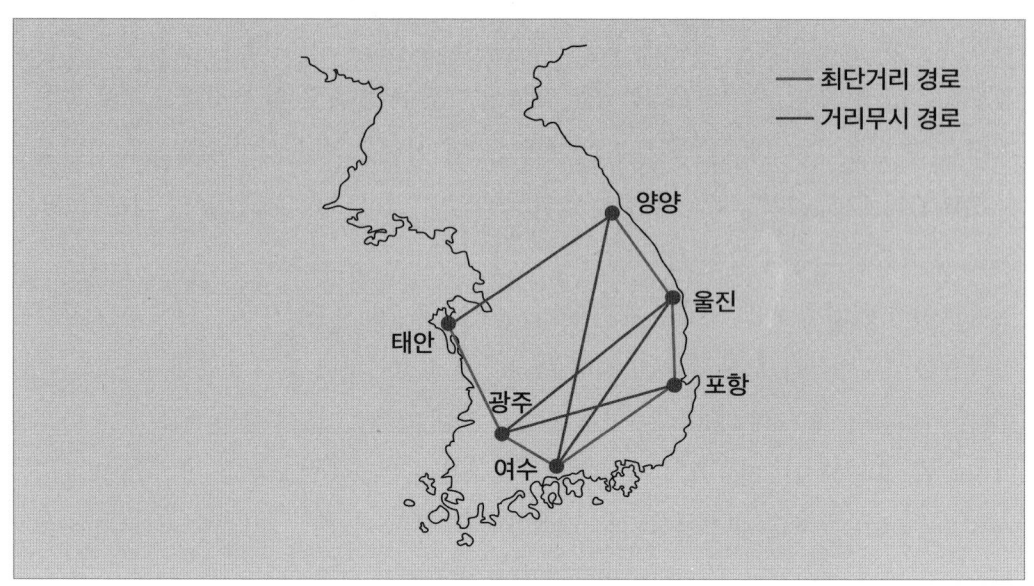

그림 7-3 전국 여행 계획

실행계획 중에서 가장 비용이 적게 드는 실행계획을 결정한다.

RBO 방식과 CBO 방식에 대한 더 자세한 내용은 이후 스토리에서 구체적으로 다룰 예정이다. 일단은 [그림 7-3]을 보면서 CBO 방식에 대해서 간단하게나마 이해해 보자.

[그림 7-3]에서 여러분은 최소한의 비용과 일정으로 여행하기 위한 계획을 수립한다면, 어떻게 하는가(방문할 도시는 6곳이며, 교통수단은 버스·자전거·도보 3가지만 가능하다고 하자).

아마도 여러분은 서해안에서 남해안으로, 이어서 동해안으로 여행하는 U자형 코스를 계획하거나 혹은 그 반대의 경로를 선택할 것이다. 여행 코스는 기껏해야 몇 가지에 불과할 것이다. 하지만 모든 케이스를 검토한다면, 여행 코스는 다음과 같이 계산된다.

- 6곳의 도시를 방문하는 여행 코스의 수는 6팩토리얼 = 6! = 1 × 2 × 3 × 4 × 5 × 6 = 720가지다.
- 각 도시 간에 교통 수단으로 버스, 자전거, 도보 3가지를 선택할 수 있으므로 3의 5승이다. 결국 여행 코스는 720 × 3 × 3 × 3 × 3 × 3 = 174,960이다.

여행 코스가 17만 가지가 넘는다. 놀랍지 않은가? 단지 도시 방문 순서와 교통 수단만 달리했을 뿐이다. 실제 여러분은 17만 이상의 모든 경우를 검토해 여행 계획을 수립하지는 않을 것이다. 여러분은 도시와 도시간의 위치정보 및 거리 정보를 이미 알고 있으며, 축적된 지식과 경험을 바탕으로 순식간에 정확한 계획을 수립할 수 있을 것이다. 그래도 헷갈린다면, 단 몇 가지 후보 코스로 줄인 다음에 생각을 거듭해 최종 결정을 내릴 것이다.

그렇다면 오라클에서는 어떠할까? 위와 유사하게 테이블 6개의 조인 쿼리는 흔히 발생할 수 있는 쿼리다. 또한 테이블 간 조인 방식은 Nested Loop Join, Sort Merge Join, Hash Join 3가지가 있다고 앞서 소개했다. 만약 통계정보에 대한 어떠한 정보도 제공되지 않는다면, 오라클은 CBO 방식으로 최선의 실행계획을 선택하기 위해 17만 가지의 실행계획을 모두 검토해야 한다. 그 중에서 최소 비용의 실행계획을 결정할 것이다. 물론 이것은 극단적인 경우를 설명한 것이다. 실제로 오라클 엔지니어가 그렇게 허술하게 CBO 알고리즘을 구현했으리라고는 생각하지 않는다.

필자가 생각하기엔 RBO 방식이든 CBO 방식이든 두 가지 모두 완벽한 방식은 아닌 것은 확실하다. 우리가 정확한 통계정보를 정기적으로 제공한다고 해도 오라클은 완벽한 실행계획을 우리에게 제공하지 못한다. 향후 미래에는 가능할지 모르나 지금은 아니다(가까운 미래는 절대 아니다).

현재 상황에서 우리가 할 수 있는 최선의 방법은 정확한 통계정보를 정기적으로 제공하는 것이다. 또한 이번 스토리의 주제이기도 한 인덱스 생성도에 따른 최선의 인덱스를 생성하는 것뿐이다. 오라클이 알아서 좋은 실행계획을 우리에게 제공하기를 기대하면 안 된다. 오라클은 우리가 기대하는 만큼의 알고리즘을 갖고 있지 않다. 우리 스스로 인덱스 생성도를 통해 최적의 인덱스 생성 포인트를 찾아야 하며, 그에 따라서 인덱스도 생성해야 한다.

인덱스 생성도의 기본 규칙

이제 본격적으로 인덱스 생성도에 대해 알아보자. 이번 스토리를 정확하게 이해하려면, 이전 스토리인 '인덱스 끝장리뷰'를 먼저 읽어 보기 바란다. 인덱스 생성도는 지금까지 어떤 책이나 블로그에도 소개된 적이 없다. 필자가 지금까지 수많은 프로젝트를 통해 시행착오를 거치면서 터득한 나름대로의 방법이다. 지금까지 진행한 프로젝트에서 인덱스 생성도를 이용해 많은 효과를 보았다. 그 효용성은 충분히 입증됐기에 자신있게 여러분

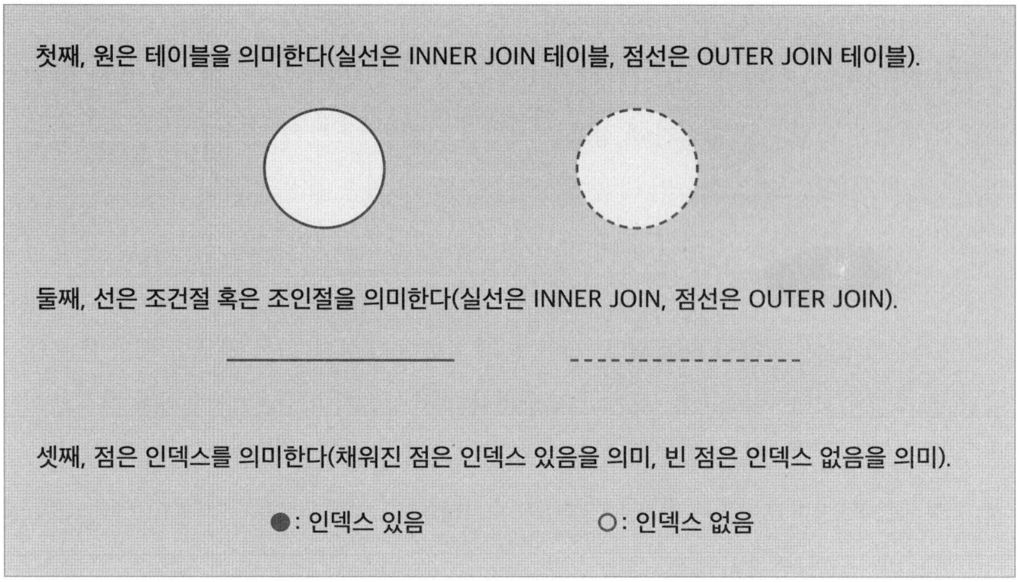

첫째, 원은 테이블을 의미한다(실선은 INNER JOIN 테이블, 점선은 OUTER JOIN 테이블).
둘째, 선은 조건절 혹은 조인절을 의미한다(실선은 INNER JOIN, 점선은 OUTER JOIN).
셋째, 점은 인덱스를 의미한다(채워진 점은 인덱스 있음을 의미, 빈 점은 인덱스 없음을 의미).
●: 인덱스 있음
○: 인덱스 없음

그림 7-4 인덱스 생성도 이해를 위한 세 가지 규칙

고객
주문
고객명
주문일자

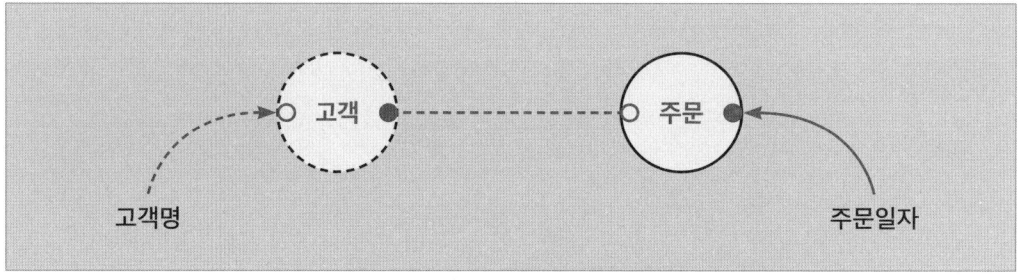

그림 7-5 세 가지 규칙을 적용한 예

에게 소개한다. 인덱스 생성도는 원과 선과 점으로 구성되는데 먼저 인덱스 생성도를 이해하기 위해서는 [그림 7-4]에 나온 세 가지 기본 규칙을 알아야 한다.

[그림 7-5]는 인덱스 생성도의 간단한 예시다.

인덱스 생성도를 활용하면 다음과 같은 여러 가지 이점이 있다.

1. 인덱스 생성도는 복잡한 쿼리를 단순하게 보여준다.
2. 인덱스 생성도는 테이블의 접근 방향과 순서를 쉽게 알 수 있다.

3. 오라클 실행계획을 이해할 수 있고 더 나아가 올바른 실행계획을 수립할 수 있다.
4. 인덱스를 생성해야 할 위치를 알 수 있으며 인덱스 구성 컬럼을 알 수 있다.

인덱스 생성도에 대한 이해

CBO(Cost Based Optimizer) 방식에서 실행계획의 결정은 오라클이 주도적으로 하는 것처럼 보이지만, 실제로는 수동적인 역할만 할 뿐이다. 단지 현재 시점에서 알고 있는 통계정보의 범위 안에서, 최소의 비용이 소요되는 실행계획을 보여주는 것뿐이다.

일부 개발자들은 쿼리를 만들기만 하면, 오라클이 최선의 실행계획을 알아서 척척 제공할 것으로 생각하지만 그렇지 않다. 오라클은 인덱스가 없으면 풀스캔 실행계획(plan)을 보여줄 것이고, 잘못된 인덱스가 있다면 잘못된 실행계획을 보여주는 수동적인 역할만 한다. 풀스캔 발생 시 필요한 인덱스를 적시해 주거나, 잘못된 인덱스 사용 시 최선의 인덱스를 조언해 주는 그런 능동적인 역할은 전혀 하지 못한다. 결국 개발자가 인덱스 생성도를 통해 최적의 인덱스를 생성해 주도적으로 실행계획을 결정해야 한다.

[그림 7-6]의 **성별** 컬럼의 분포도는 50%이며, **나이** 컬럼의 분포도는 1% 내외이다. 따라서 **성별**과 **나이** 컬럼은 인덱스 컬럼으로 사용하기에는 부적합하다. 그러므로 조건절에 사용되는 컬럼 중에서 분포도가 좋은 **고객명** 컬럼만 인덱스 생성도에 표시했다.

[그림 7-7]처럼 조인 쿼리에서는 어떤 테이블에 먼저 접근할지 결정하는 것이 중요하다.

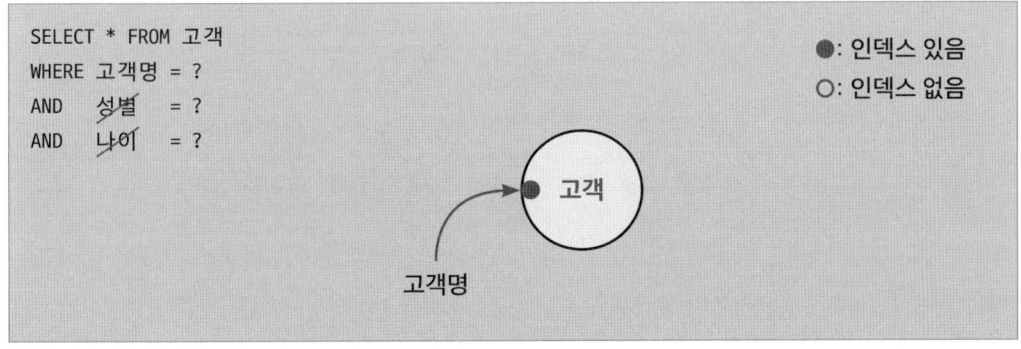

그림 7-6 인덱스 생성도1

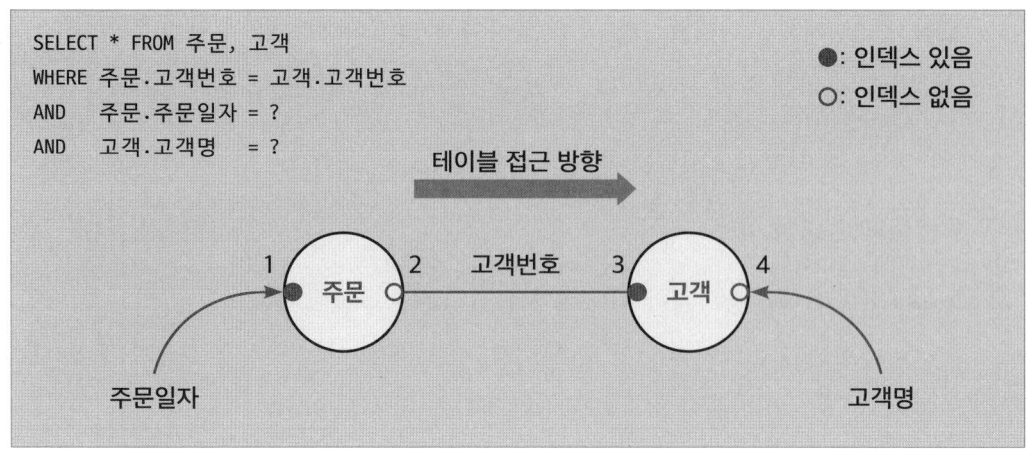

그림 7-7 인덱스 생성도2

즉 두부가게를 먼저 접근할 것인지, 쌀가게를 먼저 접근할 것이지를 결정해야 한다. 주문테이블을 먼저 접근하려면 1번과 3번 컬럼에 인덱스를 생성해야 한다(1번 = 주문.주문일자, 3번 = 고객.고객번호). 우편 배달 시 보내는 사람 주소보다 받는 사람 주소가 중요하듯이, 인덱스 생성은 항상 목적지 컬럼에 생성한다. 조인절에서 사용하고 있는 **고객번호** 컬럼은 분포도의 좋고 나쁨을 떠나서 무조건 표시해야 한다. [그림 7-7] 인덱스 생성도를 보면 주문일자 조건절을 통해 주문테이블을 먼저 접근하고, 이후 고객번호 조인절에 의해서 고

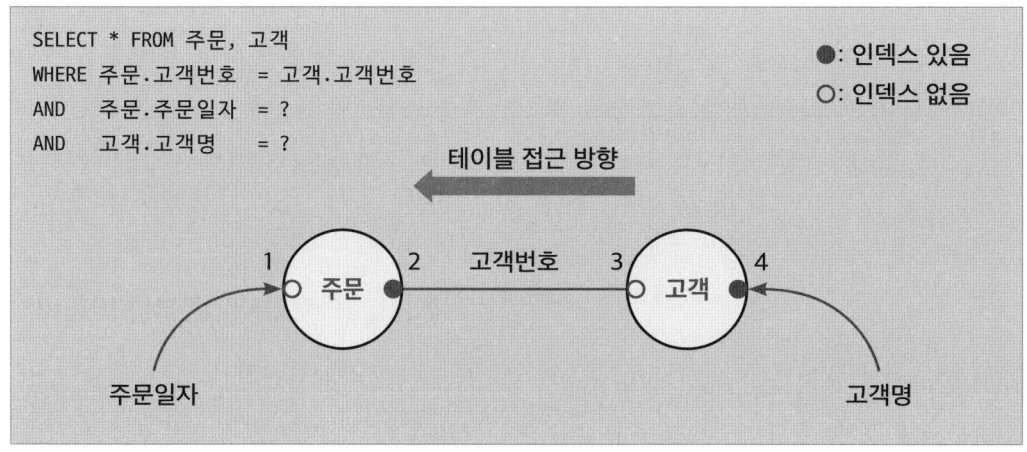

그림 7-8 인덱스 생성도3

객테이블을 접근함을 알 수 있다. 고객테이블의 **고객명** 컬럼은 인덱스가 없기 때문에 컬럼값에 의한 필터만 발생한다.

[그림 7-8]과 같이 조인 쿼리에서 고객테이블을 먼저 접근하고자 한다면, 4번과 2번 컬럼에 인덱스를 생성해야 한다(4번 = 고객.고객명, 2번 = 주문.고객번호). 앞서 소개한 것처럼 우편배달 시 수신 주소가 중요하듯이 인덱스 생성은 항상 목적지 컬럼에 생성한다. 조인절에서 사용하고 있는 **고객번호** 컬럼은 분포도의 좋고 나쁨을 떠나서 무조건 표시해야 한다. 앞 인덱스 생성도를 보면 고객명 조건절을 통해 고객 테이블을 먼저 접근하고, 이후 고객번호 조인절에 의해서 주문 테이블을 접근함을 알 수 있다. 주문테이블의 **주문일자** 컬럼은 인덱스가 없기 때문에 컬럼값에 의한 필터만 발생한다.

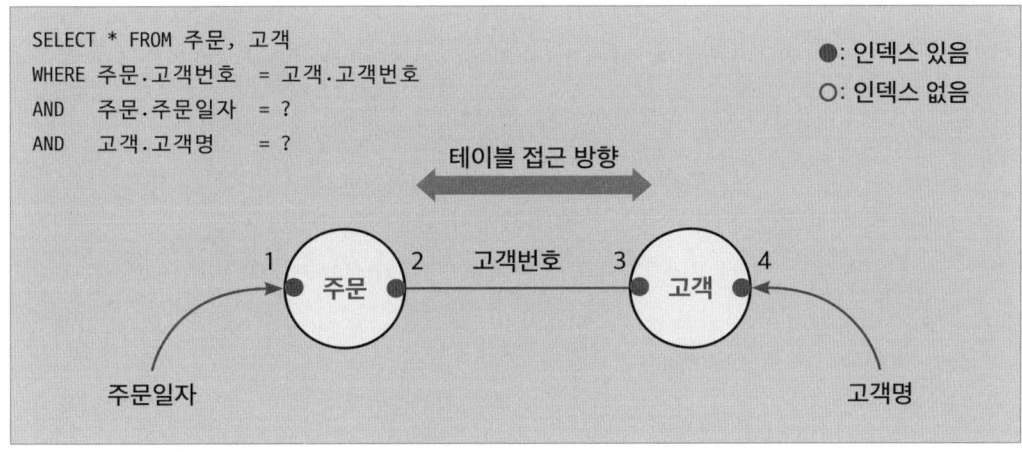

그림 7-9 인덱스 생성도4

만일 [그림 7-9]처럼 1, 2, 3, 4번 모두 인덱스가 존재한다면 양방향 접근이 가능하므로 만약 오라클이 CBO 방식을 따른다면, 최소 비용이 소요되는 방향(실행계획)으로 결정할 것이다. 하지만 부정확한 통계정보로 인해 오라클 옵티마이저가 잘못된 방향을 결정할 수도 있다. 이때 통계정보를 재생성하거나 혹은 힌트절을 통해 직접 방향을 결정해 해결하기도 한다.

```
/*+ LEADING(주문 고객) */
```

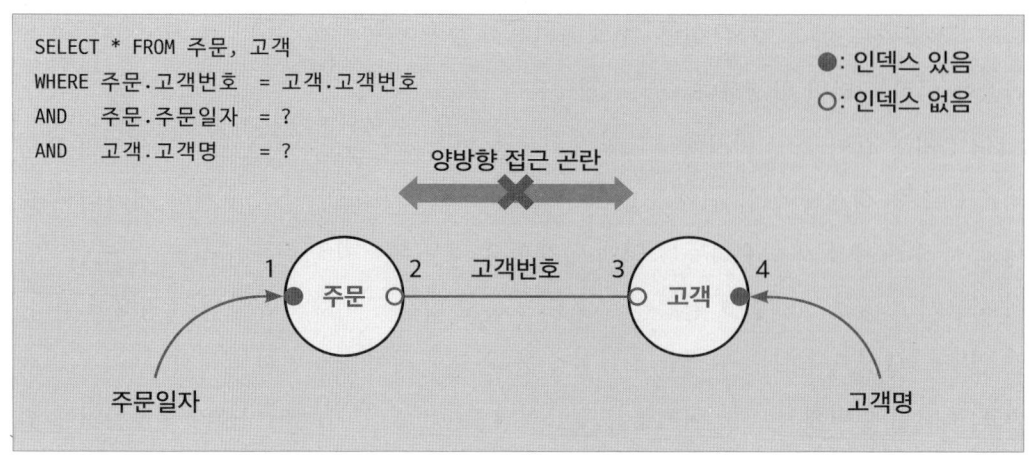

그림 7-10 인덱스 생성도5

조인절에 인덱스가 없는 [그림 7-10]과 같은 경우에는 양쪽 테이블에 각각 접근해 SORT MERGE 혹은 HASH JOIN으로 실행계획이 결정될 것이다. 만약 고객테이블에서 주문테이블로 접근 방향을 결정하고 싶다면, 2번 컬럼에 인덱스를 생성해야 한다(2번 = 주문.고객번호). 이때 1번 인덱스는 존재하지만 실행계획에서 사용하지는 않는다.

[그림 7-11]처럼 4번 컬럼에만 인덱스가 존재하면, 고객테이블은 4번 인덱스로 접근하고 주문테이블은 풀스캔으로 접근해 두 테이블 간 연결은 HASH JOIN으로 실행계획이 결

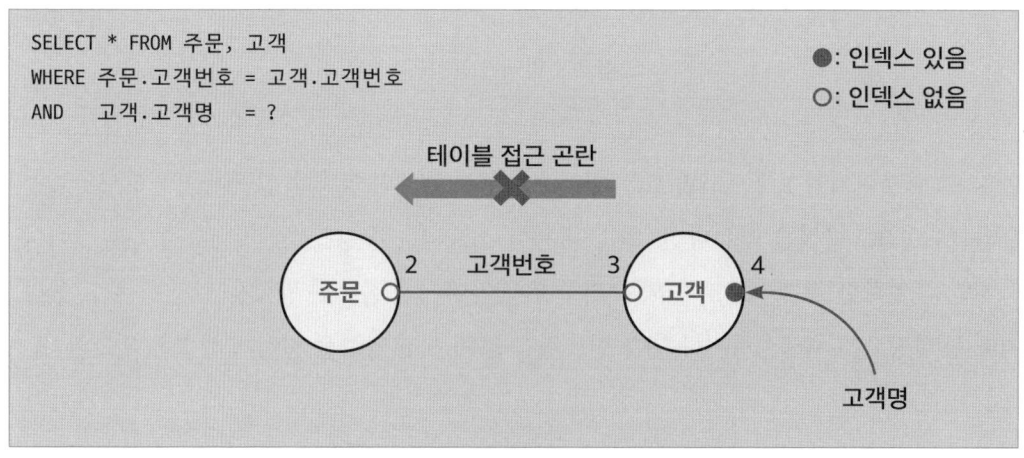

그림 7-11 인덱스 생성도6

정된다. 만약 고객테이블에서 주문테이블로 접근 방향(실행계획)을 결정하고 싶다면, 2번 컬럼에 인덱스를 생성해야 한다.

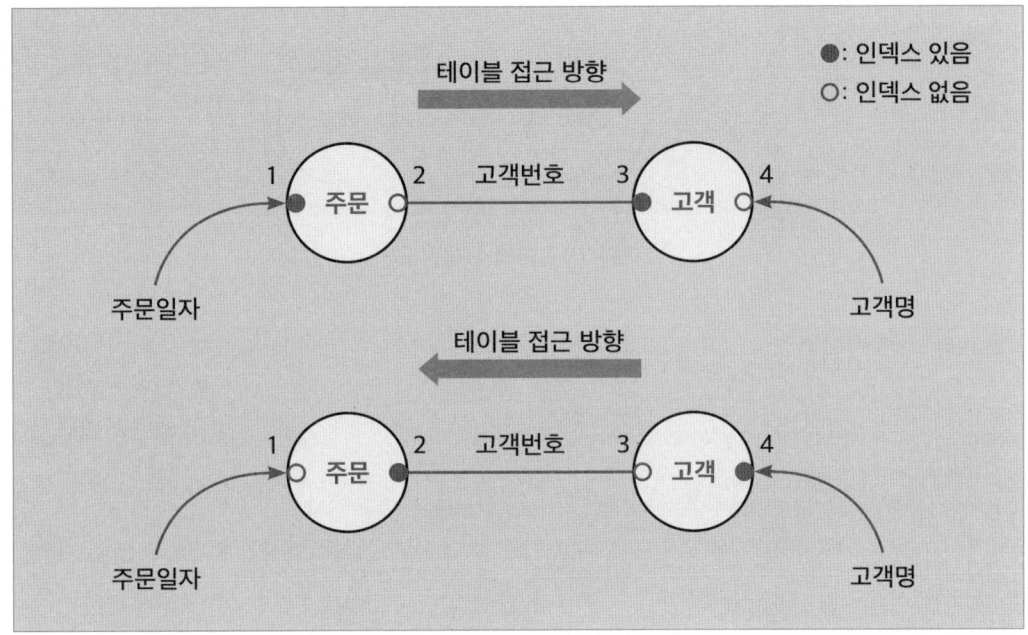

그림 7-12 인덱스 생성도7

[그림 7-12]처럼 동일한 쿼리라도 인덱스 생성 포인트에 따라 테이블 접근 방향이 유동적이다. 최소한의 비용이 소요되는 접근 방향을 결정하고 그에 따른 필요한 인덱스를 생성하면 된다.

[그림 7-13]에서 보듯이, 배송여부·성별·사용여부 컬럼은 분포도가 나빠서 인덱스 후보컬럼으로 곤란하다. 고객명 테이블은 조건이 LIKE여서 인덱스 후보컬럼으로 곤란하다. 테이블 접근은 주문 → 고객 → 부서 순으로 접근한다(부서테이블은 Outer Join이므로 마지막이다). 인덱스 생성 포인트는 6번, 2번, 5번 컬럼이다. 상품코드+주문일자 컬럼으로 결합인덱스 생성 시 주문일자 컬럼은 BETWEEN이므로 후행컬럼이 된다.

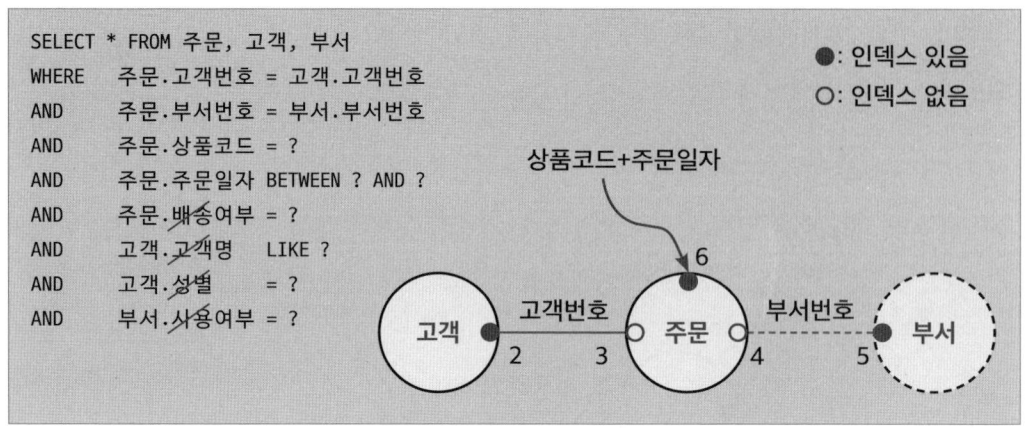

그림 7-13 인덱스 생성도8

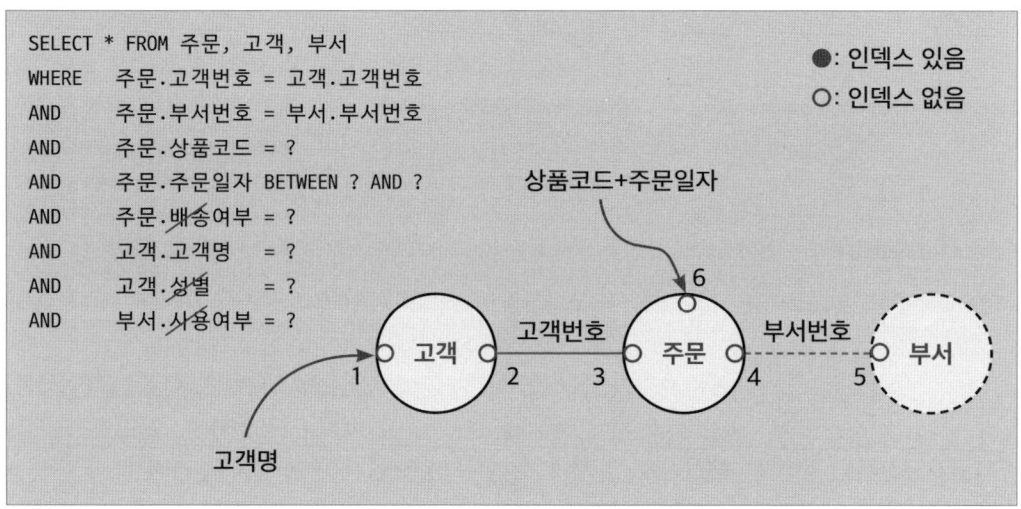

그림 7-14 인덱스 생성도9

[그림 7-14]를 보면 배송여부·성별·사용여부 컬럼은 분포도가 나빠서 인덱스 후보컬럼으로 곤란하다. 주문테이블을 먼저 접근할 때 인덱스 생성 포인트는 6번, 2번, 5번 컬럼으로, 여기에 인덱스 생성이 필요하다. 고객 테이블에 먼저 접근할 때의 인덱스 생성 포인트는 1번, 3번, 5번 컬럼으로 여기에 인덱스 생성이 필요하다.

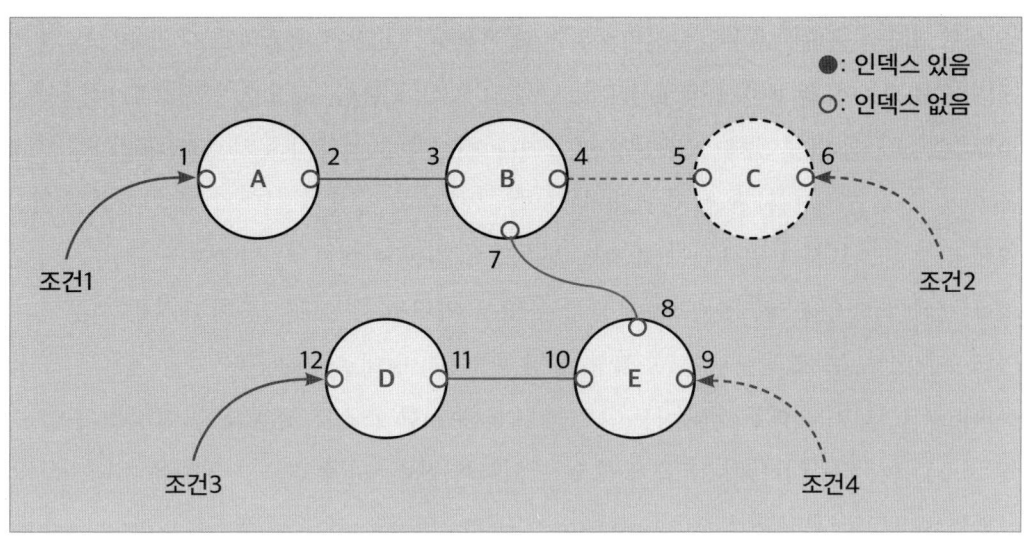

그림 7-15 인덱스 생성도10

온라인에서 흔히 접할 수 있는 복잡한 쿼리라도 앞 인덱스 생성도 그림처럼 대부분은 5~6개 미만의 테이블로 구성된다. 이와 같이 간략히 구성된 인덱스 생성도를 통해 우리는 테이블 접근 순서를 알 수 있으며, 그에 따른 인덱스 생성 위치를 알 수 있다.
[그림 7-15]에서 조건 1로 진입시 테이블 접근 순서와 인덱스 생성 포인트는 다음과 같다.

- A → B → E → D → C
- 1번 → 3번 → 8번 → 11번 → 5번

[그림 7-15]에서 조건 3으로 진입 시 테이블 접근 순서와 인덱스 생성 포인트는 다음과 같다.

- D → E → B → A → C
- 12번 → 10번 → 7번 → 2번 → 5번

이와 같은 방식으로 인덱스 생성도를 작성한다면 아무리 복잡한 쿼리라도 단순하게 도식화할 수 있다. 또한 테이블 접근 순서 및 인덱스 생성 위치에 대해서도 정확하게 이해할 수 있다. 이 방법으로 복잡한 쿼리를 분석한다면 대부분의 튜닝은 쉽게 해결된다.

테이블 접근 순서는 오라클 옵티마이저가 결정한다. 그 결정이 올바르기 위해서는 현 시점의 DB 정보가 정확하게 통계 정보로 구축돼 있어야 한다. 필요한 인덱스도 미리 만들어져 있어야 한다는 전제가 필요하다. 그러나 현실은 그러하지 못하므로 개발자가 직접 테이블 접근 순서를 판단할 수 있어야 하며, 그에 따른 필요한 인덱스 생성 위치를 알고 있어야 한다. 그러기 위해서는 인덱스 생성도에 대한 이해가 꼭 필요하다. 필자는 현업에서 경험한 다양한 온라인 쿼리에 대한 튜닝을 인덱스 생성도를 통해 대부분 해결했다. 인덱스 생성도는 크게 수평형, 수직형, 혼합형 3가지 형태로 구분된다.

인덱스 생성도가 어떠한 형태이든 테이블 접근 순서를 스스로 결정할 수 있어야 하며, 인덱스 생성 위치에 대해서도 정확하게 알고 있어야 한다. 만약 필요한 위치에 인덱스가 없

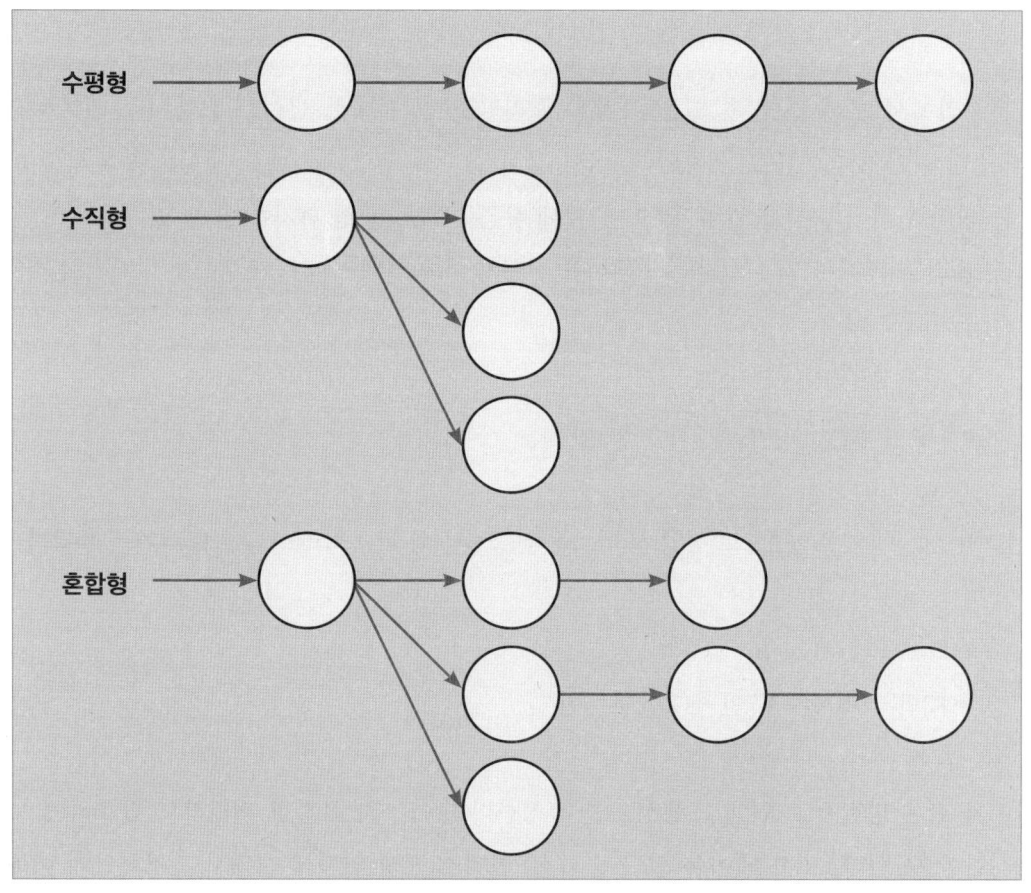

그림 7-16 인덱스 생성도의 종류

다면 인덱스를 생성해야 한다. 또한 오라클 옵티마이저에 의한 테이블 접근 순서가 다르다고 판단되면, 힌트절을 사용해 접근 순서를 바로 잡아야 한다.

지금까지 인덱스 생성도에 대해 그림과 함께 자세히 알아보았다. 인덱스 생성도는 복잡한 쿼리를 단순하게 도식화할 수 있고, 인덱스 생성 포인트에 대해 정확하게 이해할 수 있는 좋은 방법이다. 많은 개발자가 적극적으로 활용해 좋은 결과를 얻기를 바란다. 인덱스 생성도는 개발자가 흔히 접하는 OLTP 쿼리의 대부분에 적용할 수 있다. 하지만 배치성 쿼리, OLTP High Concurrency Table, Critical SQLs 등에 빈번히 사용되는 테이블의 인덱스 생성 시에는 충분한 영향도 검증을 해야 함을 명심하자.

원리를 이해하고 논리로 풀어가는 쉬어가는
스토리 DB 문제 ❼

각 스토리의 끝에 간단하면서도 재미있고 생각해 보는 DB 문제를 출제한다. 모든 문제는 DB의 원리를 이해할 수 있는 기준으로 출제한다. 문제를 풀어보면서 DB 원리를 하나씩 배우고 이해할 수 있다.

1. 다음 쿼리에 적합한 인덱스 생성도는?

```
SELECT  *
FROM    고객
WHERE   고객명 LIKE ? || '%'
AND     우편번호 IN (
          SELECT 우편번호
          FROM 우편
          WHERE 읍면동명 = ?
        )
```

2. 다음 쿼리에 적합한 인덱스 생성도는?

```
SELECT  *
FROM    고객 A
WHERE   고객명 LIKE ? || '%'
AND     EXISTS (
          SELECT 'X'
          FROM 우편
          WHERE 읍면동명 = ?
          AND   우편번호 = A.우편번호
        )
```

※ 정답과 풀이는 '스토리 DB 문제 풀이와 정답'에 있다.

> **KEY WORD** 쿼리

누구도 알려주지 않았던 SQL 작성의 규칙과 방법

스토리 08

공정쿼리란 나는 물론 주변인에게도 도움이 되는 쿼리다. 지금까지 쿼리 작성 방법론에 대한 내용을 접하기 어려웠다. 필자는 경험을 통해 쿼리 작성법에 대한 규칙과 방법을 정립하게 됐는데 그 내용으로 사내 개발자들에게 여러 차례 교육을 했다. 그 내용을 보완해 소개한다.

인덱스에 이어 쿼리 작성법을 알아보자. 쿼리의 기능 소개가 아니다. 기능 차원의 쿼리 제작 기법은 참고서에 너무나 많이 나와 있다. 철학을 갖고 전략적으로 접근하는 쿼리 제작 방법에 대해 설명한다.

공정무역과 공정여행, 공정쿼리

신문이나 방송을 통해 공정무역(Fair Trade)에 대한 내용을 이미 많이 접했을 것이다. 공정무역은 국제무역의 무한 경쟁에서 소외된 소규모 생산자들과 노동자들의 삶을 개선하는 것을 목적으로 출발했다. 지금은 그 의미가 더 확대돼 생산자도 행복하고 소비자도 행복한 무역을 의미하기도 한다.

대표적인 공정무역의 예로는 커피를 들 수 있다. 우리가 자주 마시는 커피 원두를 생산하는 곳은 일반적으로 세계적으로 최빈국들이다. 다국적 기업들이 최빈국 노동자들의 값싼 노동력을 발판으로 수급한 커피를 우리는 마셨다. 이 구조에서 커피 재배 농가에 돌아가는 이윤은 겨우 우리가 마시는 커피 한 잔 값의 0.5%밖에 안 된다고 한다. 이러한 불평등과 노동 착취를 해결하고자 공정무역 커피가 생겨났다.

공정무역 커피는 다국적 기업이나 중간상인을 거치지 않고 생산자와 소비자 간 직거래를 기본으로 한다. 이 구조를 통해 원두 생산자에게는 노동한 만큼의 최저 가격을 보장하고, 소비자에게는 인체에 해로운 성분이 섞이지 않은 품질 좋은 커피를 마시게 하는 것이다.

공정무역과 더불어 최근에는 '공정여행(Fair Travel)'이란 용어도 유행한다. 공정여행은 공정무역에서 가져온 말로서 '착한여행'이라고도 한다. 여행을 하면서 현지인의 삶에 도움이 되는 방식으로 소비를 하고, 자연 환경까지 생각하는 아름다운 여행을 의미한다. 공정여행의 실천 지침으로는 아래와 같은 내용이 있다.

1. 여행지의 생활 방식과 문화를 존중하고 예의를 갖춘다.
2. 문화유산을 훼손하지 않는다.
3. 멸종 위기에 놓인 동식물로 만든 기념품을 사지 않는다.
4. 음식을 남기지 않는다.
5. 일회용품 사용을 줄이고 쓰레기를 버리지 않는다.
6. 현지 주민의 노동력을 혹사하지 않고 공정한 요금을 지불한다.
7. 아동 노동착취 혹은 성매매 투어를 하지 않는다.
8. 여행 후에는 후기 작성 등 적극적인 피드백으로 지속 가능한 여행이 되도록 돕는다.
9. 현지인의 인권을 존중하며, 약속한 사진이나 물건은 반드시 보낸다.

공정여행 지침은 위에 나열한 것보다 훨씬 많으나 그중에서도 필자가 중요하다고 생각하는 것만 골라 보았다.

필자는 주말마다 캠핑을 열심히 다니는 캠핑 마니아다. 캠핑이 지금처럼 유행하기 전부터 캠핑을 다녔고 지금도 다니고 있다. 근래에 캠핑 문화가 유행하면서 캠핑 인구가 폭발적으로 증가했다. 이에 따라 부작용도 많아 보인다.

예전에는 조용한 캠핑 문화였으나, 요즘은 밤늦게까지 주변을 소란스럽게 하는 경우를 적지 않게 만난다. 캠핑장 관련 법규 미비로 인해 전국에 수많은 불법(?) 캠핑장 개설로 아름다운 자연 환경이 많이 훼손됐다. 게다가 캠핑장에서 먹을 음식도 대부분 도시에서 사와서 조리하므로 캠핑장 주변의 수많은 펜션과 매점, 식당들은 장사가 안 돼서 고통을 겪고 있다고 한다. 그렇다고 캠핑을 하지 말자는 이야기는 아니다. 될 수 있으면 해당 지역의 특산품에 관심을 갖고 향토 음식도 먹어보고, 돌아 오는 길에 현지 농산물도 구매했으면 좋겠다. 이것이 공정여행의 실천이 아닐까 싶다.

공정쿼리

'공정무역과 공정여행에 대해 이야기가 왜 이리 길어!' 했을 독자를 위해 지금부터 시작이다. 필자가 이번에 소개할 주제는 공정쿼리(Fair Query)다. 공정쿼리란 누구나 쉽게 쿼리를 작성하고 이해하는 것을 목표로 한다. 각각의 개발자는 본인이 작성한 쿼리를 다른 개발자가 보기 쉽게 할 수 있도록 공정하게 쿼리를 작성해야 한다. 공정하게 작성한 쿼리는 어느 누가 보더라도 쉽고 빠르게 쿼리의 의미를 전달할 수 있다.

다른 사람이 작성한 쿼리를 여러분이 쉽게 이해하지 못한다면 이것은 공정쿼리가 아니다. 또한 여러분이 작성한 쿼리를 다른 사람이 쉽게 이해 못한다면 이 또한 공정쿼리가 아니다. 공정쿼리에서는 서로가 쉽게 이해할 수 있도록 약속된 규칙에 따라 쿼리를 작성해야 한다. 이번 스토리 내용은 바로 그러한 규칙들에 대한 설명이다.

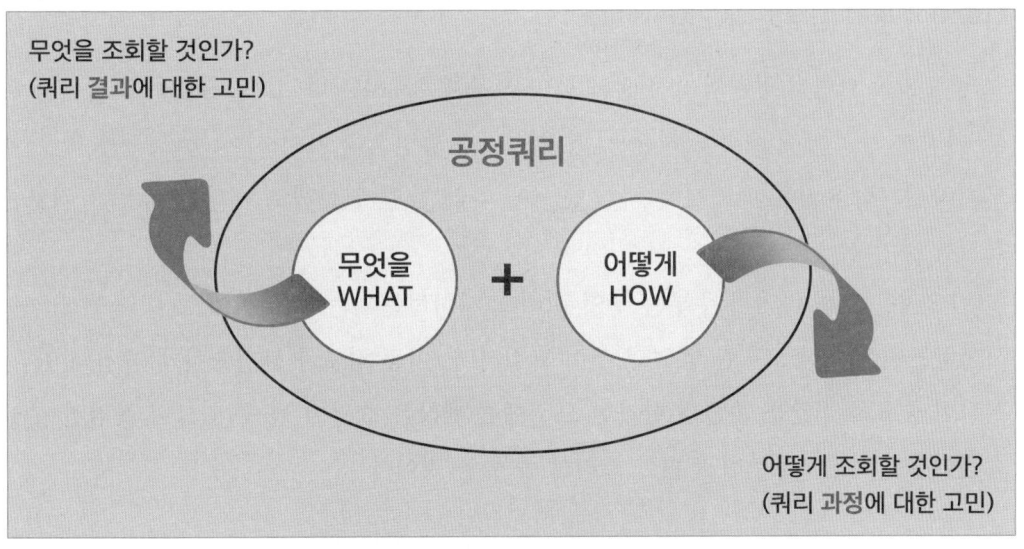

그림 8-1 공정쿼리= 무엇을 + 어떻게

개발자 초년생 시절, 필자는 쿼리를 작성할 때 무엇을(What) 조회해야 한다는 한 가지 사실만을 중시하고 어떻게(How) 조회할 것인가에 대한 고민을 하지 않았다. 그렇게 수년간 작성한 쿼리에 대한 죄책감을 아직도 갖고 있다.

그 당시 어느 누구도 쿼리 작성법에 대한 방법을 알려 주지 않았다. 또한 지금까지 어떠한 책에도 쿼리 작성 방법론에 대한 내용을 본 적이 없었다. 후일 어느 정도의 경력과 전문성이 쌓이고 나름대로 쿼리 작성법에 대한 규칙과 방법을 정립하게 됐는데 그 내용으로 사내 개발자들에게 여러 차례 교육을 진행했다. 뜻하지 않게 좋은 기회를 만나 약간의 내용을 보완해 소개하는 기회를 얻게 됐다.

무엇을 조회할지에 대한 쿼리 결과도 중요하지만, 어떻게 조회할지에 대한 쿼리 과정도 중요하다. 한마디로 공정쿼리는 무엇을, 어떻게 조회할지에 대한 내용이 모두 포함돼야 한다. 공정쿼리로 작성한 쿼리에서는 쿼리의 결과뿐 아니라, 생성해야 할 인덱스 정보와 접근돼야 할 실행계획(Plan) 정보까지 모두 알 수 있다. 믿기 어렵겠지만 사실이다. 일부 개발자는 어떻게 조회할지에 대한 쿼리 과정은 등한시하고 무엇을 조회할지에 대한 쿼리 결과에만 신경을 쓰는 경향이 있다. 그렇게 작성된 쿼리는 올바른 결과는 얻을지는 모르나 튜닝에 대한 좋은 성능은 기대할 수 없다.

나막사 주부의 심부름 메모지

[그림 8-2]를 보면서 공정쿼리에 대한 설명을 구체화하려 한다. [그림 8-2]는 맞벌이를 하는 '나막사' 주부가 일찍 퇴근하는 남편에게 대형 할인점에 가서 사야 할 것들을 적은 메모지다. [그림 8-3]은 메모지에 적힌 순서에 따라 남편이 실제로 매장을 방문한 경로를 표시한 것이다.

[그림 8-3]을 보면 나막사 주부는 무엇을(What) 사야하는지는 알고 있었으나, 어떻게(How) 사야하는지에 대한 고민은 없었던 것이 확실하다. 이동 경로가 불필요하게 중첩돼 있다. 시간이 중요하지 않는 주중의 한가한 오후에는 괜찮은 쇼핑이 될 수 있으나 복잡한 주말 쇼핑이라면 남편으로부터 불편한 소리를 좀 들을 것이다.

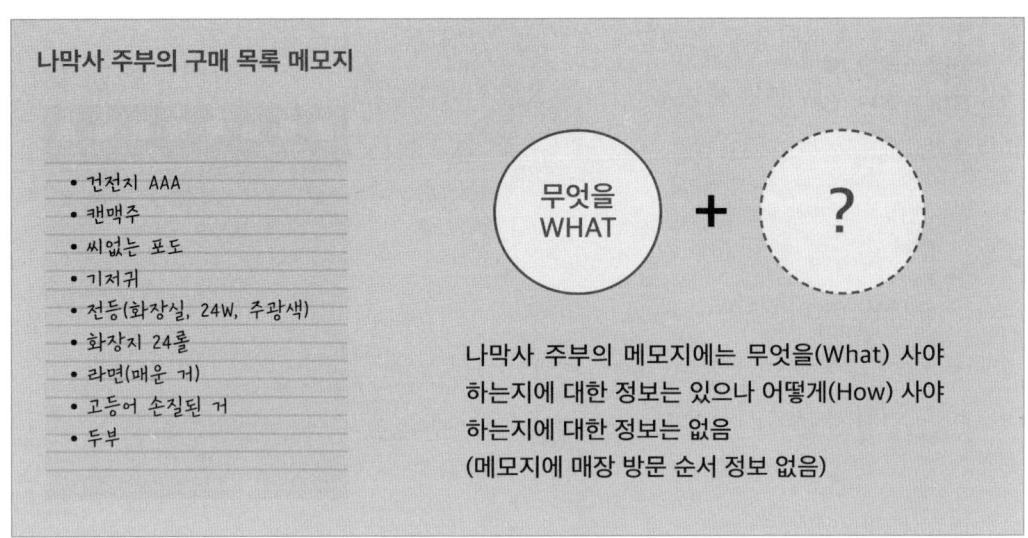

그림 8-2 나막사 주부가 남편에게 남겨 놓은 메모

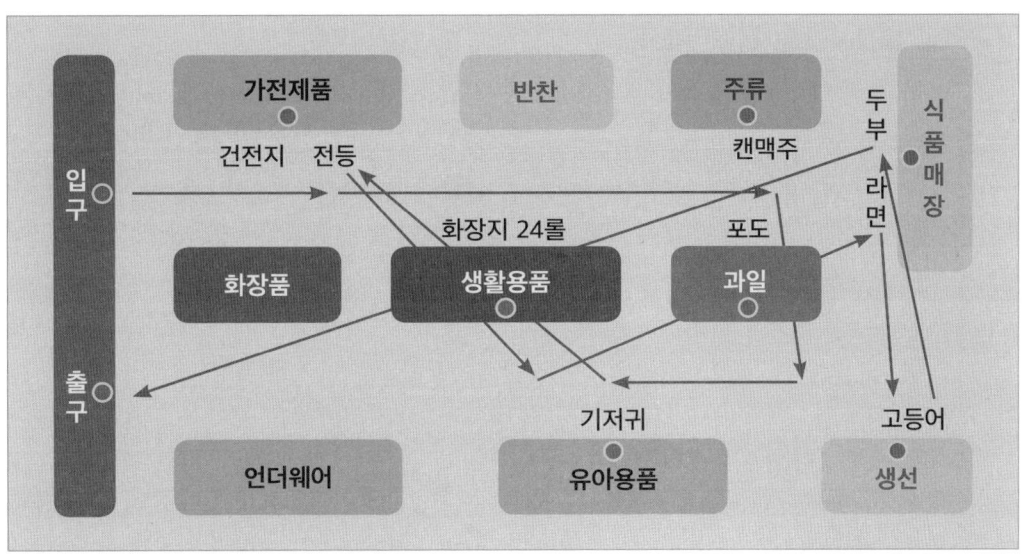

그림 8-3 메모지에 적힌 순서에 따라 나막사 주부의 남편이 매장을 방문한 경로

나계획 주부의 심부름 메모지

[그림 8-4]를 보면서 공정쿼리에 대한 설명을 구체화하려 한다. [그림 8-4]는 맞벌이 주부인 나계획 주부가 일찍 퇴근하는 남편에게 대형 할인점에 가서 사야 할 물건을 적은 메모지다.

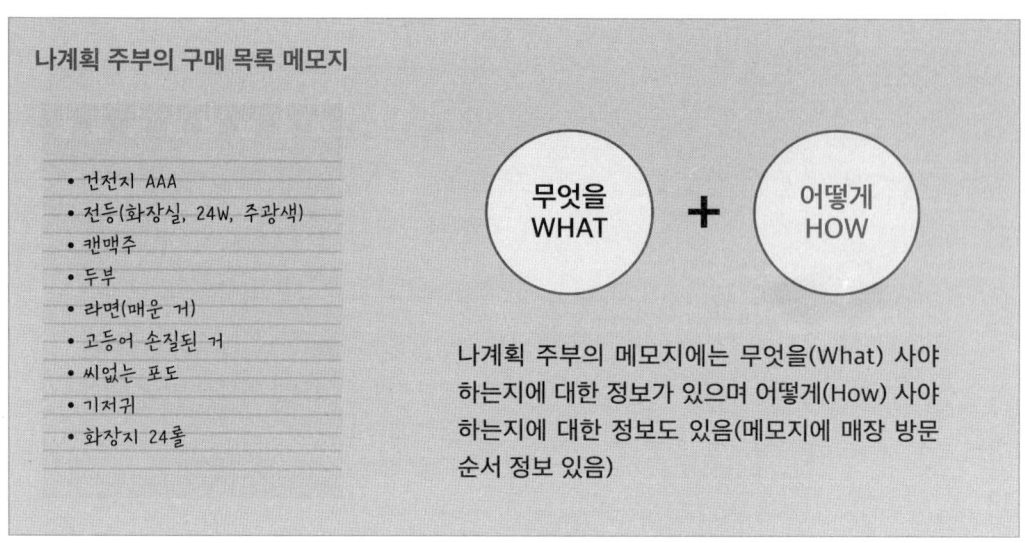

그림 8-4 나계획 주부가 남편에게 남겨 놓은 메모

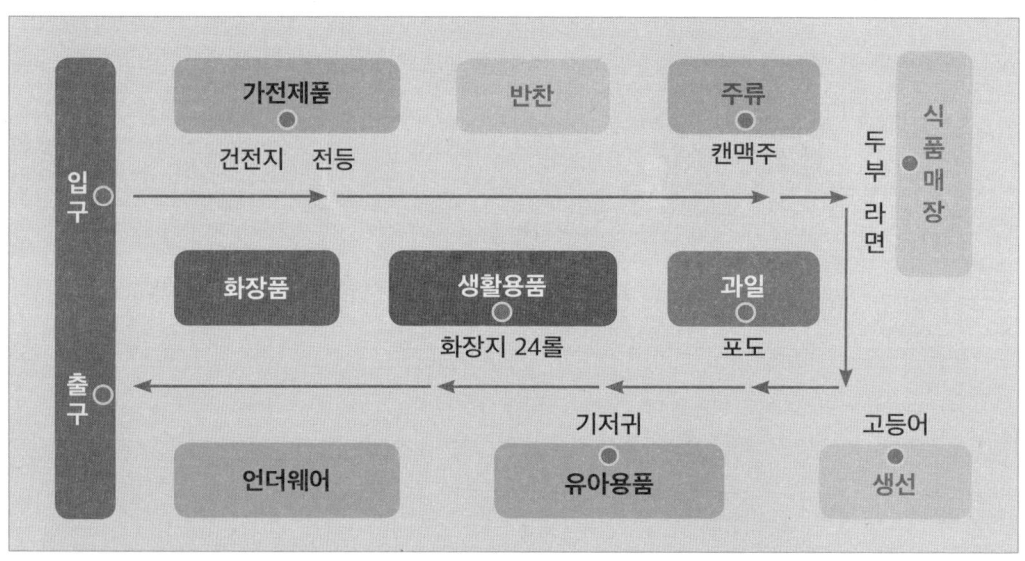

그림 8-5 메모지에 적힌 순서에 따라 나계획 주부의 남편이 매장을 방문한 경로

[그림 8-5]는 메모지에 적힌 순서에 따라 남편이 매장을 방문했던 실제 경로를 표시했다. [그림 8-5]를 보면 나계획 주부는 무엇을 사야하는지는 물론, 어떻게 사야하는지에 대해서도 알고 있었음이 분명하다. 이동 경로도 최적화돼 있다. 우리는 나막사 주부의 심부

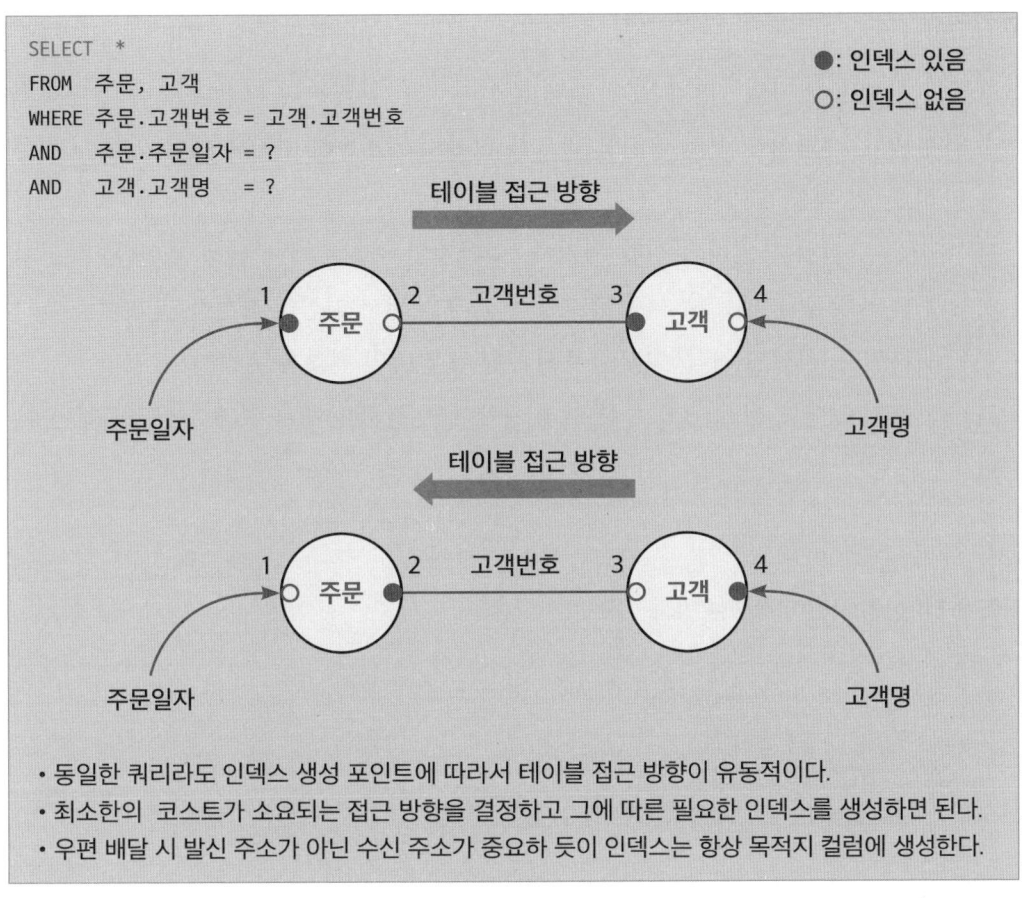

그림 8-6 인덱스 생성도

름 메모지와 나계획 주부의 심부름 메모지를 보면서 중요한 차이점을 발견할 수 있다. 그 것은 바로 매장 접근경로 순서 정보의 존재여부다. 두 주부의 메모지는 얼핏 같아 보이지만, 나계획 주부의 메모지에는 구매할 물건(What) 리스트뿐 아니라, 매장을 어떤 경로로(How) 접근해야 할지에 대한 정보까지 포함돼 있다. 우리는 쿼리 작성에 있어서 나계획 주부의 메모지처럼 무엇을 조회할지에 대한 쿼리 결과뿐만 아니라 어떻게 조회할지에 대한 쿼리 과정도 포함해야 할 것이다. 이렇게 작성된 쿼리를 공정쿼리라 부른다. 공정쿼리는 우리에게 중요한 정보를 제공한다. 잘 작성된 **공정쿼리에서 인덱스 생성 포인트뿐 아니라 실행계획(plan) 정보도 알 수 있다.**

공정쿼리, 반드시 이렇게 작성하라!

공정쿼리 작성법을 이해하려면 앞서 소개했던 '누구도 알려주지 않았던 오라클 인덱스 생성도의 비밀' 스토리를 먼저 숙지할 필요가 있다. [그림 8-6] 쿼리에 대한 인덱스 생성도를 다시 한 번 되짚어 보자.

[코드 8-1]은 나신입 사원이 작성한 쿼리다. 일반적인 쿼리로서 무난해 보인다. 특별히 잘못된 부분은 찾을 수 없으며, 나신입 사원이 신경을 써서 열심히 작성한 것 같다.

잘못된 쿼리인가, 최선의 쿼리인가? 잘못된 부분이 없다면 괜찮은 쿼리인가?

필자는 그렇지 않다고 생각한다. 물론 쿼리 자체에는 전혀 문제가 없지만 공정쿼리는 아니다.

코드 8-1 나신입 사원이 작성한 쿼리

```
SELECT    *
FROM      고객, 주문, 부서
WHERE     고객.고객번호  = 주문.고객번호
AND       주문.부서번호  = 부서.부서번호(+)
AND       고객.고객명    LIKE ?
AND       고객.성별      = ?
AND       주문.상품코드  = ?
AND       주문.주문일자  = ?
AND       주문.배송여부  = ?
AND       부서.사용여부(+) = ?
```

나신입 사원이 작성한 [코드 8-1] 쿼리를 보면서 인덱스 생성도를 그려보자. 그리고 다시 공정쿼리를 작성해 보자.

나신입 사원이 작성한 쿼리를 보면서 [그림 8-7]과 같이 인덱스 생성도를 그렸다. 이를 바탕으로 다음과 같은 정보를 알 수 있다.

- 테이블 접근 순서: 주문 → 고객 → 부서
- 조인절 접근 방향: 2번 컬럼 → 1번 컬럼, 3번 컬럼 → 4번 컬럼

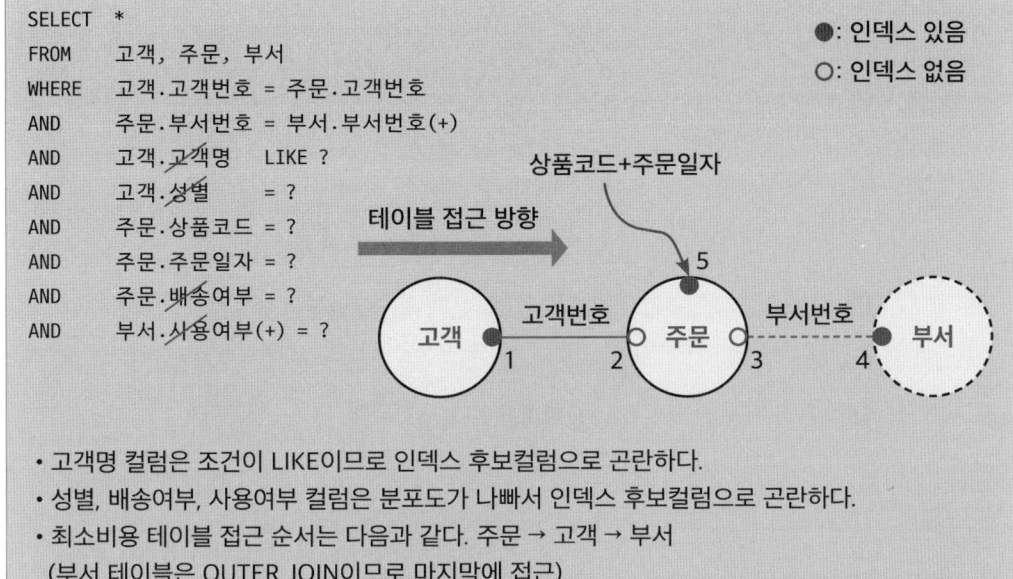

그림 8-7 나신입 사원이 작성한 쿼리와 인덱스 생성도

- 인덱스 생성 위치: 5번 컬럼(상품코드 + 주문일자), 1번 컬럼(고객번호), 4번 컬럼(부서번호)

공정쿼리를 작성하기에 앞서 다음 4가지 공정쿼리 작성규칙을 이해하자. 공정쿼리 기본 규칙은 쉽고 단순하다. 이해하기 위한 어떠한 노력도 필요 없을 정도로 아주 쉽다. 하지만 그렇게 작성된 공정쿼리는 우리에게 엄청난 혜택을 준다. 다음 4가지는 공정쿼리 작성에 대한 기본 규칙이다.

1. SELECT 절에 대한 규칙: 접근하고자 하는 테이블의 순서대로 조회 컬럼을 나열한다.
2. FROM 절에 대한 규칙: 접근하고자 하는 순서대로 테이블을 나열한다.

3. JOIN 절에 대한 규칙: 접근하고자 하는 테이블 순서대로 조인절을 나열한다.
4. WHERE 절에 대한 규칙: 접근하고자 하는 테이블의 순서대로 조건절 컬럼을 나열한다.

앞의 4가지 규칙은 다음과 같이 한 가지 규칙으로 요약할 수 있다. '접근하고자 하는 테이블 순서대로 쿼리를 작성하면 된다'.

코드 8-2 나신입 사원이 작성한 쿼리를 공정쿼리로 재작성

```
SELECT    *
FROM      주문, 고객, 부서            -- 테이블 접근 순서를 알 수 있다(실행계획 순서)
WHERE     주문.고객번호 = 고객.고객번호   -- 조인절의 우측편 컬럼에 인덱스 생성
AND       주문.부서번호 = 부서.부서번호(+) -- 조인절의 우측편 컬럼에 인덱스 생성
AND       주문.상품코드 = ?            -- 첫 번째 접근 테이블의 조건절에 인덱스 생성
AND       주문.주문일자 = ?            -- 첫 번째 접근 테이블의 조건절에 인덱스 생성
AND       주문.배송여부 = ?
AND       고객.고객명   LIKE ?
AND       고객.성별     = ?
AND       부서.사용여부(+) = ?
```

재작성된 [코드 8-2]의 공정쿼리를 통해 실행계획 정보와 인덱스 생성 포인트를 알 수 있게 됐다. [코드 8-3]은 동일한 결과를 조회하는 두 개의 쿼리지만, 공정쿼리로 작성한 쿼리가 우리에게 어떠한 정보를 추가적으로 제공하는지를 분명하게 보여준다.

좋은 쿼리와 나쁜 쿼리는 어떤 차이점이 있을까? 좋은 쿼리란 누구나 쉽게 이해하게 작성된 쿼리를 말한다. 반면에 나쁜 쿼리란 작성자 본인만 이해할 수 있는 쿼리를 말한다. 좋은 쿼리를 공정쿼리라 부른다고 했다. [그림 8-8] 인덱스 생성도를 통해 다시 한번 공정쿼리에 대해서 확인해 보자.

코드 8-3 나신입 사원이 작성한 쿼리 vs. 재작성한 공정쿼리

```
SELECT   *                              SELECT   *
FROM     고객, 주문, 부서                 FROM     주문, 고객, 부서
WHERE    고객.고객번호 = 주문.고객번호      WHERE    주문.고객번호 = 고객.고객번호
AND      주문.부서번호 = 부서.부서번호(+)   AND      주문.부서번호 = 부서.부서번호(+)
AND      고객.고객명    LIKE ?            AND      주문.상품코드 = ?
AND      고객.성별     = ?         vs.   AND      주문.주문일자 = ?
AND      주문.상품코드 = ?                AND      주문.배송여부 = ?
AND      주문.주문일자 = ?                AND      고객.고객명    LIKE ?
AND      주문.배송여부 = ?                AND      고객.성별     = ?
AND      부서.사용여부(+) = ?             AND      부서.사용여부(+) = ?
```

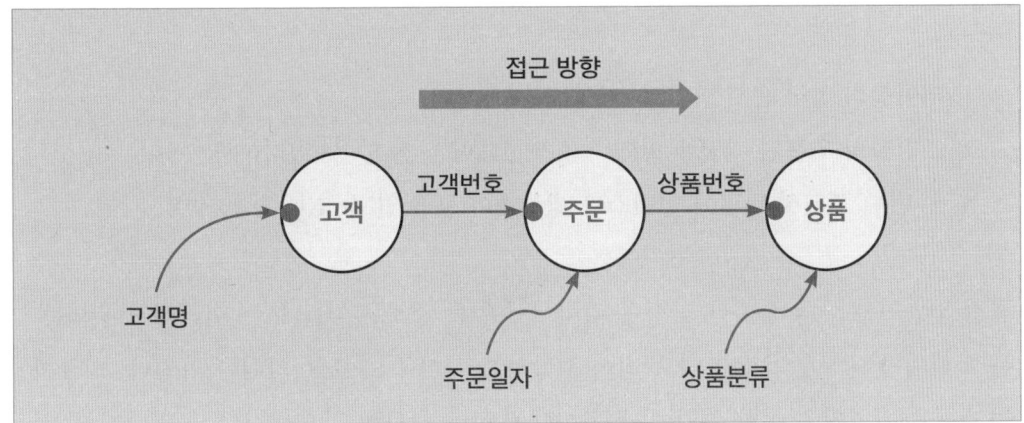

그림 8-8 인덱스 생성도

[그림 8-8]은 작성해야 할 쿼리를 접근 방향에 따라 인덱스 생성도로 표현한 예다. 인덱스 생성도를 근거로 해 공정쿼리 기본 규칙에 따라 쿼리를 작성해 보면 다음과 같다.

```
SELECT  A.컬럼들, B.컬럼들, C.컬럼들      -- 공정쿼리 기본 규칙 1
FROM    고객 A, 주문 B, 상품 C           -- 공정쿼리 기본 규칙 2
WHERE   A.고객번호 = B.고객번호          -- 공정쿼리 기본 규칙 3
AND     B.상품번호 = C.상품번호          -- 공정쿼리 기본 규칙 3
AND     A.고객명   = ?                  -- 공정쿼리 기본 규칙 4
AND     B.주문일자 = ?                  -- 공정쿼리 기본 규칙 4
AND     C.상품분류 = ?                  -- 공정쿼리 기본 규칙 4
```

그렇다면 이렇게 작성된 공정쿼리에서 우리가 얻는 정보(혜택)는 무엇인지 알아 보자.

```
SELECT  A.컬럼들,  B.컬럼들,   C.컬럼들
FROM    고객 A,   주문 B,    상품 C        -- 테이블 접근 순서를 알 수 있다(A → B → C).
WHERE   A.고객번호 = B.고객번호              -- 조인절의 우측편 컬럼에 인덱스 생성
AND     B.상품번호 = C.상품번호              -- 조인절의 우측편 컬럼에 인덱스 생성
AND     A.고객명   = ?                   -- 첫 번째 접근 테이블의 조건절에 인덱스 생성
AND     B.주문일자 = ?
AND     C.상품분류 = ?
```

결론적으로 우리는 공정쿼리로 작성된 쿼리에서 다음과 같은 혜택을 받을 수 있다.

1. 테이블의 접근 순서를 알 수 있다(실행계획 정보).
2. 조인절의 우측편 컬럼에 인덱스가 생성돼야 함을 알 수 있다(인덱스 정보).
3. 첫 번째 조건절 컬럼에 인덱스가 생성돼야 함을 알 수 있다(인덱스 정보).

공정쿼리 기본 규칙에 따라 작성한 쿼리에서 얻는 정보(혜택)는 모든 쿼리에 적용되는 것은 아니지만 대부분의 온라인 쿼리에 해당하므로 아주 중요한 의미를 가진다. 지금까지는 다른 개발자가 작성한 쿼리에 대한 이해에 많은 시간이 필요했지만, 공정쿼리 기본 규칙에 근거해 작성된 쿼리라면 어느 누구라도 쿼리 작성자의 의도를 쉽게 알 수 있으며 쿼리에 대한 빠른 이해가 가능하다.

우리는 공정쿼리의 FROM 절을 통해 테이블 접근 순서를 알 수 있으며, 조인절 및 조건절을 통해 인덱스 생성 위치를 알 수 있다. 공정쿼리에서 우리는 무엇을(What) 조회하는지 알 수 있고 어떻게(How) 실행계획을 하는지, 어떻게 인덱스를 만들어야 하는지 알 수 있다. 서로 다른 개발자들이 작성한 공정쿼리에서 우리는 동일한 정보를 공유할 수도 있다. 공정쿼리는 모든 개발자가 동일한 방법과 기준으로 쿼리를 작성함으로써 무엇을 어떻게 할 것인지에 대한 내용을 서로 공유할 수 있게 해준다.

공정쿼리로 작성한 쿼리는 기본적인 튜닝은 완료된 것이라 보면 틀림이 없다. 단지 우리는 2가지 측면에서 확인할 필요는 있다. 첫째는 인덱스가 있어야 할 위치에 실제로 인덱

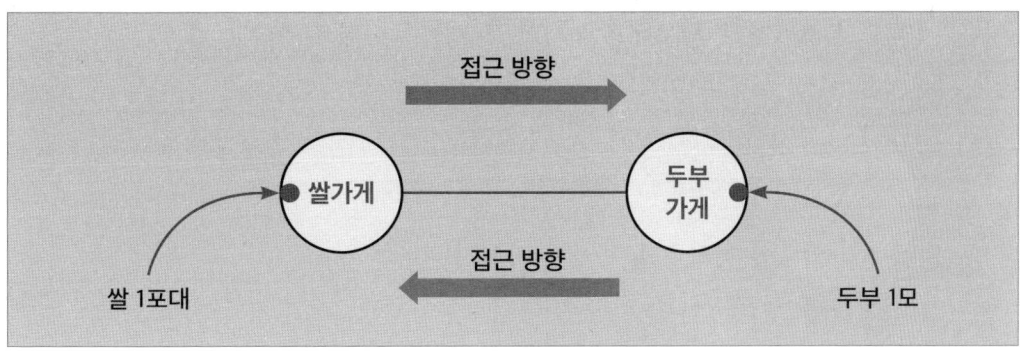

그림 8-9 어떤 가게를 먼저 방문해야 하나?

스가 존재하는지 확인한다. 만약 인덱스가 존재하지 않는다면 인덱스를 생성해야 할 것이다. 둘째는 우리가 생각하는 테이블 접근 순서와 오라클 옵티마이저의 테이블 접근 순서가 일치하는지 확인한다. 만약 일치하지 않으면 힌트절을 추가해 올바른 테이블 접근 순서로 유도해야 할 것이다.

공정쿼리에 대해 필자가 사내 교육을 할 때 가장 많이 받는 질문이 있다. 테이블 접근 순서는 대체 어떻게 알 수 있는가? 테이블 접근 순서를 정할 때 어떠한 규칙이 있는가? 였다. 그때마다 필자는 [그림 8-9]를 예로 들어 되묻곤 했다.

쌀 한 포대와 두부 한 모를 사야 한다면 여러분들은 어떤 가게부터 먼저 방문해야 하는가? 하고 되물으면 99%는 두부가게부터 먼저 가야 한다고 답했다. 바로 그것이다. 여러분들은 이미 정답을 알고 있다고 답하곤 했다. 사람들은 본능적으로 힘을 가장 덜 들이는 방법으로 일을 한다. 마찬가지로 오라클 옵티마이저도 부하가 가장 적게 드는 방법으로 일을 한다. 사람이나 기계나 작동(?) 방식은 동일하다. 개발자들은 쿼리 작성과 튜닝을 별개로 구분해 생각하는 경우가 많은데, 실제로는 그렇지 않다. 쿼리 작성과 튜닝은 단계가 구분되는 것이 아니다. 앞서 말했 듯이 잘 만든 쿼리는 그 자체만으로 튜닝이 이미 이뤄진 것이다. 공정쿼리 자체가 튜닝이 완료된 쿼리라고 말하고 싶다.

공정쿼리에서 우리는 무엇을(What) 조회하는지와 어떻게(How) 실행계획을 하는지, 어떻게 인덱스를 만들어야 하는지까지 알 수 있다. 여러분이 작성한 쿼리 때문에 다른 사람들이 고통을 받는 일이 없어야 하며, 다른 사람이 작성한 쿼리로 인해 여러분이 고통 받는 일도 없어야 한다. 공정쿼리는 모든 개발자가 동일한 방법으로 쿼리를 작성함으로써 무엇을, 어떻게 할 것인지에 대한 내용을 서로 공유할 수 있게 해준다.

원리를 이해하고 논리로 풀어가는 쉬어가는
스토리 DB 문제 ⑧

각 스토리의 끝에 간단하면서도 재미있고 생각해 보는 DB 문제를 출제한다. 모든 문제는 DB의 원리를 이해할 수 있는 기준으로 출제한다. 문제를 풀어보면서 DB 원리를 하나씩 배우고 이해할 수 있다.

나신입 사원이 작성한 다음 쿼리에 대해서 인덱스 생성도와 공정쿼리를 작성하시오.

```
SELECT  *
FROM    고객, 부서, 주문, 반품
WHERE   주문.고객번호 = 고객.고객번호
AND     부서.부서번호 = 주문.부서번호
AND     반품.주문번호 = 주문.주문번호
AND     주문.배송여부 = ?
AND     고객.고객명   LIKE ?
AND     주문.상품코드 = ?
AND     반품.반품일자 = ?
AND     주문.주문일자 BETWEEN ? AND ?
AND     고객.성별     = ?
AND     부서.사용여부 = ?
AND     반품.반품코드 IN (
        SELECT 반품코드
        FROM   반품코드
        WHERE  코드분류 = ?
        AND    사용여부 = ?
        )
```

※ 정답과 풀이는 '스토리 DB 문제 풀이와 정답'에 있다.

> **KEY WORD** 쿼리

쿼리 최적화와 튜닝을 한 번에! 공정쿼리 작성법

인덱스 생성도는 복잡한 쿼리를 단순하게 도식화할 수 있고, 인덱스 생성 포인트에 대해 정확하게 이해할 수 있는 좋은 방법이다. 공정쿼리는 무엇을 어떻게 조회할지에 대한 내용을 담고 있고, 쿼리 자체만으로 인덱스 생성 위치와 실행계획을 알 수 있는 쿼리다.

지난 회에서 공정쿼리란 무엇을 조회할지에 대한 결과뿐 아니라 어떻게 조회할지에 대한 쿼리 과정까지 염두에 두고 접근하는 방식이라고 소개했다. 무엇을 어떻게 조회할지에 대한 내용을 모두 포함해서 쿼리를 작성하므로 공정쿼리로 작성한 쿼리에서는 쿼리의 결과뿐 아니라, 생성해야 할 인덱스 정보와 접근돼야 할 실행계획(plan) 정보까지 모두 알 수 있다고 강조했다. 이번 회에서는 쿼리 최적화 측면에서 공정쿼리 작성법을 알아본다.

배낭여행 스마트앱 만들기

필자는 [그림 9-1]과 같은 배낭여행 앱을 기획해 보았다. 앱은 가로 4개 블록, 세로 3개 블록의 미로로 구성된다. 숫자가 적힌 6군데의 포지션을 모두 방문하면 게임은 종료된다. 각 포지션 방문 시 적혀 있는 숫자(kg)만큼 조약돌을 채워야 하므로 배낭은 무거워지거나 가벼워진다. 또한 깃발이 표시된 포지션에서만 출발할 수 있으며, 최종 목적지에 도착했을 때 에너지 소모가 가장 적은 여행자가 승리한다. 이제 여러분은 최소 에너지를 소모하는 최적의 여행 경로를 찾아야 한다. 여기서 에너지 소모란 이동한 거리×배낭 무게의 총합을 의미한다. 렛츠고!

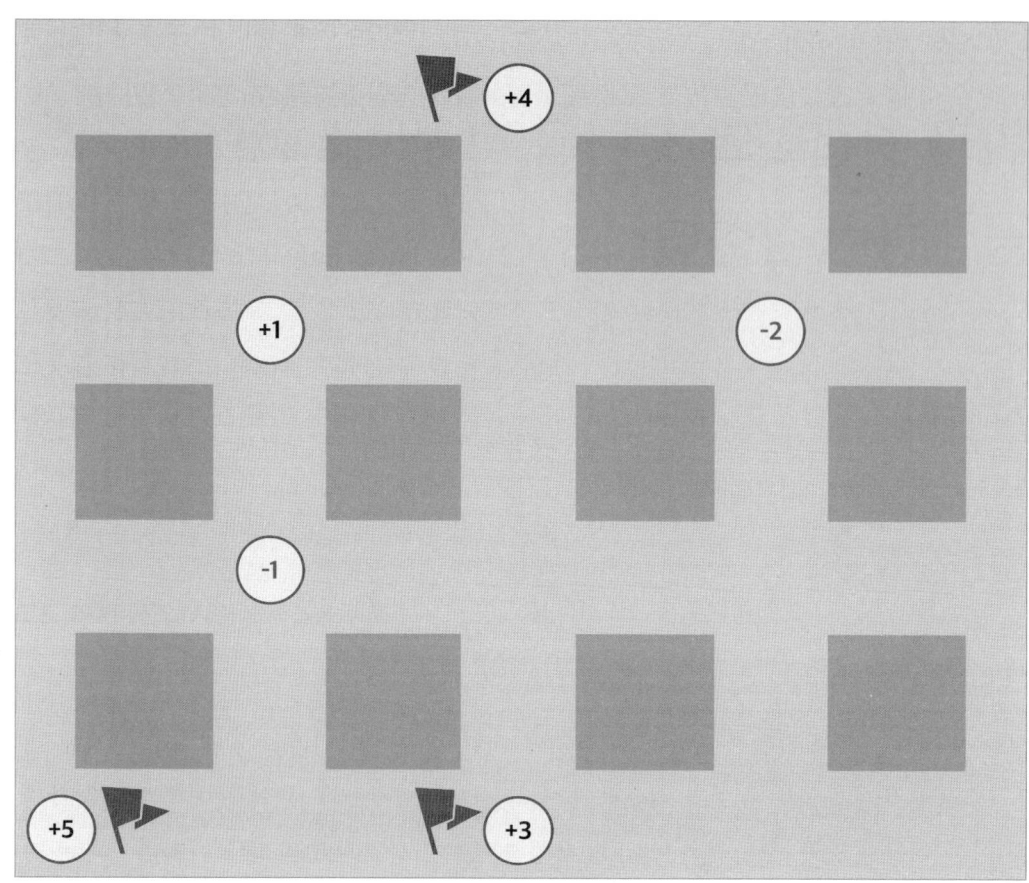

그림 9-1 배낭여행 앱

여기에서 우리는 다음과 같은 사실을 알 수 있다. 어떠한 경로를 선택하든지 여행이 끝났을 때 배낭의 최종 무게는 10kg으로 항상 동일할 것이다. 그러나 어떤 경로를 선택하느냐에 따라 에너지 소모량은 다를 것이다. 필자는 [그림 9-2]와 같이 경로를 선택해 보았다. 각각의 구간 경로에 따라 배낭의 무게가 달라지므로 약간의 계산이 필요하지만 별 어렵지 않게 구할 수 있다. 필자가 선택한 여행 경로에 따른 총 에너지 소모량은 34코스트다. 첫 번째 스테이지는 쉽게 통과했다. 2번째, 3번째 스테이지로 넘어갈수록 점점 더 복잡한 N×N 블럭맵이 나타날 것이다. 또한 포지션의 개수는 점점 더 많아질 것이고, 조약돌의 무게는 점점 더 무거워질 것이다.

배낭여행 앱 게임을 잘하기 위한 중요한 기본적인 규칙 세 가지가 있다.

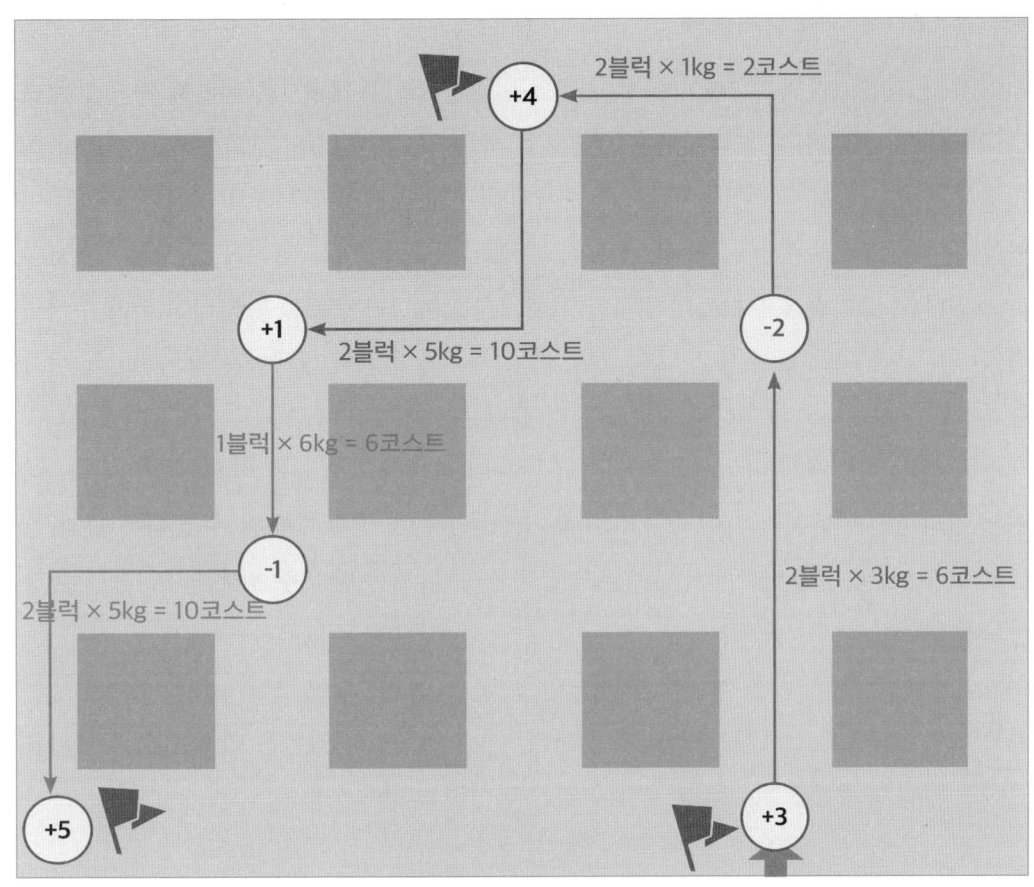

그림 9-2 배낭여행 경로 선택

첫째, 첫 진입 포지션을 잘 선정해야 한다(출발 포지션에서 가벼운 배낭 무게로 출발해야 한다).
둘째, 진입 이후 그 다음 포지션 선정 시 가까운 거리에 있는 작은 숫자를 우선해 선택한다.
셋째, 한 번 지나간 경로는 다시 지나가지 않게 경로를 선택한다(중첩 경로 지양).

'이러한 기초적인 앱 시나리오에 스토리를 더하고, 움직이는 이미지를 덧붙이고, 반복적인 멜로디를 추가한다면 재미있는 앱이 되지 않을까?' 하고 나름 생각해 본다. 이 앱의 사용 대상은 덧셈, 뺄셈, 곱셈을 배우는 초등학교 저학년용으로 적합할 듯 하다.

필자가 이번 스토리에 이 앱을 소개하는 이유는 실제로 앱을 만들기 위해서가 아니다. 우리가 인덱스 생성도와 공정쿼리를 작성하기 위해 테이블 접근 순서를 정할 때 가장 기본이 되는 기초적인 노하우와 일맥상통하기 때문이다.

오라클 CBO 방식과 통계정보

우리가 알고 있는 오라클 CBO(Cost Based Optimizer) 방식은 통계정보를 이용해 비용을 계산한 후 SQL을 수행한다. 통계정보가 존재하고 비교적 정확하다면, 오라클은 대부분의 쿼리에서 올바르고 적절한 실행계획을 우리에게 제공하고 쿼리를 수행할 것이다.

만약 통계정보가 존재하지 않는다면 혹은 존재하지만 실제와는 차이가 있는 통계정보를 갖고 있다면, 오라클은 우리에게 정확한 실행계획을 제공하지도 않을 뿐더러 쿼리 수행도 최적이지 않다. 실제로 운영을 하다 보면, 이런 경우가 빈번히 발생함을 알 수 있다. 설사 통계정보가 존재하고 정확하다고 해도 항상 올바른 실행계획 제공을 보장하지는 못한다. 오라클 CBO 방식에서 비용이란 물리적인 비용이 아니라 논리적인 비용을 의미한다. 여기서 논리적인 비용이란 어떤 근거로 비용이 산출됐는지 명확하게 알 수 없다는 말과 같을 수도 있다. 혹은 오라클에서 명시적으로 비용 산출 계산 방식을 공개하지 않는다는 말과도 동일하다.

이와 같은 여러 가지 이유 때문에 우리는 알고 있는 업무 지식을 바탕으로 스스로 비용을 예측하고 실행계획을 예상할 수 있어야 한다. 이번 스토리의 핵심은 테이블 접근 순서를 정하고 인덱스 생성도를, 그리고 공정쿼리를 작성하는 것에 있다.

테이블 접근 순서 규칙 1: 진입형 테이블을 결정하라(사원 테이블 선택 접근 시)

쿼리의 조건 중에서 가장 선택도가 좋은 컬럼의 테이블을 최초 진입형 테이블로 결정한다.

코드 9-1 쿼리 1

```
SELECT   *
FROM     사원, 교육계획, 과목, 강사, 교육평가
WHERE    사원.사원번호       = 교육계획.사원번호
AND      교육계획.과목번호   = 과목.과목번호
AND      교육계획.강사번호   = 강사.강사번호(+)
AND      교육계획.교육번호   = 교육평가.교육번호
AND      사원.성명           = '홍길동'
AND      과목.과목명         = '수학'
AND      교육평가.평점       = 'A+'
```

[코드 9-1] 쿼리에서 **사원** 테이블의 **성명** 컬럼을 최초 진입형 조건으로 결정 했을때 인덱스 생성도는 [그림 9-3]과 같다.

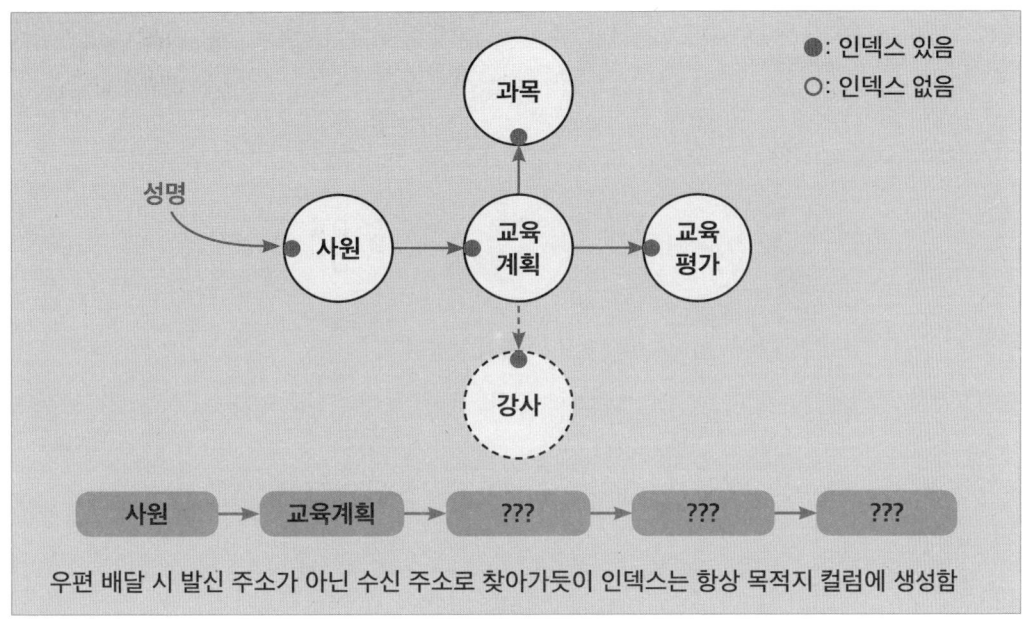

그림 9-3 인덱스 생성도 1

테이블 접근 순서 규칙 2: OUTER JOIN보다 INNER JOIN을 우선하라

쿼리의 조인절에서 OUTER JOIN보다 INNER JOIN 테이블을 먼저 접근한다.

코드 9-2 쿼리 2

```
SELECT  *
FROM    사원, 교육계획, 과목, 강사, 교육평가
WHERE   사원.사원번호     = 교육계획.사원번호
AND     교육계획.과목번호 = 과목.과목번호
AND     교육계획.강사번호 = 강사.강사번호(+)
AND     교육계획.교육번호 = 교육평가.교육번호
AND     사원.성명         = '홍길동'
AND     과목.과목명       = '수학'
AND     교육평가.평점     = 'A+'
```

[코드 9-2]의 조인절에서 **강사** 테이블보다는 **과목** 테이블이나 **교육평가** 테이블의 접근을 우선으로 한다.

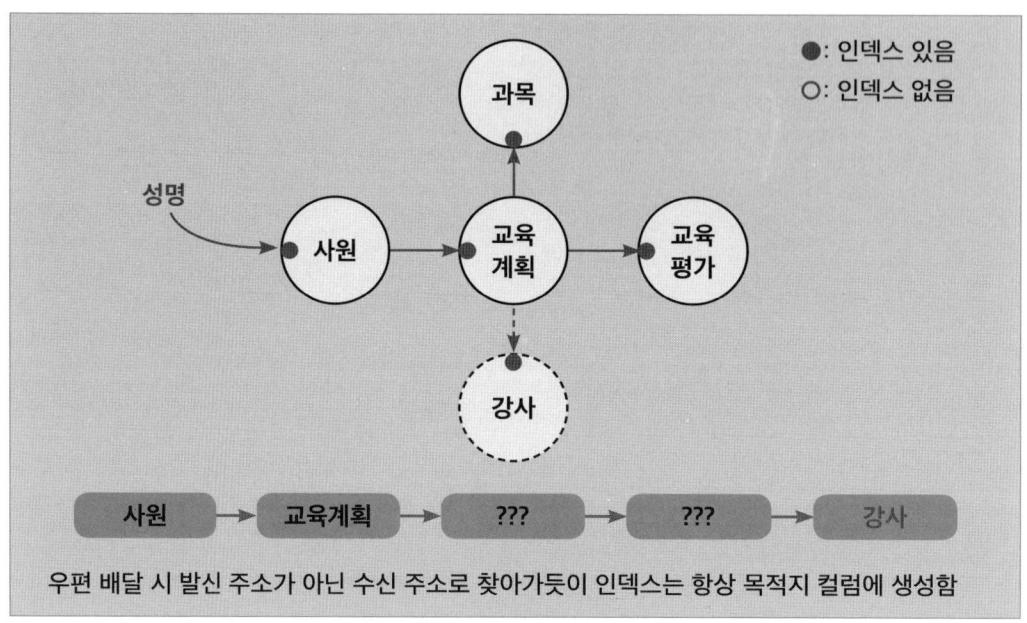

그림 9-4 인덱스 생성도 2

테이블 접근 순서 규칙 3: 연결 확장형보다는 연결 축소형 테이블을 우선하라

쿼리의 조인절에서 연결 확장형보다 연결 축소형 테이블을 먼저 접근한다.

코드 9-3 쿼리 3

```
SELECT  *
FROM    사원, 교육계획, 과목, 강사, 교육평가
WHERE   사원.사원번호      = 교육계획.사원번호
AND     교육계획.과목번호 = 과목.과목번호
AND     교육계획.강사번호 = 강사.강사번호(+)
AND     교육계획.교육번호 = 교육평가.교육번호
AND     사원.성명         = '홍길동'
AND     과목.과목명       = '수학'
AND     교육평가.평점     = 'A+'
```

[코드 9-3] 쿼리의 조인절 테이블인 **과목**과 **교육평가** 테이블 중에서 조건(A+) 필터로 인해 레코드 축소가 일어날 가능성이 더 높은 교육평가 테이블의 접근을 우선으로 한다.

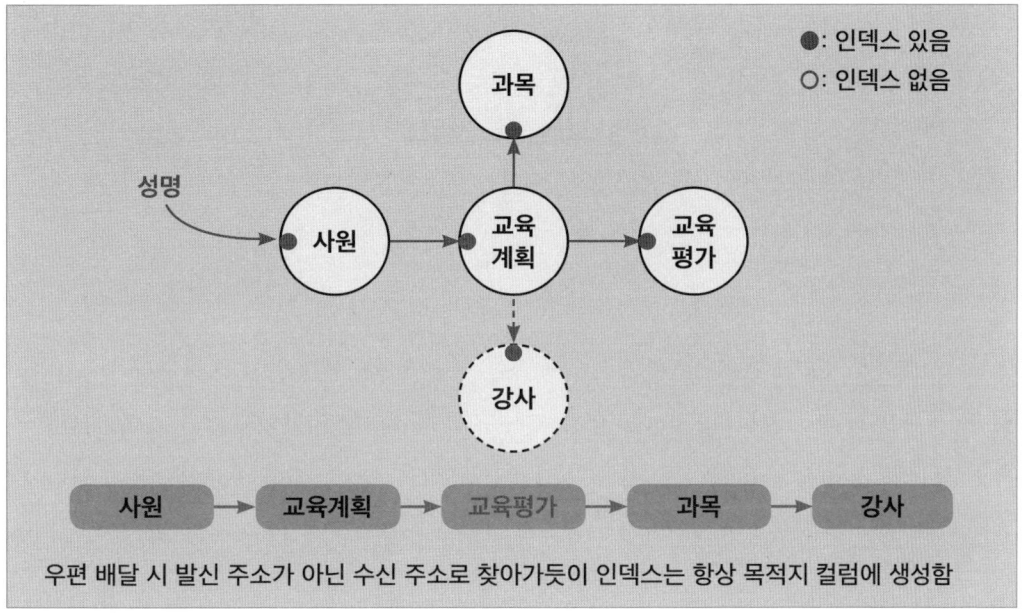

그림 9-5 인덱스 생성도 3

인덱스 생성도와 공정쿼리 재작성하기

인덱스 생성도를 통해 테이블 접근 순서와 각 테이블의 인덱스 생성 포인트를 알 수 있다.

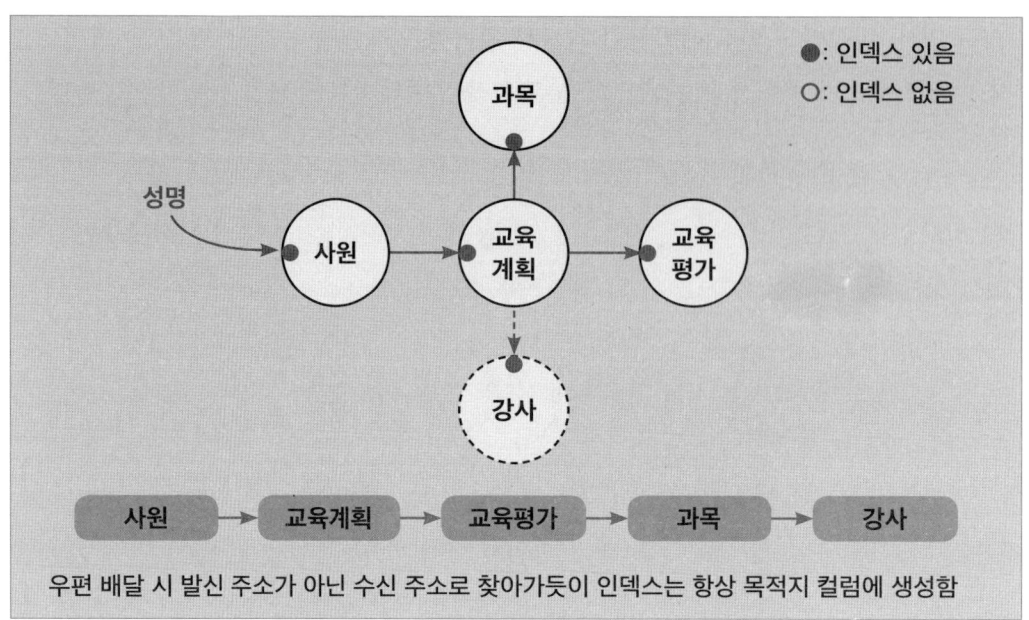

그림 9-6 인덱스 생성도 4

위의 인덱스 생성도 최종본을 통해 공정쿼리를 재작성해 보면 [코드 9-4]와 같다.

코드 9-4 쿼리 4

```
SELECT   *
FROM     사원, 교육계획, 교육평가, 과목, 강사        ············· 테이블 접근 순서대로 나열
WHERE    사원.사원번호    = 교육계획.사원번호        ············· 조인절 우측편에 인덱스 생성
AND      교육계획.교육번호 = 교육평가.교육번호        ············· 조인절 우측편에 인덱스 생성
AND      교육계획.과목번호 = 과목.과목번호           ············· 조인절 우측편에 인덱스 생성
AND      교육계획.강사번호 = 강사.강사번호(+)        ············· 조인절 우측편에 인덱스 생성
AND      사원.성명        = '홍길동'               ············· 첫 번째 조건절에 인덱스 생성
AND      교육평가.평점    = 'A+'
AND      과목.과목명      = '수학'
```

오라클 CBO 방식 하에서 테이블 접근 순서에 대한 기본 규칙을 배웠다. 인덱스 생성도와 공정쿼리를 통해 실행계획 정보를 알 수 있었고, 인덱스 생성 포인트도 알 수 있게 됐

다. 더불어 오라클에서 우리에게 일방적으로 제공하는 실행계획 정보가 아닌, 우리 스스로 비용을 예측하고 실행계획을 예상하는 방식에 대해서도 배웠다.

원리를 이해하고 논리로 풀어가는 쉬어가는
스토리 DB 문제 ☺

각 스토리의 끝에 간단하면서도 재미있고 생각해 보는 DB 문제를 출제한다. 모든 문제는 DB의 원리를 이해할 수 있는 기준으로 출제한다. 문제를 풀어보면서 DB 원리를 하나씩 배우고 이해할 수 있다.

나신입 사원이 작성한 다음 쿼리를 보고 공정쿼리와 인덱스 생성도를 그려보시오.

```
SELECT  *
FROM    고객, 주문
WHERE   주문.고객번호 = 고객.고객번호(+)
AND     고객.고객명(+) = ?
AND     주문.주문일자 BETWEEN ? AND ?
ORDER BY 주문.주문일자, 주문.상품코드
```

※ 정답과 풀이는 '스토리 DB 문제 풀이와 정답'에 있다.

KEY WORD 쿼리

만능 쿼리와 한방 쿼리
DB는 집합적 사고로 접근해야

수많은 조건절을 BETWEEN이나 LIKE 문을 이용해 하나의 쿼리로 통합해 한 번에 해결하려는 만능 쿼리의 유혹이 따를 수 있다. 핵심 조건절의 수만큼 쿼리 자체를 분리해서 만능 쿼리의 유혹에서 벗어나야 한다. 프로그램은 절차적인 구조로 작성하고, 데이터베이스 개발은 집합적인 사고로 접근하는 유연성이 필요하다.

나쁜 사람이 세상을 발전시킨다?
위의 말에 동의하지 않는 사람들도 많겠지만 하나의 설로 이해하자. 인류 역사에서 나쁜(?) 사람은 수없이 많았다. 그 나쁜 사람 때문에 인류 역사는 달라지기도 했다. 그것이 좋은 역사든 나쁜 역사든 별개의 문제다. 로마의 네로 황제 때문에 로마의 2/3가 불탔고, 시민들은 엄청난 피해를 입었다. 하지만 큰 화재 후에 좁고 복잡한 골목길과 수로는 넓게 확장됐고, 도시가 계획적으로 재건축됐다. 큰 화재 이후 도시 전체가 이전보다 더 아름답고 웅장하게 바뀌었다. 로마의 후손들은 선조들의 피땀으로 이뤄진 도시 건축물이 세계적인 관광 유산이 돼 그 혜택을 톡톡히 보고 있다.

나쁜 사람이 세상을 발전시킨다?

세계 7대 불가사의한 건축물 중에서 현존하는 피라미드, 만리장성, 마추픽추, 타지마할, 콜로세움 등은 세계적으로 유명한 관광자원이 돼 해당 국가의 이미지와 재정에 도움을 주고 있다. 하지만 과거 이러한 건축물을 짓기 위해 많은 사람의 희생이 있었을 것이라는 데에는 의심의 여지가 없다. 그 희생자들 뒤에는 희생을 강요했을 사람이 반드시 있었을 것이다.

최근의 예를 든다면, 2차세계대전에서 패망한 독일의 앞선 무기 기술을 미국과 소련이 경쟁적으로 가져가서 자국의 첨단 무기 기술로 발전시켰다. 2차세계대전을 겪으면서 인류는 레이더, 스텔스, 로켓, 인공위성, 무선기술 등 수많은 과학기술을 얻게 됐다. 적 공격용으로 연구됐던 기술들이 인류의 과학기술을 진일보시켰다. 그러한 기술이 현재 전 인류에게 생활의 편리함과 이익을 주고 있다.

구석기 시대에서 신석기·청동기·철기 시대를 거치면서 문명의 발전이 굉장히 더디게 진행되다가 근현대에 이르러 기술의 발전 속도가 빨라졌다. 인류 전체 역사의 99% 기간 동안 1% 정도의 문명 발전을 서서히 이루다가 최근 1% 기간에 99% 문명 발전을 이뤘다고 한다. 가히 폭발적이라 할 수 있다. 나쁜 사람이 기하급수적으로 늘어난 것은 아닐까? 씁쓸한 생각을 지울 수 없다.

이번 스토리의 주제는 '만능 쿼리'와 '한방 쿼리'에 대한 내용이다. 무엇이 좋고 무엇이 나쁜지 또한 무엇이 서로 다른지 비교하고 이해하는 시간을 가져 보자. 쿼리는 좋은 쿼리도 있고 나쁜 쿼리도 있을 수 있다. 나쁜 쿼리라고 해서 그냥 무시할 것이 아니라, 그 안에서 뜻하지 않게 좋은 아이디어를 얻을 수도 있다. 비록 현재의 DB 기술로는 어쩔 수 없이 나쁜 쿼리로 인식되지만, 향후 DB 기술의 발전에 따라 그 나쁜 쿼리가 좋은 쿼리로 새로 주목 받을지 누가 알겠는가!

심각한 만능 쿼리

우리가 일반적으로 알고 있고 또한 가장 많이 사용하는 쿼리는 정적 쿼리다. 정적 쿼리는 조건들이 고정돼 있으며 실행계획도 고정돼 있으므로 성능 문제 발생 시 조치와 대응이 쉽다. 이에 비해 동적 쿼리는 조건 자체가 가변적이기 때문에 적절한 튜닝으로 대응하기가 곤란하다.

동적 쿼리는 애플리케이션 소스상에서 사용할 조건들을 가변적으로 구성하는 쿼리를 말한다. 이러한 동적 쿼리는 그 위험성을 간과한 채 애플리케이션에서 자주 사용되고 있는 것이 현실이다. 물론 소스코드가 간단하다는 이점도 있지만, 악성 쿼리로 바뀔 가능성도 배제할 수 없다. 동적 쿼리는 이번 스토리 내용 중 하나인 만능 쿼리와 전체적으로 동일한 의미를 가진다. 물론 약간의 다른 면도 있다. [코드 10-1]은 동적 쿼리와 만능 쿼리에 대한 간단한 예제다.

코드 10-1 동적 쿼리와 만능 쿼리에 대한 간단한 예제

동적 쿼리는 하나의 쿼리가 아니다. 위의 동적 쿼리는 7가지 조건절이 가변적으로 변하

```
동적 쿼리 애플리케이션 소스에서…              만능 쿼리의 쿼리 구문에서…

SELECT   *                                SELECT   *
FROM     고객정보                          FROM     고객정보
WHERE    1 = 1                            WHERE    고객아이디 LIKE ?
IF ? THEN ( AND 고객아이디 = ? ) END IF      AND      주민등록번호 LIKE ?
IF ? THEN ( AND 주민등록번호 = ? ) END IF    AND      사업자번호 LIKE ?
IF ? THEN ( AND 사업자번호 = ? ) END IF      AND      고객구분 LIKE ?
IF ? THEN ( AND 고객구분 = ? ) END IF        AND      성별 LIKE ?
IF ? THEN ( AND 성별 = ? ) END IF            AND      나이 BETWEEN ? AND ?
IF ? THEN ( AND 나이 = ? ) END IF            AND      주소 LIKE ?
IF ? THEN ( AND 주소 LIKE ? ) END IF         AND      …
IF ? THEN ( AND … ) END IF                   AND      …
IF ? THEN ( AND … ) END IF
```

므로 128가지의 쿼리로 나눌 수 있다. 오라클 옵티마이저가 128가지의 모든 쿼리에 대해 실행계획을 제공하지만, 모든 실행계획의 성능을 보장하지는 못한다. 즉 실행계획을 완벽하게 통제하기가 어렵다는 말이다.

이에 더해 만능 쿼리는 동적 쿼리보다 더 심각하다. 앞서 예시한 만능 쿼리는 조건절이 가변적이지는 않다. 그래서 오라클 옵티마이저에게는 하나의 쿼리로 인식되고, 하나의 실행계획만 제공할 것이다. 하지만 조건값에 따라서 실제로는 128가지의 쿼리로 구분될 수 있음을 우리들은 알고 있다. 128가지의 쿼리가 오직 하나의 실행계획만으로 실행된다면 얼마나 심각한 악성 쿼리인지 충분히 짐작할 수 있다.

핵심 조건절의 수만큼 쿼리를 분리해야

그렇다면 왜 개발자들은 동적 쿼리 혹은 만능 쿼리로 작성하는 것일까?

- 첫째, 개발 일정이 촉박해 최소한의 개발 시간을 보장 받지 못하기 때문이다.
- 둘째, 애플리케이션 소스 코드가 간단해 그 유혹에서 벗어나기 쉽지 않기 때문이다.
- 셋째, 고객이 원하는 모든 요구사항을 한 번에 해결하고자 하는 개발자의 강박감이 있기 때문이다.

만능 쿼리를 가만히 들여다 보면, 필자도 솔직히 반할 때가 있다. 비록 잠깐의 유혹이지만 벗어나기 쉽지 않은 쿼리다. 이렇게 쉬운 쿼리로 작성하면 얼마나 편할까?
다시 현실로 돌아오면 내 앞엔 해결할 수 없는 쿼리가 놓여 있다. 현재의 오라클 알고리즘과 현재의 지원 가능한 시스템 자원으로는 이러한 만능 쿼리의 문제점을 해결해 주지는 못한다. 향후 가까운 미래에는 가능할지도 모른다. 지금 개발을 시작하는 초년생 개발자에게는 만능 쿼리가 꿈의 쿼리이고 완벽한 쿼리처럼 보일지도 모른다. 그런 날이 오기를 바랄 것이다. 하지만 필자는 그런 날이 영원히 오지 않았으면 좋겠다. 그런 날이 온다는 것은 내 존재 가치가 낮아지기 때문이다.
동적 쿼리에서는 실행계획을 통제하기 위해 UNION ALL을 이용해 쿼리를 분리한다는 내용을 어느 책에서 본 적이 있다. 그 방법이 효과적인 해결 방법인지는 솔직히 필자도 잘 모르겠다. 반면 만능 쿼리는 해결 방법이 없다. 너무나 당연하지만 사용하지 않는 것이 답이다. 만약 꼭 사용해야 한다면, 소규모 작은 테이블이면서 업무 담당자가 다양한 조건 검색을 원할 때뿐이다. 그 외에는 절대 사용해서는 안 된다.
만능 쿼리는 사용해서는 안 되는 쿼리다. 비록 수많은 조건절을 BETWEEN이나 LIKE 문을 이용해 하나의 쿼리로 통합해 한 번에 해결하려는 유혹이 있을 수 있다. 하지만 그것은 올바른 방법이 아니다. 핵심 조건절의 수만큼 쿼리 자체를 분리해야 한다. 핵심 조건절 이외의 조건절은 부가적인 조건절이므로 BETWEEN이나 LIKE 문을 사용해도 무방하다. 여러분들은 만능 쿼리의 유혹에서 벗어나야 한다.
요즘 은퇴하는 사람들에게 귀촌이 대세가 되고 있다고 한다. 귀촌하면서 집 한 채를 지으면 없던 종교를 갖게 되고, 그렇지 않으면 거의 도인의 경지에 이르게 될 정도로 마음 고생이 심하다는 말이 있다. 건축업자와 밀고 당기기, 인허가와 관련해 관청과의 공방, 건축사무소와의 여러 절차적인 실랑이 등을 해야 하기 때문이란다. 그런 의미에서 필자가 요즘 튜닝에 있어서 도인이 됐다. 만능 쿼리 앞에서 도인이 됐다. 여러분, 만능 쿼리… 사용하지 맙시다!

한방 쿼리에 대한 이해

프로그래머는 절차적이고 구조적인 사고를 가져야 한다. 유능한 프로그래머는 한 라인, 한 라인 단계적으로 처리하는 절차적 언어의 전문가다. 반면 데이터베이스 개발자는 집합적 사고를 가져야 한다. 쿼리를 작성해 한 방에 원하는 결과를 추출하는 집합적 사고력이 필요하다.

- 여러분은 프로그래머에 가까운가? 데이터베이스 개발자에 가까운가?
- 유능한 프로그래머인 당신, 혹시 쿼리를 절차적인 구조로 작성하고 있지 않는가?
- 유능한 데이터베이스 개발자인 당신, 혹시 프로그램을 집합적 사고로 작성하고 있지 않는가?

유능하든 유능하지 않든 그것은 중요하지 않다. 프로그램은 절차적인 구조로 작성하고, 데이터베이스 개발은 집합적인 사고로 접근하는 유연성이 필요하다. 많은 개발자가 프로그램 개발과 데이터베이스 개발을 병행하면서 한쪽으로 치우치는 경향이 있다. 이에 대한 균형이 필요하다. [코드 10-2]는 한방 쿼리에 대한 간단한 예제다.

[코드 10-2]는 검색 기간에 해당하는 월별·연별 통계를 한방으로 조회·정렬하는 쿼리다. 비록 몇 줄 안 되는 간단한 쿼리지만, 만약 숙달되지 않는 프로그래머가 절차적인 사고로 구현하려 한다면 수백 라인 이상의 소스 코드와 수많은 쿼리를 수행해 해결해야 할 만큼 쉽지 않는 쿼리다.

예전에 절차적인 언어에 익숙해 있던 코볼 세대 선배들은 데이터베이스를 개발할 때 조인을 사용하지 못하게 하기도 했다. 당시 '메인 쿼리와 서브 쿼리를 분리해 결과를 조회

코드 10-2 간단한 한방 쿼리의 예제

```
SELECT   TO_CHAR(T_DAY, 'YYYY') AS YYYY
       , TO_CHAR(T_DAY, 'MM' ) AS MM
       , COUNT(*)
       , SUM( )
FROM …
WHERE …
AND …
GROUP BY ROLLUP (TO_CHAR(T_DAY, 'YYYY'), TO_CHAR(T_DAY, 'MM'))
ORDER BY GROUPING(YYYY), GROUPING(MM), YYYY, MM
```

하는 방법이 성능상의 이점이 있다'는 잘못된 내용을 전파하기도 했다.

만약 여러분이 필요로 하는 내용에 대한 한방 쿼리를 구현하고 싶은데 좋은 방법이 잘 떠오르지 않는다면 '데이터베이스 사랑넷(http://database.sarang.net)'에서 도움을 구하기 바란다. DB 사랑넷은 필자가 가장 많이 이용하는 사이트로서 개발자에게는 매우 유용한 DB 사이트다. 재야의 숨은 고수로부터 도움을 받을 수 있을 것이다. 특히 '마농'이라는 분은 재야의 숨은 고수임에 분명하다. 얼굴도 이름도 모르지만 개인적으로 존경한다.

집합적인 사고를 필요로 하는 한방 쿼리는 개발자에게 매우 유용한 쿼리 제작 방법이고, 사례별로 틈틈이 익히고 숙지해야 하는 노하우다. 그렇다고 모든 쿼리를 한방 쿼리로 작성해야 하는 것은 아니다. 때론 너무 한방 쿼리에 매달리다 보면 절차적인 쿼리보다 오히려 못할 때가 있을 것이다. 너무 넘치면 모자람만 못하다.

원리를 이해하고 논리로 풀어가는 쉬어가는
스토리 DB 문제 ⑩

각 스토리의 끝에 간단하면서도 재미있고 생각해 보는 DB 문제를 출제한다. 모든 문제는 DB의 원리를 이해할 수 있는 기준으로 출제한다. 문제를 풀어보면서 DB 원리를 하나씩 배우고 이해할 수 있다.

다음 순환 쿼리(트리 구조)에 대해 올바른 인덱스 생성도를 그려 보시오.

```
SELECT   조직번호
       , 상위조직번호
       , 구분코드
       , …
       , …
       , …
       , 팀코드
       , (SELECT 팀명 FROM 팀정보 WHERE 팀코드 = A.팀코드) AS 팀명
FROM   조직정보 A
WHERE  등급코드 = ?
AND    생성일자 BETWEEN ? AND ?
START WITH 지역단조직번호 = ?
       AND 지점조직번호   = ?
CONNECT BY PRIOR 상위조직번호 = 조직번호
```

※ 정답과 풀이는 '스토리 DB 문제 풀이와 정답'에 있다.

KEY WORD 튜닝, 옵티마이저

오라클 옵티마이저 CBO와 RBO 이해하기

최소의 에너지로 일을 하고자 하는 사람처럼 오라클도 최소의 노력으로 결과 데이터를 가져온다. CBO(Cost Based Optimizer)가 바로 최소 노력의 원칙을 기반으로 작동한다. 반면 RBO(Rule Based Optimizer)는 관리자가 지정한 순위 규칙에 따라 접근 경로가 결정된다.

이번 스토리는 오라클 CBO(Cost Based Optimizer) 방식과 RBO(Rule Based Optimizer) 방식에 대한 것이다. 옵티마이저의 의미와 그 차이점, 통계정보와 실행계획에 대해 살펴 보자.

어머니의 심부름: 두부가게와 쌀가게

만약 두부 한 모와 쌀 한 포대를 사야 한다면, 여러분은 어떤 가게를 먼저 방문할 것인가? 대부분의 사람은 망설임 없이 두부가게를 먼저 방문한 후 쌀가게로 향할 것이다. 어느 누구도 무거운 쌀 포대를 낑낑대며 들고서 두부가게로 가려 하지는 않을 것이다. 사람은 본능적으로 '최소한의 힘'을 써서 심부름을 하려 한다. 이것은 교육 받은 것이 아니라, 경험을 바탕으로 본능적으로 판단하는 것이다.

[그림 11-1] 동네 약도를 살펴보자. 동네에서 유일한 쌀가게 한 곳과 두부가게 세 곳이 있다. 일단 우리는 두부가게를 먼저 방문하고 쌀가게를 방문할 것이다. 유일한 쌀가게는 선택의 여지없이 방문한다.

두부가게는 3개가 있으므로 상황에 따라 방문할 가게를 결정할 수 있다. 돈을 아끼려면 두부가게 1을 방문할 것이고, 휴일에는 두부가게 3을 방문해야 할 것이다. 비가 온다면 최소 경로를 고려해 쌀가게와 가장 가까운 두부가게 2를 선택할 것이다. 특별한 고민 없이 쉽게 심부름을 하는 것처럼 보이지만 실제적으로는 수많은 정보가 제공됐고, 수많은 고민 끝에 최선의 심부름 방법이 결정된다.

인식하지 못하는 찰나에도 우리는 가게의 위치, 거리, 방향, 가격, 고객에 대한 서비스 수준, 날씨 등 수많은 정보를 제공 받았다. 그 제공 받은 정보를 종합적으로 판단해 방문할 가게를 결정했을 것이다. 이러한 행위는 너무나 짧은 시간에 자연스레 진행돼 본능적인 것으로 간주될 수 있으나 실제로는 아주 치밀하게 판단된 결과다. 인간의 능력이 놀라울 뿐이다. 최상의 심부름을 하기 위해서는 새로 생겨나는 가게가 있는지 늘 관심을 둬야(업데이트) 할 것이다.

우리가 최소한의 힘으로 혹은 최소한의 비용으로 심부름을 하듯이 오라클도 우리와 동일한 방식으로 쿼리를 분석해 최소의 비용으로 결과 데이터를 가져온다. 이번 스토리의 내용 중에 하나인 CBO 방식이 바로 그렇다.

CBO 방식과 RBO 방식

CBO(Cost Based Optimizer) 방식은 비용 기반 옵티마이저이고, RBO(Rule Based Optimizer) 방식은 규칙 기반 옵티마이저다. 오라클 11g부터 RBO에 대한 기술 지원이 중단됐다. 이 말은 향후 개선은 없고 현재의 기능만 유지한다는 의미다. 이런 이유로 CBO와 비교를 논한다는 것은 무의미하지만, 지나간 기술을 되짚어 보는 것도 현재의 기술을 이해하는 데 도움이 되므로 간단히 개념만 알아보자.

RBO 방식은 규칙 기반 옵티마이저로서 미리 정해진 우선 순위 규칙에 따라 접근 경로(Access Path)를 결정한다. 순위가 높은 규칙이 낮은 규칙보다 우선 적용된다. 비록 잘못된 우선 순위의 규칙이 적용되더라도 예측이 가능하며, 안정적이고 실행계획(plan)의 제어가 쉽다. 이런 이유 때문에 일부 DBA나 고급 개발자들은 이 방식을 선호하기도 한다. 하지만 이미 오라클에서 지원 중단을 선언했기에 CBO 방식에만 집중하면 될 것이다.

반면 CBO 방식은 비용 기반 옵티마이저로서 통계정보에 따른 비용을 계산해 가장 최소

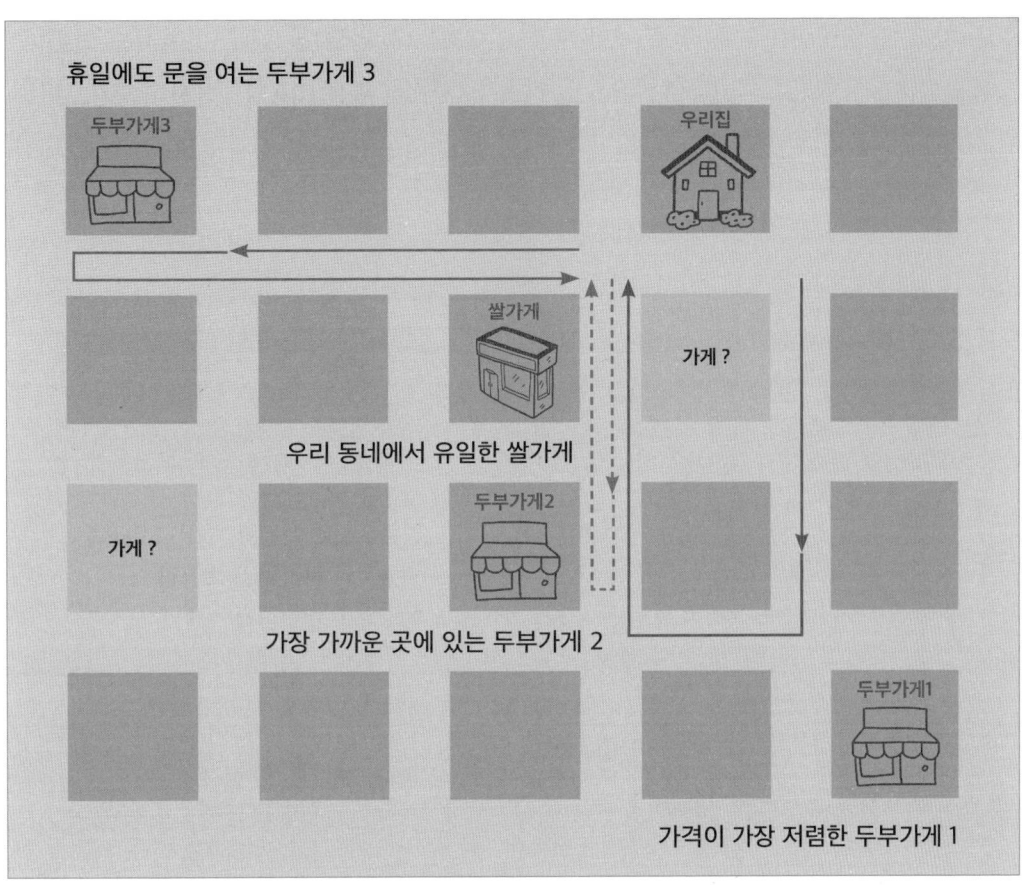

그림 11-1 어머니의 심부름 하기: 두부가게와 쌀가게

한의 비용이 소모되는 접근 경로를 결정한다. 여기에는 I/O 비용뿐만 아니라 CPU 연산 비용 및 메모리 비용까지도 포함된다.

여기서 비용은 논리적 비용을 말한다. 논리적 비용이란 어떻게 산출됐는지 구체적으로 알 수 없다거나 어떻게 산출됐는지 공개할 수 없다는 말과 같다. 그것은 오라클 옵티마이저의 핵심 기술에 대한 정보 보호 차원일 수도 있고, 간혹 발생하는 옵티마이저의 엉뚱한 실행계획에 대한 부끄러운 방어 차원일 수도 있다.

CBO는 비용 방식이므로 통계정보가 잘못됐거나 최신 정보를 제대로 반영하지 못한다면, 잘못된 접근 경로를 선택할 것이다. 또한 예측 불가능하고 실행계획(plan)의 제어가 어렵게 된다. 간혹 잘못된 실행계획을 제공하는 경우도 있다. 통계정보의 부실 때문일

수도 있고, 옵티마이저의 성능 문제일 수도 있다. 옵티마이저를 너무 믿어서는 안된다. 그럼에도 CBO 방식을 사용하는 이유는 대용량 시스템에선 CBO가 최선이라기보다는 RBO가 대안이 될 수 없기 때문이다. 다음 [그림 11-2]는 RBO 방식과 CBO 방식에 대한 비교 설명이다.

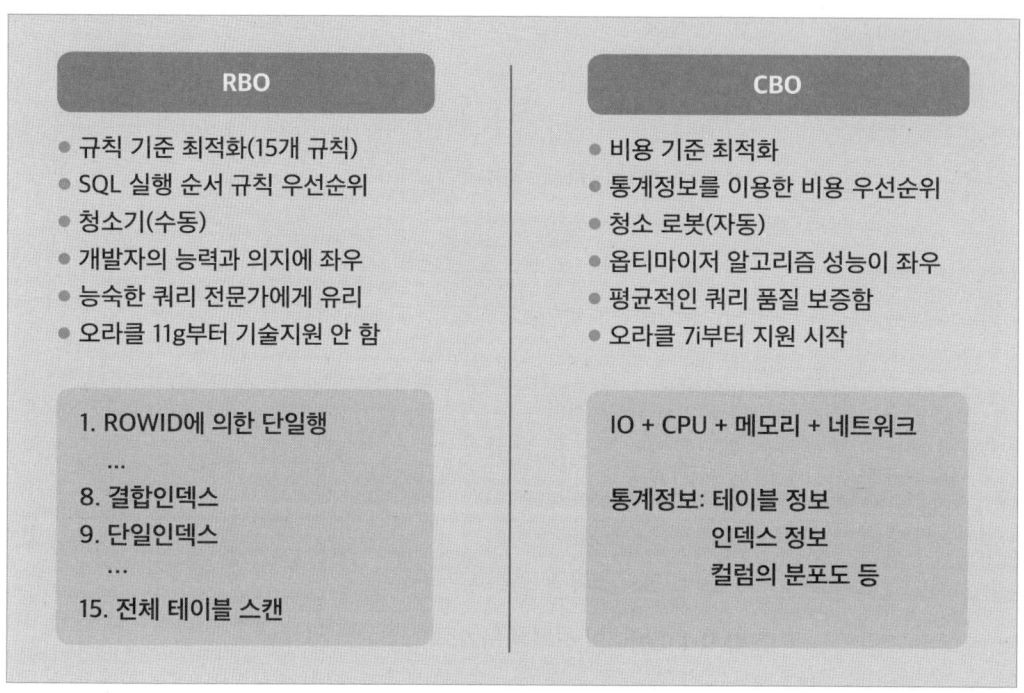

그림 11-2 RBO 방식과 CBO 방식

CBO 방식: 옵티마이저와 통계정보, 실행계획

CBO 방식의 옵티마이저와 통계정보, 실행계획에 대해 알아야 한다. 옵티마이저는 사용자가 요청한 SQL을 가장 효율적이고 빠르게 수행할 수 있는 최적의 처리 경로를 제공하는 오라클 엔진이다. 옵티마이저는 사람의 두뇌와 같은 역할을 한다. 옵티마이저는 주어진 환경(통계정보, SQL) 하에서 최적의 실행계획(Plan)을 우리에게 제공한다. 그렇다고 항상 최적의 실행계획을 제공하지는 않는다. 이와 같은 경우 우리는 힌트절을 통해 잘못된 실행계획을 바로 잡을 수 있다.

우리는 옵티마이저에게 너무 큰 기대를 해서는 안 된다. 옵티마이저는 프로그램이지 사람이 아니다. 옵티마이저가 제공하는 최적의 경로는 알고리즘에 의한 하나의 판단일 뿐, 실제로 최적의 실행계획을 보장하지는 않는다. 완벽한 옵티마이저는 존재하지 않는다. 그럼 최적의 실행계획은 누가 찾아야 하나? 바로 개발자다. 개발자가 최적의 실행계획을 찾아야 한다.

요즘 유행하는 청소 로봇을 구입한다고 해서 집안이 깔끔하게 청소되지는 않는다. 청소 로봇은 내장된 알고리즘에 따라 혼자 청소만 할 뿐이다. 책상 밑의 의자에 갇혀서 빠져 나오지 못하는 경우도 있고, 그리 높지 않은 턱도 넘지 못해 제자리만 맴돌 때도 있다. 청소 로봇이 청소를 잘하기 위해서는 주변 환경도 갖추어져야 한다. 전선과 문턱 등 장애가 될 만한 부분이 없어야 한다. 또한 내장된 알고리즘도 좋아야 한다. 아무리 청소 로봇이라도 사람의 도움이 필요하다.

잘못된 SQL 문이나 부정확한 통계정보에 따라 옵티마이저는 부실한 실행계획을 우리에게 제공할 수 있다. 설사 올바른 SQL이나 정확한 통계정보를 제공했다고 해도 옵티마이저가 우리에게 최적의 실행계획을 제공한다고 믿어서는 안 된다. 옵티마이저는 전지전능하지 않다. 여러분이 관심있게 실행계획을 살펴본다면 의외로 옵티마이저의 '단순 무식함'에 놀랄 경우도 많을 것이다. 그런데 이와 같은 때에도 원인을 추적하면, 우리의 잘못인 경우가 대부분이다. 옵티마이저가 올바른 판단을 하도록 우리는 다음과 같은 부분을 올바르게 제공하거나 제어해야 한다.

- 첫째, 최적의 인덱스 구성하기
- 둘째, 올바른 SQL 문 작성하기
- 셋째, 주기적으로 최신의 통계정보로 갱신하기
- 넷째, 힌트절을 추가해 옵티마이저 제어하기

이와 같은 노력들이 튜닝에 대한 개발자들의 직관성을 길러줄 것이다.

[그림 11-3]은 옵티마이저와 통계정보, 실행계획을 한눈에 이해할 수 있는 그림이다. 통계정보는 그림에 표시된 내용 외에도 옵티마이저 버전, 네트워크 정보, 서버 정보, SQL 구문, 수집된 테이블과 인덱스 정보, 컬럼의 분포도, 옵티마이저 모드 등 많은 부분이 있다.

이 모든 수집정보를 통해 옵티마이저는 최소한의 운반 비용이 드는 실행계획을 세운다.

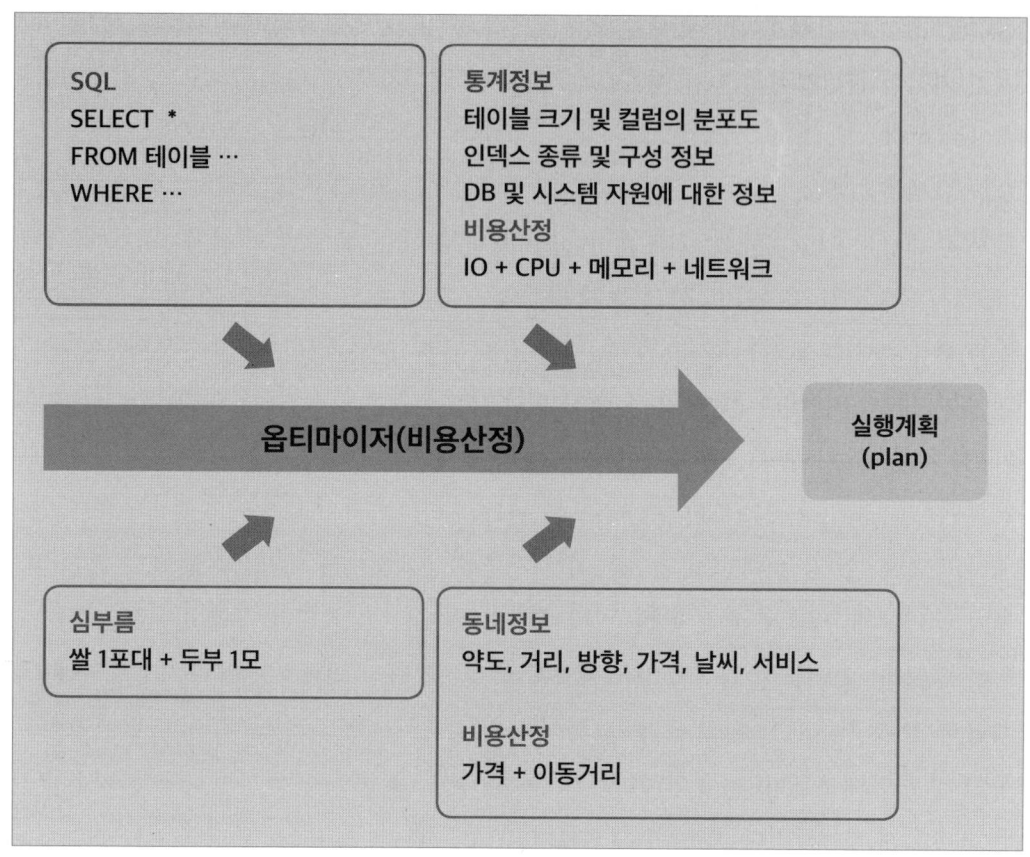

그림 11-3 옵티마이저와 통계정보, 실행계획

요즘 고성능 DB 서버가 나오면서 웬만한 비효율적인 튜닝 대상 쿼리들이 묻히는 경우가 많다.

또한 개발자들도 이를 민감하게 인식하지 못할 수 있다. 하지만 평소에 성능 향상에 대한 노력을 하지 않으면 정작 필요한 시점에 낭패를 보기 쉽다. 조금씩 조금씩 노력하고 전진했으면 좋겠다.

원리를 이해하고 논리로 풀어가는 쉬어가는
스토리 DB 문제 ⑪

각 스토리의 끝에 간단하면서도 재미있고 생각해 보는 DB 문제를 출제한다. 모든 문제는 DB의 원리를 이해할 수 있는 기준으로 출제한다. 문제를 풀어보면서 DB 원리를 하나씩 배우고 이해할 수 있다.

다음에 나열된 쿼리 중에서 소트가 발생하지 않는 쿼리를 모두 고르시오(단 현재 존재하는 결합인덱스는 A + B + C + D 컬럼으로 구성됨).

```
1) SELECT * FROM 테이블 WHERE A = ? AND B = ? ORDER BY D
2) SELECT * FROM 테이블 WHERE A = ? AND C = ? ORDER BY B
3) SELECT * FROM 테이블 WHERE A = ? AND B = ? ORDER BY D, C
4) SELECT * FROM 테이블 WHERE A = ? AND C = ? ORDER BY B, D
5) SELECT * FROM 테이블
6) SELECT * FROM 테이블 ORDER BY A, B, C, D
7) SELECT * FROM 테이블 WHERE A = ? AND B = ? ORDER BY C
8) SELECT * FROM 테이블 WHERE C = ? AND D = ? ORDER BY A, B
9) SELECT * FROM 테이블 WHERE A = ? AND B BETWEEN ? AND ? ORDER BY C, D
```

※ 정답과 풀이는 '스토리 DB 문제 풀이와 정답'에 있다.

KEY WORD 쿼리, 쉬어가는 이야기

재미있는 DB 이야기 '60 갑자와 쿼리'

이번 스토리에서는 10천간 12지지와 60갑자(甲子)에 대한 내용을 살펴 본다. 60갑자에 대한 오라클 쿼리 구현 방법에 대해서도 설명한다. DB 외적인 주제로 설명하면서 DB와 연관시켜 볼 것이다. 편한 마음으로 준비한 내용이므로 부담 없이 봐줬으면 좋겠다.

필자는 학력고사 세대다. 그 당시에는 암기 과목이 많아서 뭐든지 잘 외우는 사람이 유리했다. 특히 국사 과목에서 국사 연대표 외우기는 누구에게나 고역이었다. 누구에게나 쉽게 외우는 방법이 있겠지만, 다음은 필자가 외웠던 일부 방법들이다.

- 백고무신: 한강을 차지한 삼국의 순서(백제 → 고구려 → 신라)
- 태정태세 문단세 / 예성연중 인명선 / 광인 효현숙 경영 / 정순헌철 고순: 조선 왕조 계보
- 신기병제 / 병신운강임 / 갑거방동 청갑 / 삼을아 독대러을: 조선후기에 일어난 중요한 사건들

연상법을 통한 암기 방법 또는 그냥 운율에 따라 무작정 외우는 방법 등 다양하다. 국사는 외우는 과목이 아니라 흐름을 타면서 이해하는 과목이라지만, 실제로 이해하는 것에도 한계는 있다. 특히나 연대표는 더욱 그렇다. 병인양요, 신미양요, 임오군란, 갑신정변, 갑오개혁, 을사늑약 등의 연도를 무작정 어떻게 외울 것인가? 몇 번 보면 자연스럽게 외울 수 있는 사람도 있겠지만, 이 모든 연도를 외운다는 것은 힘든 일임에 분명하다.

이번 기회에 60갑자 원리를 통해 더 쉽게 이해하고 외우는 방법을 소개하고자 한다. 이 60갑자에 대한 원리를 오라클 쿼리로 구현해 보겠다.

10천간과 12지지

우리의 선조들은 불과 100년 전까지만 해도 서기(기원후)를 사용하지 않고 60갑자를 사용했다. 우리가 서기에 익숙하듯 선조들은 60갑자에 익숙했다. 선조들은 오랫동안 60갑자를 자연스럽게 사용했다. 지금은 예전처럼 흔하게 사용하지는 않지만, 생활 구석 구석에 아직도 많이 남아 있다. 60갑자 원리를 이해하려면 먼저 10천간과 12지지를 알아야 한다.

- 10천간: 갑(甲) 을(乙) 병(丙) 정(丁) 무(戊) 기(己) 경(庚) 신(辛) 임(壬) 계(癸)
- 12지지: 자(子) 축(丑) 인(寅) 묘(卯) 진(辰) 사(巳) 오(午) 미(未) 신(申) 유(酉) 술(戌) 해(亥)
- 10천간 + 12지지 = 간지

10천간이라고도 하고 10간이라고도 한다. 여기서 천은 하늘을 의미한다. 천간은 음양과 오행·계절 방위·색상 등 다양한 의미로도 표현되는데, 사주나 성명학에서 많이 이용되고 있다.

12지지 또는 12지라고도 한다. 여기서 지는 땅을 의미한다. 10천간과 마찬가지로 12지지도 동물, 계절, 방위, 음양, 오행, 월 등 다양한 의미로도 표현돼 생활에서 밀접하게 이용되고 있다. 10천간과 12지지를 간지라고도 한다.

갑(甲)은 10천간 중에서 으뜸이다. IT 업계에서나 혹은 계약서 상에서 흔히 접하는 '갑'이라는 말도 여기에서 비롯된 것이다. 자(子)는 12지지 중에서 으뜸이다. 10천간과 12지지를 상하로 짝을 맞추어 만든 것이 갑자(甲子)에서 계해(癸亥)까지 60갑자다. 10과 12의 최소 공배수는 60이라는 것을 우리는 이미 알고 있다. 갑자(甲子)가 한 번 순환하면 회갑(回甲) 혹은 환갑(還甲)이라고 한다. 우리 나이로 61세다. 여기서 한 살 더 나아 간다는 의미로 62살은 진갑(進甲)이라고 한다. 회갑, 환갑, 진갑을 헷갈려 하는 사람도 간혹 있다. 이번 기회에 확실하게 이해하자.

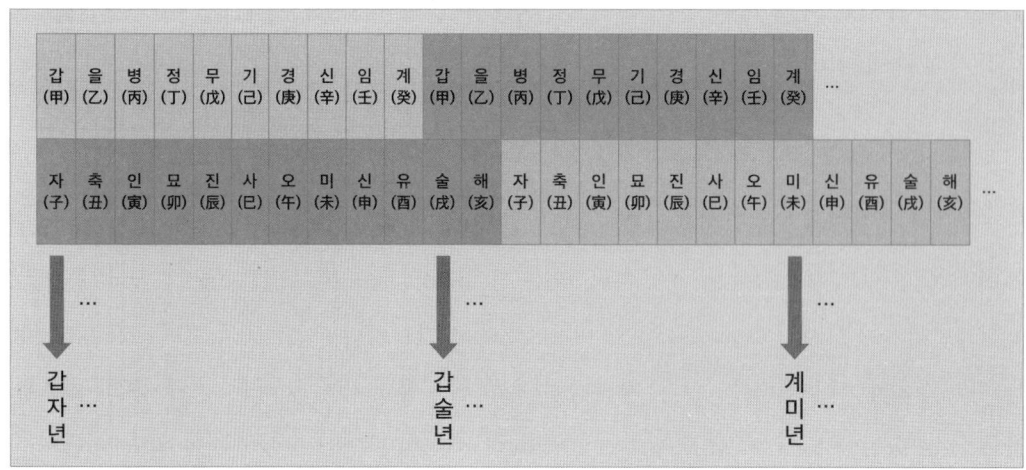

그림 12-1 10천간과 12지지 결합방법

여기에서 우리는 다음과 같은 규칙을 발견할 수 있다.

- 10천간의 홀수 번째는 12지지의 홀수 번째와 결합한다.
- 10천간의 짝수 번째는 12지지의 짝수 번째와 결합한다.

10 × 12 = 120개의 경우의 수가 있지만, 위와 같은 이유로 60개의 경우의 수만 있는 것이다. 즉 120갑자가 아닌 60갑자다. 60갑자에는 오로지 홀홀이거나 짝짝인 경우만 존재한다. 그런 의미에서 갑축년(홀짝), 기인년(짝홀) 등과 같은 경우는 절대 존재하지 않는다.
[그림 12-2]는 60갑자 도표다. 가로축은 10천간이고 세로축은 12지지다.
갑자(1)부터 계해(60)까지 60갑자가 표시돼 있다. 대각선 방향으로 진행하며 짝짝 혹은 홀홀 위치에만 숫자가 적혀 있음을 알 수 있다. 짝홀 혹은 홀짝 위치에는 X 표시가 돼 있으며, 이 위치는 60갑자에 해당되지 않는다. 대각선 방향으로 진행하다가 세로벽 끝을 만나면 한 칸 더 진행한 후 좌측 처음부터 다시 대각선 방향으로 진행한다. 만약 가로벽을 만나면 한 칸 더 진행한 후에 상단 처음부터 다시 대각선 방향으로 진행한다. 이러한 원리는 마방진의 규칙과 유사하다.

갑자	갑(甲)	을(乙)	병(丙)	정(丁)	무(戊)	기(己)	경(庚)	신(辛)	임(壬)	계(癸)
자(子)	1		13		25		37		49	
축(丑)		2		14		26		38		50
인(寅)	51		3		15		27		39	
묘(卯)		52		4		16		28		40
진(辰)	41		53		5		17		29	
사(巳)		42		54		6		18		30
오(午)	31		43		55		7		19	
미(未)		32		44		56		8		20
신(申)	21		33		45		57		9	
유(酉)		22		34		46		58		10
술(戌)	11		23		35		47		59	
해(亥)		12		24		36		48		60

그림 12-2 60갑자 도표

60갑자에서 규칙 찾기

우리는 일상 생활에서 10진수를 가장 많이 사용한다. 연도나 숫자 체계가 그렇다. 대부분의 사람들은 10진수를 가장 합리적이라고 생각한다. 솔직히 이공계 출신인 필자의 생

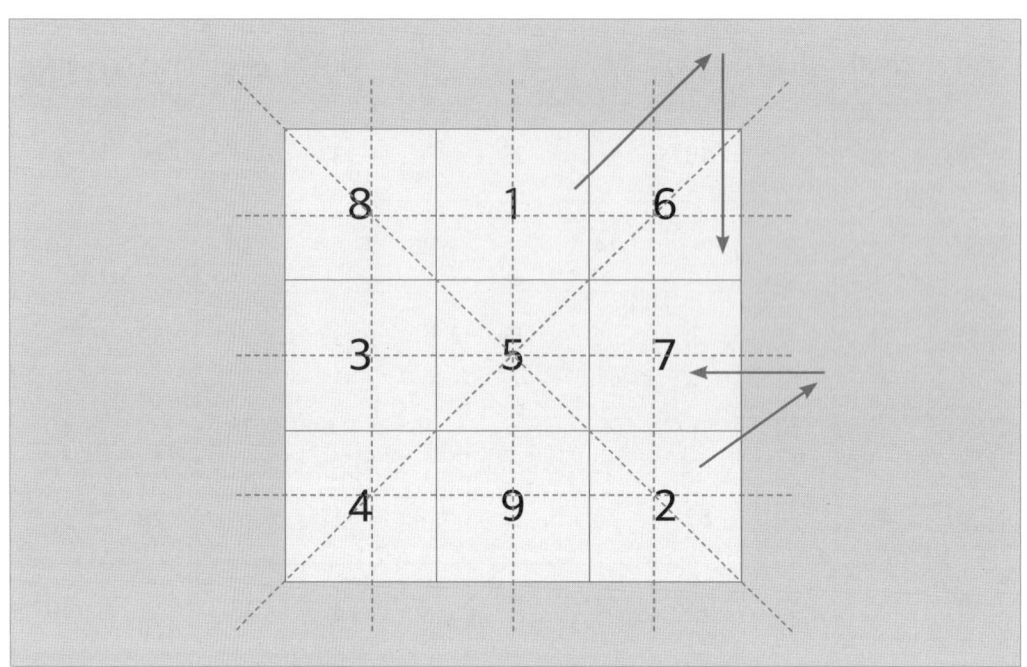

그림 12-3 가로·세로·대각선 합이 같은 마방진

각은 그렇지 않다. 어떤 진수를 사용함에 있어서 좋고 나쁨은 없고, 단지 익숙함의 차이가 아닐까?

컴퓨터는 on/off 기능이 필요하므로 2진수를 사용했고, 사람은 손가락이 10개여서 10진수를 가장 많이 사용했다. 만약 손가락이 12개였다면 12진수를 많이 사용하고 있을지도 모를 일이다. 우리는 10진수 외에도 다른 진수도 사용하고 있다. 주변에서 12진수, 60진수를 쉽게 찾아 볼 수 있다. 시계의 시간과 달력의 월이 12진수이며 시계의 분, 초가 60진수다.

우리가 현재 사용하고 있는 서기는 10진수다. 60갑자는 10천간과 12지지의 최소공배수인 60진수다. 60년 주기로 반복된다. 서기와 10천간은 동일한 10진수를 사용하고 있으며, 모든 숫자의 나머지는 0~9 사이에 존재한다. 그렇다면 10천간에 고유한(나머지) 숫자를 부여할 수 있을 것이다. 마찬가지로 12지지는 12진수다. 모든 숫자의 나머지는 0~11 사이에 존재한다. 12지지에 고유한(나머지) 숫자를 부여할 수 있다.

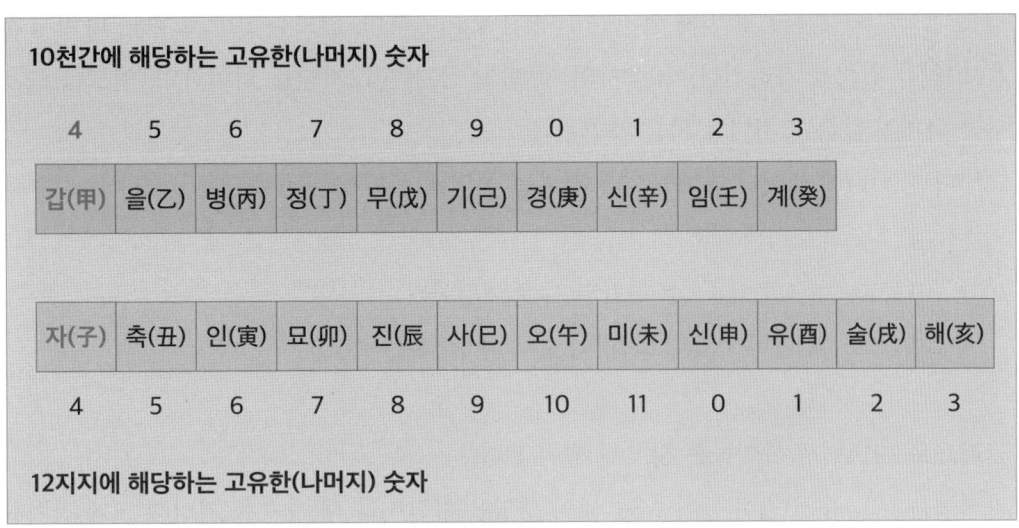

그림 12-4 10천간과 12지지의 고유한 숫자

- 10천간은 10진수로서 고유한 숫자를 부여할 수 있는데 숫자 4부터 시작한다.
- 12지지는 12진수로서 고유한 숫자를 부여할 수 있는데 숫자 4부터 시작한다.

그렇다면 10천간과 12지지의 고유한 숫자에는 어떤 의미가 있을까?
갑신정변(1884), 갑오개혁(1894), 임진왜란(1592), 임오군란(1882)을 예로 들어 보자.

- 갑신정변(1884)을 10으로 나눌 때 나머지가 4이므로 10천간 중에서 **갑**에 해당한다.
- 갑오개혁(1894)을 10으로 나눌 때 나머지가 4이므로 10천간 중에서 **갑**에 해당한다.
- 임진왜란(1592)을 10으로 나눌 때 나머지가 2이므로 10천간 중에서 **임**에 해당한다.
- 임오군란(1882)을 10으로 나눌 때 나머지가 2이므로 10천간 중에서 **임**에 해당한다.

- 갑신정변(1884)을 **12**로 나눌 때 나머지가 **0**이므로 12지지 중에서 **신**에 해당한다.
- 갑오개혁(1894)을 **12**로 나눌 때 나머지가 **10**이므로 12지지 중에서 **오**에 해당한다.
- 임진왜란(1592)을 **12**로 나눌 때 나머지가 **8**이므로 12지지 중에서 **진**에 해당한다.
- 임오군란(1882)을 **12**로 나눌 때 나머지가 **10**이므로 12지지 중에서 **오**에 해당한다.

결론적으로 60갑자의 첫 번째 글자는 10천간을 의미하며, 연도를 10으로 나눈 나머지 값은 10천간 위치를 가리킨다. 60갑자의 두 번째 글자는 12지지를 의미하며, 연도를 12로 나눈 나머지 값은 12지지 위치를 가리킨다.

그렇다면 2014에 태어난 아이들의 60갑자는 어떻게 될까?

- 2014/10= 4(나머지) → 10천간의 **갑**에 해당한다.
- 2014/12= 10(나머지) → 12지지의 **오**에 해당한다.

그러므로 2014년생 아이들은 **갑오**년 생이 된다.

과거에는 1갑, 즉 60년이 돌아 오는 해의 생일을 환갑이라 해 장수를 기념해 크게 잔치를 벌였다. 요즘 시골에서 60대는 마을 청년회에서 활동한다고 하니, 장수의 기준이 바뀌어도 크게 바뀐 것 같다. 문명이 발전해 삼천갑자 '동방삭' 익살꾼처럼 18만년간 살 수 있는 그런 날이 올 수도 있겠다.

10천간과 12지지 그리고 오라클 쿼리

혹시나 싶어서 인터넷을 검색하니 60갑자와 관련된 쿼리가 1개 검색됐다. 수십 라인에 해당하는 다소 복잡한 쿼리였다. 우리는 앞에서 60갑자의 원리를 이해했으므로 다음과 같이 몇 줄이면 충분하게 SQL로 구현할 수 있다. 다음은 서기 1년부터 2014까지의 갑자를 조회하는 쿼리다.

```
SELECT  LEVEL  AS  년도
     ,  SUBSTR('신임계갑을병정무기경',  MOD(LEVEL - 1,  10) + 1,  1)  ||
        SUBSTR('유술해자축인묘진사오미신',  MOD(LEVEL - 1,  12) + 1,  1)  AS  갑자
FROM  DUAL
CONNECT  BY  LEVEL  <=  2014
```

이번 스토리 내용을 복습하는 차원에서 다음의 국사 연표를 완성해 보기 바란다.

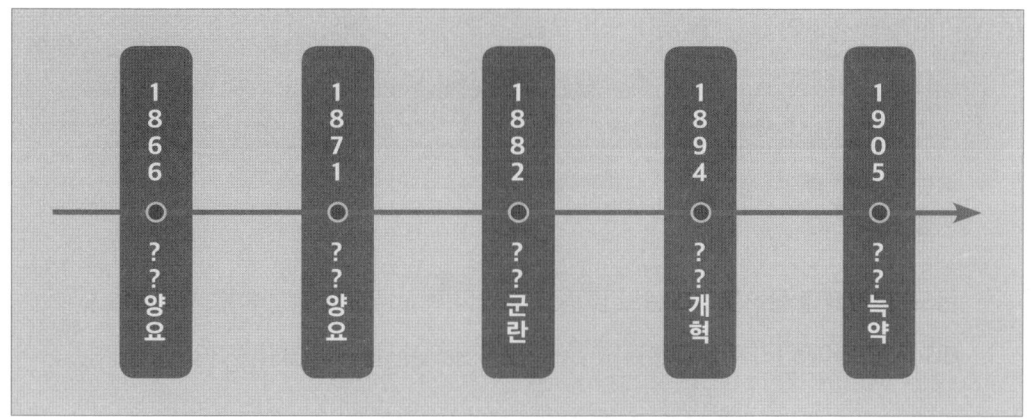

그림 12-5 국사연표 완성하기

이제 더 이상 60갑자는 어렵고 부담스러운 존재가 아니다. 이 스토리를 통해 생활 속에서 선조들의 지혜를 얻는 계기가 됐으면 한다. 우리의 선조들은 60갑자에 단순한 시간의 수치 개념만 담은 것이 아니라, 음양오행의 원리도 포함하고 있어서 지혜로운 선조들의 정신 세계도 엿볼 수 있다.

원리를 이해하고 논리로 풀어가는 쉬어가는
스토리 DB 문제 ⑫

각 스토리의 끝에 간단하면서도 재미있고 생각해 보는 DB 문제를 출제한다. 모든 문제는 DB의 원리를 이해할 수 있는 기준으로 출제한다. 문제를 풀어보면서 DB 원리를 하나씩 배우고 이해할 수 있다.

다음은 서기 1년부터 2014년까지의 갑자를 조회하는 쿼리다. 주어진 쿼리를 참고해 연도, 갑자, 동물, 음양, 오행, 방위, 계절, 색상, 월 등의 정보도 포함하는 쿼리를 만들어 보시오.

```
SELECT  LEVEL  AS   년도
      , SUBSTR('신임계갑을병정무기경',  MOD(LEVEL - 1,  10) + 1,  1) ||
        SUBSTR('유술해자축인묘진사오미신',  MOD(LEVEL - 1,  12) + 1, 1) AS  갑자
FROM  DUAL
CONNECT  BY  LEVEL  <=  2014
```

※ 정답과 풀이는 '스토리 DB 문제 풀이와 정답'에 있다.

> **KEY WORD** 조인

그림으로 풀어보는 오라클의 조인 방식

흔히 조인이라 하면 Inner Join 혹은 Outer Join을 생각하는 경우가 많다. 이번 스토리는 그러한 조인이 아니라 테이블 간에 어떤 방식으로 접근하는가에 대한 조인이다. 다시 말해 오라클에서 조인 방식이란 테이블 간 데이터 접근 방법을 의미한다.

관계형 데이터베이스에서 쿼리는 조인(Join) 없이 단독으로 사용하는 경우가 거의 없다. 대부분의 쿼리는 여러 테이블 간에 관계를 맺는 경우다. 이러한 테이블 간 관계에 있어서 어떠한 방법으로 접근하냐가 바로 조인 방식에 대한 내용이다. 오라클에서 조인은 아주 중요한 의미를 가진다. 왜냐하면 어떠한 조인 방식을 선택하느냐에 따라서 쿼리의 비용과 성능이 달라지기 때문이다.

조인 방식은 아래와 같이 크게 3가지 경우로 나뉜다.

1. Nested Loop Join: 순차적 루프에 의한 접근 방식
2. Sort Merge Join: 정렬을 통한 접근 방식
3. Hash Join: 해시 함수를 이용한 접근 방식

한 장소에서 다른 장소로 이동할 때, 선택할 수 있는 교통 수단은 택시·버스·기차·자전거·도보 등이 있다. 어떤 교통 수단이 좋고 어떤 교통 수단이 나쁘다고 논할 필요는 없다, 단지 그때그때 상황에 맞게 적절한 수단을 선택하면 되기 때문에. 서너 명이 편하게 가기를 원한다면 택시를 타면 될 것이고, 많은 사람이 이동해야 한다면 버스를 선택하면 된다.

가까운 거리의 도시라면 자전거를 이용할 수도 있고, 더 가까운 거리라면 걸어가는 것도 좋은 방법이다. 걸어갈 수 있는 곳을 버스로 간다면 아까운 차비를 내야 한다. 택시를 타고 빨리 가야 할 거리를 걸어서 간다면 돈은 아꼈을지 몰라도 그만큼 시간을 쓴 것이다.

택시 같은 Nested Loop Join

마찬가지로 오라클에서도 조인 방식에 따른 호불호는 없다. 단지 상황에 적합한 선택만 있을 뿐이다. Nested Loop Join은 택시와 비슷하다. 소량의 데이터 처리에 적합한 조인 방식이다. Hash Join 방식은 버스와 비슷하다. 대량의 데이터 처리에 효율적인 조인 방식이다. Sort Merge Join 방식은 요즘 거의 사용하지 않으므로 논외로 한다. 세 가지 조인 방식에 대해 좀 더 구체적으로 살펴 보자.

Nested Loop Join(NL 조인)은 우리가 가장 흔하게 접할 수 있는 오라클 조인 방식일 것이다. OLTP(Online Transaction Processing) 쿼리에서 가장 일반적이고 흔한 조인 방식이다. 소량의 데이터를 처리하거나 부분범위 처리에 적합하다. NL 조인의 방식은 다음의 For 문으로 이해하면 쉽다.

```
For ~Loop
FOR 고객.성명  =  '홍길동'  LOOP
    FOR 고객.주문번호  =  주문.주문번호   LOOP
        IF 주문.주문일자  =  '20141201'
            ...
        END IF
    END LOOP
END LOOP
```

개발자라면 For ~ Loop 문의 수행 방법을 알 것이다. NL 조인은 이러한 For ~ Loop 문의 수행 방법과 동일한 것으로, 테이블 간 조인을 순차적으로 수행한다. 테이블 간 접근 순서가 매우 중요하다. 선행 테이블의 처리 범위가 작아야 하고, 조인절의 목적지 컬럼에 반드시 인덱스가 존재해야 한다.

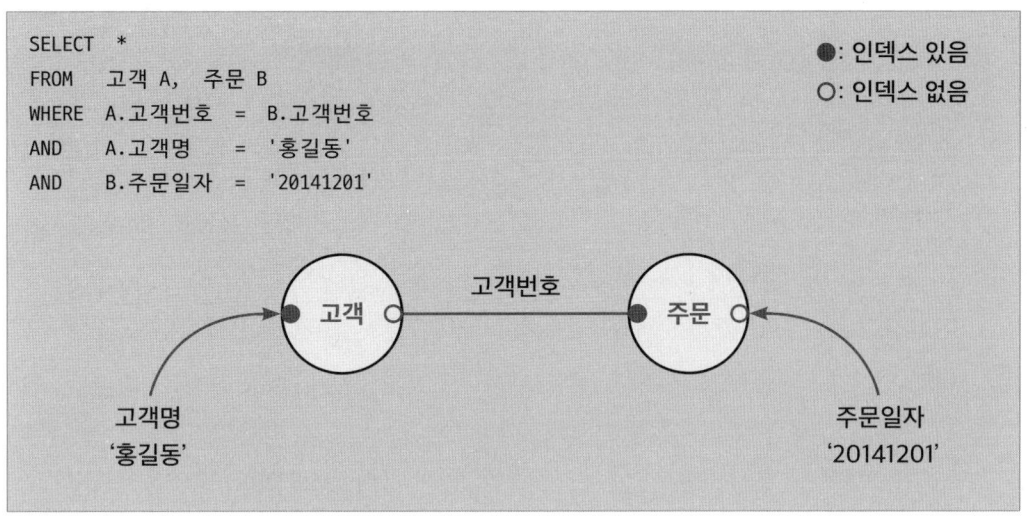

그림 13-1 조인절에 인덱스가 필요한 Nested Loop Join

Nested Loop Join 처리 순서는 다음과 같다.

1. 고객 테이블에서 이름이 '홍길동'인 고객을 구한다(선행 테이블 결정).
2. '홍길동' 고객의 수만큼 순차적으로 주문 테이블을 고객번호 컬럼으로 접근한다(순차적 접근).
3. 주문 테이블에서 주문일자가 '20141201'인 정보만 필터한다.

짝꿍 정해주기와 같은 Sort Merge Join

오라클 조인 방식 Sort Merge Join은 성능이 더 좋은 Hash Join으로 대체할 수 있으므로 여러분이 접할 가능성은 거의 없다. 이 조인 방식은 조인절에 인덱스가 없을 때 자주 발생한다. 소트가 발생하므로 대상 건수가 많을수록 소트 부하가 올라간다. 따라서 성능이 저하될 수 있다. 초등학교 다닐 때 선생님이 짝꿍을 정해 주는 것과 같은 방법이라 할 수 있다.

Sort Merge Join 처리 순서는 다음과 같다.

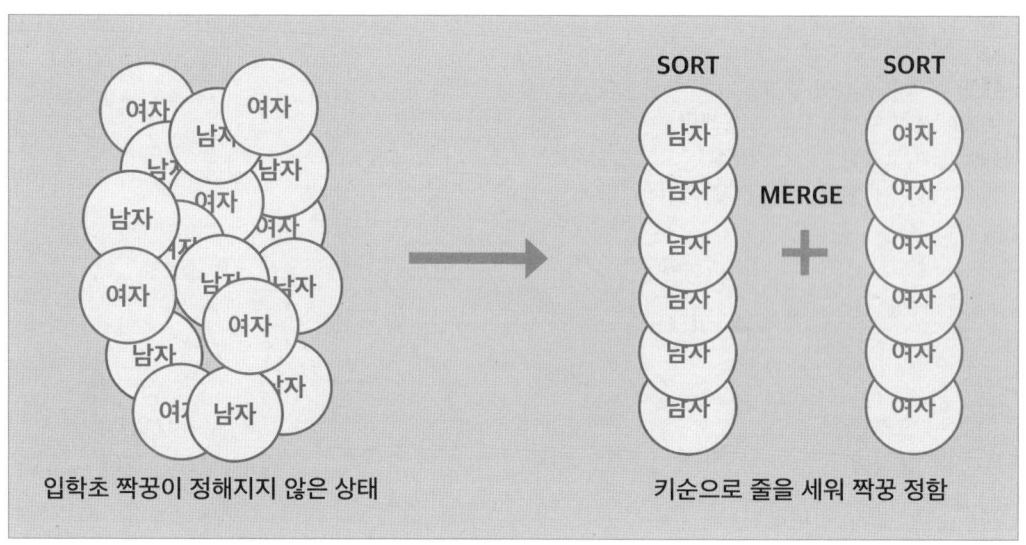

그림 13-2 초등학교 짝꿍 정하기

1. 고객 테이블에서 이름이 '홍길동'인 고객을 구한 후 고객번호 순으로 정렬한다(SORT).
2. 주문 테이블에서 주문일자가 '20141201'인 주문을 구한 후 고객번호 순으로 정렬한다(SORT).
3. 정렬된 고객 정보와 정렬된 주문 정보를 고객번호로 조인한다(MERGE).

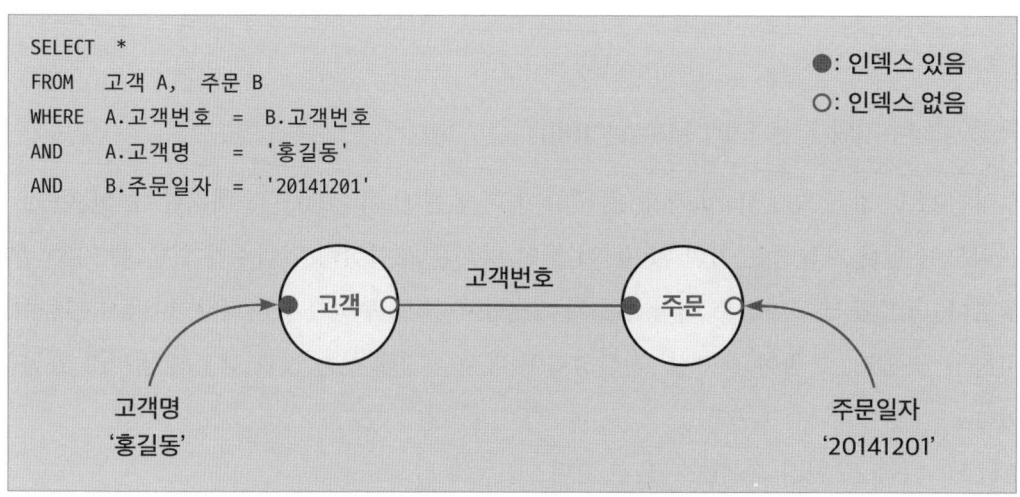

그림 13-3 조인절에 인덱스가 없을 때 자주 발생하는 Sort Merge Join

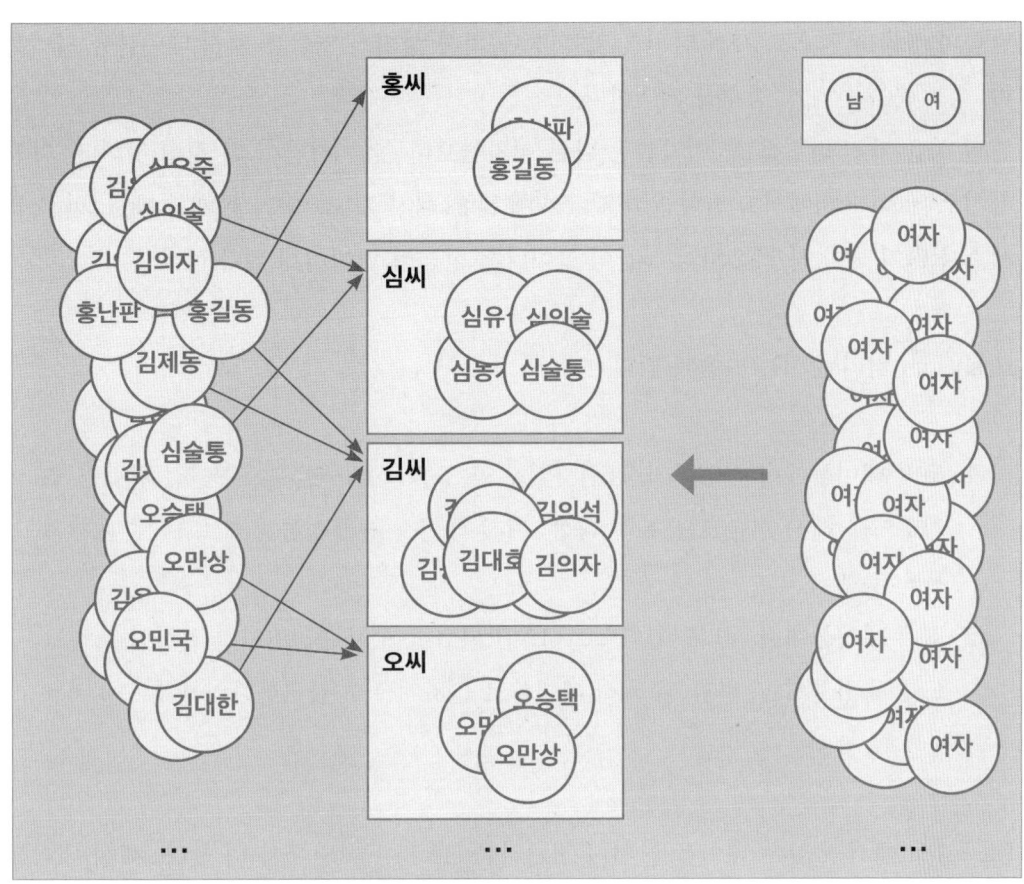

그림 13-4 체육관에서 배우자 찾기

성씨 구역처럼 구분하는 Hash Join

오라클 조인 방식 Hash Join은 대량의 데이터 처리에 유리하다. NL 조인의 처리 범위가 부담스럽거나, Sort Merge Join의 소트가 부담스러울 때 사용하면 좋다. 메모리에 해시 테이블을 생성하고, 해시 함수를 이용해 연산 조인을 함에 따라 CPU 사용이 증가할 수 있다. 결국 조회 빈도가 높은 온라인 프로그램에는 적합하지 않은 조인 방식이다.

[그림 13-4]는 1,000쌍의 부부가 흩어져 있는 체육관에서 각자 배우자를 찾는 방법을 Hash Join 방식으로 설명한 것이다. 아무런 규칙 없이 모든 사람이 배우자를 찾고자 동시에 움직인다면 많은 시간이 소요될 것이다. 하지만 [그림 13-4]와 같은 Hash Join 방식은 그러한 시간을 줄일 수 있다. 먼저 남자들이 본인 성씨 구역으로 집결하면, 여자들이

남편의 성씨 구역으로 가서 남편을 찾는다. 여기서 성씨 구역들은 해시 테이블을 의미하며, 성씨 분류는 해시 함수를 의미한다.

김씨 성을 가진 남편을 둔 여자들은 다른 여자들보다 찾는 시간이 더 걸릴 것이다. 마찬가지로 Hash Join에서도 하나의 버킷(구역)에 많은 해시 키(김씨들)가 존재할 때, 그만큼 액세스를 많이 해야 하므로 처리 시간이 늘어나서 성능이 떨어지게 된다.

Hash Join 처리 순서는 다음과 같다.

1. 조직 테이블에서 사업부가 '강원사업부'인 조직들을 구한 후, 조인절 컬럼인 조직코드를 해시 함수로 분류한 다음, 해시 테이블을 생성한다(해시 함수를 이용해 해시 테이블 생성).
2. 집계 테이블에서 처리년월이 '201412'인 자료를 구한 후, 조인절 컬럼인 조직코드를 해시 함수로 변환 후 해시 테이블로 순차적으로 접근한다(해시 함수를 통해 해시 테이블 탐색).

Hash Join에서는 작은 테이블을 먼저 접근하는 것이 성능 면에서 더 좋다. 해시 테이블

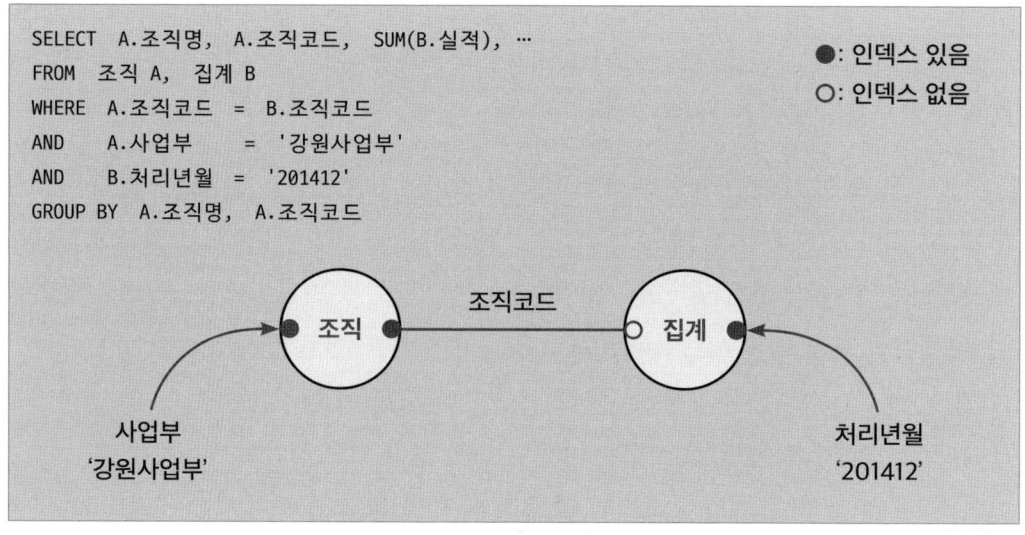

그림 13-5 대용량 데이터 처리에 적합한 Hash Join

구성 작업에 부하가 많이 발생하기 때문이다. 작은 테이블에 접근해 해시 함수로 해시 테이블을 생성하고, 이후 큰 테이블에 접근해 해시 함수를 통해 순차적으로 해시 테이블로 접근한다. 이러한 조인 방식은 대량 데이터를 처리하는 배치성 프로그램에 유용하게 사용된다.

오라클 조인 방식의 특징 비교

지금까지 오라클의 3가지 조인 방식인 Nested Loop Join, Sort Merge Join, Hash Join에 대해 알아보았다. [표 13-1]은 앞의 3가지 조인의 장단점과 특징을 요약한 것이다.

표 13-1 조인별 특징 이해하기

Nested Loop Join	Sort Merge Join	Hash Join
• 부분 범위 처리에 적합	• 전체 범위 처리에 적합	• 전체 범위 처리에 적합
• 소량 데이터 처리에 적합	• 대량 데이터 처리에 적합	• 대량 데이터 처리에 적합
• 온라인 프로그램에 적합	• 사용하지 않는 것이 최선	• 배치 프로그램에 적합
• 일반적으로 흔하게 발생	• 조인절에 인덱스 없을 때 발생	• 대량 집계 작업 때 발생
• 온라인 쿼리 약 90% 분포	• 거의 볼 수 없음	• 배치 쿼리 약 50% 분포
• 테이블 접근 순서가 중요	• 소트 회피 가능 테이블 선행	• 작은 테이블로 해시 구성
• 조인절에 인덱스 필수	• 소트 부하가 가장 큼	• 메모리 크기에 영향
• 순차적 접근	• 소트 + 머지 접근	• 해시 함수 이용한 접근

조인 방식과 조인 순서 결정하기

주어진 작업의 성격과 DB 환경에 따라 조인 방식을 결정해야 한다. 조인 방식을 결정했다면 성능에 영향을 미치는 조인 순서도 결정해야 한다. 이러한 일은 주어진 정보를 바탕으로 직관적이고 종합적으로 판단해, 능동적으로 수행해야 한다. 오라클 옵티마이저가 우리에게 제공하는 정보만을 맹신해서는 안 되며, 단지 참고 정보로만 활용해야 한다. 조인절에 참여하는 테이블 수가 많으면 많을수록 점점 더 복잡하고 결정하기 곤란하지만, 우리 스스로 최선의 조인 방식을 결정하고 조인 순서를 정하는 노력을 게을리 해서는 안 된다.

원리를 이해하고 논리로 풀어가는 쉬어가는
스토리 DB 문제 ⑬

각 스토리의 끝에 간단하면서도 재미있고 생각해 보는 DB 문제를 출제한다. 모든 문제는 DB의 원리를 이해할 수 있는 기준으로 출제한다. 문제를 풀어보면서 DB 원리를 하나씩 배우고 이해할 수 있다.

다음에 나열된 조건절 중에서 인덱스를 타는 것을 모두 고르시오.

```
 1) WHERE 주문일자 BETWEEN  20150101  AND   20150102
 2) WHERE 주문일자 BETWEEN '20150101' AND   20150102
 3) WHERE 주문일자 BETWEEN  20150101  AND  '20150102'
 4) WHERE 주문일자 BETWEEN '20150101' AND  '20150102'
 5) WHERE 주문일자 BETWEEN '00010101' AND  '99991231'

 6) WHERE 이름 LIKE '%홍길동%'
 7) WHERE 이름 LIKE '홍길동%'
 8) WHERE 이름 LIKE '%홍길동'
 9) WHERE 이름 LIKE '홍길동'
10) WHERE 이름 = '%홍길동%'

11) WHERE 상품코드 <> ?
12) WHERE 상품코드 != ?
13) WHERE 상품코드 IS NULL
14) WHERE 상품코드 = NULL
15) WHERE 상품코드 = ''
16) WHERE 상품코드 = ' '
17) WHERE 상품코드 = TRIM(' ')
18) WHERE NVL(상품코드, ' ') = ?
19) WHERE SUBSTR(상품코드, 1, 2) = ?
20) WHERE 상품코드 = 777
```

※ 정답과 풀이는 '스토리 DB 문제 풀이와 정답'에 있다.

KEY WORD 실행계획

쿼리를 작성한 후에는 실행계획을 확인하라

스토리 14

오라클 옵티마이저가 완벽한 실행계획(plan)을 제공하기는 어려우므로 DBA는 물론 개발자도 실행계획을 볼줄 알아야 한다. 실행계획을 쉽게 보고 이해하려면 옵티마이저가 제시하는 실행계획 외에 개발자 자신만의 실행계획이 있어야 한다. 자신의 실행계획을 어떻게 쿼리에 포함 시키는지에 대해 알아본다.

CBO 방식에서 옵티마이저는 주어진 환경(통계정보, SQL 문) 하에서 최적의 실행계획(Plan)을 우리에게 제공한다. 옵티마이저는 우리에게 어떤 경로로 테이블을 접근하는지, 어떤 방식으로 조인하는지, 어떤 인덱스 자원을 사용하는지 등에 대한 최적화한 실행계획을 알려준다.

만약 옵티마이저가 제공하는 실행계획이 완벽하다면 오라클은 우리에게 실행계획을 제공할 필요가 없으며, 쿼리문에 힌트절을 허용할 이유도 없을 것이다. 물론 개발자들인 우리도 실행계획에 대해 알아야 할 이유가 전혀 없을 것이다. 하지만 실행계획은 완벽하지 않다. 오히려 간혹 잘못된 정보를 주곤 한다.

실행계획을 알고 있어야 하는 이유

수많은 개발자들이 작성한 무수히 많은 쿼리문에 대해 케이스별로 올바르게 분석·대응한다는 것은 불가능에 가깝다. 오라클 서버는 슈퍼컴퓨터가 아니라 그냥 약간 좋은 컴퓨터일 뿐이다. 그리고 쿼리를 분석하는 데 충분한 시간도 주어지지 않는다. 이와 같이 한정된 분석 자료와 서버 자원, 처리 시간 하의 오라클 옵티마이저가 우리에게 완벽한 실행계획을 제공하리라는 어떠한 희망도 근거도 없다. 단지 대체로 괜찮은 실행계획을 제공할 뿐이다. 수시로 올바르지 않은 실행계획을 제공하기도 한다. 이와 같은 이유 때문에 우리는 실행계획을 볼 줄 알아야 하고, 이해할 줄 알아야 하고, 비교할 줄 알아야 하고, 변경할 줄 알아야 한다.

이번 스토리 목표는 실행계획을 쉽게 보고 쉽게 이해하는 것이다. 또한 실행계획을 비교하는 것이다. 비교하기 위해서는 오라클 옵티마이저가 제공하는 실행계획 외에 개발자 자신이 생각하는 실행계획이 있어야 한다. 실행계획을 비교할 때는 개발자가 생각하는 실행계획이 항상 올바른 것이고, 옵티마이저가 제공하는 실행계획은 틀렸다고 전제하고 시작해야 한다. 대부분은 일치하겠지만 만약 서로 다르다면 개발자 자신의 실행계획을 우선해야 한다. 옵티마이저의 실행계획은 의심스러운 눈길로 바라봐야 한다.

스토리의 말미에는 개발자가 생각하는 실행계획을 필자는 어떤 방법으로 쉽게 표현하는지에 대한 소개도 한다. 쿼리 제작 시 개발자의 생각(실행계획)을 어떤 방법으로 쿼리에 포함 시키는지에 대한 내용도 있다.

실행계획을 늘 확인하자

실행계획에 대한 내용은 기본 사항이라서 그런지 일반 DB 도서에서는 자세히 설명하지 않는 거 같다. 하지만 필자 경험을 기준으로 보면 의외로 모르고 있는 개발자가 많았다. 심지어 쿼리 작성 후 데이터 결과만 확인할 뿐 실행계획을 아예 보지 않는 개발자도 많았다. 쿼리 제작 후에는 반드시 실행계획을 확인하는 습관을 가져야 한다. 다음 오라클의 실행계획의 예를 보면서 하나씩 배워 보자.

코드 14-1 기본적인 오라클 실행계획의 모습

```
SELECT * FROM 고객

Execution Plan
--------------------------------------------------------------------------------
SELECT STATEMENT Optimizer=ALL ROWS
TABLE ACCESS (FULL) OF '고객' (TABLE) (Cost=633K Card=42M Bytes=15G)
```

앞 실행계획을 해석하면 다음과 같다.

- ACCESS FULL: 고객 테이블 풀스캔(전체 접근)
- Cost=633K: 633,000 비용발생(논리적 비용 = IO + 메모리 + CPU + 네트워크 + ⋯)
- Card=42M: 42,000,000건(접근하는 레코드 수)
- Bytes=15G: 15,000,000,000(42,000,000 * 1 로우의 총 길이)

ACCESS FULL은 고객 테이블을 풀스캔한다는 의미다. 어떠한 인덱스도 통하지 않고 테이블을 직접 접근해 전체 데이터를 읽는다는 뜻이다. 실행계획에서 이 용어가 보인다는 것은 다음의 3가지 경우에 해당한다.

- 첫째, 해당 쿼리에 대한 적절한 인덱스가 존재하지 않는 경우로서 필요한 인덱스를 생성함으로써 해결 가능하다.
- 둘째, 인덱스는 존재하지만 부정확한 통계정보로 인해 인덱스를 타지 않는 경우다. 최신의 통계 정보를 구성하거나 힌트절을 사용해 해결할 수 있다.
- 셋째, 테이블 풀스캔이 인덱스를 통한 랜덤 액세스보다 유리한 경우다. 데이터 조회 범위가 커서 인덱스를 사용하는 것이 별로 효용성이 없을 때다. [코드 14-1] 쿼리는 조회 조건이 없으므로 바로 이 경우에 해당한다.

Cost는 비용으로, 해당 쿼리가 동작됐을 때 소요되는 비용을 말한다. 비용이 크면 클수록 오라클이 많은 일을 하고 있다고 생각하면 된다. 즉 무거운 쿼리다. 여기서 비용은 물리적 비용이 아니라 논리적 비용을 의미한다. 논리적 비용이란 직접적이고 구체적인 수치에 의해 명확하게 알 수 없는 비용이다. 오라클 옵티마이저가 산출한 비용에 대해 우리는 왜 그러한 비용값이 나왔는지 이해할 필요까지는 없다. 단지 실행계획 비교 시 비교 기준 값으로는 삼을 수 있다.

Card(Cardinality)는 쿼리 조건에 맞는 레코드 건수를 의미한다. 참고로 K는 10의 3승을 의미하고, M은 10의 6승을 의미하고, G는 10의 9승을 의미함을 이미 알고 있다. 위의 실행계획에서 Card 값은 42M이므로 고객 테이블의 데이터 건수가 4,200만임을 알 수 있다.

Bytes는 쿼리 실행 시 발생하는 네트워크 트래픽을 의미한다. 즉 I/O 발생량이다. 1로우를 구성하는 컬럼의 길이 총합을 구한 후 Card 값을 곱하면 된다. 결국 위의 실행계획에서는 15,000,000,000바이트라는 엄청난 네트워크 트래픽이 발생함을 알 수 있다.

이 오라클 옵티마이저의 실행계획을 종합하면 다음과 같다. 해당 쿼리는 고객 테이블을 풀스캔으로 접근해 4,200만 건의 데이터를 읽어온다. 이때 15,000,000,000바이트의 네트워크 트래픽을 유발하고, 비용은 633K가 발생한다.

계속해서 다음 실행계획을 살펴보자. 다음 실행계획의 해석 순서를 알아보자. ORDER BY 절이 있는 쿼리의 Cost 부분에 주목해 살펴볼 것이다.

코드 14-2 오라클 실행계획을 해석하는 순서

```
SELECT * FROM 고객
ORDER BY 고객명

Execution Plan
--------------------------------------------------------------------------------
③   SELECT STATEMENT Optimizer=ALL ROWS
②     SORT (ORDER BY) (Cost=6M Card=42M Bytes=15G)
①       TABLE ACCESS (FULL) OF '고객' (TABLE) (Cost=633K Card=42M Bytes=15G)
```

실행계획을 해석하는 순서는 다음과 같다.

- 첫째, 레벨(깊이)이 다른 경우에는 안쪽 레벨부터 해석한다.
- 둘째, 레벨(깊이)이 같은 경우에는 위에서 아래로 해석한다.

따라서 위 실행계획은 '①가져와서 ②SORT하여 ③보여준다'는 순으로 해석하면 된다. 실행계획을 자세히 파악해 보자. 고객 테이블을 풀스캔하는 ①의 Cost는 633K인데 반해, SORT하는 ②의 Cost는 6M임을 알 수 있다. 결국 4,200만 건의 데이터를 가져오는 비용보다 가져온 데이터를 SORT하는 비용이 10배 가량 높음을 알 수 있다. 대부부분의 개발자는 튜닝 시 조건절 컬럼의 인덱스 유무에 관심을 갖지만, SORT를 없애는 것도 튜닝에서 중요한 부분임을 알 수 있다.

계속해서 다음 2개의 실행계획을 동시에 살펴보자.

코드 14-3 오라클 실행계획의 비용 비교 1

```
SELECT * FROM 고객
WHERE ROWNUM <= 1
Execution Plan

--------------------------------------------------------------------------------
③   SELECT STATEMENT Optimizer=ALL ROWS
②       COUNT (STOPKEY)
①             TABLE ACCESS (FULL) OF '고객' (TABLE) (Cost=2 Card=1 Bytes=356)
```

코드 14-4 오라클 실행계획의 비용 비교 2

```
SELECT * FROM 고객
WHERE ROWNUM <= 2

Execution Plan

--------------------------------------------------------------------------------
③   SELECT STATEMENT Optimizer=ALL ROWS
②       COUNT (STOPKEY)
①             TABLE ACCESS (FULL) OF '고객' (TABLE) (Cost=2 Card=2 Bytes=712)
```

[코드 14-3]과 [코드 14-4] 2개의 실행계획에서 쿼리의 차이점은 ROWNUM <= 1과 ROWNUM <= 2 부분이다. 테이블을 풀스캔하기 위해 접근하지만 COUNT(STOPKEY) 부분에서 레코드 건수가 1 혹은 2가 됐을 때 스캔을 중지하고 빠져 나옴을 알 수 있다. 2개의 실행계획에서 ROWNUM 값이 1 혹은 2에 따라서 Card 값과 Bytes 값이 배수가 됨을 알 수 있다. 그런데 Cost 값은 왜 같을까? 그것은 고객 테이블의 첫 번째 레코드와 두 번째 레코드가 동일 블

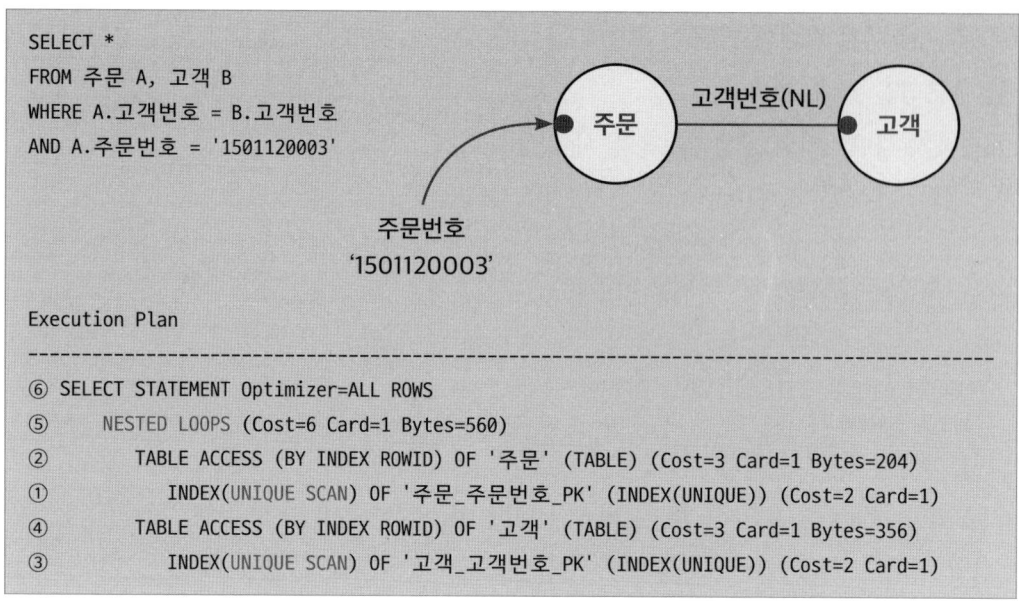

그림 14-1 오라클 실행계획의 사용 예시: UNIQUE SCAN

록에 저장돼 있기 때문일 것이다. 참고로 오라클은 최소 운반 단위인 블록 단위로 데이터를 운반한다.

이번엔 좀 더 복잡한 실행계획을 인덱스 생성도와 비교해 살펴보자.

실행계획의 해석 순서는 '깊이가 다른 경우에는 안쪽에서 바깥쪽으로, 깊이가 같은 경우에는 위에서 아래로 해석한다'고 앞서 소개했다. 따라서 [그림 14-1] 실행계획은 ① → ② → ③ → ④ → ⑤ → ⑥ 순으로 해석한다. 그리고 실행계획의 내용에서 스캔은 UNIQUE SCAN임을 알 수 있고, 두 테이블의 조인 방식은 NESTED LOOP JOIN임을 알 수 있다. 즉 순차적 루프에 의한 접근 방식이다. 조인 방식에 대한 더 자세한 내용은 13회 스토리인 '오라클의 조인 방식'에서 확인할 수 있다.

실행계획의 해석 순서를 그림으로 변환하면 인덱스 생성도와 동일하다는 것을 우리는 알 수 있다(주문번호 인덱스 → 주문 테이블 → 고객번호 인덱스 → 고객 테이블).

이번에는 고객 테이블에 인덱스가 없는 경우를 가정해 보았다. 인덱스 생성도와 같이 살펴보자.

[그림 14-2]를 보면, 고객 테이블의 고객번호 컬럼에 인덱스가 없어서 고객 테이블에서

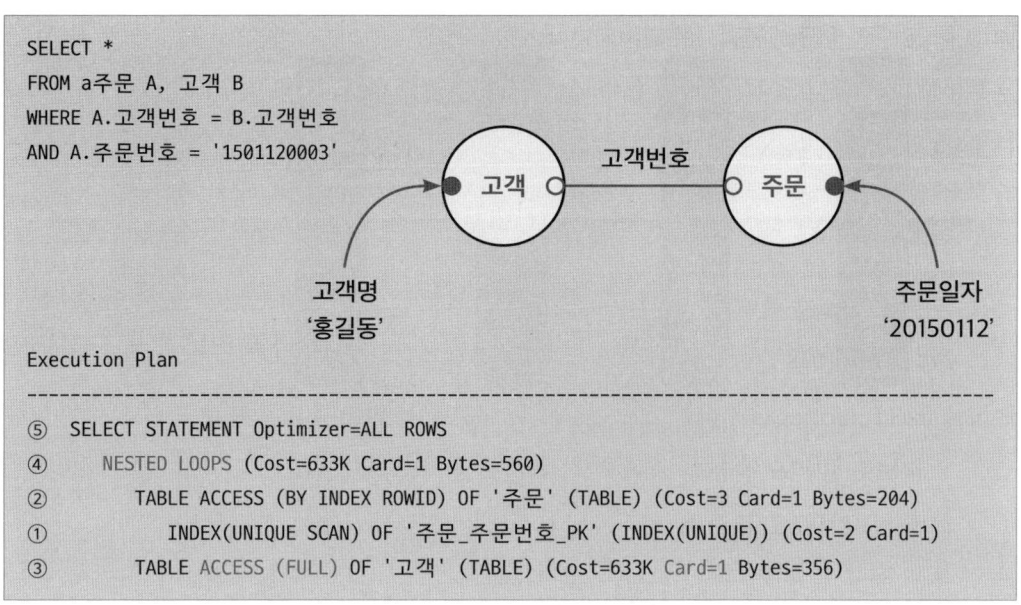

그림 14-2 오라클 실행계획의 사용 예시: FULL

풀스캔이 발생하고 있다. 실제 리턴 결과 건수는 1이지만, 인덱스가 존재하지 않음에 따라 고객 테이블의 전체 데이터를 풀스캔하고 있다. 여기에서 우리는 Card=1임에 주목할 필요가 있다. 비록 인덱스는 없지만 고객 테이블에 통계정보가 구성돼 있음을 유추할 수 있고, 고객번호는 UNIQUE함을 추정할 수 있다. 따라서 고객번호 컬럼을 인덱스로 생성해야 한다. 실행계획에서는 인덱스를 생성해야 할 컬럼을 직관적으로 바로 알기는 어려우나, 인덱스 생성도를 함께 이용하면 어떤 위치에 어떤 인덱스를 생성해야 하는지 한눈에 알 수 있다.

덧붙여 테이블을 풀스캔한다는 의미는 다음의 3가지 경우에 해당함을 다시 한 번 강조한다.

- 첫째, 해당 쿼리에 대한 적절한 인덱스가 존재하지 않는 경우로서 필요한 인덱스를 생성해 해결 가능하다.
- 둘째, 인덱스는 존재하나 부정확한 통계정보로 인해 인덱스를 타지 않는 경우로서 최신의 통계 정보를 구성하거나 힌트절을 사용해서 해결 가능하다.

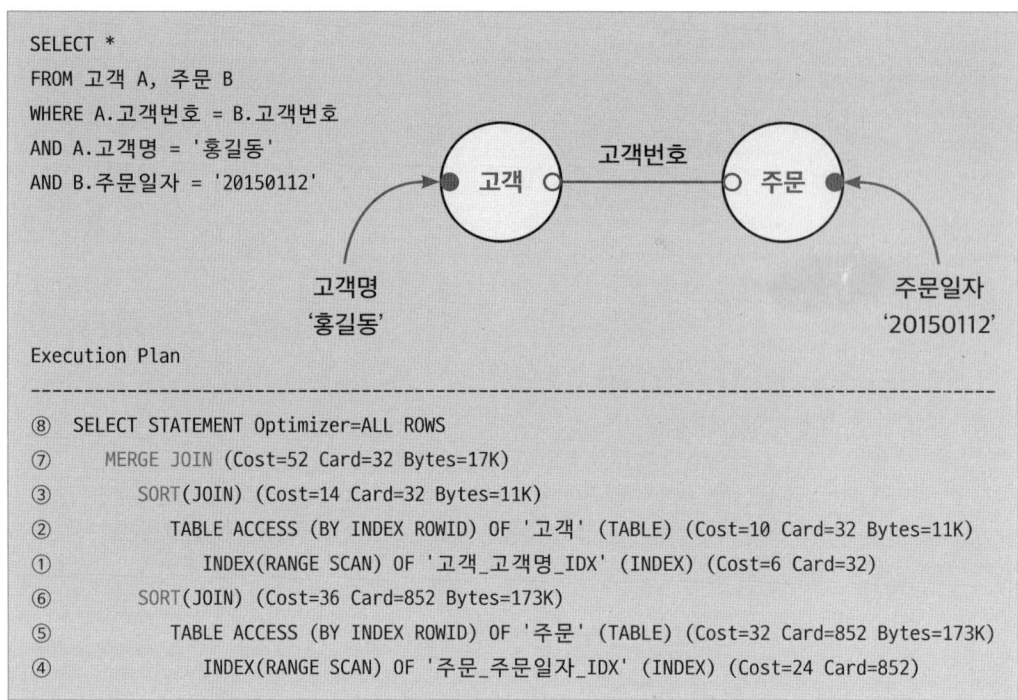

그림 14-3 오라클 실행계획의 사용 예시: SORT

- 셋째, 테이블을 풀스캔하는 것이 인덱스를 통한 랜덤 액세스보다 유리한 경우로서 데이터 조회 범위가 커서 인덱스를 사용하는 것이 별 효용성이 없을 때다.

이번에는 조인절 양방향 모두에 인덱스가 없는 경우를 가정해 보았다.

[그림 14-3] 쿼리의 문제점은 조인절 양방향 모두에 인덱스가 없다는 것이다. 이런 경우 두 테이블 간 조인 방식은 예전에는 Sort Merge Join 방식으로 풀리는 경우가 많았다. 처리 순서는 다음과 같다.

- 첫째, 고객 테이블에서 고객명이 '홍길동'인 고객을 구한 후 고객번호 순으로 정렬한다(SORT).
- 둘째, 주문 테이블에서 주문일자가 '20150112'인 주문을 구한 후 고객번호 순으

로 정렬한다(SORT).

- 셋째, 정렬된 고객 정보와 주문 정보를 고객번호 컬럼으로 결합한다(MERGE).

하지만 Sort Merge Join은 성능상 문제가 많은 조인 방식이다. 해결 방안은 조인절 컬럼에 인덱스를 생성해 Nested Loop Join 방식으로 실행계획이 풀리게 해야 한다. 만약에 고객 테이블의 고객번호를 인덱스로 생성한다면, 주문 테이블에서 고객 테이블로 순차적으로 접근할 것이다. 주문 테이블의 고객번호를 인덱스로 생성한다면, 고객 테이블에서 주문 테이블로 순차적으로 접근할 것이다.

만약 업무 로직상 조인절에 인덱스를 생성하기 곤란한 상황이라면 힌트절을 추가해 Hash Join 방식으로 접근하는 것도 좋은 방법이다. 대부분 Hash Join 방식이 Sort Merge Join 방식보다 성능이 좋다. 그래서 요즘 Sort Merge Join 방식은 거의 볼 수 없고 Hash Join 방식을 많이 사용한다.

[그림 14-4]는 힌트절을 추가해 Hash Join 방식을 설명한 것이다.

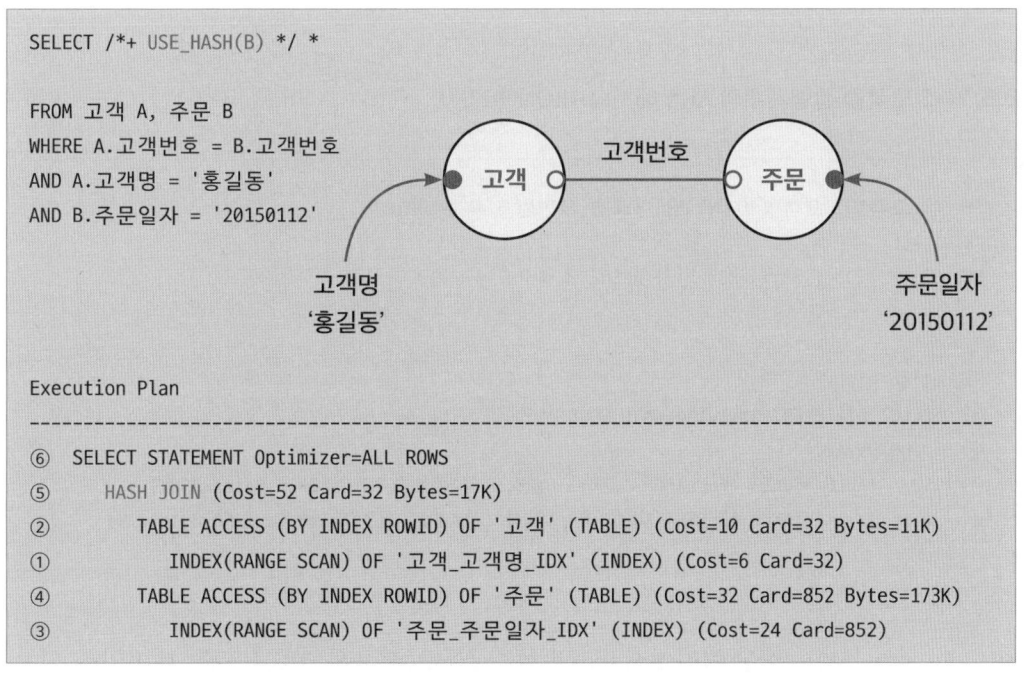

그림 14-4 오라클 실행계획의 사용 예시: HASH

Hash Join은 해시 함수를 이용한 접근 방식인데, 대량의 데이터 처리에 효율적인 조인 방식이다. Nested Loop Join 방식에서 처리 범위가 부담스럽거나, Sort Merge Join 방식에서 정렬(Sort)이 부담스러울 때 사용한다. Hash Join 방식의 처리 순서는 다음과 같다.

- 첫째, 고객 테이블에서 고객명이 '홍길동'인 고객을 구한 후, 조인절 컬럼인 고객번호를 해시 함수로 분류해 해시 테이블을 생성한다(해시 함수를 이용해 해시 테이블 생성).
- 둘째, 주문 테이블에서 주문일자가 '20150112'인 주문을 구한 후, 조인절 컬럼인 고객번호를 해시 함수로 변환해 해시 테이블로 순차적으로 접근한다(해시 함수를 통해 해시 테이블 탐색).

메모리에 해시 테이블을 생성하고 해시 함수를 이용해 연산 조인을 하기 때문에 CPU 사용이 증가할 수 있다. 따라서 조회 빈도가 높은 온라인 프로그램에는 적합하지 않는 조인 방식이다.

끝으로 UNION ALL과 UNION과 관련해 다음 2개 실행계획을 동시에 살펴보자.

코드 14-5 오라클 실행계획의 사용 예시: UNION-ALL

```
    SELECT 고객ID, 고객명 FROM 고객 WHERE 우편번호 = '760010'
    UNION ALL
    SELECT 인사ID, 인사명 FROM 인사 WHERE 조직코드 = '0102'



    Execution Plan
    ④   SELECT STATEMENT Optimizer=ALL ROWS
    ③       UNION-ALL
    ①           TABLE ACCESS (FULL) OF '고객' (TABLE) (Cost=633K Card=1K Bytes=356K)
    ②               TABLE ACCESS (FULL) OF '인사' (TABLE) (Cost=108 Card=50 Bytes=7K)
```

[코드 14-5]와 [코드 14-6] 쿼리에서 UNION ALL 구문을 사용하면 중복되는 데이터를 있는 그대로 모두 보여준다. 하지만 UNION 구문을 사용하면 중복되는 데이터를 제거하고 유니

코드 14-6 오라클 실행계획의 사용 예시: UNION-ALL, SORT

```
SELECT 고객ID, 고객명 FROM 고객 WHERE 우편번호 = '760010'
UNION
SELECT 인사ID, 인사명 FROM 인사 WHERE 조직코드 = '0102'
Execution Plan
--------------------------------------------------------------------------------
⑤   SELECT STATEMENT Optimizer=ALL ROWS
④      SORT (UNIQUE) (Cost=633K Card=1K Bytes=363K)
③          UNION-ALL
①              TABLE ACCESS (FULL) OF '고객' (TABLE) (Cost=633K Card=1K Bytes=356K)
③              TABLE ACCESS (FULL) OF '인사' (TABLE) (Cost=108 Card=50 Bytes=7K)
```

크하게 보여준다는 것을 우리는 이미 알고 있다. 두 실행계획의 차이점은 SORT(UNIQUE) 부분이다. 이것의 의미는 데이터를 정렬한 후에 중복된 데이터를 제거하고 유니크하게 보여 준다는 데에 있다.

그런데 소트는 왜 할까? 바로 소트는 중복된 데이터를 제거하는 가장 단순하고 쉬운 방법이기 때문에 한다. 소트 이후에 동일한 값이 연속 돼 있으면 제거하면 된다.

예전에는 집집마다 화투 한두 세트가 있었다. 화투는 기본적으로 1월(솔)부터 12월(비)까지 총 48장으로 구성된다. 만약 화투가 48장 이상이라면 중복된 화투장을 찾아 빼내야 했다. 이때 화투를 모두 펼쳐놓고 같은 모양을 찾아서 중복된 걸 빼기란 쉬운 일이 아니었다. 아마도 대부분의 사람들은 1월부터 12월까지 화투를 정렬(SORT)한 후, 중복되는 화투장을 찾아내는 방법을 쓸 것이다. UNION 구문을 사용할 때 오라클 옵티마이저도 우리와 동일한 방법으로 중복된 데이터를 제거한다. 바로 SORT(정렬)를 이용하고 있는 것이다.

오라클 옵티마이저의 실행계획과 개발자의 실행계획

오라클 옵티마이저의 실행계획(Plan)은 통계정보(과거+현재)를 기반으로 한다. 그에 반해 개발자의 실행계획은 과거 + 현재 + 미래 정보를 기반으로 한다. 당연히 개발자의 실행계획이 더 옳을 것이다. 개발자들은 향후 데이터 증감 추이가 어떻게 될 것인지, 생성 예정인 인덱스는 무엇인지, 또 프로그램을 누가 어떤 용도로 얼마나 빈번하게 사용하는지 등 오라클 옵티마이저보다 더 많은 정보를 얻을 수 있기 때문에 더 좋은 실행계획을 계획할 수 있다.

오라클 옵티마이저 실행계획과 개발자의 실행계획이 일치하면 좋겠지만 항상 일치하진 않는다. 지금까지의 경험상으로 90% 이상은 일치했고, 10% 미만은 일치하지 않았다. 그렇다면 왜 일치하지 않는 걸까? 다음과 같은 여러 가지 이유로 인해 일치하지 않았다.

- 첫째, 통계정보 구성이 실제 데이터를 반영하지 못하거나 없는 경우
- 둘째, 적절한 인덱스가 존재하지 않거나 부적절한 경우
- 셋째, 쿼리가 최적화 돼 있지 않는 경우나 잘못 사용된 경우
- 넷째, 오라클 옵티마이저의 알고리즘이 완벽하지 않다는 현실적인 문제

실행계획이 일치하지 않는 경우에는 통계정보를 재구성하거나 필요한 인덱스 생성 및 쿼리 최적화로 어느 정도 해결할 수 있다. 하지만 옵티마이저의 알고리즘 기술 수준 문제에 있어서는 해결 방법이 없다. 이때에는 힌트절을 추가해 인위적으로 실행계획을 변경해야 한다. 오라클이 힌트절 기능을 제공한다는 의미는 곧 오라클 옵티마이저의 알고리즘이 완벽하지 않다는 것이다. 향후 오라클 버전에서 성능 개선이 점차 이루어진다면 힌트절 기능이 축소되거나 동작에 제한이 걸릴 수도 있다. 이는 개발자 중심의 실행계획에서 오라클 중심의 실행계획으로 주도권이 넘어간다는 의미다. 만약 그런 상황이 실제로 온다면 개발자들에게 좋은 상황인지 나쁜 상황인지 고민스럽다.

오라클 옵티마이저의 실행계획은 어떤 내용인지 이미 알고 있다. 그렇다면 개발자의 실행계획은 무엇일까? 개발자의 실행계획은 개발자의 마음속에 있는 실행계획이다. 쿼리를 제작할 때 대부분의 개발자들은 이미 마음속에 실행계획(접근순서, 접근방법, 자원선택)을 갖고 있다. 하지만 그러한 실행계획은 어느 정도 시간이 지나면 잊혀지는 찰나적인 생각일 뿐이다. 이러한 고민을 해결하고자 필자는 쿼리를 작성할 때 실행계획의 내용을 쿼리에 포함시키는 방법을 사용한다. 바로 '공정쿼리'다.

인덱스 생성도에서 테이블 접근 순서 및 인덱스 생성 위치를 알 수 있다. 공정쿼리 작성법에 의해 작성된 쿼리에서도 테이블 접근 순서 및 인덱스 생성 위치를 쉽게 알 수 있다. 작성된 쿼리에 개발자가 생각하는 실행계획이 내포돼 있어서, 오라클 옵티마이저가 제

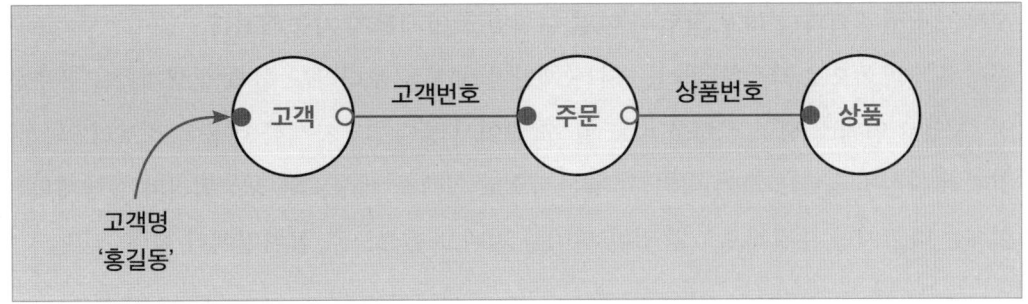

그림 14-5 테이블 접근 방향과 인덱스 생성 위치를 쉽게 알 수 있게 하는 인덱스 생성도

코드 14-7 공정쿼리

```
공정쿼리: 무엇을(결과) 어떻게(과정) 조회할 것인가에 대한 쿼리 작성법

SELECT  A.고객번호, B.주문번호, C.상품명
FROM    고객 A, 주문 B, 상품 C
WHERE   A.고객번호 = B.고객번호
AND     B.상품번호 = C.상품번호
AND     A.고객명   = '홍길동'
AND     B.배송여부 = 'Y'
```

코드 14-8 오라클 실행계획

```
Execution Plan

⑨   SELECT STATEMENT Optimizer=ALL ROWS
⑧     NESTED LOOPS JOIN (Cost=2K Card=320 Bytes=256K)
⑤       NESTED LOOPS JOIN (Cost=1K Card=320 Bytes=179K)
②         TABLE ACCESS (BY INDEX ROWID) OF '고객' (TABLE) (Cost=10 Card=32
              Bytes=11K)
①           INDEX(RANGE SCAN) OF '고객_고객명_IDX' (INDEX) (Cost=6 Card=32)
④         TABLE ACCESS (BY INDEX ROWID) OF '주문' (TABLE) (Cost=16 Card=10 Bytes=2K)
③           INDEX(RANGE SCAN) OF '주문_고객번호_IDX' (INDEX) (Cost=12 Card=10)
⑦       TABLE ACCESS (BY INDEX ROWID) OF '상품' (TABLE) (Cost=3 Card=1 Bytes=242)
⑥         INDEX(UNIQUE SCAN) OF '상품_상품번호_IDX' (INDEX(UNIQUE)) (Cost=2 Card=1)
```

시하는 실행계획과의 비교 작업이 한결 쉬워졌고 언제든지 가능해졌다.

공정쿼리 방식으로 작성한 쿼리는 다른 개발자가 처음 보더라도 쉽게 실행계획을 유추해 낼 수 있고 인덱스 생성 위치를 바로 알 수 있어서 좋다. 더 자세한 내용은 스토리 9의 '공정쿼리 작성법'을 참고하기 바란다. 결론적으로 인덱스 생성도와 공정쿼리와 실행계획은 형태는 다르지만 본질적으로 동일한 의미를 지니고 있으므로 삼위일체라 할 수 있다.

바인드 변수와 하드 파싱

대부분의 개발자들은 튜닝 시 실행계획을 상수값으로 테스트하지만, 실제로 바인드 변수로 운영되는 경우에는 실행계획이 다를 수 있다. 프로그램에 바인드 변수로 돼 있다면 반드시 바인드 변수로 실행계획을 확인해야 한다. 다음 두 개의 쿼리를 살펴보자.

```
SELECT * FROM 고객 WHERE 고객명 = '홍길동'    --- 상수값
SELECT * FROM 고객 WHERE 고객명 = :NAME       --- 바인드 변수
```

앞의 두 쿼리는 동일한 결과를 조회하지만 실행계획은 다른 수 있다. 이와 같은 쿼리들은 대부분의 경우 실행계획이 동일하지만 간혹 다른 경우도 있다. 따라서 쿼리가 어떤 방식으로 운영되는지에 따라 실행계획을 구분·확인해야 한다.

그럼 바인드 변수를 사용하는 이유는 무엇일까? 바인드 변수는 하드 파싱을 줄이기 위한 수단으로 사용한다. 오라클 옵티마이저는 상수값이 다르면 서로 다른 쿼리로 인식해 파싱을 새로 한다. 특히 실행 횟수가 많고 컬럼의 **distinct** 값이 크다면, 하드 파싱이 자주 발생해 시스템 전반적으로 많은 메모리를 사용할 것이고 CPU 부하도 높을 것이다. 반면에 바인드 변수를 사용한다면 오라클 옵티마이저는 동일한 쿼리로 인식하므로 파싱을 매번 하지는 않는다. OLTP 프로그램에서는 DB 성능을 고려해 바인드 변수 사용을 권고한다.

원리를 이해하고 논리로 풀어가는 쉬어가는
스토리 DB 문제 ⑭

각 스토리의 끝에 간단하면서도 재미있고 생각해 보는 DB 문제를 출제한다. 모든 문제는 DB의 원리를 이해할 수 있는 기준으로 출제한다. 문제를 풀어보면서 DB 원리를 하나씩 배우고 이해할 수 있다.

다음 그림은 부분 범위 처리가 가능한 온라인 집계 쿼리에 대한 인덱스 생성도다. 나 테이블의 금액 컬럼을 집계(SUM) 하는 쿼리로서, Group by 절은 없으며 조건 1 이외의 조건절도 없다(단 실선: inner join, 점선: outer join, 한글: 테이블, 숫자: 컬럼).

1) 이때 테이블 접근 순서는?
2) 인덱스 생성 위치(번호)는?
3) 반드시 유니크해야 하는 컬럼 번호는?

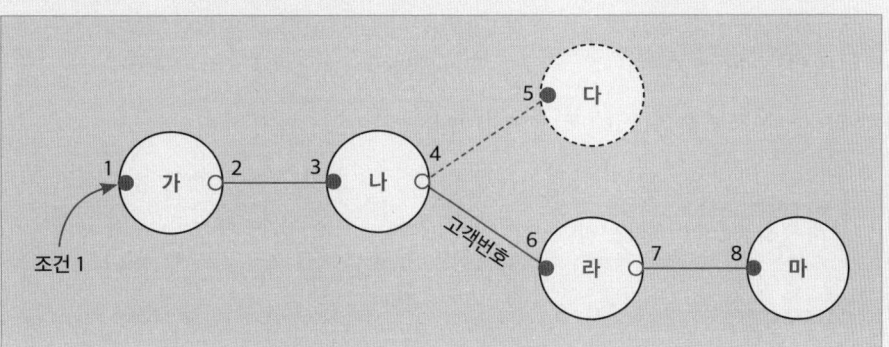

※ 정답과 풀이는 '스토리 DB 문제 풀이와 정답'에 있다.

KEY WORD 튜닝, 힌트절

놓치면 후회할 오라클 힌트절 7가지

SQL을 가장 효율적이고 빠르게 수행할 수 있게 하는 옵티마이저. 그럼에도 옵티마이저가 만능은 아니다. 배치 튜닝의 마법사 같은 힌트절 삼총사 USE_HASH, FULL, PARALLEL을 비롯한 놓치면 아까운 힌트절 7가지를 소개한다.

옵티마이저는 사용자가 요청한 SQL을 가장 효율적이고 빠르게 수행할 수 있는, 최적의 처리 경로를 제공하는 오라클 엔진으로서 인간 두뇌 역할을 한다는 것을 앞서 알아보았다. 옵티마이저가 만능이 아니므로 그 특징을 이해하고 상황에 대처할 수 있어야 한다.

힌트절로 옵티마이저의 실수 차단

CBO(Cost Based Optimizer) 방식에서 옵티마이저는 주어진 환경(통계정보, SQL 문) 아래서 최적의 실행계획(PLAN)을 제공한다. 그런데 잘못된 SQL 문이나 부정확한 통계정보로 인해 엉뚱한 실행계획을 제공할 때도 간혹 있다. 이때 힌트절을 통해 잘못된 실행계획을 바로 잡을 수 있다. 결국 힌트절은 옵티마이저의 실수를 만회할 수 있는 개발자의 마지막 무기라 할 수 있다.

옵티마이저는 개발자가 사용하는 힌트절을 무조건 수용하지는 않는다. 만약 개발자가 터무니없는 힌트절을 사용하고자 한다면 옵티마이저는 이를 무시할 것이다. 앞으로 새로운 버전의 엔진이 나올수록 그런 경향은 더욱 강해질 것이다.

```
SELECT  /*+  [힌트절]  */ ~
```

앞과 같이 SQL 문에서 힌트절은 주석문 안에 표시한다. 그래서 잘못된 힌트절로 인해 에러를 리턴하는 일은 없다. 단지 힌트절의 내용대로 적용되지 않을 뿐이다. 오라클이 제공하는 힌트절의 종류는 매우 많다. 수많은 힌트절을 모두 이해하고 상황에 맞게 사용하기는 너무 힘들다. 이에 필자는 가장 많이 사용되는 핵심적인 7가지 힌트절만 소개하고자 한다. 7가지 힌트절만 알아도 대부분의 쿼리 튜닝에 부족함이 없다. 그 힌트절은 다음과 같다.

접근 순서를 결정하는 힌트절

1. `ORDERED`: FROM 절에 나열된 테이블 순서대로 접근한다(SQL 문에 종속적).
2. `LEADING`: 테이블 접근 순서를 명시적으로 표시한다(SQL 문에 독립적).

접근 방법을 결정하는 힌트절

3. `USE_NL`: NESTED LOOP JOIN 방식으로 조인하도록 유도한다(순차적인 접근 방법).
4. `USE_HASH`: HASH JOIN 방식으로 조인하도록 유도한다(해시 함수를 이용한 접근 방법).

자원 사용을 결정하는 힌트절

5. `INDEX`: 인덱스를 통한 접근 경로를 유도한다.
6. `FULL`: 테이블을 풀스캔한다.
7. `PARALLEL`: 병렬 처리를 통해 성능을 높인다.

접근 순서를 결정하는 힌트절: ORDERED와 LEADING

ORDERED 힌트절과 LEADING 힌트절은 테이블 간 접근 순서를 결정한다. [그림 15-1] 인덱스 생성도를 통해 구체적으로 살펴 보자.

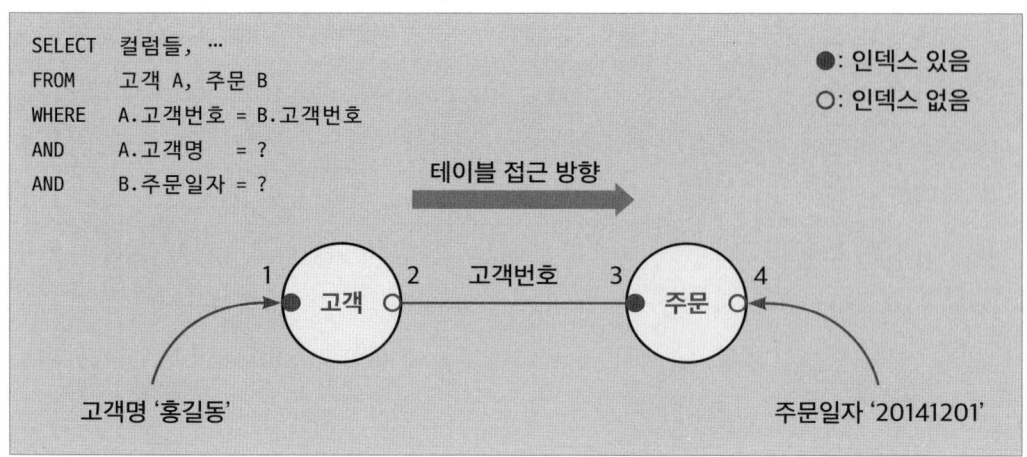

그림 15-1 오라클 옵티마이저 판단(고객 → 주문)

[그림 15-1]에서 인덱스의 위치가 명확하므로 오라클 옵티마이저가 접근 순서를 잘못 판단할 가능성은 거의 없다. 1번과 3번 컬럼에만 인덱스가 존재하므로 테이블 접근 순서는 고객 → 주문이다. 옵티마이저는 인덱스가 있는 방향으로 접근하기 때문이다. 인덱스 생성도에서 인덱스 위치는 방향을 결정하는 중요한 요소다(1번: 고객 테이블의 고객명 컬럼, 3번: 주문 테이블의 고객번호 컬럼).

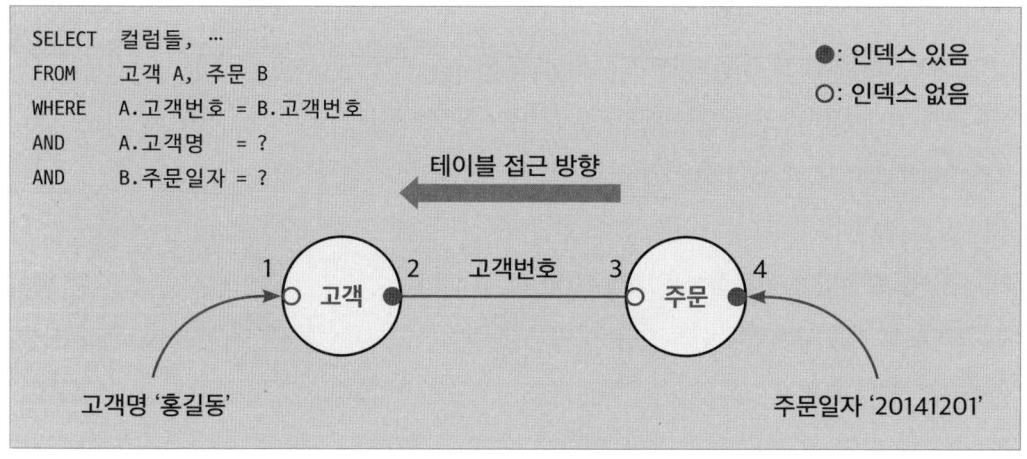

그림 15-2 오라클 옵티마이저 판단(주문 → 고객)

[그림 15-2]에서도 인덱스의 위치가 명확하므로 오라클 옵티마이저가 접근 순서를 잘못 판단할 가능성은 거의 없다. 2번과 4번 컬럼에만 인덱스가 존재하므로 테이블의 접근 순서는 주문 → 고객이다. 왜냐하면 옵티마이저는 인덱스가 있는 방향으로 접근하기 때문이다(2번: 고객 테이블의 고객번호 컬럼, 4번: 주문 테이블의 주문일자 컬럼).

이처럼 동일한 쿼리라도 인덱스 생성 포인트에 따라서 테이블 접근 방향은 가변적이다. 따라서 최소한의 비용이 소요되는 접근 방향을 결정하고 그에 따른 필요한 위치에 인덱스를 생성한다면, 옵티마이저도 우리와 동일한 판단(실행계획)을 할 것이다. 하지만 우리가 접하는 대부분의 경우는 이처럼 단순하지는 않다. 다음 [그림 15-3]과 같은 경우를 살펴보자.

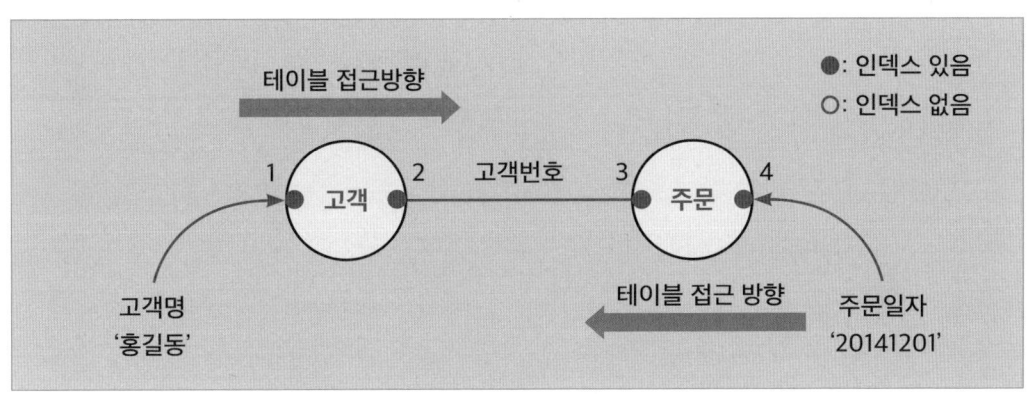

그림 15-3 오라클 옵티마이저는 어떤 판단을 할까?

[그림 15-3]처럼 1번, 2번, 3번, 4번 모든 컬럼 위치에 인덱스가 있다면 테이블의 접근 순서는 명확하지 않다. 고객 → 주문 방향으로 접근이 가능하고, 주문 → 고객 방향으로 접근도 가능하다. 다시 말해 양방향 접근이 가능하다.

물론 옵티마이저는 수집한 통계정보에 근거해 가장 최소한의 노력이 드는 방향을 결정하려 할 것이다. 하지만 옵티마이저가 항상 올바른 결정만 하는 것은 아니다. 만약 우리가 판단하는 접근 방향과 옵티마이저가 판단하는 접근 방향이 다르다면, 우리는 힌트절을 통해 테이블 접근 방향을 변경할 수 있다. ORDERED 힌트절은 FROM 절에 나열된 테이블 순서대로 접근하고자 할 때 사용한다.

```
SELECT  /*+ ORDERED */
        컬럼들, …
FROM    고객 A, 주문 B
WHERE   A.고객번호 = B.고객번호
AND     A.고객명   = ?
AND     B.주문일자 = ?
```

앞 쿼리에서 사용한 ORDERED 힌트절로 인해 옵티마이저는 고객 → 주문 방향으로 접근을 진행할 것이다. 스토리 9회 '공정쿼리 작성법'에서 쿼리의 FROM 절에 접근 순서대로 테이블을 나열할 것을 강조한 바 있다. 이는 개발자 간에 테이블 접근 순서를 명시적으로 공유하는 방법이자, 오라클 옵티마이저의 잘못된 접근 순서를 ORDERED 힌트절을 사용해 바로잡기에 용이하기 때문이다.

ORDERED 힌트절은 FROM 절에 나열된 테이블 순으로 접근을 유도하지만, LEADING 힌트절은 테이블 접근 순서를 명시적으로 표시할 수 있다. ORDERED 힌트절보다 훨씬 개선된 힌트절이다. 왜냐하면 LEADING 힌트절은 쿼리의 FROM 절에 종속적이지 않기 때문이다.

```
SELECT  /*+ LEADING(B A) */
        컬럼들, …
FROM    고객 A, 주문 B
WHERE   A.고객번호 = B.고객번호
AND     A.고객명   = ?
AND     B.주문일자 = ?
```

앞 쿼리에서 사용한 LEADING(B A) 힌트절로 인해 옵티마이저는 주문 → 고객 방향으로 접근을 수행할 것이다. 만약 LEADING(A B) 힌트절을 사용한다면 고객 → 주문 방향으로 접근을 수행할 것이다. 다시 그림을 보면서 LEADING 힌트절에 대해서 좀 더 구체적으로 알아보자.

[그림 15-4]에서 접근 순서는 두 가지가 가능하다. 가 → 나 → 다 → 라 방향으로 접근하는 경우와 라 → 다 → 나 → 가 방향으로 접근하는 경우다. 접근 방향에 맞는 인덱스만 잘 생성돼 있다면 옵티마이저가 잘못된 실행계획을 제시할 가능성은 별로 없다. 설사 잘못된 경우라도 힌트절을 통해 쉽게 제어할 수 있다. 경우의 수가 2가지만 있기 때문이다.

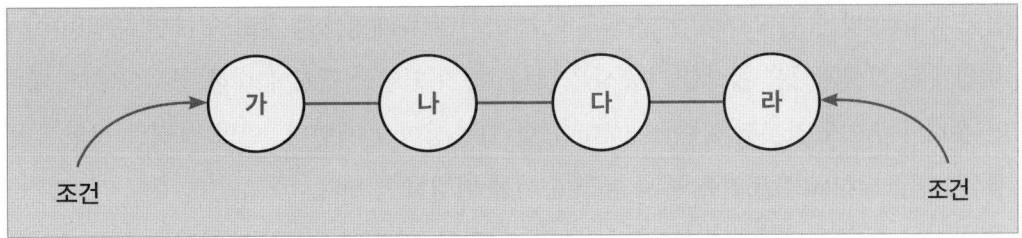

그림 15-4 오라클 옵티마이저는 어떤 판단을 할까?

이때 힌트절은 다음과 같이 사용할 수 있다.

```
/*+ LEADING(가 나 다 라) */ 혹은 /*+ LEADING(라 다 나 가) */
```

그렇다면 [그림 15-5]와 같은 경우라면 어떨까?

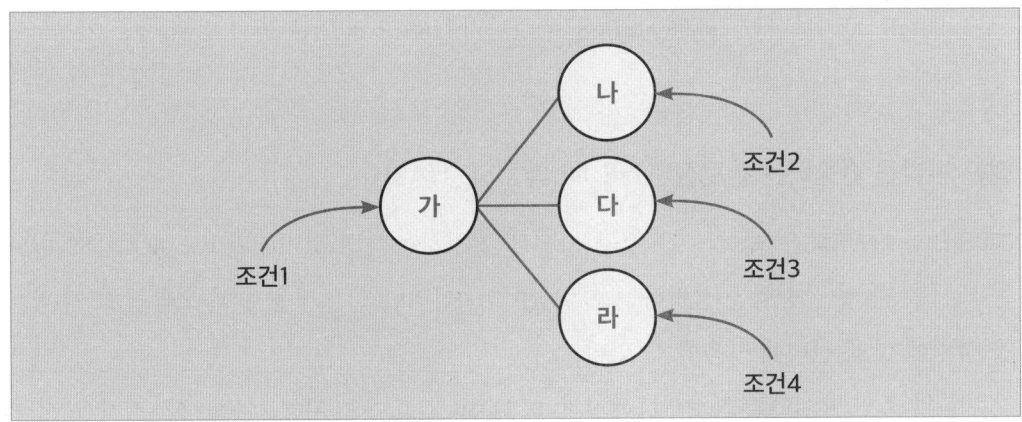

그림 15-5 오라클 옵티마이저는 어떤 판단을 할까?

[그림 15-5]에서 접근 경로는 12가지다(가→나→다→라, 가→나→라→다, …, …). 만약 조건 1로 가 테이블로 진입할 때, 그 다음 접근 순서는 나, 다, 라 테이블 중에서 선택해야 할 것이다. 만약 조건 2로 나 테이블로 진입 시 그 다음 접근 순서는 가 테이블이 되며, 이후 접근 순서는 다, 라 테이블 중에서 선택해야 할 것이다.

접근 방향에 맞는 인덱스가 잘 생성돼 있고 최신의 통계정보를 갖고 있다면, 옵티마이저가 잘못된 실행계획을 제시할 가능성은 낮다. 하지만 접근 경로에 대한 경우의 수가 많다면 옵티마이저가 잘못된 판단(실행계획)을 할 가능성이 존재한다. 만약 그러한 상황이 발생한다면, LEADING 힌트절을 통해 접근 순서를 변경하면 된다.

접근 순서에 대한 판단과 최종 결정은 사람이 한다. 옵티마이저가 제시하는 접근 순서는 참고만 해야 하며, 잘못된 악성 쿼리에 대한 문제점을 옵티마이저 탓으로 돌려서는 안 된다. 요즈음 옵티마이저의 성능이 좋아져서 신뢰도가 높아졌지만 기계는 기계일 뿐이다. 사람의 판단을 대체하지는 못한다. 아직까지는 사람의 판단과 결정에 도움을 주는 보조 도구로서 이해해야 한다. 덧붙여 테이블 접근 순서에 대한 결정 기준으로 다음 3가지 사실을 인지하도록 하자.

1. 진입형 테이블을 결정한다: 조건 중에서 조회 범위가 작은 테이블을 우선함
2. 연결 확장형보다는 연결 축소형 테이블을 우선한다: 조회 범위가 줄어드는 JOIN을 우선함
3. OUTER JOIN보다는 INNER JOIN을 우선한다: INNER JOIN은 조회 범위 축소 가능

접근 방법을 결정하는 힌트절: USE_NL과 USE_HASH

ORDERED와 LEADING은 테이블 간 접근 순서를 결정하는 힌트절이지만 USE_NL과 USE_HASH는 테이블 간 접근 방법을 결정하는 힌트절이다. 이러한 힌트절을 통해 오라클 조인 방식을 상황에 맞게 선택해 사용할 수 있다.

오라클의 조인 방식에는 Nested Loop Join, Hash Join, Sort Merge Join 3가지가 있지만, 이중에서 Sort Merge Join은 사용되는 경우가 거의 없다. 개발자가 가장 많이 접하는 조인 방식은 Nested Loop Join이다. 이는 순차적인 루프에 의한 테이블 간 접근 방식이며, 온라인성(OLTP) 쿼리에 많이 사용된다. Hash Join은 해시 함수를 이용한 테이블 간 접근 방식으로, 배치성(Batch) 쿼리에 많이 사용된다. 먼저 USE_NL 힌트절에 대해 살펴보자.

[그림 15-6]의 USE_NL 힌트절에 의한 Nested Loop Join 처리 과정은 다음과 같다.

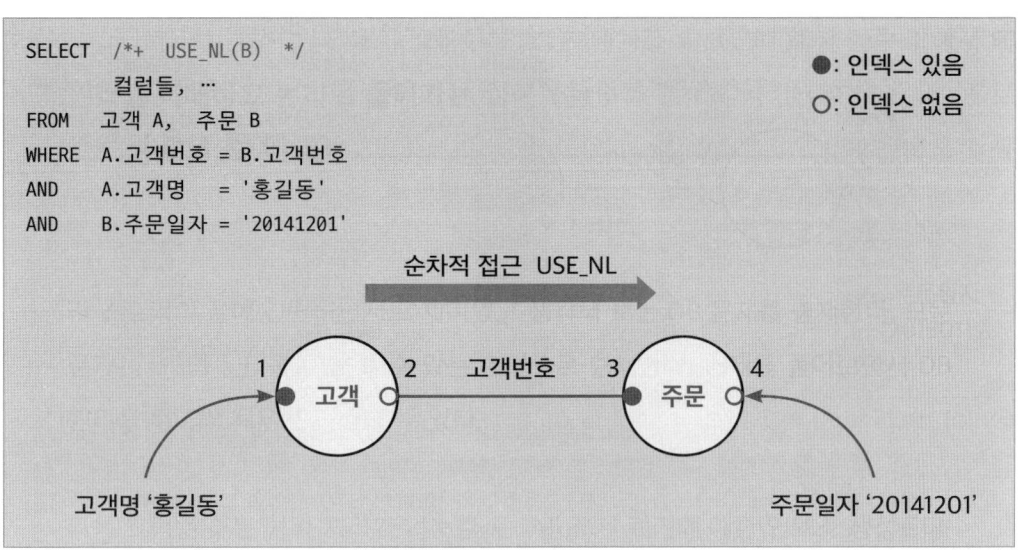

그림 15-6 순차적 접근방법 : USE_NL

1. 고객 테이블에서 고객명이 '홍길동'인 고객을 구한다(선행 테이블 결정).
2. '홍길동' 고객의 수만큼 순차적으로 주문 테이블을 고객번호 컬럼으로 접근한다 (순차적 접근).
3. 주문 테이블에서 주문일자가 '20141201'인 정보만 필터한다.

즉 고객 테이블에서 주문 테이블로 순차적으로 접근한다는 의미다. 진행 방향인 1번 컬럼과 3번 컬럼엔 인덱스가 반드시 존재해야 한다.
다음으로 USE_HASH 힌트절에 대해 살펴보자.

[그림 15-7]의 USE_HASH 힌트절에 의한 Hash Join 처리 과정은 다음과 같다.

1. 조직 테이블에서 사업부가 '강원사업부'인 조직들을 구한 후, 조인절 컬럼인 조직코드를 해시 함수로 분류한 다음, 해시 테이블을 생성한다(해시 함수를 이용해 해시 테이블을 구성).
2. 집계 테이블에서 집계년월이 '201412'인 자료를 구한 후, 조인절 컬럼인 조직코

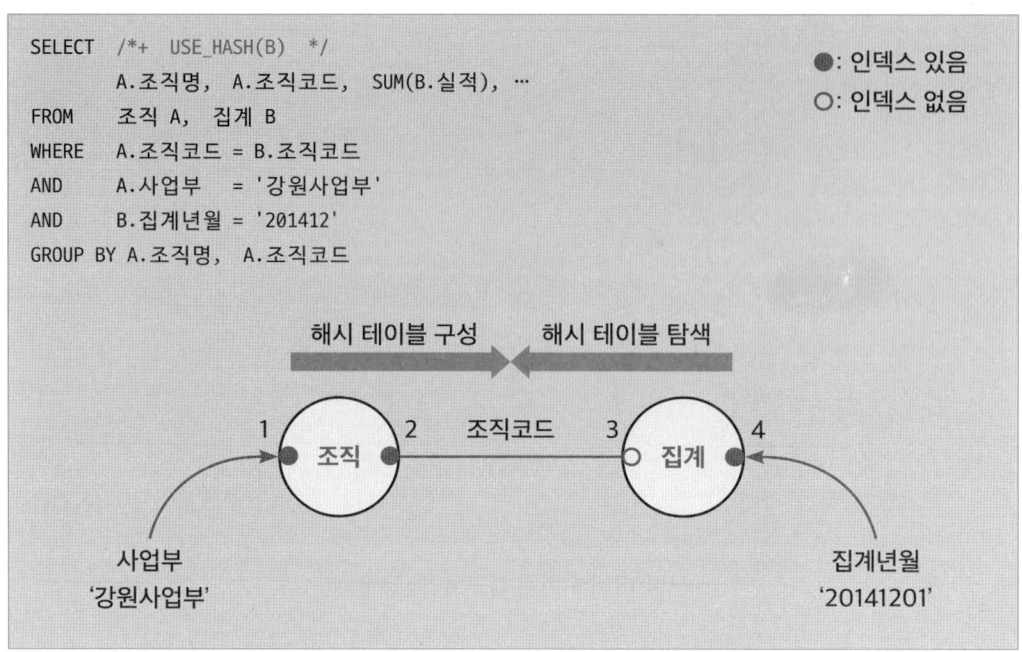

그림 15-7 해시 함수를 이용한 접근방법: USE_HASH

드를 해시 함수로 변환 후 해시 테이블로 순차적으로 접근한다(해시 함수를 통해 해시 테이블을 탐색).

즉 해시 함수를 이용해 조직 테이블과 집계 테이블을 조인한다는 의미다. 조회 조건 컬럼인 1번·4번 컬럼의 인덱스는 사용되고 있으며, 조인 컬럼인 2번·3번 컬럼에는 인덱스가 존재하더라도 사용되지는 않는다.

Hash Join에서는 작은 테이블을 먼저 접근하는 것이 성능 면에서 더 좋다. 해시 테이블 구성 작업에 부하가 많이 발생하기 때문이다. 작은 테이블에 접근해 해시 함수를 사용해 해시 테이블을 생성하며, 이후 큰 테이블을 접근해 해시 함수를 사용해 순차적으로 해시 테이블로 접근한다. 이러한 조인 방식은 대량 데이터를 처리하는 배치성 프로그램에 적합한 조인 방식이다.

[그림 15-8]은 복잡한 쿼리를 인덱스 생성도로 단순화한 것이다.

만약 [그림 15-8]에 대한 오라클 옵티마이저가 제시하는 실행계획과 개발자가 생각하는

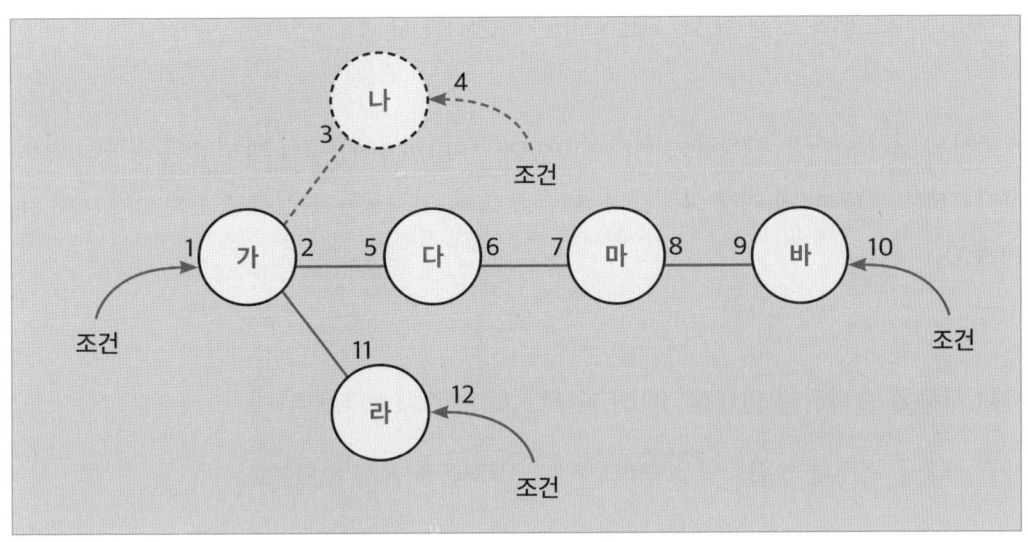

그림 15-8 복잡한 쿼리의 인덱스 생성도

실행계획이 다음 내용처럼 일치하지 않는다면, 우리는 어떤 힌트절을 주어야 할까?

- 오라클 옵티마이저 접근순서: 가 → 다 → 마 → 바 → 라 → 나

    접근방법: 전 구간 USE_NL

- 개발자가 생각하는 접근순서: 가 → 라 → 다 → 마 → 바 → 나

    접근방법: 가 ~ 라 구간은 USE_HASH, 나머지 구간은 USE_NL

일단 힌트절을 적용하기 전에 사용되는 인덱스 위치를 알아 보자. 오라클 옵티마이저가 제시하는 실행계획에서 사용하는 인덱스는 **가(1) → 다(5) → 마(7) → 바(9) → 라(11) → 나(3)**다. 진행 방향의 목적지 컬럼에 인덱스가 있음을 알 수 있다.

반면 개발자가 생각하는 실행계획에서 사용하는 **인덱스는 가(1) → 라(12) → 다(5) → 마(7) → 바(9) → 나(3)**이다. 이때 가~라 구간의 인덱스 위치는 목적지 컬럼이 아닌 조건절 컬럼에 있음을 유의하자. 힌트절은 다음과 같이 접근순서와 접근 방법에 대해 복합적으로 적용하면 된다.

```
/*+ LEADING(가 라 다 마 바 나) USE_HASH(라) USE_NL(다 마 바 나) */
```

지금까지 접근 순서를 결정하는 힌트절(ORDERED, LEADING)과 접근 방법을 결정하는 힌트절(USE_NL, USE_HASH)에 대해 살펴봤다. 다음으로 자원 사용을 결정하는 힌트절에 대해 알아 보자.

자원 사용을 결정하는 힌트절: INDEX, FULL, PARALLEL

자원 사용을 결정하는 힌트절은 INDEX, FULL, PARALLEL 등이 있다.

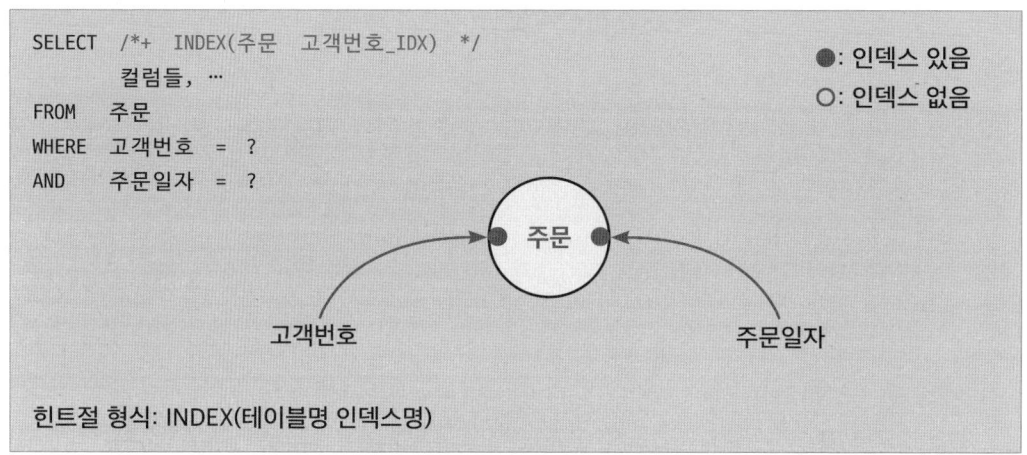

그림 15-9 자원 사용을 결정하는 힌트절: INDEX

[그림 15-9]처럼 두 개의 조건절에 모두 인덱스가 존재할 때 옵티마이저는 통계정보에 근거해 최소한의 비용이 소요되는 인덱스를 선택할 것이다. 하지만 통계정보가 실제 정보를 반영하지 못해 옵티마이저가 잘못된 선택을 한다든지 혹은 우리가 원하는 인덱스가 아닐 때는 힌트절을 통해 명시적으로 인덱스를 지정할 수 있다. 추가적으로 다음과 같은 인덱스 관련 힌트절도 있다.

```
INDEX_SS      --- 결합인덱스의 선행컬럼 조건이 입력되지 않을 때 사용한다(INDEX SKIP SCAN).
INDEX_FFS     --- 인덱스만을 빠르게 전체 스캔한다(INDEX FAST FULL SCAN).
INDEX_DESC    --- 인덱스를 통해 데이터를 역순으로 스캔한다.
```

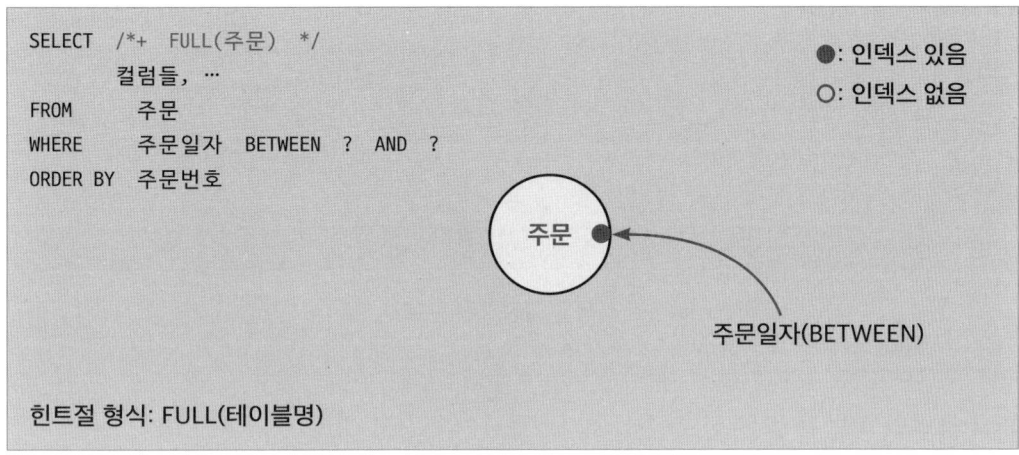

그림 15-10 자원 사용을 결정하는 힌트절: FULL

[그림 15-10]을 보면 주문일자 조건절로 구간 조회를 하고 있다. 주문 테이블의 전체 건수에 비해 구간 조회 건수가 매우 적다면 인덱스를 통해 접근하는 것이 빠를 것이다. 하지만 구간 조회 범위가 넓다면 랜덤 액세스 부하가 클 것이다. 이때는 인덱스를 통한 랜덤 액세스보다 테이블을 직접 풀스캔하는 것이 더 빠를 수도 있다.

이와 같은 경우는 대개 배치성 쿼리에서 많이 볼 수 있다. 그렇다면 그 기준은 어떻게 정하는 것이 좋을까? 상황에 따라 가변적이지만, 필자는 1% 범위를 기준으로 한다. 즉 조회 건수가 테이블 전체 건수의 1% 미만일 때 인덱스를 사용하게 하고, 1% 이상일 때 풀스캔 힌트절 사용을 고려한다.

PARALLEL 힌트절은 FULL 힌트절과 같이 사용된다. 병렬 처리를 위한 힌트절이므로 처리 성능은 매우 좋으나, 자원을 독점적으로 사용하므로 멀티 유저 환경에서는 주의해야 한다. 만약 수치값을 1로 주면, FULL 힌트절만 작동할 것이다. 또한 수치값을 주지 않는다면 사용 가능한 자원 모두를 사용하므로 주의해야 한다. 필자는 대개 4 정도의 값을 준다.

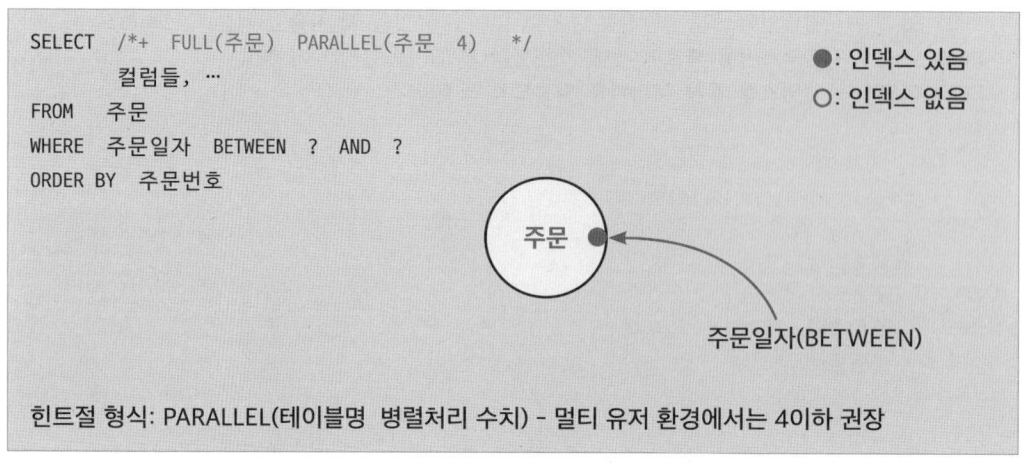

그림 15-11 자원 사용을 결정하는 힌트절: PARALLEL

배치 튜닝의 마법사 같은 힌트절 삼총사: USE_HASH, FULL, PARALLEL

지금까지 가장 많이 사용하는 7가지 힌트절에 대해 알아 보았다. 이중에서 USE_HASH, FULL, PARALLEL 3가지 힌트절은 배치성 쿼리에서 가장 많이 사용된다. 한마디로 대용량 데이터 처리와 조회에 빈번하게 사용하는 힌트절이다. 앞의 3가지 힌트절만 잘 조합해 사용한다면 배치 튜닝에서 전혀 어려움이 없다.

힌트절을 사용함에 있어서 처음부터 3가지를 조합해 사용하기보다는 다음의 3단계로 나누어서 사용 여부를 검토해야 한다.

1. USE_HASH 힌트절만 사용해서 조회 가능한지 검토: 적당히 무거운 쿼리에 사용
2. 조회 범위가 크다면 FULL 힌트절 추가 사용을 검토: 대개 이 단계에서 튜닝 완료
3. 대용량 데이터의 빠른 처리가 요구 될 때 PARALLEL 힌트절 사용: 제한적 사용

특히 PARALLEL 힌트절은 병렬 처리를 위한 힌트절이며 자원을 독점적으로 사용하므로, 사용 여부를 신중하게 결정해야 한다. 대부분의 DBA가 가장 많이 사용하는 힌트절이기도 하다. 일반 개발자들은 사용을 주저할 수도 있으나, 필자는 통제 가능한 범위 내에서 사용을 권장하는 편이다. 모든 배치성 쿼리에 사용할 것이 아니라, 꼭 필요한 복잡한 쿼리를 선별해 제한적으로 사용해야 한다.

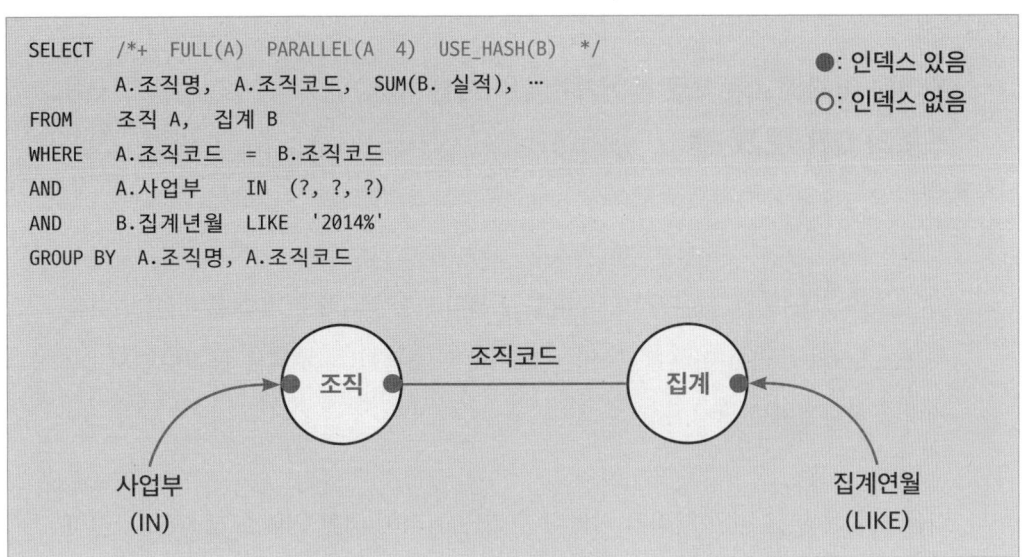

그림 15-12 배치에서 주로 사용하는 힌트절: FULL, PARALLEL, USE_HASH

이번 스토리에서는 수많은 힌트절 중에서 7가지 힌트절에 대해서만 설명했다. 이것만으로도 충분하다는 것을 필자는 자신한다. 힌트절을 사용해야 하는 경우의 99% 이상을 커버함을 경험했다.

원리를 이해하고 논리로 풀어가는 쉬어가는
스토리 DB 문제 ⑮

각 스토리의 끝에 간단하면서도 재미있고 생각해 보는 DB 문제를 출제한다. 모든 문제는 DB의 원리를 이해할 수 있는 기준으로 출제한다. 문제를 풀어보면서 DB 원리를 하나씩 배우고 이해할 수 있다.

다음 그림은 부분 범위 처리가 가능한 온라인 쿼리에 대한 인덱스 생성도다. 만약 고객 테이블을 가장 먼저 접근하게 된다고 할 때 다음에 대해 답을 하시오.

1) 꼭 필요한 인덱스 생성 위치(번호)는?
2) 이때 테이블 접근 순서를 결정하는 힌트절을 주어야 한다면?

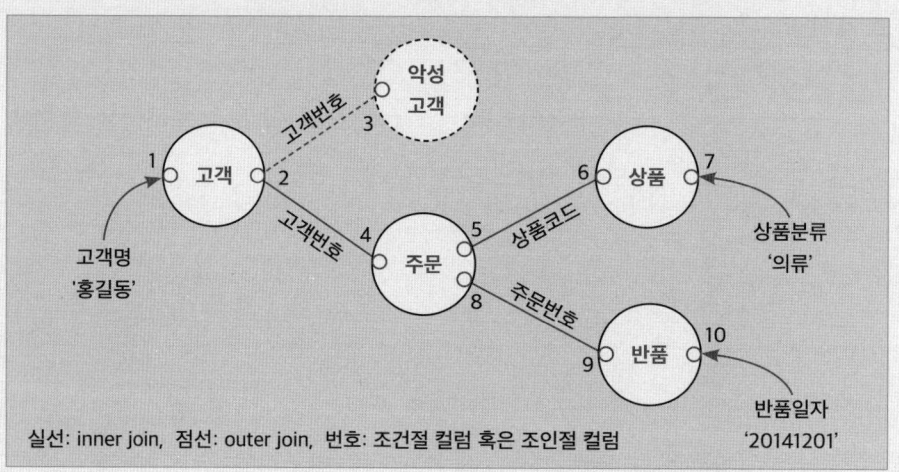

실선: inner join, 점선: outer join, 번호: 조건절 컬럼 혹은 조인절 컬럼

※ 정답과 풀이는 '스토리 DB 문제 풀이와 정답'에 있다.

KEY WORD   NULL

개발자들의 영원한 숙제
NULL 이야기

고참 개발자가 됐을 때까지도 알 수 없는 값인 NULL로 고생한다면 민망하고 아픈 결과가 기다릴 뿐이다. 개발자로서 일하면서 자주 만날 수밖에 없는 NULL과의 전투에서 승리하려면, 다양한 측면에서 NULL의 특별한 규칙을 이해할 필요가 있다. 이해의 대상이 아닌 지켜야 할 대상에 가까운 오라클 NULL 노하우를 공유하자.

이순신 장군은 만인으로부터 존경받는 위대한 인물이다. 옥포해전부터 노량해전까지 20여 회의 전투를 모두 승리로 이끌었다. 단 한번의 패전도 없는 불패의 신화를 썼다. 특히 학익진을 선보인 한산대첩에서의 대승 이후 일본 수군은 이순신 장군이 이끄는 조선 수군과 싸우려 하지 않고 피했다. 손자병법에 '싸우지 않고 이기는 것이 최고'라는 말이 있듯이 싸우지 않고 이기는 전쟁까지 했다.

이길 수 있을 때 공격하라

이순신 장군은 무관이었음에도 지독한 독서광이었다고 한다. 병법전서를 통달하고 그것을 지혜로 승화해 모든 해전을 승리로 이끌었다. 혹자는 '이순신 장군이 이길 만한 전쟁만 했다'고도 한데 맞는 말이다. 그럼에도 전투에서 항상 이기기란 결코 쉬운 일이 아니다. 전투에서 언제나 이기려면 어떻게 해야 할까?

이순신 장군은 철저히 준비하고, 대비하고, 기다리다가 승리가 확실히 보일 때 전투를 했다. 조선 수군의 희생을 최소화하면서 왜군과의 수많은 전투를 승리로 이끌었다. 아군이 위험한 상황에서는 무모하게 전투를 벌이지 않았고, 승리할 수 있는 상황에서만 전투해 승리로 이끌었다. 수십 차례 전투에서도 아군 사상자 수가 세계 전사에 유례가 없을 정도로 적었다고 한다.

이 모든 성과는 운이나 용맹만으로 얻어지는 것은 아니다. 항상 이기는 전투를 하려면 철저한 준비가 필요하다. 정탐선을 파견하는 등 첩보를 지속적으로 수집하는 것부터 날짜와 시간에 따라 달라지는 조류와 바람의 방향, 육지와 섬 사이의 해로에 대한 이해까지 철저히 준비해 항상 이기는 전투를 이끌어냈다.

쉬우면서 어려운 존재, NULL

개발자에게 NULL(알 수 없는 값)은 쉬우면서도 어려운 존재다. 경험이 많은 개발자라도 NULL의 예상치 못한 결과에 당황하는 경우가 간혹 있다. NULL은 성능에도 영향을 미치며 잘못된 결과값을 리턴하기도 한다.

오라클에서 NULL은 길이가 0인 문자열과 동일한 의미를 갖거나 알 수 없는 미지의 값을 의미하기도 한다. 이러한 NULL은 프로젝트에서 의도하든 않든 간에 많은 문제를 야기하기도 한다. 특히 신입 개발자들은 NULL에 대해 두려움이 더 클 것이다.

NULL 문제를 극복하는 쉬운 방법은 없다. NULL과 싸워 이기든지 회피하든지 둘 중 하나다. 어차피 정면 돌파해야겠다고 마음먹었다면, 하루라도 빨리 돌파하자. 부딪치고 실수하고 상처받고 그렇게라도 해 습득하자.

고참 개발자가 됐을 때까지도 NULL로 고생한다면 더 민망하고 아픈 결과가 기다릴 뿐이다. 이번 스토리에서는 다양한 경우에 있어서의 NULL에 대한 특별한 규칙을 이해할 수 있도록 소개한다. 개발자로서 일하는 여러분들은 항상 이기는 전투를 할 수 있다. 앞으로 NULL과의 전투에서 항상 승리하기를 기원하면서 이야기를 풀어나간다.

사칙연산에서의 NULL

수식에서의 NULL 계산 결과는 개발자들을 헷갈리게 하는 대표적인 경우다. 많은 개발자는 NULL에 3을 더하면 3이 될 거라고 예상한다. 하지만 결과값은 NULL이다. 알 수 없는 값에 3을 더하면 알 수 없는 값일 뿐이다.

코드 16-1 사칙연산에서의 NULL

```
SQL> SELECT NULL + 3 FROM DUAL          결과: NULL
SQL> SELECT NULL - 3 FROM DUAL          결과: NULL
SQL> SELECT NULL * 3 FROM DUAL          결과: NULL
SQL> SELECT NULL / 3 FROM DUAL          결과: NULL
```

[코드 16-1]에서와 같이 사칙연산에서 NULL 계산 결과는 항상 NULL이다. 알 수 없는 값 NULL에 어떤 값을 더하거나 빼거나 곱하거나 나누거나 사칙연산의 계산 결과는 무조건 NULL이 됨을 이해하자.

비교연산에서의 NULL

비교연산자(=, >, >=, <, <=, <>, !=) 사용 시 NULL은 어떤 비교 결과값을 리턴할까?

```
----------------------------------------
  번호    기준금액    목표금액
----------------------------------------
   1       100        200
   2       100        NULL
   3       NULL       200
   4       NULL       NULL
----------------------------------------
```

알 수 없는 값인 NULL은 어떤 비교를 하든 그 결과값은 NULL(알 수 없는 값)이다. 다음 [코드 16-2] 결과를 보면서 비교연산에서의 NULL의 의미를 확인해 보자.

코드 16-2 비교연산에서의 NULL

```
SQL> SELECT 번호 FROM 실적 WHERE 기준금액 =  목표금액     결과: 없음
SQL> SELECT 번호 FROM 실적 WHERE 기준금액 >  목표금액     결과: 없음
SQL> SELECT 번호 FROM 실적 WHERE 기준금액 <  목표금액     결과: 1
SQL> SELECT 번호 FROM 실적 WHERE 기준금액 <> 목표금액     결과: 1
```

앞 쿼리 결과를 보면 NULL과의 비교는 무의미함을 알 수 있다. 심지어 NULL과 NULL의 비교에서도 그 결과는 같다 / 다르다가 아니라 알 수 없는 값임을 이해해야 한다.

집계함수에서의 NULL

집계함수 SUM, AVG, MAX, MIN에서 NULL은 집계 결과에 어떤 영향을 미칠까?

```
------------------------
  번호      주문금액
------------------------
   1          200
   2          400
   3          NULL       -- 집계함수에서 NULL 값이 있는 레코드는 제외하고 계산한다.
------------------------
```

앞 주문금액 컬럼에 NULL 값이 일부 존재한다. 이때 SUM(주문금액) 값은 어떻게 나올까? 아마 대부분의 개발자들은 SUM(주문금액) = 2 + 4 + NULL과 동일하게 인식한다. 따라서 결과값이 NULL이라고 생각할 것이다. 그러나 실제 결과값은 6이다. NULL인 레코드는 제외하고 집계 결과를 구했기 때문이다. 집계함수에 따라 쿼리 결과가 어떻게 나오는지 살펴보자.

코드 16-3 집계함수에서의 NULL

```
SQL> SELECT SUM(주문금액) FROM 주문    ............................  결과: 600
SQL> SELECT AVG(주문금액) FROM 주문    ............................  결과: 300
SQL> SELECT MAX(주문금액) FROM 주문    ............................  결과: 400
SQL> SELECT MIN(주문금액) FROM 주문    ............................  결과: 200
```

솔직히 오랜 개발 경험이 있는 필자도 이런 상황을 이해하기 쉽지 않다. 알 수 없는 값들을 SUM 하는데 어떻게 6이 나오는지, 알 수 없는 값과 비교하는데 어떻게 가장 큰 값을 알 수 있으며 가장 작은 값을 알 수 있는지, 알 수 없는 값들의 평균값을 어떻게 구할 수 있는지 도무지 이해가 되지 않는다.

아마 많은 개발자들이 대학에서 이공계열 공부를 했을 것이다. 이런 상황이 선뜻 이해되지 않을 것이다. NULL 규칙을 논리적으로 접근하면 이해하기 어려운 부분이 있다. 따라서 NULL 문제에 있어서는 논리적 측면으로 바라보지 말고 데이터베이스 고유의 규칙으로 바라 봐야 할 것 같다.

사실 수많은 레코드 중에서 극히 일부 레코드 값이 NULL이라고 해서 오라클에서 집계 처리 결과를 무조건 NULL로 리턴한다면, 개발자 입장에서는 사용자의 요구사항을 무시한 무책임한 처사라고 생각할 것이다. 아마 오라클도 이런 사정을 감안했을 것이다. 결국 값이 NULL인 일부의 레코드를 제외하고 집계하는 것으로 나름 규칙을 잡았을 것이다. 규칙은 이해의 대상이라기보다 지켜야 할 대상이다. NULL 값은 특별한 규칙을 따르고 있다는 것을 명심하자.

문자열 결합에서의 NULL

표준 SQL에서는 NULL과 문자열의 결합은 NULL이다. 알 수 없는 값인 NULL은 어떤 문자열과 결합하든지 NULL 값을 리턴한다. 이런 결과를 대부분의 개발자들은 당연하다고 생각할 것이다. 하지만 오라클의 문자열 결합에서 NULL은 특별한 규칙을 따른다. 길이가 0인 문자열과 동일하게 인식한다.

코드 16-4 문자열 결합에서의 NULL

```
SQL> SELECT NULL || 'ABC'      FROM DUAL  ................  결과: 'ABC'
SQL> SELECT NULL || 3          FROM DUAL  ................  결과: 3
SQL> SELECT NULL || 'ABC' || 3 FROM DUAL  ................  결과: 'ABC3'
```

앞의 문자열 결합에서 NULL 값은 알 수 없는 값이 아니라 길이가 0인 문자열로 인식함을 알 수 있다. 이와 같이 NULL은 DB 종류에 따라서 서로 다른 규칙을 갖고 있다. 또한 동일한 DB에서도 상황에 따라 특별한 규칙을 따르는 것을 알 수 있다. 결국 이것은 개발자에게 짐이 될 것이다.

논리연산에서의 NULL

논리연산자는 AND(논리곱), OR(논리합), NOT(부정)이 있다. AND는 모든 조건을 만족해야만 참이고, 어느 한 조건만 거짓이어도 거짓이다. 반면에 OR는 모든 조건을 만족하지 않아야만 거짓이고, 어느 한 조건만 참이어도 참이다.

그림 16-5 논리 연산에서의 NULL

```
NULL AND TRUE    ..................................    결과: NULL
NULL AND FALSE   ..................................    결과: FALSE(둘 중에서 하나만 거짓이면 거짓)
NULL OR TRUE     ..................................    결과: TRUE(둘 중에서 하나만 참이면 참)
NULL OR FALSE    ..................................    결과: NULL
NOT(NULL)        ..................................    결과: NULL
```

지금까지의 NULL 규칙을 정리하면 다음과 같다.

1. 사칙연산에서의 NULL 계산 결과는 **의미가 없다**. 결과값은 NULL이다.
2. 비교연산에서의 NULL 비교 결과는 **의미가 없다**. 결과값은 NULL이다.
3. 집계함수에서의 NULL 집계 결과는 **의미가 있다**. 결과값은 NULL이 아니다.
4. 문자열 결합에서의 NULL 결합 결과는 **의미가 있다**. 결과값은 NULL이 아니다.
5. 논리연산에서의 NULL 논리 결과는 **의미가 있다/없다**. 결과값은 NULL 이다/아니다.

인덱스에서 NULL

인덱스가 있는 컬럼이라도 조건절에서 `IS NULL` 혹은 `IS NOT NULL` 구문 사용 시 인덱스를 사용하지 못한다. 해당 테이블을 풀스캔하게 된다. 그 이유는 인덱스는 기본적으로 NULL 정보를 보관하지 않기 때문이다.

여기 사이즈가 큰 주문 테이블이 있다. 최초에 주문 데이터가 INSERT될 때 배송일자 컬럼은 NULL 값을 가진다. 이후 배송이 완료되면 배송일자 컬럼에 CHAR(8) 값을 업데이트한다. 대부분의 데이터는 배송이 완료됐으며, 배송일자 값이 있다. 최근에 주문이 들어온 일부 데이터는 배송 전이므로 배송일자 컬럼의 값이 NULL이다. 배송일자 컬럼에 인덱스가 존재하며, 다음과 같은 SQL 구문을 사용해 배송 못한 일부 데이터를 조회하고자 한다.

```
SELECT * FROM 주문 WHERE 배송일자 IS NULL
```

앞서 언급한 바와 같이 IS NULL 구문은 인덱스를 사용하지 못한다. 다른 해결책을 구해야 한다. 어떤 방법이 있을까?

첫 번째는 NULL 회피 전략이다. 배송일자에 NULL 값을 사용하지 않고 의미 있는 다른 특별한 값을 사용하는 것이다. 예를 들어 '99991231'이라는 우리가 접해 볼 가능성이 전혀 없는 미래의 날짜를 사용하는 것이다. 실행계획을 확인하면 인덱스가 사용됨을 알 수 있을 것이다. 혹시 배송일자 컬럼에 공백 사용을 검토하는 개발자도 있을 것이다. 하지만 필자는 권고하지는 않는다. 왜냐하면 날짜 함수인 TO_DATE를 사용할 경우 오라클 에러(ORA-01841)가 발생하기 때문이다.

두 번째는 함수 기반 인덱스(Function Based Index)를 이용하는 것이다. 컬럼에 함수까지 포함시켜서 인덱스를 생성하면 된다. 인덱스는 NULL 값을 보관하지 않지만, 함수 기반 인덱스는 함수를 이용해 변환된 값을 보관하기 때문에 가능하다. 이 경우 배송일자 컬럼에 NULL 값이 있어도 되므로 유용하다. 다음 SQL 문에서 색상 처리한 부분을 함수기반 인덱스로 생성해 사용하면 된다.

```
SELECT * FROM 주문 WHERE NVL2(배송일자, 배송일자, '99991231') = '99991231'
```

지금까지 IS NULL 구문의 경우에 대해서 두 가지의 해결책을 보았다. 만약 다음과 같은 IS NOT NULL 구문의 경우에는 어떤 해결책이 있을까?

```
SELECT * FROM 주문 WHERE 배송일자 IS NOT NULL
```

주문 테이블의 전체 데이터 건수에서 배송일자 값이 IS NOT NULL인 경우가 대부분이라면, 어떠한 방법도 없음을 알 것이다. 이 경우 인덱스가 존재하더라도 무의미하며 테이블 풀스캔이 더 효율적이다. 만약 전체 데이터 건수에서 배송일자 값이 IS NOT NULL인 경우가 적다면, 다음과 같이 BETWEEN 구문을 이용해 NULL 사용을 대체할 수 있다.

```
SELECT * FROM 주문 WHERE 배송일자 BETWEEN '00010101' AND '99991231'
```

이때는 인덱스를 사용할 수 있게 된다. 조회 구간 범위가 적어서 테이블 풀스캔보다 인덱스를 통한 접근이 더 효율적이다.

검색에서의 NULL

SQL 문 작성 시 검색 조건에서 NULL과 관련해 조회하는 경우가 많다. [코드 16-6]은 우리가 흔히 접하는 조건절이다. 어떤 검색 조건이 올바른지 혹은 어떤 검색 조건이 틀린지 살펴 보자.

코드 16-6 검색에서의 NULL

```
WHERE 컬럼 IS NULL             ············ 결과: 올바른 NULL 검색 조건
WHERE 컬럼 IS NOT NULL         ············ 결과: 올바른 NULL 검색 조건
WHERE 컬럼 = NULL              ············ 결과: 틀린 NULL 검색 조건
WHERE 컬럼 <> NULL             ············ 결과: 틀린 NULL 검색 조건
WHERE 컬럼 = 'NULL'            ············ 결과: 문자열 'NULL' 검색 조건
WHERE 컬럼 LIKE '%NULL%'       ············ 결과: 문자열 'NULL' 검색 조건
WHERE 컬럼 IN (NULL)           ············ 결과: 틀린 NULL 검색 조건
WHERE 컬럼 IN ('NULL')         ············ 결과: 문자열 'NULL' 검색 조건
```

조건절에 IS NULL 혹은 IS NOT NULL 이외의 조건절은 잘못된 조건절이다. 이 예시에서 유의할 점은 문자열 'NULL' 검색 조건이다. 이 조건은 NULL 값을 조회하는 것이 아니라 문자열('NULL') 값을 조회하는 것임에 유의하자.

함수에서의 NULL

NVL, NVL2는 오라클에서 대표적인 NULL 관련 함수다. 해당 컬럼의 값이 NULL이면 특정 값으로 치환해야 하는 경우 사용한다. [코드 16-7]은 NVL, NVL2 함수의 사용 용법이다.

코드 16-7 NVL 함수와 NVL2 함수의 비교

```
NVL(컬럼, NULL이면 치환할 값)
NVL2(컬럼, NULL이 아니면 치환할 값, NULL이면 치환할 값)
```

가장 빈번히 사용되는 NVL 함수는 집계함수와 같이 사용 시 주의해야 할 점이 있다. 예를 들어 알아 보자.

```
-------------------------
  번호     주문금액
-------------------------
   1       200
   2       400
   3       NULL          -- 집계함수에서 NULL 값이 있는 레코드는 제외하고 계산한다.
-------------------------
```

위의 주문금액 컬럼에 NULL 값이 일부 존재한다. 집계함수 사용시 NULL인 레코드는 제외하고 집계 결과를 구한다. 이때 NVL 함수와 SUM 함수를 동시에 사용한 다음 SQL 문을 살펴보자.

코드 16-8 함수에서의 NULL: SUM

```
SQL> SELECT SUM(주문금액)         FROM 주문  ·············· 결과: 600
SQL> SELECT SUM(NVL(주문금액, 0)) FROM 주문  ·············· 결과: 600
SQL> SELECT NVL(SUM(주문금액), 0) FROM 주문  ·············· 결과: 600
```

첫 번째 SQL 문은 올바르게 사용했으나 만약 집계할 레코드가 없는 경우 NULL 값을 리턴한다. 두 번째 SQL 문은 잘못된 사용법이다. 집계함수에서는 NULL 값이 있는 레코드는 제외하고 계산하기 때문에 NVL 사용의 의미가 없다. 오히려 레코드 수만큼 NVL 함수를 호출함에 따라 부하가 발생한다. 세 번째 SQL 문은 올바른 사용법이다. 만약 집계할 레코드가 없다면 0 값을 리턴한다. 이때 NVL 함수는 최종 집계 결과에 대해서 한 번만 호출됐다. 당연히 세 번째 방법을 사용해야 한다.

다음으로 NVL 함수와 AVG 함수를 같이 사용한 [코드 16-9] SQL 문에 대해서도 살펴보자.

코드 16-9 함수에서의 NULL: AVG

```
SQL> SELECT AVG(주문금액)         FROM 주문  ·············· 결과: 300
SQL> SELECT AVG(NVL(주문금액, 0)) FROM 주문  ·············· 결과: 200
SQL> SELECT NVL(AVG(주문금액), 0) FROM 주문  ·············· 결과: 300
```

첫 번째 SQL 문은 올바르게 사용했으나 만약 집계할 레코드가 없을 경우 NULL 값을 리턴한다. 두 번째 SQL 문은 잘못된 사용법이다. NULL 값이 있는 레코드가 0으로 치환돼 분자의 값은 변함이 없으나 분모의 값을 크게 만들어서 평균값이 낮아지는 결과를 초래했다. 만약 이것이 업무 요건에 맞다고 판단한다면 사용해도 무방하다. 세 번째 SQL 문은 올바른 사용법이다. 만약 집계할 레코드가 없더라도 0 값을 리턴한다. 우리는 세 번째 방법으로 해야 한다.

조인에서의 NULL

OUTER JOIN에서 연결되지 않는 레코드의 컬럼 값은 NULL이다.

코드 16-10 조인에서의 NULL

```
① SQL> SELECT * FROM 주문 A, 고객 B WHERE A.고객번호 = B.고객번호(+)
② SQL> SELECT * FROM 주문 A LEFT OUTER JOIN 고객 B ON A.고객번호 = B.고객번호
```

①번 SQL은 오라클의 OUTER JOIN 형식이고, ②번 SQL은 표준 SQL의 OUTER JOIN 형식이다. 어떤 형식을 사용하든지 연결되지 않는 레코드의 컬럼 값은 NULL이다. [코드 16-10]은 주문 내역을 조회하는 쿼리다. 조인을 통해 고객 정보를 조회하는데, 고객정보로 관리되는 내부 고객일 수도 있고, 고객 정보로 관리되지 않는 임시 고객일 수도 있다. 일부 소규모 쇼핑몰에서는 고객의 회원 가입 없이 주문이 가능한 경우도 있으므로 이러한 SQL 문이 사용된다. 이 경우 연결되지 않는 고객 레코드의 컬럼값은 NULL이 된다.

개발자를 힘들게 하는 NULL

지금까지 NULL과 관련해 상황별로 특별한 규칙들에 대해 살펴 보았다. 아마 많은 개발자가 NULL의 일관적이지 않는 서로 다른 규칙들을 보면서 놀라워하거나 오히려 더 혼란스러워할 수도 있지 않을까? 이처럼 NULL의 특별한 규칙을 잘 이해하고 따른다는 것은 결코 쉬운 일이 아니다.

NULL 규칙들이 다른 데이터베이스에서도 동일하게 적용되는 것은 아니다. 지금까지의 내용은 오라클에서의 NULL 규칙을 설명한 것에 불과하다. 다양한 상황에 따라 NULL 규칙이 일관적이지 않는 부분도 개발자를 힘들게 하지만, 각각의 데이터베이스(오라클, SQL Server, 사이베이스 등) 종류별로 NULL에 대해 상이한 규칙을 갖는 것도 개발자를 힘들게 한다. 결국 이 모든 것이 개발자에게 짐이 되며, 잘못된 NULL 사용으로 인해 치명적인 결과를 초래할 수도 있다. NULL 오류를 온전히 개발자만의 몫으로 남기는 것은 부당하다.

NULL 회피 전략

개발자들이 NULL에 대해 완벽하게 이해하고 사용하는 것이 최선의 방법임에는 틀림 없다. 하지만 NULL을 반드시 사용해야 하는 것은 아니다. 최선의 방법이 곤란하면 차선의 방법을 선택하면 된다. NULL에 대해 충분히 이해하고 사용함에 전혀 부족함이 없다면 NULL을 사용하면 될 것이다. 만약 그렇지 않다면 NULL을 회피할 수도 있다. 테이블 생성 시 NOT NULL 컬럼으로 규정하거나 NULL 대신에 특별한 의미 있는 값을 사용하면 된다. NULL 사용은 정책의 문제이지 반드시 지켜야 하는 금과옥조는 아니다.

원리를 이해하고 논리로 풀어가는 쉬어가는
스토리 DB 문제 ⑯

각 스토리의 끝에 간단하면서도 재미있고 생각해 보는 DB 문제를 출제한다. 모든 문제는 DB의 원리를 이해할 수 있는 기준으로 출제한다. 문제를 풀어보면서 DB 원리를 하나씩 배우고 이해할 수 있다.

다음에 나열된 NULL 관련 케이스의 정답을 구하시오(각 1점으로 12점 이상은 우수).

1) 사칙연산 NULL + NULL 결과값은?
2) 사칙연산 10 / 0 결과값은?
3) 사칙연산 NULL / 0 결과값은?
4) 비교연산 NULL <> 3 결과값은?
5) 비교연산 NULL = NULL 결과값은?
6) 비교연산 NULL <> NULL 결과값은?
7) 집계함수 AVG(10, 20, NULL) 결과값은?
8) 집계함수 AVG(10, 20, NVL(NULL, 0)) 결과값은?
9) 집계함수 NVL(AVG(10, 20, NULL), 0) 결과값은?
10) 문자열 결합 3 || NULL * 2 * 2 결과값은?
11) 문자열 결합 3 + NULL || 'ABC' 결과값은?
12) 문자열 결합 'ABC' || NULL + 3 결과값은?
13) 논리연산 NULL OR NULL 결과값은?
14) 논리연산 NOT(NULL AND FALSE) 결과값은?
15) 논리연산 NOT(NULL OR TRUE) 결과값은?

※ 정답과 풀이는 '스토리 DB 문제 풀이와 정답'에 있다.

KEY WORD 튜닝, 힌트절

개발자를 위한 유용한 선물 GATHER_PLAN_STATISTICS 힌트절

스토리 17

여러 조인 방식과 별도로 자주 사용하는 힌트절도 매우 유용하다. DBMS에 종속되지 않고 스스로 주인이 되려면 실행계획을 예측할 수 있는 힘은 물론, 자주 사용하는 힌트절의 기능을 최대한 숙지하고 적용할 필요가 있다.

호미는 김을 매거나 골을 낼 때, 텃밭을 가꾸거나 씨앗을 심을 때, 감자나 고구마 등 작물을 수확할 때 사용하는 우리나라 고유의 농기구다. 서유구의 『임원경제지』에서도 동서(東鋤, 동쪽나라의 호미)라고 했을 만큼 호미는 우리나라에서만 볼 수 있는 독특한 도구라고 한다. 요즘은 미국 등 해외에서도 인기를 얻고 있다는 소식도 들린다.

호미, 무시할 수 없는 그 존재감

호미는 부등변 삼각형 모양의 날을 나무 자루에 박아 넣은 독특한 형태인데 경주 안압지에서 출토된 통일신라 유물에서도 확인할 수 있을 만큼 오래됐다. 호미의 종류에는 논호미와 밭호미가 있고, 밭호미는 논호미와 달리 형태가 매우 다양하다. 중부 이남 지방에서 주로 사용됐던 한쪽 날만 뾰쪽한 외

그림 17-1 호미 (출처: doopedia.co.kr)

귀호미, 중부 이북의 산간 지방에서 주로 사용됐던 양쪽 날이 뾰족한 양귀호미가 대표적이다.

호미는 지방에 따라 부르는 명칭도 다양했다. 호맹이, 호무, 홈미, 호마니, 허메, 허미, 희미 등으로 불리며 모양에 따라 막지기, 경지기, 곧지기, 귀호미, 날호미, 평호미, 동자호미 등으로 헤아릴 수 없을 만큼 많다. 호미는 우리나라 농경 역사와 떼려야 뗄 수 없는 산증인이자 역사다.

호미는 하루 300평의 밭을 맬 수 있을 정도로 효율 또한 높다. 옛날 우리 조상들은 호미 한 자루로 힘든 농사일을 척척 해냈다. 그래서 덩치 큰 여러 농기구보다도 더 많이 사용됐다. 우리들의 어머니와 할머니들은 호미 한 자루로 호미처럼 등이 굽도록 일했다. 호미는 바로 그들 삶의 일부이기도 하다. 요즘에는 힘든 농사일을 대부분 기계로 하지만 아직도 농가에서는 호미 3~4자루씩은 갖고 있지 않을까 싶다.

이번 회는 농사를 하지 않는 사람에게는 다소 낯선 호미 이야기로부터 시작했다. 많은 사람이 비록 농사와는 무관한 삶을 살고 있지만, 각자의 분야에서 자신의 몸과 마음을 다스릴 호미 한 자루는 모두 갖고 있어야 하지 않을까. 지금도 열심히 일하는 사람들의 모습이 그 옛날 우리 어머니들의 논밭에서 호미질 하던 모습을 떠오르게 한다.

GATHER_PLAN_STATISTICS, 무시할 수 없는 엄청난 존재감

오라클 10g부터 GATHER_PLAN_STATISTICS 힌트를 이용하면 SQL Trace를 수행하지 않고도 쿼리의 실행계획(Plan) 단계별로 Get Block을 알 수 있다. 쿼리 성능을 확인·비교할 수 있으므로 튜닝할 때 아주 빈번하게 사용하는 유용한 힌트절이다.

대부분의 DB 관련 책에서는 GATHER_PLAN_STATISTICS 힌트절에 대한 정의와 간략한 소개만 하고 있었다. 필자의 경험에 비춰볼 때, 일반 DB 교육 과정에서도 간략하게 소개하는 데 그치는 경우가 많았다. 이 힌트절은 개발자들도 반드시 알아야 하는 중요한 내용이므로 좀 더 자세하게 알아보고 실제로 어떻게 사용되고 해석되는지에 대해 설명하고자 한다.

실행할 쿼리에 다음과 같이 GATHER_PLAN_STATISTICS 힌트절을 추가해 사용한다.

```
SELECT /*+ GATHER_PLAN_STATISTICS */
       *
FROM 인사
WHERE 사용자명 = '이슬기';
```

앞의 대상 쿼리를 실행한 후에 다음 분석 쿼리를 곧바로 수행해야 한다.

```
SELECT * FROM TABLE(dbms_xplan.display_cursor(null,null,'ALLSTATS LAST'));
```

왜냐하면 GATHER_PLAN_STATISTICS 힌트절을 추가해 실행한, 가장 최근의 쿼리에 대한 수행 정보를 보여주는 분석 쿼리이기 때문이다. 만약 'User has no SELECT privilege on V$SESSION'과 같은 메시지가 나타난다면 접근 계정에 대한 V$SESSION 권한이 없으므로 DBA에게 요청해 권한을 부여 받아야 한다.

이제 실제 쿼리를 실행하고 분석 쿼리를 수행한 내용을 자세히 살펴보자.

먼저 헤더의 각 부분에 대한 설명부터 필요할 듯 하다.

Id, Operation, Name

이 부분은 우리가 흔히 봐 왔던 실행계획 정보다. 자원에 대한 접근 순서와 접근 방법을 나타낸다. 참고로 접근 순서를 변경할 수 있는 힌트절은 ORDERED, LEADING이 있다. 또한 접근 방법을 변경할 수 있는 힌트절은 USE_NL, USE_HASH, USE_MERGE가 있다.

Starts

오퍼레이션을 수행한 횟수를 의미한다. Starts * E-Rows의 값이 A-Rows 값과 비슷하다면, 통계정보의 예측 로우 수와 실제 실행 결과에 따른 실제 로우 수가 유사함을 알 수 있다. 만약 값에 큰 차이가 있다면 통계정보가 실제의 정보를 제대로 반영하지 못했다고 생각할 수 있다. 이로 인해 오라클의 옵티마이저가 잘못된 실행계획을 수립할 수도 있음을 염두에 둬야 한다.

코드 17-1 GATHER_PLAN_STATISTICS 예시

```
SQL_ID  0g501yfv4gdzk, child number 0
-------------------------------------------
SELECT /*+ GATHER_PLAN_STATISTICS */
       *
FROM 인사
WHERE 사용자명 = '이슬기';

Plan hash value: 2882463268
---------------------------------------------------------------------------------------
| Id | Operation                    | Name   | Starts | E-Rows | A-Rows | A-Time      | Buffers | Reads |
---------------------------------------------------------------------------------------
|  0 | SELECT STATEMENT             |        |    1   |        |    3   | 00:00:00.01 |    7    |   3   |
|  1 | TABLE ACCESS BY INDEX ROWID  | 인사    |    1   |    2   |    3   | 00:00:00.01 |    7    |   3   |
| *2 | INDEX RANGE SCAN             | 인사_I2 |    1   |    2   |    3   | 00:00:00.01 |    4    |   2   |
---------------------------------------------------------------------------------------

Predicate Information (identified by operation id):
---------------------------------------------------
   2 - access("사용자명"='이슬기')
```

E-Rows(Estimated Rows)

통계정보에 근거한 예측 로우 수를 의미한다. 통계정보를 갱신할수록 값이 매번 다를 수 있으며, 대부분의 DB 운영에서는 통계정보를 수시로 갱신하지 않으므로 해당 값에 큰 의미를 둘 필요는 없다. 하지만 E-Rows 값과 A-Rows 값이 현격하게 차이가 난다면 오라클이 잘못된 실행계획(plan)을 세울 수도 있음을 인지해야 하며 통계정보 생성을 검토해 보아야 한다.

A-Rows(Actual Rows)

쿼리 실행 결과에 따른 실제 로우 수를 의미한다. 우리는 A-Rows에서 중요한 여러 정보를 추정할 수 있다. 이에 대한 부분은 이번 스토리에서 계속 설명이 이어진다.

A-Time(Actual Elapsed Time)

쿼리 실행 결과에 따른 실제 수행 시간을 의미한다. 하지만 실행 시점의 여러 상황이 늘 가변적이고 또한 메모리에 올라온 블록 수에 따라서 수행 시간이 달라지므로 해당 값에 큰 의미를 둘 필요는 없다.

Buffers(Logical Reads)

논리적인 Get Block 수를 의미한다. 해당 값은 오라클 옵티마이저가 일한 총량을 의미하므로, 튜닝을 진행할 때 필자가 가장 중요하게 생각하는 요소 중 하나다.

Reads(Physical Reads)

물리적인 Get Block 수를 의미한다. 동일한 쿼리를 여러 번 수행할 때 처음에는 값이 있으나, 처음이 아닌 경우에는 값이 0인 것을 보면 알 수 있듯이 메모리에서 읽어온 블록은 제외된다. 해당 값에 큰 의미를 둘 필요는 없다.

앞 헤더에서 튜닝 시 가장 중요하게 활용되는 부분은 Buffers와 A-Rows다. Buffers 값을 통해서 Get Block의 총량을 알 수 있고, A-Rows를 통해 실행계획 단계별로 실제 로우 수를 알 수 있기 때문이다. 이제 동일한 쿼리를 접근 순서를 달리해 실행한 후 분석 쿼리를 통해 성능상의 차이를 살펴보도록 하자. 실습 쿼리에 힌트절을 추가해 테이블 접근 순서를 다음과 같이 해 실행했다(인사 → 실적).

```
SELECT /*+ GATHER_PLAN_STATISTICS LEADING(A B) */
       *
FROM 인사 A, 실적 B
WHERE A.인사번호 = B.영업자번호
AND    A.사용자명 = '이슬기'
AND    B.영업일자 = '20150223';

SELECT * FROM TABLE(dbms_xplan.display_cursor(null,null,'ALLSTATS LAST'));
```

코드 17-2 접근 순서에 따른 GATHER_PLAN_STATISTICS 예시 1

```
SQL_ID  dv6v664cf7smh, child number 0
-------------------------------------------
--- 생략 ---
Plan hash value: 84353066                                  (중요한 헤더만 표시함)
--------------------------------------------------------------------------------
| Id | Operation                        | Name   | Starts | E-Rows | A-Rows | Buffers |
--------------------------------------------------------------------------------
|  0 | SELECT STATEMENT                 |        |   1    |        |   1    |   14    |
|  1 |  NESTED LOOPS                    |        |   1    |        |   1    |   14    |
|  2 |   NESTED LOOPS                   |        |   1    |   3    |   1    |   13    |
|  3 |    TABLE ACCESS BY INDEX ROWID   | 인사    |   1    |   2    |   3    |    7    |
|* 4 |     INDEX RANGE SCAN             | 인사_I2 |   1    |   2    |   3    |    4    |
|* 5 |    INDEX RANGE SCAN              | 실적_I2 |   3    |  250   |   1    |    6    |
|  6 |   TABLE ACCESS BY INDEX ROWID    | 실적    |   1    |   1    |   1    |    1    |
--------------------------------------------------------------------------------

Predicate Information (identified by operation id):
---------------------------------------------------
   4 - access("A"."사용자명"='이슬기')
   5 - access("B"."영업일자"='20091203' AND "A"."인사번호"="B"."영업자번호")
```

이번에는 힌트절을 달리해 테이블 접근 순서를 다음과 같이 변경했다(실적 → 인사).

```
SELECT /*+ GATHER_PLAN_STATISTICS LEADING(B A) */
       *
FROM 인사 A, 실적 B
WHERE A.인사번호 = B.영업자번호
AND   A.사용자명 = '이슬기'
AND   B.영업일자 = '20150223';

SELECT * FROM TABLE(dbms_xplan.display_cursor(null,null,'ALLSTATS LAST'));
```

코드 17-3 접근 순서에 따른 GATHER_PLAN_STATISTICS 예시 2

```
SQL_ID  7fd5qc1j7d917, child number 0
-------------------------------------------
--- 생략 ---

Plan hash value: 1696850643                              (중요한 헤더만 표시함)
------------------------------------------------------------------------------
| Id  | Operation                       | Name     | Starts | E-Rows | A-Rows | Buffers |
------------------------------------------------------------------------------
|   0 | SELECT STATEMENT                |          |      1 |        |      1 |    393 |
|   1 |  NESTED LOOPS                   |          |      1 |        |      1 |    393 |
|   2 |   NESTED LOOPS                  |          |      1 |      3 |    100 |    293 |
|   3 |    TABLE ACCESS BY INDEX ROWID  | 실적     |      1 |   2682 |    673 |     23 |
| * 4 |     INDEX RANGE SCAN            | 실적_I2  |      1 |   2682 |    673 |      6 |
| * 5 |    INDEX UNIQUE SCAN            | 인사_PK  |    673 |      1 |    100 |    270 |
| * 6 |   TABLE ACCESS BY INDEX ROWID   | 인사     |    100 |      1 |      1 |    100 |
------------------------------------------------------------------------------

Predicate Information (identified by operation id):
-------------------------------------------------
   4 - access("B"."영업일자"='20091203')
   5 - access("A"."인사번호"="B"."영업자번호")
   6 - filter("A"."사용자명"='이슬기')
```

우리는 동일한 쿼리에 대해서 서로 다른 힌트절을 추가해 접근 순서를 달리했다. 이를 실행한 결과 다음과 같은 Buffers 값을 얻었다.

```
인사 → 실적 :  14 Buffers
실적 → 인사 : 393 Buffers
```

같은 쿼리라도 어떤 순서대로 테이블을 접근하느냐에 따라서 일량이 28배 가량 차이가 났음을 알 수 있다. [그림 17-2]와 같이 인덱스 생성도를 이용하면 더욱 직관적으로 이해할 수 있다.

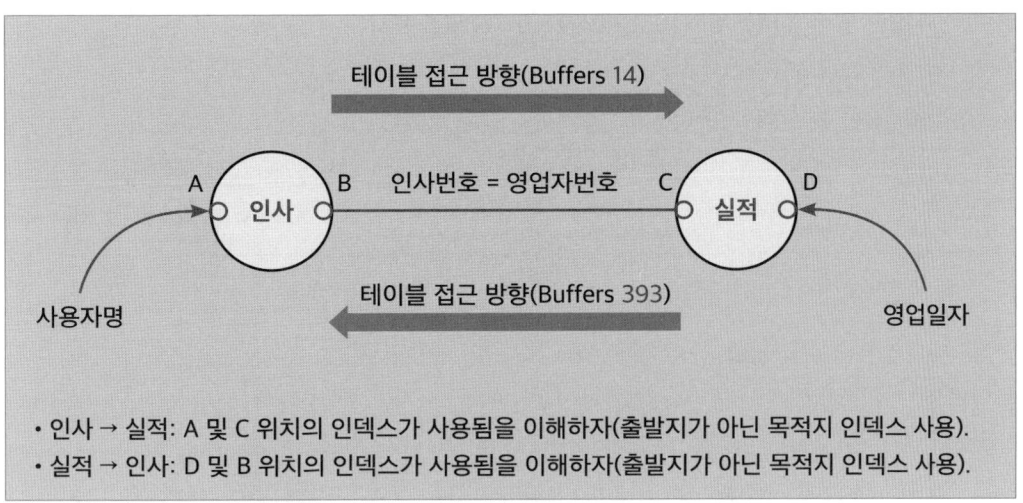

그림 17-2 테이블 접근 순서에 따라 달라지는 일량

이번에는 접근 순서가 아닌 접근 방법을 달리해 실행한 후 분석 쿼리로 성능상의 차이를 살펴보자. 다음과 같이 USE_HASH 힌트절을 추가했다.

```
SELECT /*+ GATHER_PLAN_STATISTICS LEADING(A B) USE_HASH(B) */
       *
FROM 인사 A, 실적 B
WHERE A.인사번호 = B.영업자번호
AND   A.사용자명 = '이슬기'
AND   B.영업일자 = '20150223';

SELECT * FROM TABLE(dbms_xplan.display_cursor(null,null,'ALLSTATS LAST'));
```

동일한 쿼리에 대해 서로 다른 힌트절을 추가해 접근 순서를 달리하거나 혹은 접근 방법을 달리해 실행한 결과, 다음과 같은 Buffers 값을 얻었다.

```
접근순서 : 인사 → 실적, 접근방법 : For문 형식의 순차적 접근 :  14 Buffers
접근순서 : 실적 → 인사, 접근방법 : For문 형식의 순차적 접근 : 393 Buffers
접근순서 : 인사 → 실적, 접근방법 : Hash 함수를 이용한 접근  :  29 Buffers
```

코드 17-4 접근 방법에 따른 GATHER_PLAN_STATISTICS 예시

```
SQL_ID  0m2d2j781fj9q, child number 0
-------------------------------------------
--- 생략 ---
Plan hash value: 2981542432                         (중요한 헤더만 표시함)
-----------------------------------------------------------------------------------
| Id  | Operation                     | Name   | Starts | E-Rows | A-Rows | Buffers |
-----------------------------------------------------------------------------------
|   0 | SELECT STATEMENT              |        |      1 |        |      1 |      29 |
|*  1 |  HASH JOIN                    |        |      1 |      3 |      1 |      29 |
|   2 |   TABLE ACCESS BY INDEX ROWID | 인사    |      1 |      2 |      3 |       6 |
|*  3 |    INDEX RANGE SCAN           | 인사_I2 |      1 |      2 |      3 |       3 |
|   4 |   TABLE ACCESS BY INDEX ROWID | 실적    |      1 |   2682 |    673 |      23 |
|*  5 |    INDEX RANGE SCAN           | 실적_I2 |      1 |   2682 |    673 |       6 |
-----------------------------------------------------------------------------------
Predicate Information (identified by operation id):
---------------------------------------------------
   1 - access("A"."인사번호"="B"."영업자번호")
   3 - access("A"."사용자명"='이슬기')
   5 - access("B"."영업일자"='20091203')
```

동일한 쿼리라도 어떤 순서대로 테이블을 접근하느냐 혹은 어떤 방법으로 접근하느냐에 따라 일량이 서로 다름을 알 수 있다. 결국 우리는 올바른 선택을 위해 결정해야 한다.

튜닝을 위한 최고의 힌트절

오라클에서 GATHER_PLAN_STATISTICS 힌트절을 제공하기 이전에는 개발자들이 튜닝을 하기가 무척 곤란했다. 단지 실행계획만을 보면서 자원에 대한 접근 순서와 접근 방법에 대한 정보만을 갖고 성능을 예측해야만 했기 때문이다.

오라클 10g부터 지원한 GATHER_PLAN_STATISTICS 힌트절 덕분에 우리는 예측정보 및 실제 정보를 바탕으로 성능 이슈에 대해 효과적으로 대응할 수 있게 됐다. SQL Trace를 수행하지 않고도 쿼리의 실행계획(Plan) 단계별로 Get Block을 알 수 있으므로 DBA에게 의존적인 부분으로부터 많이 벗어날 수 있게 됐다.

필자가 DBA로서 튜닝을 하면서 가장 빈번히 사용한 힌트절이다. 가장 유용한 힌트절임을 절실히 느꼈으므로 이번 스토리에 구체적으로 설명했다.

원리를 이해하고 논리로 풀어가는 쉬어가는
스토리 DB 문제 ⑰

각 스토리의 끝에 간단하면서도 재미있고 생각해 보는 DB 문제를 출제한다. 모든 문제는 DB의 원리를 이해할 수 있는 기준으로 출제한다. 문제를 풀어보면서 DB 원리를 하나씩 배우고 이해할 수 있다.

다음 내용은 실행 쿼리와 GATHER_PLAN_STATISTICS 힌트절을 이용한 분석 내용의 일부분이다. 성능 개선 방향에 대해서 설명하시오.

```
SELECT /*+ GATHER_PLAN_STATISTICS */
       *
FROM 테이블1 A
   , 테이블2 B
WHERE A.컬럼1 = B.컬럼2
AND   A.컬럼3 = '값3'
AND   A.컬럼4 = '값4';

SELECT * FROM TABLE(dbms_xplan.display_cursor(null,null,'ALLSTATS LAST'));
```

```
-----------------------------------------------------------------------------------
| Id  | Operation                     | Name       | Starts | E-Rows | A-Rows | Buffers |
-----------------------------------------------------------------------------------
|   0 | SELECT STATEMENT              |            |      1 |        |      1 |    803  |
|   1 |  NESTED LOOPS                 |            |      1 |        |      1 |    803  |
|   2 |   NESTED LOOPS                |            |      1 |      1 |      1 |    802  |
| * 3 |    TABLE ACCESS BY INDEX ROWID | 테이블1    |      1 |      1 |      3 |    799  |
| * 4 |     INDEX RANGE SCAN          | 테이블1_I1 |      1 |     43 |   1338 |     14  |
| * 5 |    INDEX UNIQUE SCAN          | 테이블2_PK |      3 |      1 |      1 |      3  |
|   6 |   TABLE ACCESS BY INDEX ROWID | 테이블2    |      1 |      1 |      1 |      1  |
-----------------------------------------------------------------------------------
```

Predicate Information (identified by operation id):
----

   3 - filter("A"."컬럼4"='값4')
   4 - access("A"."컬럼3"='값3')
   5 - access("A"."컬럼1"="B"."컬럼2")

※ 정답과 풀이는 '스토리 DB 문제 풀이와 정답'에 있다.

KEY WORD 튜닝

놓치기 아까운 오라클의 유용한 기능들

앞 스토리에 이어 오라클의 유용한 기능을 소개한다. 알고 나면 당연하면서도 매우 편리한 기능이 몰랐을 때는 늘 장벽으로 다가오거나 일을 더디게 할 수 있다. flashback 기능 등 유용한 기능을 소개한다.

일연은 『삼국유사』를 지은 것으로 우리에게 잘 알려진 고려 말기의 스님이다. 일연 스님은 중국 중심의 사관을 버리고 우리의 역사를 주체적으로 바라보았다. 『삼국유사』는 지배 계층의 시각으로 바라본 『삼국사기』에 비해 평민의 시각에서 주체적으로 바라본 우리의 역사서라고 할 수 있다. 일연 스님은 깊은 선리와 높은 법담으로 가는 곳마다 칭송을 받았다고 한다. 그중에서 필자의 마음에 와 닿는 말씀이 있다.

여섯 가지 도둑

세상에 제일 고약한 도둑은
바로 자기 몸 안에 있는 여섯 가지 도둑일세.

눈 도둑은 보이는 것마다 가지려고 성화를 하지.
귀 도둑은 그저 듣기 좋은 소리만 들으려 하네.
콧구멍 도둑은 좋은 냄새는 제가 맡으려 하지.

혓바닥 도둑은 온갖 거짓말에다 맛난 것만 먹으려 하지.

제일 큰 도둑은 훔치고, 못된 짓 골라 하는 몸뚱이 도둑.
마지막 도둑은 생각 도둑.
이놈은 싫다. 저놈은 없애야 한다.
혼자 화내고 떠들며 난리를 치지.

그대들 복 받기를 바라거든
우선 이 여섯 가지 도둑부터 잡으시게나.

― 일연 스님

불가에서 육근(눈, 귀, 코, 혀, 몸, 마음)은 세상을 왜곡시키고 마음을 어지럽히는 도둑이라 했다. 일연 스님은 이 여섯 가지 도둑을 모두 물리치고 선하게 살아야 복을 받는다고 했는데, 돌이켜 보면 필자 또한 마음속에 위의 여섯 가지 도둑 모두를 두둑이 갖고 있어 보인다. 매일 매일 반성하고 선한 마음으로 살려 하지만 여섯 가지 도둑은 제집 드나들듯 마음속을 헤집고 다닌다.
내 마음속에 도사리고 있는 도둑들을 잡아내고 말겠다고 다짐하면서 다시 'SQL 잡기'에 나서 보자.

COMMIT 이전의 상태로 되돌리는 기능 FLASHBACK

오라클에서 삭제 혹은 갱신된 레코드는 commit 하기 전에는 rollback 명령어를 사용하면 원복이 가능했다. 만약 이미 commit 명령어가 실행돼 완전히 삭제 혹은 갱신됐다면, 지금까지는 레코드 원복이 불가능했다. 하지만 Oracle 10g 이후부터는 flashback 기능을 제공해 commit 이전 상태의 레코드도 조회할 수 있게 됐으며, 레코드 원복까지도 가능해졌다. 오라클은 10g부터 flashback을 통해 commit/rollback 여부와 상관없이 한시적으로 데이터를 백업하는 기능을 지원해, 특정 시점의 데이터를 원복 가능하게 됐다. 이러한

flashback 기능은 오라클 서버에 부하를 주므로 사전에 설정된 제한 시간만큼만 지원된다. 오라클 파라미터 db_flashback_retention_target에서 설정된 시간을 확인할 수 있다.

```
SELECT * FROM V$PARAMETER WHERE NAME = 'db_flashback_retention_target'
```

조회된 value 값은 분 단위 시간을 의미한다. 제한된 설정 시간 내에서 우리는 다음과 같은 쿼리를 사용해 과거 시점의 데이터를 조회하거나 원복할 수 있다.

```
-- 1시간 전 시점의 고객 테이블을 조회하는 쿼리
SELECT * FROM 고객 AS OF TIMESTAMP (SYSTIMESTAMP - INTERVAL '1' HOUR)

-- 20분 전 시점의 고객 테이블을 조회하는 쿼리
SELECT * FROM 고객 AS OF TIMESTAMP (SYSTIMESTAMP - INTERVAL '20' MINUTE)

-- 2015년 01월 10일 10시 20분 시점의 고객 테이블을 조회하는 쿼리
SELECT * FROM 고객 AS OF TIMESTAMP TO_DATE('201501101020', 'YYYYMMDDHH24MI')

-- 30분 전 시점의 고객 테이블을 조회하는 쿼리
SELECT * FROM 고객 AS OF TIMESTAMP SYSDATE - 30 / (24 * 60)
```

만약 사용 권한이 없다면 DBA에게 요청해 DBMS_FLASHBACK 패키지에 대한 EXECUTE 권한을 부여받아야 한다. 만약 20분 전에서 10분 전 사이에 삭제된 레코드를 원복하고 싶다면, 다음과 같은 쿼리 구문을 사용하면 된다.

```
INSERT INTO 고객
SELECT * FROM 고객 AS OF TIMESTAMP (SYSTIMESTAMP - INTERVAL '20' MINUTE)
MINUS
SELECT * FROM 고객 AS OF TIMESTAMP (SYSTIMESTAMP - INTERVAL '10' MINUTE)
```

또한 특정 시점에 존재했던 레코드를 조회해 새로운 테이블을 생성·추가할 수도 있다.

```
CREATE TABLE 고객_BACKUP
AS
SELECT * FROM 고객 AS OF TIMESTAMP TO_DATE('201501101020', 'YYYYMMDDHH24MI')
```

물론 이외에도 다양한 방법으로 원복이 가능하다.

오라클에서 스케줄 작업 사용법

스케줄 작업을 하려면 SNP_PROCESS가 활성화돼 있어야 한다. 만약 활성화돼 있지 않다면 다음 과정을 거친다. INIT.ORA 파일의 JOB_QUEUE_PROCESSES 파라미터를 수정하고 오라클을 재구동한다.

스케줄 작업을 생성하기에 앞서서 스케줄 수행 시간 단위에 대해 간단히 알아보자.

- 1분 간격으로 스케줄할 때: SYSDATE + 1 / 24 / 60
- 5분 간격으로 스케줄할 때: SYSDATE + 5 / 24 / 60
- 1시간 간격으로 스케줄할 때: SYSDATE + 1 / 24
- 매일 오전 1시에 스케줄할 때: TRUNC(SYSDATE) + 1 + 1 / 24
- 매일 오후 11시간에 스케줄할 때: TRUNC(SYSDATE) + 23 / 24
- 매월 첫번째 일요일 01시에 스케줄할 때: TRUNC(NEXT_DAY(LAST_DAY(SYSDATE),'일')) + 1 / 24
- 매월 마지막 오후 11시에 스케줄할 때: TRUNC(LAST_DAY(SYSDATE)) + 23 / 24

네트워크 트래픽을 집계하는 P_네트워크 프로시저가 이미 생성돼 있다고 가정하자. P_네트워크 프로시저를 5분 간격으로 스케줄 작업을 진행하려 한다면, 다음과 같이 스케줄을 생성하면 된다.

USER_JOBS 테이블에 네트워크 스케줄 작업을 생성(INSERT) 한다(스케줄은 5분 간격으로 실행).

```
DECLARE
    V_JOB_NO    NUMBER;            -- JOB_NO 1: 네트워크 스케줄 JOB 번호
BEGIN
    DBMS_JOB.SUBMIT(V_JOB_NO, 'P_네트워크;', SYSDATE, 'SYSDATE + 5 / 24 / 60');
END;
```

조직 및 인사 정보를 동기화하는 P_동기화 프로시저가 이미 생성돼 있다고 가정하자. P_동기화 프로시저로 매일 오전 1시에 스케줄 작업을 진행하려 한다면 다음과 같이 스케줄을 생성하면 된다.

USER_JOBS 테이블에 동기화 스케줄 작업을 생성(INSERT) 한다(스케줄은 매일 오전 1시에 실행).

```
DECLARE
    V_JOB_NO    NUMBER;            -- JOB_NO 2: 동기화 스케줄 JOB 번호
BEGIN
    DBMS_JOB.SUBMIT(V_JOB_NO, 'P_동기화;', SYSDATE, 'TRUNC(SYSDATE) + 1 + 1 / 24');
END;
```

USER_JOBS 테이블에서 생성된 스케줄의 JOB 번호를 구해 다음 명령어로 스케줄을 구동한다.

```
EXECUTE DBMS_JOB.RUN(1);           -- JOB_NO 1: 네트워크 스케줄 실행
EXECUTE DBMS_JOB.RUN(2);           -- JOB_NO 2: 동기화 스케줄 실행
```

만약 구동된 동기화 스케줄 작업을 중단하려면 다음과 같이 하면 된다.

```
EXECUTE DBMS_JOB.BROKEN(2, TRUE);  -- JOB_NO 2: 동기화 스케줄 중단
```

만약 생성된 동기화 스케줄 작업을 삭제하려면 다음과 같이 하면 된다.

```
EXECUTE DBMS_JOB.REMOVE(2);          -- JOB_NO 2: 동기화 스케줄 삭제
```

SAMPLE 혹은 SAMPLE BLOCK을 이용한 SAMPLE SCAN

테이블을 접근하는 방식에는 풀스캔 방식과 랜덤 액세스 방식이 있다. 풀스캔은 테이블을 직접 접근해 모든 블록을 읽는 방식이고, 랜덤 액세스는 인덱스를 이용해 테이블에 접근하는 방식이다.

Oracle 8.1 이후부터 데이터를 접근할 때 샘플스캔 방식을 추가로 제공하고 있다. 샘플스캔을 이용하면, 데이터를 랜덤하게 샘플링할 수 있다. 다음 예제를 살펴보자.

```
SELECT * FROM 고객 SAMPLE BLOCK(10) WHERE 지역 = '인제' ORDER BY 고객명
```

SAMPLE 구간에 사용 가능한 값은 0에서 100 사이다. 더 정확하게 표현하면 0.000001보다 크거나 같고 100보다 작아야 한다. 앞 쿼리에서 SAMPLE BLOCK(10)은 블록 단위로 주어진 값의 비율만큼 읽어 오는 것을 의미한다. 이와 유사하게 다음과 같이 사용하는 경우도 있다.

```
SELECT * FROM 고객 SAMPLE(10) WHERE 지역 = '인제' ORDER BY 고객명
```

앞 쿼리에서 SAMPLE(10)은 레코드 단위로 주어진 값의 비율만큼 읽어 오는 것을 의미한다. 일반적으로 실행계획에서 Cost 값은 SAMPLE보다 SAMPLE BLOCK이 더 낮다. Get Block 값도 SAMPLE보다 SAMPLE BLOCK이 당연히 더 낮다. 두 가지 중에서 비용 측면을 더 고려해 사용한다면 SAMPLE BLOCK 사용을 권한다.

규모가 작은 테이블보다는 큰 테이블에서 더 정확한 샘플링을 할 수 있으며, 작은 테이블에서의 사용은 무의미할 수도 있다. 대용량 테이블에서 다음과 같은 방법으로 레코드 수를 빠르게 확인할 수도 있다.

```
SELECT COUNT(*) * 100 FROM 고객 SAMPLE BLOCK(1)
```

1%를 샘플링해 구한 레코더 카운터 값에 곱하기 100을 했으므로 전체 레코드와 유사한 결과값을 얻을 수 있다. 같은 쿼리를 여러 번 실행해도 동일한 결과값을 리턴하지는 않고 유사한 값을 리턴한다는 것을 명심하자.

종을 횡으로 구현하는 함수 WM_CONCAT

문자열을 결합하는 CONCAT는 오라클에서 자주 사용하는 함수로서 대부분의 개발자들이라면 익히 알고 있을 것이다. 문자열 결합 연산자 ||와 동일한 의미로서 그 사용법은 다음과 같다.

```
SELECT CONCAT(컬럼1, 컬럼2) FROM 테이블
SELECT 컬럼1 || 컬럼2 FROM 테이블
```

하지만 이번에 소개 하려는 함수는 WM_CONCAT이다. 이 함수는 종으로 된 컬럼 값을 횡으로 구현하는 기능을 갖고 있다. 다음 예제를 살펴보자.

```
---------------------------------------------------------------
  번호        국가        도시        인구(단위: 만)
---------------------------------------------------------------
   1         한국        서울           1,010
   2         중국        베이징         1,961
   3         한국        부산             351
   4         일본        도쿄           1,329
   5         한국        안동              16
---------------------------------------------------------------

SELECT     국가, WM_CONCAT(도시) AS 도시들, SUM(인구) AS 총인구
FROM       도시인구현황
WHERE      인구 > 10
GROUP BY   국가
ORDER BY   총인구 DESC
```

```
---------------------------------------------------------------
   국가        도시들            총 인구(단위: 만)
---------------------------------------------------------------
   중국        베이징             1,961
   한국        서울,부산,안동      1,377
   일본        도쿄              1,329
---------------------------------------------------------------
```

횡을 종으로 구현하는 함수 REGEXP_SUBSTR

문자열을 분리하는 SUBSTR은 오라클에서 자주 사용하는 함수로서 대부분의 개발자들이라면 익히 알고 있을 것이다. 그 사용법은 다음과 같다.

```
SELECT SUBSTR(주문일자, 1, 6) AS 주문년월 FROM 테이블
```

하지만 이번에 소개하고자 하는 함수는 REGEXP_SUBSTR이다. 이 함수를 이용해 횡으로 된 값을 종으로 구현할 수 있다. 구분자 콤마(,)에 주의해 다음 예제를 살펴보자.

```
---------------------------------------------------------------
   번호        이름         취미리스트          우수고객
---------------------------------------------------------------
    1         심인술        축구,영화            Y
    2         김윤호        자전거,낚시          N
    3         김의석        여행,스키            Y
---------------------------------------------------------------

SELECT   이름, REGEXP_SUBSTR(취미리스트, '[^,]+', 1, LEVEL) AS 취미
FROM   고객
WHERE   우수고객 = 'Y'
CONNECT BY  REGEXP_SUBSTR(취미리스트, '[^,]+', 1, LEVEL) IS NOT NULL
GROUP BY   이름, 취미리스트, LEVEL
ORDER BY   이름, 취미
```

```
----------------------------------------------------------------
      이름              취미
----------------------------------------------------------------
      김의석            스키
      김의석            여행
      심인술            영화
      심인술            축구
----------------------------------------------------------------
```

REGEXP_SUBSTR 함수는 횡을 종으로 구현하는 용도로도 사용되지만, 일반적으로는 다음과 같이 문자열을 분리하는 용도로 더 많이 사용된다.

```
----------------------------------------------------------------
    번호       이름       전화번호           주소
----------------------------------------------------------------
     1        김상미     02-274-3328      서울 동대문구 신설동 123번지
     2        이도윤     02-272-2723      서울 강동구 강일동 272번지
     3        허은미     02-392-8989      서울 서초구 우면동 237번지
----------------------------------------------------------------

SELECT  이름
     , REGEXP_SUBSTR(전화번호, '[^-]+', 1, 1) AS 지역
     , REGEXP_SUBSTR(전화번호, '[^-]+', 1, 2) AS 국번
     , REGEXP_SUBSTR(전화번호, '[^-]+', 1, 3) AS 전화번호
     , REGEXP_SUBSTR(주소, '[^ ]+', 1, 1)     AS 시도명
     , REGEXP_SUBSTR(주소, '[^ ]+', 1, 2)     AS 시군구명
     , REGEXP_SUBSTR(주소, '[^ ]+', 1, 3)     AS 읍면동명
FROM  고객

----------------------------------------------------------------
  이름     지역    국번     전화번호     시도명    시군구명    읍면동명
----------------------------------------------------------------
  김상미    02     274      3328        서울      동대문구    신설동
  이도윤    02     272      2723        서울      강동구      강일동
  허은미    02     392      8989        서울      서초구      우면동
----------------------------------------------------------------
```

원리를 이해하고 논리로 풀어가는 쉬어가는
스토리 DB 문제 ⑱

각 스토리의 끝에 간단하면서도 재미있고 생각해 보는 DB 문제를 출제한다. 모든 문제는 DB의 원리를 이해할 수 있는 기준으로 출제한다. 문제를 풀어보면서 DB 원리를 하나씩 배우고 이해할 수 있다.

다음 내용은 실행 쿼리와 GATHER_PLAN_STATISTICS 힌트절을 이용한 분석 내용의 일부분이다. 성능 개선 방향에 대해서 설명하시오.

```
SELECT /*+ GATHER_PLAN_STATISTICS */  *
FROM   테이블1 A, 테이블2 B, 테이블3 C
WHERE  A.컬럼1 = B.컬럼2
AND    A.컬럼3 = C.컬럼4
AND    A.컬럼5 = '값1';

SELECT * FROM TABLE(dbms_xplan.display_cursor(null,null,'ALLSTATS LAST'));
```

```
-------------------------------------------------------------------------------
| Id  | Operation                      | Name      | A-Rows | Buffers |
-------------------------------------------------------------------------------
|   0 | SELECT STATEMENT               |           |     11 |    2670 |
|   1 |  NESTED LOOPS                  |           |     11 |    2670 |
|   2 |   NESTED LOOPS                 |           |   4148 |    2658 |
|   3 |    TABLE ACCESS BY INDEX ROWID | 테이블1    |    218 |     217 |
| * 4 |     INDEX RANGE SCAN           | 테이블1_I1 |    218 |       5 |
|   5 |    TABLE ACCESS BY INDEX ROWID | 테이블2    |   4148 |    2441 |
| * 6 |     INDEX RANGE SCAN           | 테이블2_I1 |   4148 |     108 |
|   7 |   TABLE ACCESS BY INDEX ROWID  | 테이블3    |     11 |      12 |
| * 8 |    INDEX RANGE SCAN            | 테이블3_I1 |     11 |       3 |
-------------------------------------------------------------------------------

Predicate Information (identified by operation id):
---------------------------------------------------
```

```
4 - access("A"."컬럼5"='값1')
6 - access("A"."컬럼1"="B"."컬럼2")
8 - access("A"."컬럼3"="C"."컬럼4")
```

※ 정답과 풀이는 '스토리 DB 문제 풀이와 정답'에 있다.

KEY WORD DICTIONARY

오라클 딕셔너리 기반의 DB 툴 프로그램 'FreeSQL'

씨줄과 날줄을 삼아 꿈을 짜자. DBMS 관리 정보를 갖고 있는 테이블 집합인 딕셔너리의 중요성과 유용성을 필자가 만든 DB 쿼리 툴을 살펴보면서 소개한다. 이미 상용 프로그램으로 소개된 DB 솔루션들이 바로 딕셔너리에 바탕을 두고 있음을 이해하는 기회이기도 하다.

나이를 먹을수록 새로 만나는 사람에 대한 두려움은 누구나 갖게 마련이다. 그래서 처음 만나는 자리에서 상대방의 나이를 물어보고, 동향인지, 동문인지, 어떤 그룹에 속하는지를 확인하려 한다. 하나라도 일치하면 비로소 동질감을 느끼고 편안하게 다음 대화로 넘어갈 수 있다. 결코 개인적인 성향이나 취미에 관한 내용이 먼저 나오는 법이 없다. 이는 우리 사회가 개인보다는 조직에 더 익숙해져 있기 때문일 것이다.

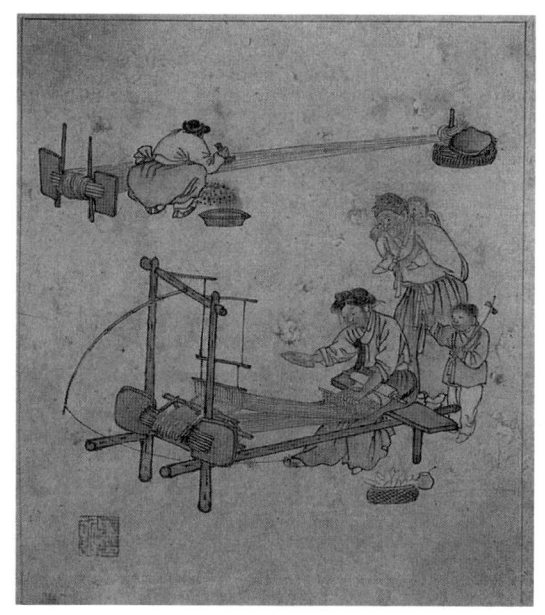

그림 19-1 김홍도 '길쌈'

씨줄과 날줄

지금까지 IT 업계에서도 이와 크게 다르지 않았다. 새로운 프로젝트에 가면, 늘 예전에 어떤 프로젝트에 있었다는 이야기부터, 누구 누구와 함께 일했다는 것을 말하면서 아는지 물어본다. 결국은 서로 동질감을 느끼는 접점을 찾았었다. 그런데 요즘 신입사원들은 많이 다른 거 같다. 이러한 주제로 동질감을 찾기보다는 자기가 좋아하는 프로그램은 무엇인지, 앞으로 어떠한 것을 배우고 싶다든지, 그런 미래 지향적인 대화가 더 많다. 조직이라는 울타리보다는 개인적인 자유로움을 더 추구하는 시대의 흐름 때문이기도 할 것이다.

옷감을 짤 때 가로 방향으로 엮는 줄을 씨줄이라 하고, 세로 방향으로 엮는 줄을 날줄이라 한다. 씨줄만으로 혹은 날줄만으로 옷감을 짤 수는 없다. 씨줄과 날줄로 잘 짜인 옷감은 튼튼하고 오래 간다.

우리는 사회 구성원으로 서로 관계를 맺고 있다. 수많은 관계와 관계 속에서 씨줄과 날줄로 엮여 있다. 개인적으로 아무리 좋은 능력을 가졌더라도 튼튼한 조직이 받쳐주지 않으면 성공이 쉽지 않을 것이고, 아무리 튼튼한 조직이라도 개인의 능력을 무시하는 조직이라면 결코 발전이 없을 것이다. 조직이라는 씨줄과 능력이라는 날줄이 잘 엮여야만 비로소 지속 가능한 발전이 있다고 생각한다.

씨줄과 날줄을 이야기하는 이유는, 오라클에서 딕셔너리가 바로 씨줄과 날줄처럼 중요한 요소이기 때문이다. 씨줄과 날줄을 잘 삼아야 좋은 옷감이 나오듯이 딕셔너리에 대한 이해와 활용은 자신의 능력을 배가 시킬 것이다. 이번 스토리의 내용은 바로 딕셔너리에 관한 것이다.

오라클 딕셔너리

DBMS를 관리하기 위한 정보를 갖고 있는 테이블의 집합을 딕셔너리(DICTIONARY)라 한다. 오라클은 딕셔너리를 통해 우리에게 수많은 정보를 제공하고 있다. 딕셔너리는 오라클 시스템에 대한 정보의 보고이며, 데이터 사전이라 부르기도 한다.

사용자 소유의 모든 오브젝트 정보를 알고자 한다면 다음과 같이 조회하면 된다.

```
SELECT  *  FROM  USER_OBJECTS
```

사용자 소유의 테이블 정보를 알고자 한다면 다음과 같이 조회한다.

```
SELECT * FROM USER_TABLES
```

현재 시점의 세션 정보를 알고자 한다면 다음과 같이 조회한다.

```
SELECT * FROM V$SESSION
```

그렇다면 이와 같은 DB 시스템 정보를 제공하는 수많은 딕셔너리는 어떻게 알 수 있을까? 다음과 같이 조회하면 된다.

```
SELECT * FROM DICTIONARY 혹은 SELECT * FROM DICT

-------------------------------------------------------------------------------
    TABLE_NAME            COMMENTS
-------------------------------------------------------------------------------
    USER_CUBES            OLAP Cubes owned by the user in the database
        …                     …
    USER_TABLES           Description of the user's own relational tables
        …                     …
    USER_TRIGGERS         Triggers having FOLLOWS or PRECEDES ordering owned by the user
        …                     …
-------------------------------------------------------------------------------
```

현재 오라클은 딕셔너리를 통해 700여 개 이상의 시스템 정보를 제공하고 있다. 오라클이 제공하는 모든 시스템 정보를 알 필요는 없지만, 그 중에서 우리가 필요로 하는 부분은 다음과 같이 찾아서 사용하면 된다.

```
SELECT  *  FROM  DICTIONARY
WHERE  TABLE_NAME  LIKE  '%INDEX%'           -- 값은 대문자로 입력해야 함에 유의하자.

--------------------------------------------------------------------------------
TABLE_NAME                      COMMENTS
--------------------------------------------------------------------------------
ALL_INDEXES                     Descriptions of indexes on tables accessible to the user
ALL_INDEXTYPES                  All indextypes available to the user
ALL_INDEXTYPE_ARRAYTYPES        All array types specified by the indextype
ALL_INDEXTYPE_COMMENTS          Comments for user-defined indextypes
ALL_INDEXTYPE_OPERATORS         All operators available to the user
USER_PART_INDEXES
ALL_PART_INDEXES
USER_INDEXES                    Description of the user's own indexes
USER_INDEXTYPES                 All user indextypes
USER_INDEXTYPE_ARRAYTYPES       All array types specified by the indextype
USER_INDEXTYPE_COMMENTS         Comments for user-defined indextypes
USER_INDEXTYPE_OPERATORS        All user indextype operators
INDEX_HISTOGRAM                 statistics on keys with repeat count
INDEX_STATS                     statistics on the b-tree
```

오라클 딕셔너리는 크게 다음과 같은 접두어로 분류해 볼 수 있다.

- ALL_*: 현재 오라클에 접속한 사용자가 접근 가능한 모든 정보에 대한 딕셔너리
- USER_*: 현재 오라클에 접속한 사용자가 소유하고 있는 모든 정보에 대한 딕셔너리
- DBA_*: 관리자 계정으로 접속한 사용자가 조회 가능한 모든 정보에 대한 딕셔너리
- V$*: Dynamic Performance View라고도 하며, DBA의 모니터링에 많이 이용되는 딕셔너리

이처럼 접속한 계정이 관리자 계정인지 사용자 계정인지에 따라 조회 가능한 딕셔너리가 구분된다.

오라클 딕셔너리를 이용한 DB 툴 개발

딕셔너리 정보는 많은 부분에 활용될 수 있다. 딕셔너리에서 제공하는 DBMS 객체 정보 및 상태 정보를 이용해 만든 것이 바로 '토드', '오렌지'와 같은 DB 툴이다. 이러한 DB 툴은 사용자가 더 편하게 사용할 수 있게 직관적인 인터페이스를 제공한다. 또한 다중 쿼리에 대한 탭을 제공하며, 각종 오브젝트에 대한 정보 및 헬스 체크 기능을 실시간으로 제공하기도 한다.

지금은 DBA 직무를 수행하고 있지만, 불과 몇 년 전까지 필자는 SI(System Integraation) 프로젝트를 수행했다. 프로젝트마다 매번 바뀌는 DB의 매력에 이끌려 많이 배우기도 했지만, 곤혹스러운 경우도 많았다. 같거나 유사한 명령어들 사이에서 헷갈리기도 했고, 각각의 DB에 맞는 DB 툴을 구해 설치해야 했고 그 사용 방법도 익혀야 했다.

당시 그러한 불편함을 해소하고자 개인적으로 만든 프로그램이 바로 FreeSQL이다. FreeSQL을 오라클, SQL Sever, MDB 등 어떤 종류의 DB에서도 사용할 수 있게끔 범용적으로 만들고자 했다.

개인적인 호기심과 프로젝트 수행 도중 시간이 날 때마다 틈틈이 개발한 것이라 완성도는 떨어졌지만 비상업용으로 사용하기엔 부족함이 없었다.

- 개발 언어: 비주얼 베이직
- 내부 DB: MDB
- 지원 DB: DB2, MDB, SQL Server, MySQL, 오라클, 큐브리드
- 개발 기간: 3개월
- 제공 기능

    FreeSQL: 토드나 오렌지와 같은 DB 툴로서 다양한 DB 지원 가능

    Books: 다양한 내용을 카테고리에 맞게 기록하는 사전식 메모 기능

    Explorer: 웹 브라우저 창을 두어 검색을 위한 서브 기능 지원

    Cmd: DOS 모드의 작업을 수행하기 위한 서브 기능 지원

    Chatting: 프로젝트에서 협업을 위한 채팅 서브 기능 지원

전체적인 화면 구성은 [그림 19-2]와 같다.

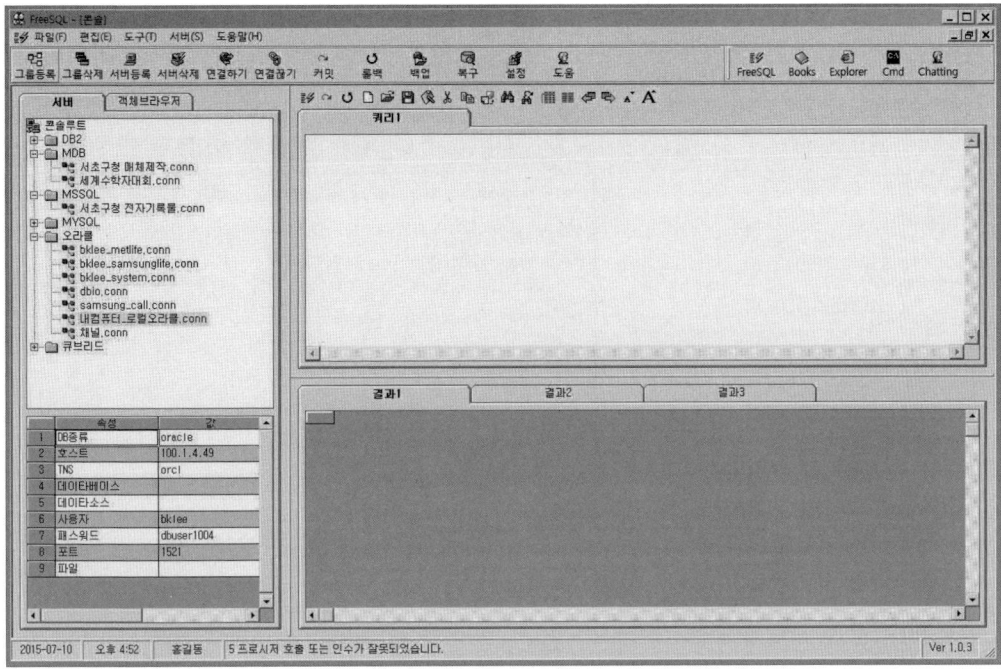

그림 19-2 DB 툴 개발도구 'FreeSQL'

- 우측 상단 프로그램 영역에서 FreeSQL, Books, Explorer, Cmd, Chatting을 선택할 수 있다.
- FreeSQL 선택 시 화면 좌측에 DB 서버 트리와 객체 정보를 볼 수 있는 객체 트리가 있다.
- 최상단 메뉴바에는 DB 관련 그룹을 등록하거나 DB 연결 정보를 저장하는 메뉴가 있다.
- 화면 우측 쿼리창에서 쿼리를 작성할 수 있고, 그 위에 문서 작성에 필요한 기능 버튼이 있다.

좀 더 구체적으로 살펴보면, 화면 좌측의 서버 트리와 객체 브라우저 트리의 모든 정보는 딕셔너리 정보를 이용했다. 주로 이용한 딕셔너리는 다음과 같다.

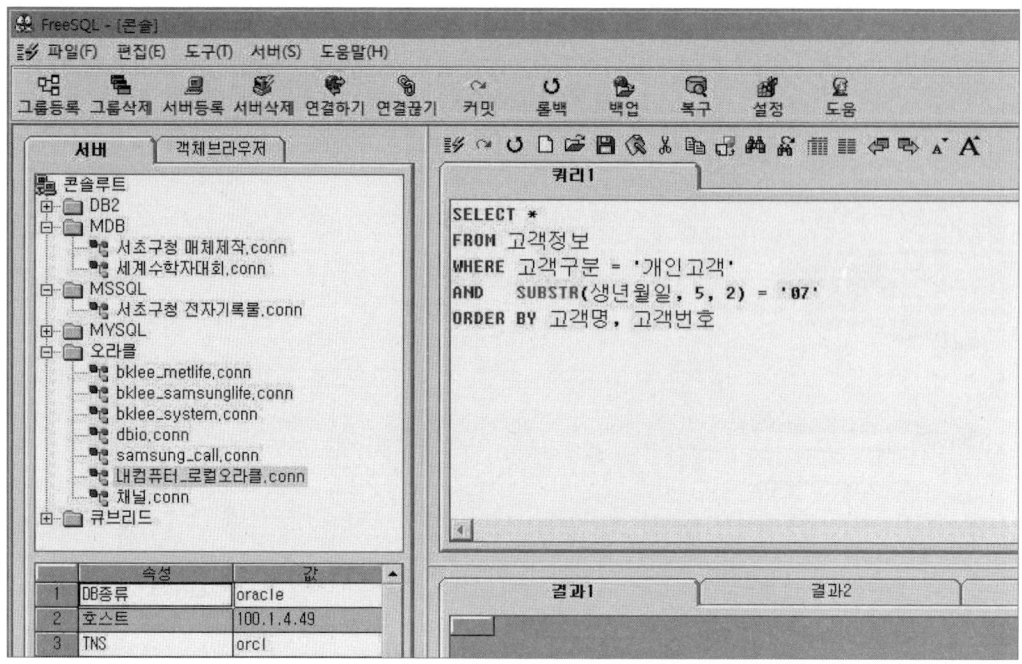

그림 19-3 DB 툴 개발도구 FreeSQL의 세부 메뉴

```
ALL_TAB_COLS
ALL_TAB_COLUMNS
ALL_TAB_COMMENTS,     -- 테이블 관련 딕셔너리

ALL_INDEXES
ALL_IND_COLUMNS
ALL_IND_STATISTICS,   -- 인덱스 관련 딕셔너리

ALL_OBJECTS
ALL_DB_LINKS
ALL_TRIGGERS,         -- 각종 오브젝트 관련 딕셔너리
```

그 외에 V$LOCK, V$SESSION 등으로 DB 상태 정보를 나타내는 각종 딕셔너리를 사용했다. 또한 화면 우측의 쿼리창에서 쿼리를 작성할 수 있고, 그 바로 위에 문서 에디터에 필요한 기능 버튼이 있다. 쿼리 구문에 사용된 명령어의 특성에 따라 색깔로 구분되도록 했다.

- SELECT, FROM, WHERE, AND, ORDER BY 등 쿼리 명령어는 파랑색으로 나타나도록 함
- SUBSTR, NVL, MAX, MIN, AVG 등 함수는 주황색으로 나타나도록 함

그 외에 Books, Cmd 등 프로그램 화면 구성은 다음과 같다.

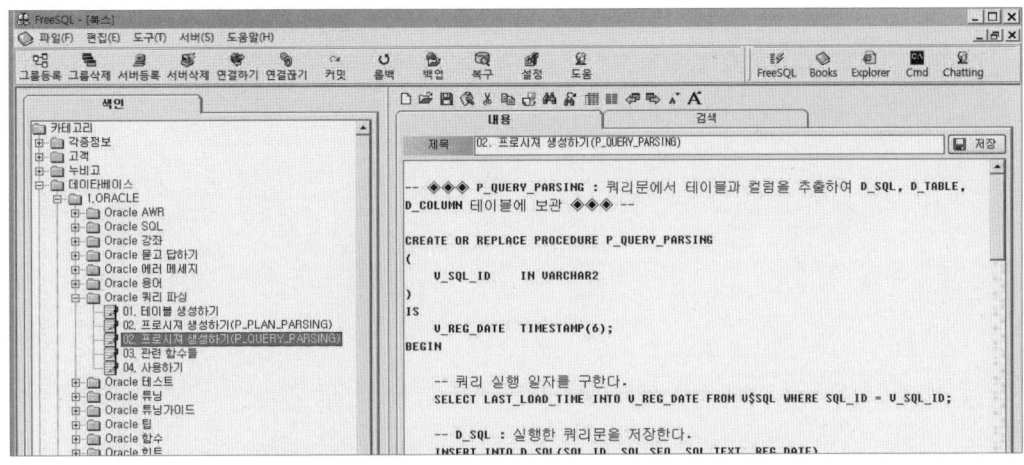

그림 19-4 DB 툴 개발도구 FreeSQL의 Books 메뉴

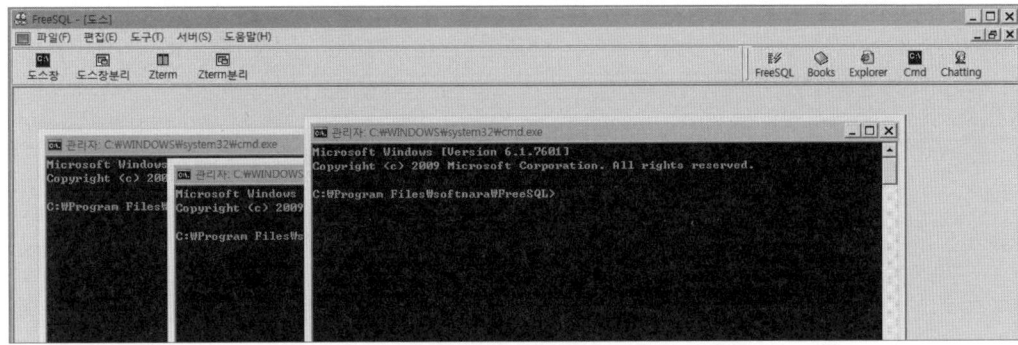

그림 19-5 DB 툴 개발도구 FreeSQL의 Cmd 메뉴

새로운 DB 프로그램 개발의 주인공은 바로 나

이번 스토리는 애초에 프로그램을 소개하려는 목적이 아니었다. 오라클 딕셔너리에 대한 내용 설명과 무궁무진한 그 활용 범위에 대해 알리고 싶었다. 딕셔너리를 사용해 구

현 가능한 프로그램은 매우 많다. 쿼리 작성, 성능 진단, 튜닝 분석 등 각종 DB 관련 프로그램을 개발할 수 있다. 이러한 개발에는 DB만을 전문으로 하는 사람보다는 DB에 관심이 많은 여러분과 같은 개발자들이 더 유리하다고 생각한다. 새로운 DB 프로그램 개발의 주인공은 바로 내가 될 수 있다.

원리를 이해하고 논리로 풀어가는 쉬어가는
스토리 DB 문제 ⑲

각 스토리의 끝에 간단하면서도 재미있고 생각해 보는 DB 문제를 출제한다. 모든 문제는 DB의 원리를 이해할 수 있는 기준으로 출제한다. 문제를 풀어보면서 DB 원리를 하나씩 배우고 이해할 수 있다.

예전에 뉴스나 공시에 의한 주식자동매매 프로그램을 만들었던 적이 있었다. 호재성 뉴스를 사람이 직접 보고 판단해 쉽게 매수 결정을 하듯이, 주식자동매매 프로그램에서는 호재성 뉴스인지 악재성 뉴스인지 프로그램이 스스로 판단해 매수 결정을 해야 한다. 결국 뉴스 내용에 대한 분석 알고리즘이 좋아야 한다. 당시 필자는 테이블 하나와 쿼리 한 개로 간단히 해결했다.

'검색단어' 테이블의 내용은 아래와 같다.

번호	단어	구분	점수(10점 만점)	…
1	최초	긍정	5	
2	특허	긍정	7	
3	수출	긍정	3	
4	무산	부정	0	
5	무상증자	긍정	5	
6	부도	부정	0	

뉴스 내용은 아래와 같다.

```
[종목 041460] 한국전자인증
    핀테크 관련해 정부는 향후 10년간 3,000억원의 기술 지원금을
    책정했고 정책적으로 기술 진입에 대한 불합리한 제도적 장벽을
    조기에 없애기로 국무회의에서 논의했다.
    이와 관련해 최대 수혜주로 한국전자인증이 떠오르고 있다.
    세계 최초로 모바일과 생체인식에 기반한 비접촉 결제 방식을 특허
    출원했다고 회사 관계자는 전했다.
```

위 뉴스 내용과 '검색단어' 테이블을 이용해 자동 주문이 가능한 호재성 뉴스인지 아닌지 판단하는 쿼리를 작성하시오(부정적인 단어는 없어야 하고, 긍적적인 단어의 점수 합은 10점 이상이어야 함).

※ 정답과 풀이는 '스토리 DB 문제 풀이와 정답'에 있다.

KEY WORD | DICTIONARY, 쉬어가는 이야기

이제는 말할 수 있다
주식 자동매매 프로그램(상)

개발자이면서도 SQL에 자신감이 생기면 자신만의 새로운 시도를 하고 싶어질 수 있다. 그런 바람을 적용해 개발했던 DB 쿼리 툴을 앞세워 오라클 딕셔너리의 중요성과 활용성에 대해 소개한다. 개발 경험을 가진 사람이라면 더 공감할 것이고, 마음만 먹고 있다면 실행할 힘을 줄 것이다.

2002년 월드컵의 열기가 전국을 뒤덮고 있을 때, 5년간 근무하던 회사를 그만 두었다. 입사 이후 줄곧 월화수목금금금에 더해 야근까지 강행한 탓에 더 이상의 체력도 열정도 남아 있지 않았다. 퇴사를 결심할 때는 후련한 마음이었지만 막상 퇴사가 현실이 되자 두려움이 엄습했다. 30대 초반의 일이다.

프로그래머의 길에서 벗어나다

대부분의 직장인들이 일에 회의감을 느끼는 나이가 30대 초반이라고 한다. 인생에 있어서 중요한 분기점이 되는 나이인 셈이다. 필자 역시 프로그래머로서 불확실한 미래와 앞으로의 진로에 대한 고민이 생긴 시기다. 처음 입사해 수년간은 프로그래밍을 배우면서 하나씩 늘어나는 실력에 기쁨을 느꼈고, 회사에서 역할이 커짐에 따라 성취감도 생겼다. 하지만 이러한 삶이 결코 나를 지속적으로 행복하게 해 주지 못할 것이란 생각이 들어 퇴사를 결심했다.

이후 몇 개월간은 정말 아무것도 안 하고 빈둥빈둥 놀았다. 이렇게 보내는 시간이 길어질 수록 마음 한구석에는 불편한 마음도 커져갔다. 이곳 저곳 혼자서 여행도 다니고, 그 동안 너무나 바빠서 수년간 못 본 친구들도 만나면서 그렇게 시간을 보냈다. 이때 고향 친구와의 만남이 내 인생의 새로운 전환점이 될지는 몰랐었다.

IMF! 구조조정! 주식! 새로운 길을 찾다

고향에 가서 친구를 만났다. IMF 여파를 겪으며 필자보다 일찍 회사를 그만둔 친구였다. 그 친구가 다니던 보험 회사는 IMF의 혼란 속에 동종업계로 흡수됐다. 그 친구는 주식을 하고 있었다. 당시 IMF 극복의 일환으로 정부가 IT 산업을 집중 육성함에 따라 IT 관련주가 고공행진을 하고 있었다.

친구와의 대화 속에서 내가 경험하지 못했던 새로운 신세계를 보았다. 주식에 대한 그의 지식과 열정에 놀라웠고 거침없는 이야기에 푹 빠져 들었다. 그 친구는 스윙트레이딩, 데이트레이딩, 스켈핑을 하고 있었다. 요즘에는 잘 알려진 용어지만 당시엔 생소했고 그 의미도 잘 몰랐다.

혹시라도 주식에 관심이 없는 독자를 위해 위에 나온 용어를 소개하자면, 스윙트레이딩은 매일 마감 전에 청산하지 않고 며칠 주기로 매매하는 투자를 말한다. 데이트레이딩은 하루 중에 거래하고 마감 전에 포지션을 청산하는 단기 매매를 말한다. 스켈핑은 데이트레이딩과 의미는 동일하나 분 또는 초 단위로 매매하는 초단기 매매를 의미한다.

그날로 서점에 가서 주식 책 몇 권을 사서 읽었다. 지금까지 프로그래머로 살아온 나와는 전혀 다른 분야였지만 어렵게 느껴지진 않았다. 모호하지도 않았으며, 직관적이고 수치적인 내용과 그래프들은 나의 적성과도 일치하는 것 같았다. 곧 주식 계좌를 개설하고 시험 삼아 매매를 해 보았다. 그때 느꼈던 기분은 마치 어릴 적 처음 오락실에 갔을 때의 느낌이었다고나 할까. 처음 접하는 것에 대한 짜릿한 두려움도 있었고 직접 해보고 싶다는 강렬한 욕구도 있었다.

처음엔 약간의 수익도 발생했지만 일시적이었다. 수많은 주식 관련 책을 읽으면서 다시 공부했지만 역시 기대에 못 미쳤다. 경험 부족으로 놓치는 부분도 있었고, 판단 오류로 인한 실수도 있었다. 그에 반해 친구는 정말로 주식 전문가처럼 보였다. 자신의 방에 설치된 여러 대의 컴퓨터와 모니터에서 각종 주식 차트를 모니터링하고 있었고, 매수 타이밍 시 손놀림도 매우 빨랐고 거래는 전광석화와 같이 이루어졌다. 그 빠른 손놀림을 보면서 정말 부러웠다. 나중에 들은 이야기지만, 그와 같은 수준에 도달하기까지 수많은 노력과 시행착오가 있었으며 손실도 봤다고 했다.

수익도 조금, 손실도 조금인 고만 고만한 무의미한 날들이 흘러가던 어느 날, 갑자기 이러한 생각이 들었다. 주식을 꼭 손으로만 해야 할까? 다른 더 좋은 방법은 없을까? 불과 얼마 전까진 회사에서 나름 인정받는 프로그래머였는데…. 자동으로 매매하는 프로그램을 개발하면 어떨까? 여기까지 생각이 이르자 갑자기 온 몸에 소름이 돋았다. 그날부터 바로 프로그램 개발에 착수했다.

주식 자동매매 프로그램을 개발하다

주식 자동매매는 크게 두 가지가 있다. 첫 번째는 기술적 분석 및 차트 분석에 의한 자동매매 방법이 있고, 두 번째는 호재성 뉴스나 공시에 의한 자동매매 방법이 있다. 일단 단기간에 개발이 가능한 뉴스나 공시에 의한 자동매매 프로그램을 개발하기로 결심했다.

뉴스나 공시의 내용에 따라서 해당 회사의 주가가 급등하거나 반대로 급락하게 되는데,

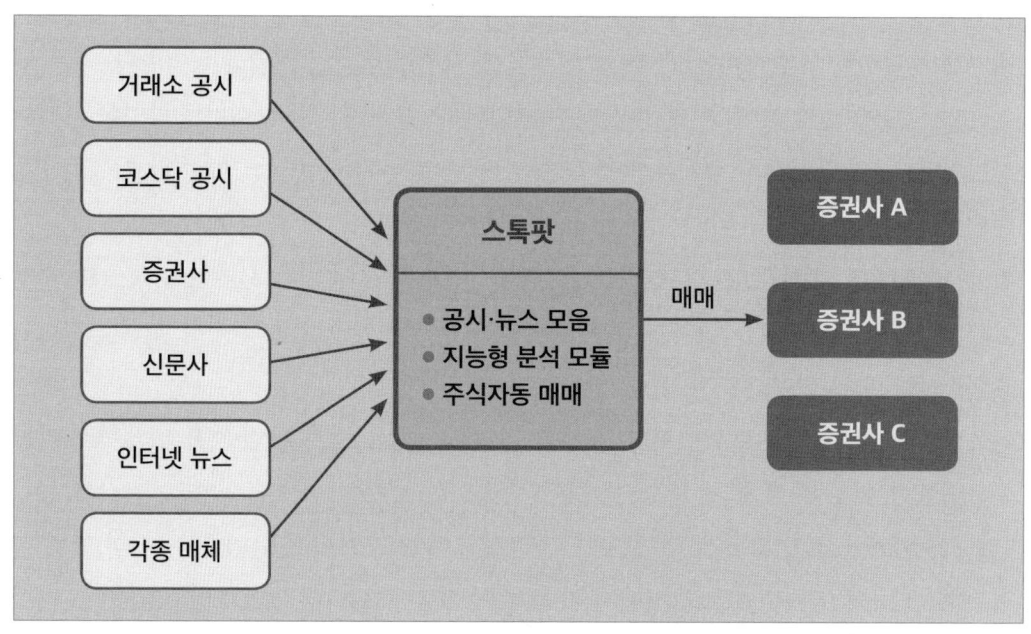

그림 20-1 극초단타 매매 프로그램의 구조

호재성일 경우 주가는 급등한다. 이때 가장 먼저 자동으로 매수 주문을 내어 주식을 매수한 후 수초 혹은 수분 뒤에 주식을 매도하는 방식으로 수익을 내는 방법이다.

앞서 소개한 스켈핑이라는 수분 또는 수초 단위의 초단타 매매이다. 뉴스나 공시에 의한 자동매매는 1초 이내에 뉴스에 대한 분석을 끝내고 자동매수를 하기 때문에 극초단타 매매라 부른다. 내가 개발한 주식 자동매매 프로그램은 바로 극초단타 매매 프로그램이었다.

[그림 20-1]은 뉴스·공시에 기반해 주식을 자동으로 매매하는 프로그램의 기본 기능을 도식화한 것이다. 크게 정보수집, 정보분석, 자동매매 부분으로 나눌 수 있다.

[그림 20-2]는 뉴스·공시에 의한 주식 자동매매 프로그램의 기본적인 기능을 설명한 것이다.

프로그램은 크게 3개의 부분으로 나누어서 개발했다.

1. 공시나 뉴스를 수집하는 프로그램 (수집 프로그램)
2. 수집된 뉴스를 분석하는 프로그램 (분석 프로그램)
3. 분석된 내용에 따라 주식을 매수하는 프로그램 (매매 프로그램)

공시·뉴스 매매관리 솔루션
공시 및 뉴스 발생 시 매매와 히스토리를 관리하는 솔루션
종목별 공시·뉴스 관리, 테마별 공시·뉴스 관리

주식 자동 매매 프로그래밍
설정 공시식에 적합한 공시 캡처 시 자동 매매(지능형 모듈 프로그래밍 적용)
설정 뉴스식에 적합한 뉴스 캡처 시 자동 매매(지능형 모듈 프로그래밍 적용)

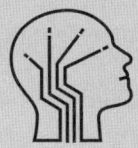

인공지능 평가모듈 탑재
공시·뉴스 내용 가치의 전자적 평가에 따라서 주식 매매 금액·수량 자동 설정
주식 종목의 규모 및 가중치에 따라 주식 매매 금액·수량 자동 설정
다양한 테마주에 대한 맞춤형 뉴스 및 카깃 설정 가능

그림 20-2 극초단타 매매 프로그램의 기본 기능

수집 프로그램 → 분석 프로그램 → 매매 프로그램 순으로 개발했는데 각각의 프로그램 개발은 어느 것 하나 쉬운 것이 없었다. 비록 프로그래머로서 수년 동안 일했지만, MIS(Management Information System) 관련 업무용 프로그램만 개발했기 때문이었다. 처음부터 다시 시작한다는 기분으로 새로운 분야에 대해 공부를 시작했다.

먼저 윈도우 운영체제의 내부 동작과 구조를 이해하고 제어하기 위해서는 윈도우 API(Application Programming Interface)에 대한 기술 습득이 필요했다. 가남사에서 나온 『Windows API 정복』이란 책을 사서 읽었다.

이 책은 1500 페이지가 넘을 만큼 매우 두꺼웠지만, 필요한 부분만 찾아서 공부했으므로 시간은 별로 소요되지 않았다. 프로그램 개발 완료 후에 확인해 보니 실제로 필요한 부분은 수 페이지에 불과했다.

윈도우 프로그래밍의 가장 기초적이고 핵심이 되는 API에 대해 자세히 설명한 책이다. 윈도우 프로그래밍에 입문하는 사람들에겐 반드시 필요한 책이지 않나 싶다. 이 책으로 관련 정보를 습득한 후, 첫 번째 프로그램인 뉴스·공시 수집 프로그램 개발을 완료했고, 세 번째 프로그램인 주식 매매 프로그램에 대한 어려운 문제를 해결했다.

개발툴로는 그 당시 유행했던 델파이를 이용하려다가 라이선스 문제 등으로 인해 더 쉽게 접근하고 활용이 가능한 비주얼 베이직으로 개발했다.

- 개발 도구: 비주얼 베이직 6.0
- 사용 DB: SQL Server(엑셀 디비링크 기능 이용)
- 정보 수집: 거래소 공시, 코스닥 공시, TOP3 증권사 HTS, 네이버 포털 사이트, 각종 뉴스 사이트 등
- 구입 도서: 『Windows API 정복』 등 각종 주식 관련 책 다수
- 주식 매매: 현대증권, 삼성증권, 대신증권
- 개발 기간: 1개월(초기 버전) ~ 3개월(최종 버전)
- 기타 도구: Spy++ 프로그램 활용
- 기능 구현

    공시 수집: 거래소 공시 및 코스닥 공시 수집(타이머 기능)

    뉴스 수집: 증권사 HTS 프로그램 및 각종 웹 사이트(타이머 기능)

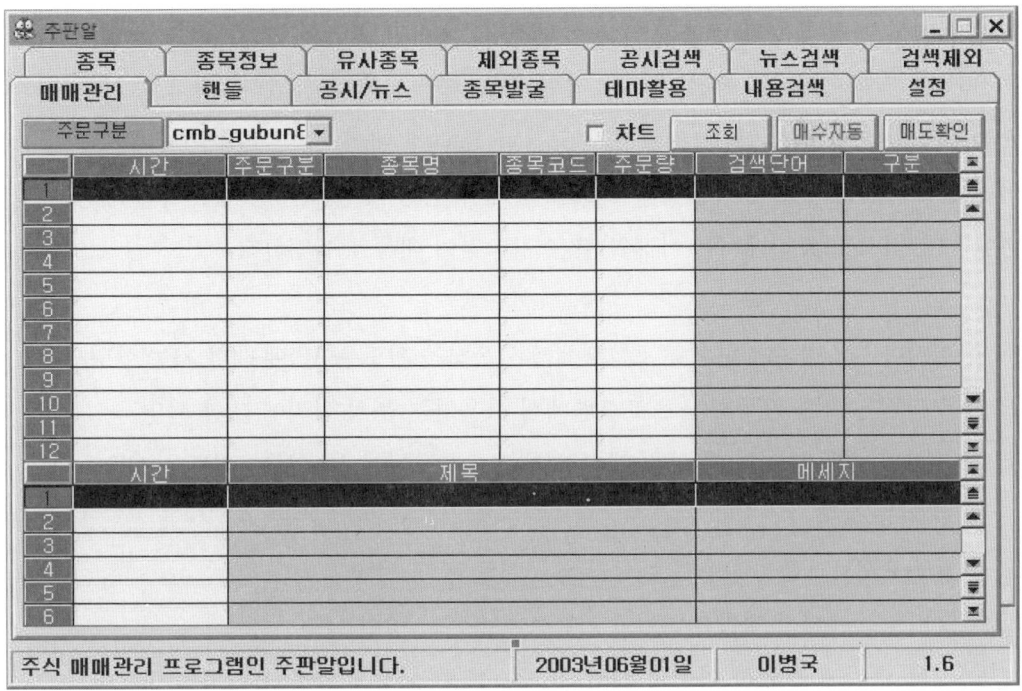

그림 20-3 주식관련 정보(테이블)를 관리하는 메인 화면

정보분석: 수집된 공시·뉴스를 분석하는 지능형 모듈(분석 쿼리 활용)

자동매매: 증권사 HTS 프로그램 이용(Windows API 및 Spy++ 이용)

이력관리: 공시·뉴스 이력관리, 자동매매 이력관리

[그림 20-3]은 모든 주식관련 정보(테이블)를 관리하는 메인 화면이다.

[그림 20-4]는 설정된 증권사로 실제 자동매매가 이루어지는 매수 화면이다. 1개월의 개발 기간이 지나서 프로그램의 초기 버전이 완성됐다. 하지만 미처 예상하지 못한 각종 문제점의 해결과 성능 이슈에 대한 보완 과정을 거치면서 최종본이 나오기까지 2개월이 더 걸렸다.

주식 자동매매 프로그램을 완성한 날은 마음이 들떠서 잠을 이루지 못했다. 다음

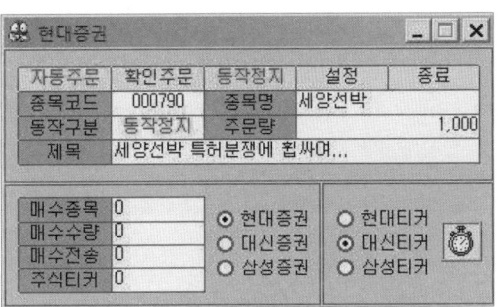

그림 20-4 자동매매를 위한 매수화면

날 실전에서 어떤 결과가 나올까 사뭇 궁금했다. 드디어 결전의 날이 왔다. 첫날 수익률은 30%를 기록했다. 그 후 한 달 간 일일 평균 수익률은 20%였다. 최고로 높은 수익률을 기록한 날은 60%였다. 지금까지 고생한 노력에 대한 보상은 너무나 과분했다.

이번 스토리에서는 주식 자동매매 프로그램 개발 진행 과정에 대한 일반적인 내용을 설명했는데, 다음 스토리에서는 아래와 같은 기술적인 내용을 설명한다.

1. 공시나 뉴스를 수집하는 프로그램에서 사용하는 **윈도우 API에 대한 기능** 설명
2. 수집된 뉴스를 분석하는 프로그램에서 사용하는 **분석 쿼리**에 대한 설명
3. 분석된 내용에 따라 주식을 매수하는 프로그램에서 사용하는 **윈도우 API에 대한 기능** 설명
4. **Spy++ 프로그램**을 활용해 핸들값을 구하는 방법 설명
5. SQL Server에서 **엑셀 디비링크 기능을 이용하는 방법** 설명
6. 정보 수집에 필요한 **타이머 설정** 및 자동매수 여부에 따른 **음악파일 구동**에 대한 내용
7. **ERD의 개략적 설명** 및 생성된 각종 테이블 및 프로시저에 대한 설명
8. 기타 각종 **개발 노하우**에 대한 설명(빠른 증권사 선택, 호재성 뉴스 선별 방법, 예외처리)

KEY WORD   DICTIONARY, 쉬어가는 이야기

이제는 말할 수 있다
주식 자동매매 프로그램(하)

개발자이면서도 SQL에 자신감이 생기면 자신만의 새로운 시도를 하고 싶어질 수 있다. 그런 바람을 담아 개발했던 주식 자동매매 프로그램을 소개한다. 개발 경험을 가진 사람이라면 더 공감할 것이고, 마음만 먹고 있었다면 실행할 힘을 줄 것이다.

주식 자동매매 프로그램은 크게 다음과 같이 3가지로 나눌 수 있다.

1. 공시나 뉴스를 수집하는 프로그램 (수집 프로그램)
2. 수집된 공시나 뉴스를 분석하는 프로그램 (분석 프로그램)
3. 분석된 내용에 따라 주식을 자동으로 매수하는 프로그램 (매매 프로그램)

공시·뉴스 수집 프로그램

먼저 첫 번째 프로그램인 수집 프로그램에 대해 소개한다. 공시나 뉴스 정보는 여러 경로를 통해 수집할 수 있다. 대표적으로 증권사에서 제공하는 주식매매 프로그램인 HTS(Home Trading System)가 있고, 인터넷 포털 사이트인 네이버·다음·기타 여러 뉴스 사이트가 있다.

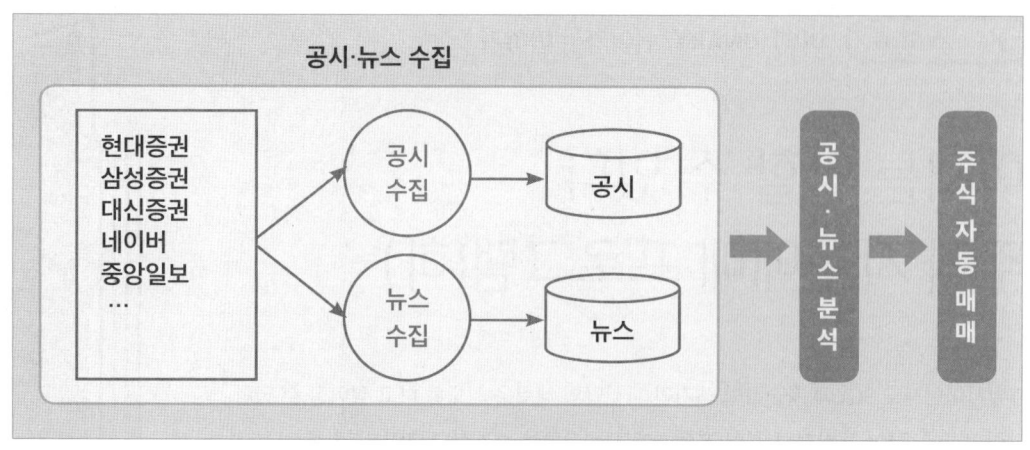

그림 21-1 공시·뉴스 수집 프로그램 구성

공시·뉴스 수집 프로그램은 각각의 수집 경로에 대해서 1:1로 대응할 수 있게 개발됐다. [그림 21-1]의 예에서는 5개의 수집 프로그램이 있어야 할 것이다. 이는 각 수집 매체의 정보 수집 시점이나 방법이 다르고 또한 수집 매체의 특성에 따라 프로그램 구현 방법이 다르기 때문이다.

각각의 수집 프로그램은 타이머를 이용해 0.1~1초 간격으로 주기적으로 정보를 수집한다. 네이버와 같은 웹사이트는 HTML 소스를 읽어서 파싱해 정제된 뉴스를 DB에 저장하는데, 타이머 시간은 1초로 설정한다. 주식 매매 프로그램인 증권사 HTS는 Spy++ 프로그램을 이용해 핸들 값을 미리 구한 후, 윈도우 API를 활용해 공시·뉴스 정보를 수집해 DB에 저장한다. 이때 타이머 설정값은 0.1초다.

사이트에서 HTML 소스를 읽어서 파싱하는 방법은 웹 검색으로 쉽게 찾을 수 있으므로 여기서는 설명하지 않겠다. 참고로 사이트에서 공시·뉴스가 제공되는 시점보다 증권사 HTS를 통해 제공되는 시점이 훨씬 빠르다. 그 중에서도 현대증권의 HTS에서 제공하는 공시·뉴스 시점이 가장 빨랐다. 그래서 필자가 개발한 프로그램을 통한 매수 주문은 대부분 현대증권을 통해 이뤄졌다.

여러 수집 매체에서 동일한 뉴스가 연달아 제공될 때에는 가장 먼저 수집된 정보만 DB에 저장하고 나머지는 스킵 처리했다. 그 당시 여러 증권사 HTS에서 동일한 뉴스가 1초 이내의 시간에 거의 동시적으로 수집됐다. 1초라는 시간은 큰 차이가 아닌 것으로 생각

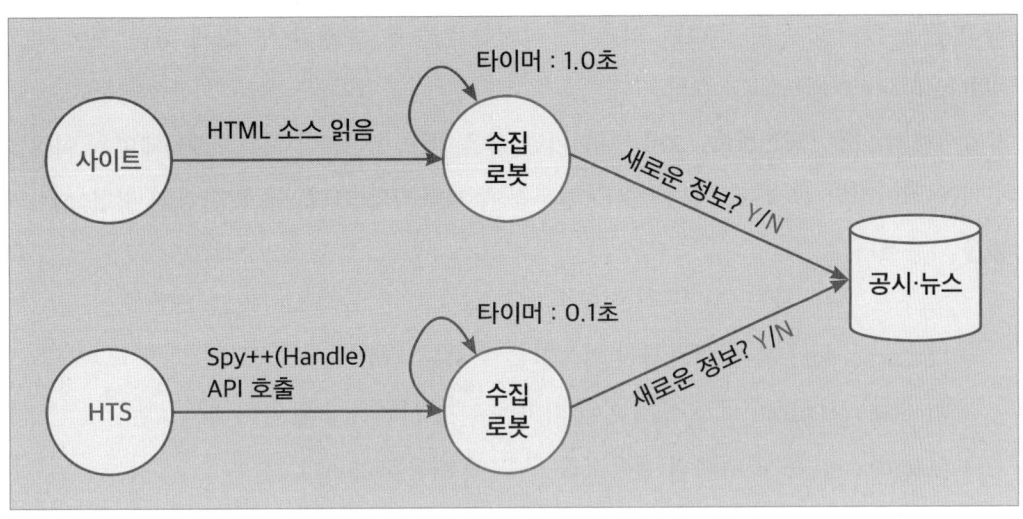

그림 21-2 공시·뉴스 수집 프로그램 흐름

할 수 있지만, 주식시장의 초단타 매매에서는 천당과 지옥을 오가기에 충분한 시간이다. 앞에서 언급한 핸들값, Spy++, API의 의미와 기능은 다음과 같다.

핸들값

핸들은 윈도우가 보호하는 곳에 생성된 객체의 값을 가리키는 값이라고 보면 된다. 프로그램의 입력필드나 조회필드, 동작버튼은 각각 고유한 값을 갖고 있다. 즉 화면을 구성하는 객체에는 윈도우 고유의 값이 있는데, 이것이 바로 핸들값이다.

Spy++

핸들값을 알고자 할 때 사용하는 프로그램이 Spy++이다. Spy++는 비주얼 베이직(Visual Basic)을 설치하면 추가적으로 생기는 부가 프로그램이다. Spy++를 그냥 사용해도 되고 아니면 검색으로 더 좋은 핸들값을 구하는 프로그램을 다운받아 사용해도 된다.

API

핸들값을 알면 타 프로그램의 각종 입력필드, 조회필드, 동작버튼을 통제할 수 있다. 타 프로그램의 입력필드에 값을 줄 수도 있고, 조회필드의 값을 읽어 올 수도 있으며, 동작 버튼을 클릭할 수도 있다는 의미다. 이러한 기능을 수행할 수 있게 하는 것이 바로 API(Application Programming Interface)다.

가남사에서 나온 『Windows API 정복』이란 책을 참고 했다. 이 책은 1,500페이지 이상의 두꺼운 책이지만 실제로 사용한 것은 일부분에 지나지 않는다. 주로 다음과 같은 API 기능을 사용했다.

- GetCursorPos: 마우스 커서의 위치값을 구하는 API
- WindowFromPoint: 마우스 좌표에 위치한 윈도우 핸들값을 알아내는 API
- FindWindow: 부모 객체의 핸들값을 구할 때 사용하는 API
- FindWindowEx: 자식 객체의 핸들값을 구할 때 사용하는 API
- SetForegroundWindow: 지정된 객체에 포커스 줄 때 사용(창을 맨 앞에 오게 하는 API)
- SendMessage: 지정된 메시지를 보내는 API(값 읽기, 값 쓰기, 버튼 클릭하기 등)
- GetWindowText: 윈도우나 컨트롤의 캡션(또는 텍스트)을 가져오는 API

이 중에서 공시·뉴스 정보를 수집할 때 사용한 API는 SendMessage다. 자세한 사용 방법은 위 책에 자세히 기술돼 있다. 인터넷 검색으로도 충분히 내용을 알 수 있을 것이다. [그림 21-3]은 뉴스를 수집하는 프로그램에 대한 간략한 설명이며 그 순서는 다음과 같다(단 현대증권 HTS 프로그램의 뉴스 화면은 실시간으로 리프레시되는 뉴스 티커창 화면임).

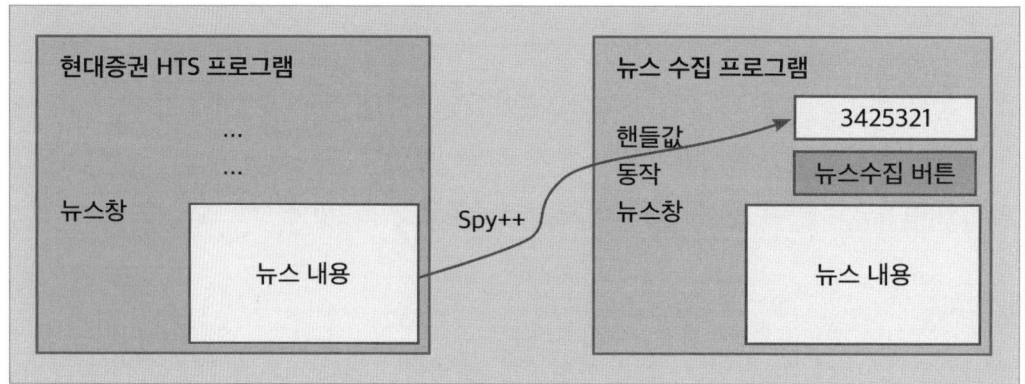

그림 21-3 API를 이용해 타 프로그램 제어하기

- Spy++를 이용해 사전에 현대증권 HTS 프로그램의 뉴스창 객체에 대한 핸들값을 구한다.
- 뉴스수집 버튼(API 호출)을 클릭해 뉴스 내용을 구한 후 새로운 뉴스이면 DB에 저장한다.
- 타이머를 설정해 0.1초 간격으로 뉴스수집 버튼을 클릭하게 한다.

공시·뉴스 분석 프로그램

수집된 공시·뉴스를 분석하는 프로그램을 말한다. 공시·뉴스 분석 쿼리를 통해 정보의 호재성 여부를 판단한다. 또한 종목코드의 종목 분석을 통해 주문 가능한 종목인지 검토해 매수 여부를 결정한다.

수집된 공시·뉴스 내용의 호재성 여부를 사람이 직접 보고 판단한다면 쉽게 매수 결정을 할 수 있겠지만, 주식 자동매매 프로그램에서는 호재성 뉴스인지 악재성 뉴스인지 프로그램이 스스로 판단해서 매수 여부를 결정해야 한다. 결국 공시·뉴스 내용에 대한 분석 알고리즘이 좋아야 한다. 필자는 검색단어 테이블과 분석 쿼리를 이용해 뉴스의 호재성 여부를 다음과 같이 간단히 해결했다.

'검색단어' 테이블의 컬럼 구성 및 내용은 다음과 같다.

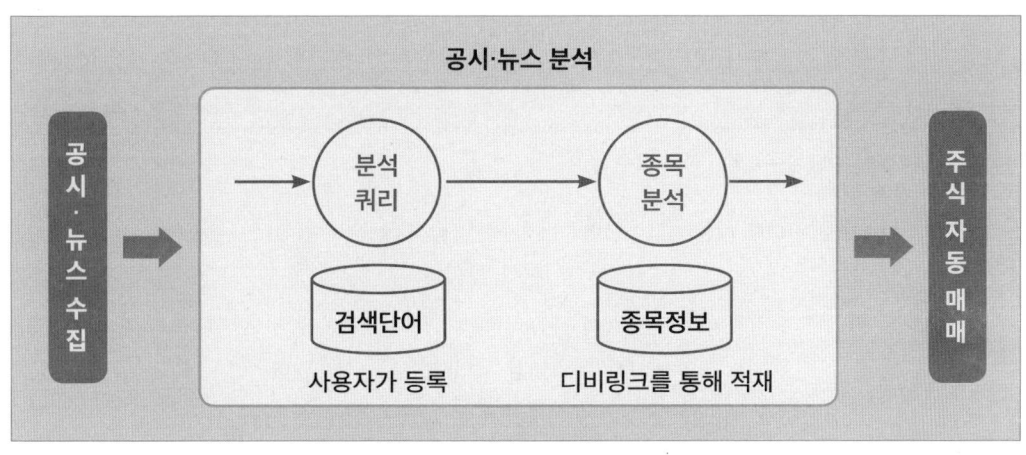

그림 21-4 공시·뉴스 분석 프로그램 구성

번호	단어	구분	점수(10점 만점)	…
1	최초	긍정	5	
2	특허	긍정	7	
3	수출	긍정	3	
4	무산	부정	0	
5	취소	부정	0	
6	무상증자	긍정	5	
7	부도	부정	0	
…	…	…	…	

뉴스 내용은 다음과 같다고 가정하자.

```
[종목 041460] 한국전자인증

핀테크 관련해 정부는 향후 10년간 3,000억 원의 기술 지원금을
책정했고 정책적으로 기술 진입에 대한 불합리한 제도적 장벽을
조기에 없애기로 국무회의에서 논의했다.
이와 관련해 최대 수혜주로 한국전자인증이 떠오르고 있다.
세계 최초로 모바일과 생체인식에 기반한 비접촉 결제 방식을 특허
출원했다고 회사 관계자는 전했다.
…
```

분석 쿼리의 내용은 다음과 같이 작성한다.

```sql
SELECT  NVL(SUM(점수),0)  AS  점수
FROM    검색단어
WHERE   '뉴스내용'  LIKE  '%' || 단어 || '%'
AND     NOT EXISTS  (
                     SELECT  'X'
                     FROM    검색단어
                     WHERE   '뉴스내용'  LIKE  '%' || 단어 || '%'
                     AND     구분 = '부정'
                    )
```

우리가 평소에 경험하는 일반적인 LIKE 구문은 다음과 같다.

- WHERE 컬럼 LIKE '%값%' : 컬럼이 왼쪽에 위치하고 값은 오른쪽에 위치한다.

분석 쿼리에서는 LIKE 구문이 가장 핵심인데, LIKE 구문을 다음과 같이 특이하게 사용했다.

- WHERE '값' LIKE '%' || 컬럼 || '%' : 값이 왼쪽에 위치하고 컬럼은 오른쪽에 위치한다.

앞의 분석 쿼리는 간단하게 구현한 것이다. 필자가 실제로 사용한 쿼리는 좀 더 다양한 조건들이 포함돼 있다. 이처럼 분석 쿼리를 통해 호재성 뉴스 여부를 판단했다고 해도 바로 주문을 해서는 안 된다. 왜냐하면 매수 종목에 대한 분석도 병행해야 하기 때문이다. 매수 종목에 대한 분석은 프로시저로 구현했는데 다음과 같은 내용으로 이루어져 있다.

1. 매수종목의 거래량이 일정 기준 이상이어야 한다. 거래량이 많지 않은 종목을 자동 주문하면 스스로 상한가를 만드는 경우가 있기 때문이다.
2. 매수 종목의 거래금액이 일정 기준 이상이어야 한다.
3. 공시나 뉴스에 대한 매수 종목의 민감도 수치가 기준치 이상이어야 한다. 예를 들어 삼성전자의 경우 특히 취득 공시에 대한 민감도는 아주 낮아 주가의 변동이 거의 없다. 이처럼 대기업의 경우는 특허 취득 공시에 대한 민감도가 낮은 편이다.
4. 최근 수일간 주가 변동폭이 큰 종목은 배제한다. 공시·뉴스에 이미 반영됐을 가능성이 높다.
5. 거래 정지나 유의 종목은 배제한다.
6. 동일한 내용의 뉴스가 최근에 발생했는지 확인한다. 공시 이후에 뉴스가 나오기도 하고, 뉴스 이후에 공시가 발표되기도 하기 때문이다. 공시·뉴스의 소재가 재탕일수도 있기 때문이다.
7. 수출 계약 체결 등과 같은 경우 체결 금액의 수치가 중요하다. 매출액 대비 체

결 금액의 비율에 따라 대규모 수출 계약일 수도 있고, 미미한 수출 계약이 될 수도 있기 때문이다.

8. 특허 취득보다는 세계 최초 특허 취득이 더 좋은 공시·뉴스다. 내용에서 호재성 단어의 복합적인 부분에 가중치를 부여할 필요가 있다(쿼리로 구현 가능함).
9. 기타 수많은 분석 케이스에 대한 적합성 여부를 확인한다(이하 생략).
10. 최종적으로 주식 자동매수 가능 여부 및 적절한 매수 규모를 결정한다.

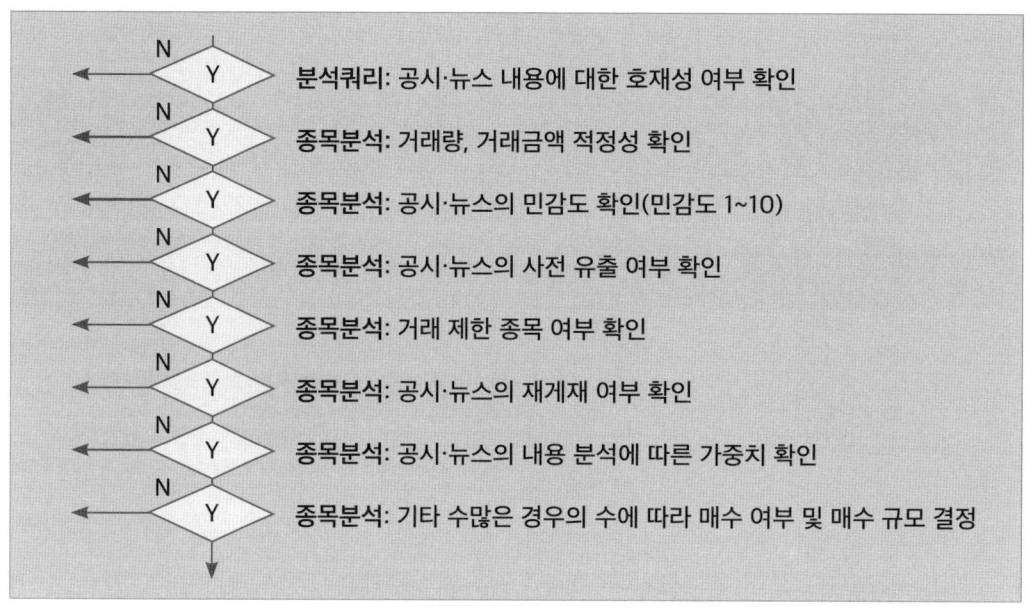

그림 21-5 공시·뉴스 분석 프로그램 흐름

주식 자동매매 프로그램

수집된 공시·뉴스 내용에 대한 분석쿼리 결과가 호재성이고, 해당 종목코드에 대한 종목분석이 매수 가능으로 판단되면 이제 주식을 자동으로 매수해야 한다.

증권사 HTS를 제어할 수 있도록 사전에 핸들값은 Spy++ 프로그램을 이용해 구해 놓아야 한다. 필요한 핸들값 대상 객체는 다음과 같다.

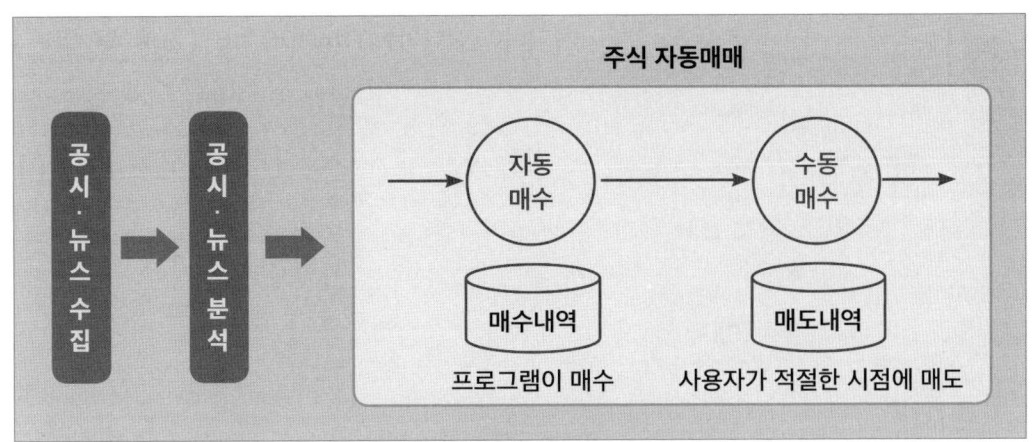

그림 21-6 주식 자동매매 프로그램 구성

- 매수창: 종목코드, 매수수량, 매수단가, 매수버튼 등
- 매도창: 종목코드, 매도수량, 매도단가, 매도버튼 등
- 챠트창: 종목코드, 조회버튼 등

주식 자동매매 프로그램에서는 다음과 같은 API 기능을 사용했다.

- FindWindow: 부모 객체의 핸들값을 구할 때 사용하는 API
- FindWindowEx: 자식 객체의 핸들값을 구할 때 사용하는 API
- SetForegroundWindow: 지정된 객체에 포커스 줄 때 사용(창을 맨 앞에 오게 하는 API)
- SendMessage: 지정된 메시지를 보내는 API (값 읽기, 값 쓰기, 버튼 클릭하기 등)
- GetWindowText: 윈도우나 컨트롤의 캡션(또는 텍스트)을 가져오는 API

자세한 사용 방법은 가남사에서 나온 『Windows API 정복』에 자세히 기술돼 있다. 혹은 인터넷 검색으로도 충분히 내용을 알 수 있다.

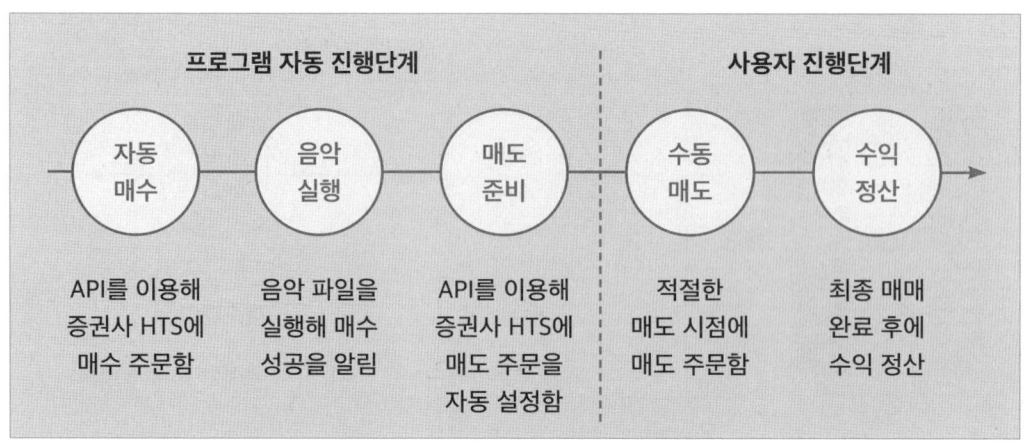

그림 21-7 주식 자동매매 프로그램 흐름

정해진 규칙에 따라 자동매수가 성공적으로 이루어지면 음악 파일을 실행해 매수 사실을 알린다. 그 당시 다른 개발 업무를 병행하고 있어서 주식 화면만 계속해서 쳐다볼 수 없었기 때문이다. 이후 매수한 수량만큼 매도 준비를 API를 통해 자동 설정하고, 해당 종목의 주가 차트 그래프를 API를 통해 조회한다. 여기까지 프로그램이 자동으로 진행한다. 이후 매도는 사람의 판단(감)에 따라 적절한 시점에 한다. 주식매도까지 전 과정을 프로그램이 자동으로 진행하기엔 위험 부담이 너무 크기 때문이다. 매수 및 매도가 끝나면 최종적으로 수익정산 데이터를 DB에 저장한다.

테이블 구성에 대한 이해

프로그램 규모에 비해 사용하는 테이블은 의외로 많지 않다. 사용된 주요 테이블은 다음과 같다.

- 종목코드: 주식 종목코드에 대한 기본적인 정보
- 종목정보: 종목코드의 기본 정보 이외에 추가적인 정보 및 종목 분석에 관련한 내용
- 공시: 수집 매체별 공시 정보를 보관하는 테이블

- 뉴스: 수집 매체별 뉴스 정보를 보관하는 테이블
- 매수내역: 매수 내역을 기록한 테이블
- 매도내역: 매도 내역을 기록한 테이블
- 수익정산: 수익 정산한 결과를 기록한 테이블
- 검색단어: 호재성 및 악재성 단어를 등록해 공시·뉴스 분석에 사용되는 중요한 핵심 테이블
- 핸들: 타 프로그램을 제어하기 위해 해당 객체의 핸들값을 저장하는 테이블
- 사용자: 프로그램을 사용하는 사용자에 대한 권한을 관리하는 테이블

종목코드	종목정보	공시	매수내역	매도내역	수익정산
종목코드	종목코드	공시번호	매수번호	매도번호	정산번호
종목명	종목명	공시일자	매수일자	매도일자	정산일자
업종분류	종목구분	공시시간	매수시간	매도시간	정산시간
법인구분	종목등급	공시제목	공시뉴스구분	공시뉴스구분	공시뉴스구분
사용여부	종목정보	공시내용	공시뉴스번호	공시뉴스번호	공시뉴스번호
거래정지여부	테마분류	종목코드	종목코드	종목코드	매수번호
유의종목여부	제외사유	종목명	매수수량	매도수량	매도번호
증거금여부	증거금여부	매체구분	매수단가	매도단가	기초금액
매출액	민감도수치	판정점수	매수금액	매도금액	수익금액
	매출액	주문여부	매수점수	매도점수	수익율
	거래량	등록일시	매수의견	매도의견	수익평가
	거래금액		등록일시	등록일시	등록일시
	전일종가				
	금일종가	뉴스	검색단어	핸들	사용자
	현재가	뉴스번호	번호	핸들번호	아이디
	최저가	뉴스일자	단어	대분류	성명
	최고가	뉴스시간	구분	중분류	비밀번호
	최근3거래일추이	뉴스제목	점수	소분류	사용여부
	공시투자금액	뉴스내용	주어점수	핸들16진	사용권한
	뉴스투자금액	종목코드	동사점수	핸들10진	등록일시
	거래대비주문량	종목명	목적점수	준비시간	
	공시대비주문량	매체구분	사용여부	사용여부	
	뉴스대비주문량	판정점수	등록일시	동작상태	
	공시주문량	주문여부		등록일시	
	뉴스주문량	등록일시			
	종목메시지				
	주문가능여부				
	등록일시				

그림 21-8 주식 자동매매 프로그램 ERD

그 외 사용된 DB 자원은 다음과 같다.

- 프로시저: 종목 정보를 분석하는 단계에서 사용하는 프로시저 다수 제작
- 디비링크: 종목 정보를 구성하기 위해 SQL Server에서 제공하는 디비링크 사용

주식 자동매매 프로그램에서 디비링크는 아주 요긴하다. 종목정보 테이블에 필요한 정보를 증권사 HTS에서 조회해 정보 내역을 엑셀 파일로 내려 받은 후에 이 파일을 디비링크로 등록하면 엑셀 파일 각각의 탭은 마치 테이블과 같은 개념으로 인식되기 때문에 쿼리에서 테이블처럼 사용 가능하다. 디비링크 사용법은 인터넷에서 흔하게 조회할 수 있으므로 이 스토리에서는 제외한다.

API를 알면 보이는 것들

지금까지 주식 자동매매 프로그램에 대해 설명했다. 10여 년 전에 개발할 당시와 지금의 상황은 많이 달라졌다. 요즘은 판매되는 주식 자동매매 프로그램도 있고, 자동매매 기능을 증권사에서 제공하기도 한다. 또한 증권사에서 자체적으로 제공하는 전용 API를 활용해 프로그램을 제작할 수도 있다. 예전보다 제작 환경이 더 좋아졌다. 그래서 혹시나 주식 자동매매 프로그램을 제작하고자 하는 개발자가 있다면 말리고 싶다.
자동매매 프로그램은 독학으로 제작하기도 무척 힘들지만, 주식에 대해 전문가적인 지식을 갖추는 것도 많은 시간이 필요하다. 필자는 여러분의 아까운 시간이 낭비되는 걸 바라지 않는다.
지난 스토리인 '오라클 딕셔너리를 활용한 DB툴 프로그램'에서는 DB툴인 FreeSQL보다는 딕셔너리에 대해 더 많은 의미를 부여했다. 딕셔너리는 오라클 시스템에 대한 정보의 보고이며 데이터 사전이라고 설명하면서 딕셔너리의 중요성을 강조했다. 이번 스토리에서도 주식매매 프로그램보다는 API에 더 초점을 맞춰서 그 중요성을 강조하고 싶었다. 여러분이 API를 안다는 것은 타 프로그램을 제어할 수 있다는 것을 의미한다. 개발자들이라면 API가 어떤 중요한 의미를 지니고 있고, 다방면에서 활용할 수 있는지 충분히 이해할 것이다.

공시·뉴스 정보를 이용한 주식 자동매매 시장에서는 매일 치열한 시간(초) 단위 경쟁이 일어난다. 그 당시 기억으로 1~3위 정도의 순위는 수익을 낼 수 있었지만 그 외의 순위에서는 오히려 손해를 보는 경우가 훨씬 많았다. 필자가 선두권을 유지했던 기간은 불과 서너 달에 불과했다. 0.001초의 순위 싸움은 지금도 치열하게 일어나고 있을 것이다.

KEY WORD 에러 메시지

개발자들이 자주 접하는 오라클 에러 메시지

개발자들이 개발 과정에서 가장 빈번하게 접하는 오라클 에러 메시지에 대한 내용을 정리하였다. 수많은 에러의 원인을 찾다가 많은 시간을 허비한 경험은 한번씩 있을 것이다. 시간 낭비를 방지하는 데 도움이 되었으면 한다.

빅데이터는 실시간으로 수집되는 다양한 종류의 수많은 자료들(데이터)로 정의할 수 있는데, 빅데이터 자체만으로는 의미 있는 자료가 될 수 없다. 분석툴을 이용해 빅데이터에서 가치 있는 정보를 추출할 때 비로소 의미 있는 자료가 된다.
현재 빅데이터는 모바일 기기의 확대, SNS 활성화, 저장장치의 가격 하락, 다양한 데이터 분석 기술의 발전에 힘입어 점점 더 그 활용성이 올라가고 있다.

김기사와 빅데이터

빅데이터가 한동안 뜨거운 이슈가 됐다가 지금은 잠시 소강 상태이지만 그렇다고 빅데이터의 중요성이 낮아졌다고는 볼 수 없다. 지금은 물밑에서 열심히 움직이는 오리발처럼 그 힘을 숨기고 있을 뿐이다. 어느 순간 비상하는 날을 위해 잠시 날개를 접고 다리를 저으면서 준비하고 있다. 글로벌 IT 기업들이 치밀하게 빅데이터 시대를 준비하고 있는 상황을 보면 이런 예측이 억지가 아님을 알 수 있다.
카카오가 국민 내비게이션인 김기사를 626억원에 100% 인수했다는 뉴스를 보았다. 카카오택시와 연계해 시너지 효과를 기대한다는 내용이었다. 일부 사람들은 너무 비싼 가격에 회사를 인수했다는 말도 하지만, 필자는 절대 그렇게 생각하지 않는다. 김기사는 단순한 국민 내비게이션 회사로만 인식돼서는 안 된다.

수백만 명이 이동하는 경로에 대한 정보를 매일 수백 만건씩 축적하는 정보 수집 회사다. 엄밀히 말한다면 김기사가 수집하는 것이 아니다. 앱에 가입한 수백만 명이 능동적으로 자기 정보를 김기사에게 전송하는 것이다. 그 정보들은 단지 도로에 대한 최적의 경로를 추출하는 데 국한돼 활용되는 것은 아니다. 다양한 분야에서 활용 가능한 의미 있는 정보들을 추출해 낼 수 있다.

방문 지역정보, 차량 상태정보, 차량 운행정보 등 다양한 수집 자료에 근거해 개개인의 활동 영역, 소득, 취미, 성향, 성별, 나이 등 수많은 개인 정보를 추출할 수 있다. 정보활용 동의의 수고도 거치지 않는 알짜 개인 정보들이다. 이러한 정보를 활용한다면 여행, 쇼핑, 보험, 투자, 광고 등 수많은 분야와 연계해서 수익을 창출할 수 있다.

한발 더 나아가 차량의 센서 데이터까지도 수집할 수 있다면, 일례로 수집된 에어컨 센서 정보를 통해 추위를 타는 사람인지, 더위를 타는 사람인지, 냉면집을 소개할 건지, 따뜻한 국밥집을 소개할 건지 판단할 수도 있다. 이는 수많은 광고와 연결할 수 있다는 의미다. 또한 이러한 빅데이터 활용은 운행 중으로 한정한 범위에서만 활용되는 것은 분명히 아닐 것이다. 아마 다양한 분야에서 폭넓게 활용될 것이다. 결론은 카카오는 김기사를 비싼 값에 인수한 것이 아니라 헐값에 인수했으며 조만간 그것을 증명해 보일 것이라 믿는다.

'조선시대에도 빅데이터가 있었다'

빅데이터는 새로운 것이 아니다. 인류 역사와 궤를 같이 한다. 인류의 역사와 함께 수만 년 동안 축적된 전 인류의 총체적인 지식도 빅데이터라고 할 수 있다. 조선시대 허준의 동의보감도 빅데이터를 활용해 만든 결과물이라 할 수 있다. 의술에 뛰어난 천재 한 명의 머리에서 나온 책이 아니다. 우리나라에서 자라는 온갖 약초와 독초에 대한 오랜 기간 축적된 지식과 수많은 처방 결과에 따른 효과들을 일목요연하게 정리한 백과사전식 의학 서적이다. 중국(서의)에 비교되는 우리나라(동의)의 보물(보감)이다.

조선시대 김정호는 대동여지도를 만들었다. 그 당시 지도는 적국에 넘어가면 안 되는 국가 기밀이었다. 지도를 만드는 것조차도 허락되지 않았다고 한다. 최고의 지배층만 지도 정보를 공유했다. 기밀을 지나치게 강조하다 보니 지도 정보가 촉발할 수 있는 엄청난 사회적 변혁과 경제적 발전의 기회를 놓쳤다. 우리는 과거의 잘못된 역사를 반성해 보고 미래를 대비해야 한다.

우리나라는 현재 초고속 인터넷과 스마트폰 보급률이 세계 1위다. 신용카드 결제 비율도 세계 선두 그룹에 속한다. 잘 구축된 공공 인프라를 통한 전자정부 부분도 선두권이다. 개인건강기록이나 개인의료정보도 잘 구축돼 있다. 이렇게 수많은 빅데이터를 확보하고도 활용하지 못하고 있다. 물론 개인적·국가적으로 민감한 정보에 대한 통제는 필요하다. 하지만 빅데이터에 대한 보안성을 지나치게 강조하면, 조선시대 지도를 통제함에 따라 놓쳐버린 기회처럼 정보의 활용성은 떨어질 것이다.

엄청난 빅데이터가 존재함에도 그것을 활용하지 못하고 있으며, 빠른 시간 안에 사회적 타협과 제도적 정비를 이루어내지 못한다면 많은 기회를 놓칠 것이다. 공공의 빅데이터에 대한 사회적 타협과 제도적 정비가 잘 이뤄진다면 엄청난 경제적 효과를 선점할 수 있다. 빅데이터에 대한 기업의 독점적 사용은 적절하게 통제돼야 하며, 공익적 활용에 대한 정보는 폭넓게 개방돼야 한다. 우리나라가 빅데이터의 선두권 국가에 다가서는 것을 기대해 본다.

오라클 에러 메시지 톱10

개발자들이 가장 빈번하게 접하는 오라클 에러 메시지에 관한 내용을 네이버 블로그에서 검색해 보았다. 다소 무모한 방법으로 시간을 써가면서 [그림 22-1]과 같이 오라클 에러 메시지 톱10을 추출했다. 이것도 빅데이터의 활용이라고 주장하기엔 다소 무리가 있어 보이지만, 오라클 에러 메시지에 대한 내용이다. 그 중에서도 다음 톱10에 대해서 자세히 설명하고자 한다.

"ORA-00001: 유일성 제약조건에 위배됩니다"

오라클 에러 메시지 중에서 개발자가 가장 자주 접하는 에러 메시다. 테이블에 PK가 있거나 UNIQUE INDEX가 있을 때, 중복되게 INSERT 하면 발생한다. 이 에러는 가장 흔하게 접

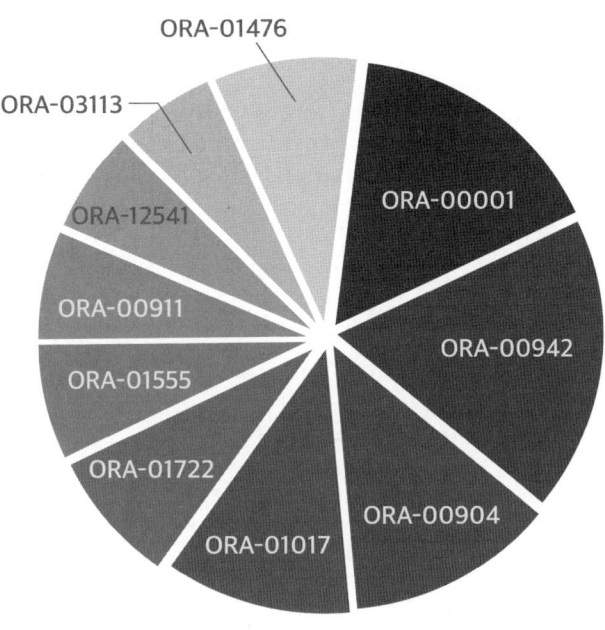

그림 22-1 오라클 에러 메시지 톱 10

(출처: 네이버 블로그 검색빈도)

하는 에러이기 때문에 대부분의 개발자들이 쉽게 조치를 하지만, 의외로 조치가 빨리 이루어지지 않는 경우도 있다.

예를 들면 UNIQUE INDEX 존재 여부를 모르고 PK 컬럼들만 살펴볼 경우가 그러하다. 또한 업데이트 중에 발생하는 경우도 의외로 발견하기 쉽지 않다. 그래서 PK 컬럼이나 UNIQUE INDEX 구성 컬럼은 가능한 업데이트하지 않는 것을 원칙으로 정하고 쿼리 구분에서 아예 배제하는 것도 한 방편이다. 프로젝트 일정 후반에 데이터 컨버전 적재 작업 시에도 빈번하게 발생한다.

"ORA-00942: 테이블 또는 뷰가 존재하지 않습니다"

개발자의 오타에 의한 경우가 가장 흔하지만, 실제로 테이블이 생성됐는지 확인도 필요하다. 개발계와 운영계를 따로 관리하는 환경이라면, 실제 해당 테이블에 대한 생성 유무를 착각할 수도 있기 때문이다. 또한 권한이 없어서 발생하는 경우도 있다. 이와 같은 경우에는 DBA에게 권한을 요청하거나 다음과 같이 직접 권한을 부여하면 된다.

```
GRANT SELECT, INSERT, UPDATE, DELETE ON [테이블명] TO [유저명]
```

대소문자 사용에 따른 문제일 수도 있다. 오라클은 테이블 생성 시 대소문자 구분은 없으며 자동으로 대문자로 생성된다. 하지만 따옴표로 감싸서 소문자로 생성 시 테이블명은 소문자로 생성된다.

```
CREATE  TABLE  AAA        -- 대문자 테이블 생성 AAA
CREATE  TABLE  aaa        -- 대문자 테이블 생성 AAA
CREATE  TABLE  'AAA'      -- 대문자 테이블 생성 AAA
CREATE  TABEL  'aaa'      -- 소문자 테이블 생성 aaa
```

"ORA-00904: 열명이 부적합합니다"

존재하지 않는 컬럼명을 쿼리 구문에 사용할 경우에 발생하는 에러 메시지다. 대부분은 오타가 원인이다. 간혹 컬럼은 실제로 존재하나 SELECT 절에 없는 컬럼을 ORDER BY 절에 사용해서 발생하는 경우도 있으므로 쿼리 작성 시 유의해야 한다. 다음 쿼리와 같은 경우가 그러하다.

```
SELECT  고객아이디,  고객명
FROM
(
    SELECT  CUST_ID  AS  고객아이디,  CUST_NM  AS  고객명
    FROM  고객
)
ORDER BY  CUST_NM
```

"ORA-01017: 유효하지 않는 사용자/패스워드에 의한 접근을 제한합니다"

오라클 접속 시 사용자 ID나 패스워드가 일치하지 않아서 발생한다. 하지만 이런 경우가 아닌 대소문자 사용에 따라서 발생하기도 한다. 왜냐하면 오라클 11g부터는 대소문자를 구분하기 때문이다. 오라클 대소문자 구분 설정을 해제할 수도 있지만 보안상의 이유 때

문에 통상적으로는 해제하지 않고 대소문자를 구분해 사용한다.

간혹 TNS(Transparent Network Substrate) 정보가 틀린 경우에도 발생하는데 이런 경우 에러 원인을 찾기 힘들다. 설마 TNS 정보가 잘못 됐으리라고는 상상도 하지 않기 때문이다.

"ORA-01722: 수치가 부적합합니다"

INSERT 혹은 UPDATE 시에 컬럼의 타입에 맞지 않는 값을 입력할 때 발생한다. 숫자 컬럼에 문자값을 입력하거나 문자 컬럼에 숫자값을 입력하는 경우가 그러하다. 조건절에서 다음과 같은 구문 사용 시에도 발생한다. 결국 컬럼의 타입 전환 시에 문제가 발생한다고 볼 수 있다.

```
SELECT * FROM 상품
WHERE SUBSTR(상품코드, 1, 1) = 1
```

단 상품코드의 실제 값이 영문이나 한글이 아닌 숫자로 구성돼 있을 때는 에러가 발생하지 않는다.

"ORA-01555: 스냅샷이 너무 오래 됐습니다(롤백 세그먼트가 너무 작습니다)"

사용자가 필요로 하는 롤백 세그먼트의 정보가 다른 트랜잭션에 의해 오버라이트돼 존재하지 않을 때 발생한다.

결국 롤백 세그먼트가 너무 작다는 의미인데 가장 쉽게 해결하는 방법은 롤백 세그먼트를 크게 하는 것이다. 정말로 롤백 세그먼트가 작다면 늘리는 것이 올바른 방법이겠지만, 대부분의 경우에는 다른 방법으로 조치가 가능하다. 크기 확장이 항상 최선의 해결책은 아니다.

대용량 데이터 처리시에 빈번한 COMMIT 사용을 자제하거나, 처리를 한가한 시간대로 돌리는 것으로도 충분한 효과를 낼 수도 있다. 또한 실제로 필자의 경험에 따르면 이러한 에러 메시지는 대부분 잘못된 무거운 쿼리에 기인하는 경우가 더 많았다. 무거운 배치 쿼리의 실행에서 자주 발생했다. 이러한 경우에는 크기 조정보다는 튜닝을 하는 것이 더 우선책이 될 수 있다. 만약 튜닝이 곤란하다면 트랜잭션이 몰리지 않는 한가한 시간에 배치를 구동하는 방법도 고려해 볼 만 하다.

"ORA-00911: 문자가 부적합합니다"

쿼리 구문을 잘못 작성해서 발생하는 에러라는 생각이 들 것이다. 하지만 대부분은 쿼리 구문의 끝에 세미콜론(;)을 사용해서 발생하는 경우이다. 이 경우에는 당연히 세미콜론을 없애면 된다.

토드에서 쿼리 구문 끝에 세미콜론을 붙이고, 이를 그대로 카피해 무의식적으로 사용하기 때문에 자주 발생한 경우다. XML 파일에 SQL을 작성하는 경우에는 홑따옴표와 세미콜론 사용에 주의를 기울여야 한다.

"ORA-12541: 리스너가 존재하지 않습니다"

오라클의 리스너는 네트워크를 통해 클라이언트에서 오라클 서버로 접근하는 것을 관리하는 기능을 수행한다. 원격 데이터베이스 서버에 접근하기 위해서는 원격 서버에 리스너가 구동돼 있어야 한다. 주로 리스너가 구동돼 있지 않았을 때에 발생하는 에러 메시지다. 다음 명령으로 리스너를 구동한다.

```
명령 프롬프트  >  Lsnrctl
LSNRCTL  >  status
LSNRCTL  >  stop
LSNRCTL  >  start
```

리스너 로그 파일이 너무 커져서 문제가 발생하는 경우도 있다. 이러한 경우 리스너 로그 파일을 옮기고 새로 생성하거나 아예 만들지 않게 설정하면 된다.

"ORA-03113: 통신 채널에 EOF가 있습니다"

서버의 고장이나 네트워크가 불안정할 때 주로 발생하는데, 다량의 데이터를 인서트하거나 업데이트할 때 발생하기도 한다. 이 에러의 원인은 명확하지 않고 너무 포괄적으로 발생하기에 적절하게 대처하기가 무척 곤란하다.

이러한 에러를 만나면 네트워크 상태를 점검하기도 하고 방화벽을 의심해 보기도 한다. 아예 DB를 재가동해 해결하기도 한다. 만약 오렌지나 토드와 같은 툴에서는 잘 되는데 프로그램에서 안 된다면 쿼리의 길이를 줄여서 테스트해 볼 필요도 있다. 그냥 시간이 지나면 자연스레 해결되는 경우도 있다. 참 난감한 에러 메시지다.

"ORA-01476: 제수가 0 입니다"

쿼리 구문의 나눗셈에서 분모가 0일 때 발생한다.

```
SELECT 0 / 1 FROM DUAL    -- 에러가 발생하지 않는다.
SELECT 1 / 0 FROM DUAL    -- 에러가 발생한다.
```

해결 방법은 다음과 같은 다양한 방식으로 조치하면 된다.

```
SELECT CASE WHEN 분모가 = 0 THEN 0 ELSE 분자 / 분모 END FROM …
SELECT DECODE(분모, 0, 0, 분자/분모) FROM …
SELECT NVL(분자 / DECODE(분모, 0, NULL, 분모), 0) FROM …
```

오라클 에러 메시지를 마무리하며

개발자들은 수많은 개발 과정에서 다양한 오라클 에러 메시지를 접한다. 대부분은 단순한 실수이거나 어처구니 없는 원인에 따른 것이다. 수많은 고민과 시간을 보낸 후에 결국은 해결하겠지만, 조치 이후에 자괴감과 허무함을 느낄 것이다. 필자 또한 숱한 자괴와 허무를 느꼈다.

여러분들은 오라클 에러가 발생하더라도 결코 겁먹을 필요는 없다. '이번엔 또 어떤 단순한 실수를 했을까' 하고 생각하면서 찬찬히 살펴 본다면 대부분은 쉽게 해결된다. 잘 모르거나 경험해 보지 못한 에러 메시지라면, 검색 사이트에서 조회하면 대부분 해결 노하우를 쉽게 찾을 수 있다.

만약 오라클 에러 메시지에 대해서 자세히 알고 싶다면 http://www.oracle.com/pls/db92/db92.error_search 사이트를 방문하면 된다. 그러면 더 정확한 내용을 살펴볼 수 있다.

원리를 이해하고 논리로 풀어가는 쉬어가는
스토리 DB 문제 ㉒

각 스토리의 끝에 간단하면서도 재미있고 생각해 보는 DB 문제를 출제한다. 모든 문제는 DB의 원리를 이해할 수 있는 기준으로 출제한다. 문제를 풀어보면서 DB 원리를 하나씩 배우고 이해할 수 있다.

다음은 날짜 형식에 맞는 YYYYMMDD 값을 입력하면 요일을 리턴하는 쿼리다.

SELECT TO_CHAR(TO_DATE('20151010', 'YYYYMMDD'), 'DAY') AS 요일 FROM DUAL

오라클에서 제공하는 날짜 관련 함수들을 전혀 사용하지 않고 요일을 구하는 쿼리를 구현 하시오(단 입력값은 날짜 형식에 맞는 YYYYMMDD 값에 한함).

※ 정답과 풀이는 '스토리 DB 문제 풀이와 정답'에 있다.

KEY WORD 함수, 쉬어가는 이야기

사라진 날짜를 찾아라
오라클에서 달력 다루기

재미있는 달력 이야기와 쿼리에 관한 내용이다. 동서양 달력의 차이점과 달력의 역사에 대해 살펴 본다. 달력과 관련된 쿼리와 함수도 살펴본다. 단순한 함수에 얼마나 많은 숨은 노력이 있어야 하는지 알 수 있는 좋은 기회이기도 하다.

지난 추석에 고향에 내려가서 곶감을 만들었다. 감나무 묘목을 사서 마당에 심은 지 8년 만이다. 지난해까지는 조금밖에 안 달렸고 게다가 열매도 부실했는데, 올해는 제법 많이 열렸다. 아직 이른 감이 있었지만 추석 연휴가 끝나고 자식들이 전부 떠나면 혼자서 곶감을 만드실 연로한 어머니 생각에 미리 만든 것이다.

그런데 얼마 지나지 않아서 문제가 생겼다는 것을 알아차렸다. 곶감에 곰팡이가 피고 있었고, 더군다나 곶감이 돼 가는 것이 아니라 홍시가 되고 있었다. 아차 싶었지만 때는 늦었다. 곶감은 원래 첫서리가 내리고 약간 추워졌을 때 만들어야 하는데, 어머니의 노고를 덜어 드리고자 너무 빨리 만든 것이 잘못이었다. 곰팡이가 피는 이유는 통풍이 되지 않는 거실에서 말렸기 때문이다. 습도가 높아서 생긴 것이고 곶감이 아니라 홍시가 되는 이유는 기온이 높아서 감이 물러졌기 때문이다. 날씨가 추워질 때 곶감을 만들어서 처마 밑에 걸어 두었던 우리네 어른들의 지혜를 잠시 잊고 있었다.

곶감 만들기에 도전하다

예부터 곶감으로 유명한 상주 지역은 상강(24절기)이 지나면 곶감 작업을 본격적으로 시작했다. 절기상으로 상강은 서리가 내리며 낙엽이 떨어지는 시기다. 아침 저녁으로 공기가 차갑기 때문에 호흡기 질환에 주의해야 할 시기다. 이 무렵 농촌은 가을걷이로 바쁘다. 곶감뿐만 아니라 아이들이 좋아하는 밤, 대추, 땅콩 등도 이 시기에 수확한다. 상강에서 입동 사이에 만든 곶감이 최고로 맛있다는 어른들의 말씀에서 생활의 지혜를 엿볼 수 있다. 양력으로는 주로 10월말에서 11월초가 이 무렵이다. 이번 주에는 다시 고향에 내려가서 마지막 남은 감을 따 곶감을 새로 만들어야겠다.

동양과 서양의 달력

동양에서는 달을 기준으로 달력(음력)을 만들었고 서양에서는 태양을 기준으로 달력(양력)을 만들었다. 옛날부터 우리나라는 음력을 이용해 날짜를 셌다. 음력은 농사와 밀접한 관련이 있었으며 우리 선조들은 음력에 맞추어 농사를 지었다. 실제로도 음력이 농사에 더 적합하다. 또한 3면이 바다로 둘러싸인 지리적인 부분을 감안하면 조수 간만의 차이를 발생시키는 달을 기준으로 하는 음력이 일상 생활에 영향을 더 미쳤을 것이다.

서양에서는 7일을 기준으로 생활했으나 음력을 사용한 우리나라는 1년을 24절기로 구분해 15일을 주기로 생활했다. 달의 변화 주기도 15일이므로 24절기와 달은 밀접한 관련이 있다고 생각할 수 있지만, 실제로는 24절기는 태양과 밀접한 관련이 있다. 태양의 황경이 0도인 날을 기준으로 15도 간격으로 24절기를 나눈 것이다. 즉 지구가 태양의 둘레를 한 바퀴 도는 황도를 따라 15도 간격으로 24절기를 나눴다.

달의 변화를 기준으로 한 달을 정하는 역법을 태음력이라 하고, 태양의 일주로 1년을 정하는 역법을 태양력이라 한다. 우리나라는 달을 기준으로 하는 음력과 태양을 기준으로 하는 24절기를 혼용했으므로 태음 태양력을 사용했다고 말할 수 있다. 엄밀히 말하면 우리 선조들은 음력을 사용한 것이 아니라 태음태양력을 사용한 것이다.

달이 지구를 한 번 공전하는 데 걸리는 한 달의 시간은 29.5일이다. 0.5일을 가져가는 달을 큰달이라 하고 빼앗기는 달을 작은달이라 한다. 그래서 큰달이 6번, 작은달이 6번 존재한다. 지구가 태양을 한 번 공전하는 데 걸리는 일 년의 시간은 365일이다. 그래서 양력과 음력은 1년에 11일 간의 차이가 발생한다. 이러한 차이점을 극복하기 위해 태음 태양력은 윤달을 만들어서 계절을 맞춘다. 윤달은 19년에 7번 발생한다.

양력: (31일 * 7달) + (30일 * 4달) + (28일 * 1달) = 365일

음력: (30일 * 6달) + (29일 * 6달) = 354일

양력(365일) - **음력**(354일) = 11일

사라진 날짜를 찾아라

오늘날 전 세계가 표준력으로 사용하고 있는 그레고리력은 1582년 교황 그레고리 13세가 기존에 쓰던 율리우스력의 역법상 오차를 수정해서 공표한 것이다. 현재 우리는 공식적으로 양력(그레고리력)을 사용하고 있으며, 전통 명절이나 농사 등 생활의 폭넓은 저변에서 음력(태음태양력)도 같이 사용하고 있다. 오라클 DB에서 날짜와 관련된 규칙은 그레고리력을 따른다. 이번 스토리의 내용은 그레고리력에 대한 이해와 더불어 오라클 DB에서 날짜와 관련된 다양한 규칙에 관한 것이다.

우리는 1년을 365일로 알고 있지만 지구가 태양을 한 번 도는 데 걸리는 정확한 시간은 365.2422일이다. 소수점 아래 남아도는 0.2422일 때문에 4년에 한 번씩 하루가 늘어나게 된다. 그래서 4년에 한 번씩 윤년이 생겨난 것이다. 평년인 해는 2월이 28일까지 존재하지만 윤년인 해는 2월이 29일까지 존재한다.

만약 1년이 365.2422가 아니고 365.2500이었다면 정확하게 4년마다 하루씩 증가한다. 4년에 한 번씩 윤년으로 정해 하루를 추가하면 되는 것이다. 그러나 안타깝게도 소수점 아래가 0.2422이기 때문에 4년, 100년, 400년 주기로 보정을 해 주어야 한다. 이것이 그레고리력의 핵심 내용이다. 그레고리력은 율리우스력의 오차를 극복했고 오늘날까지 세계 표준으로 사용하고 있다. 하지만 그레고리력도 역시 완벽한 보정을 하지는 못했다. 추가적으로 4000년을 주기로 보정을 하는 방안이 현재 과학계에서 논의 중이라고 한다. 하지만 지구가 태양 주위를 도는 속도가 미래에도 항상 일정할 거라고 볼 수 없으므로 이 같은 논의는 무의미하다는 주장도 있다.

1년을 365.25로 인식한 율리우스력의 한계를 극복한 그레고리력은 1년을 365.2425로 계산했다. 그레고리력의 구체적인 보정 내용은 다음과 같다.

- 첫째, 연도가 4년으로 나누어지면 윤년으로 한다(4년, 8년, 12년, ···.연은 윤년이며 2월

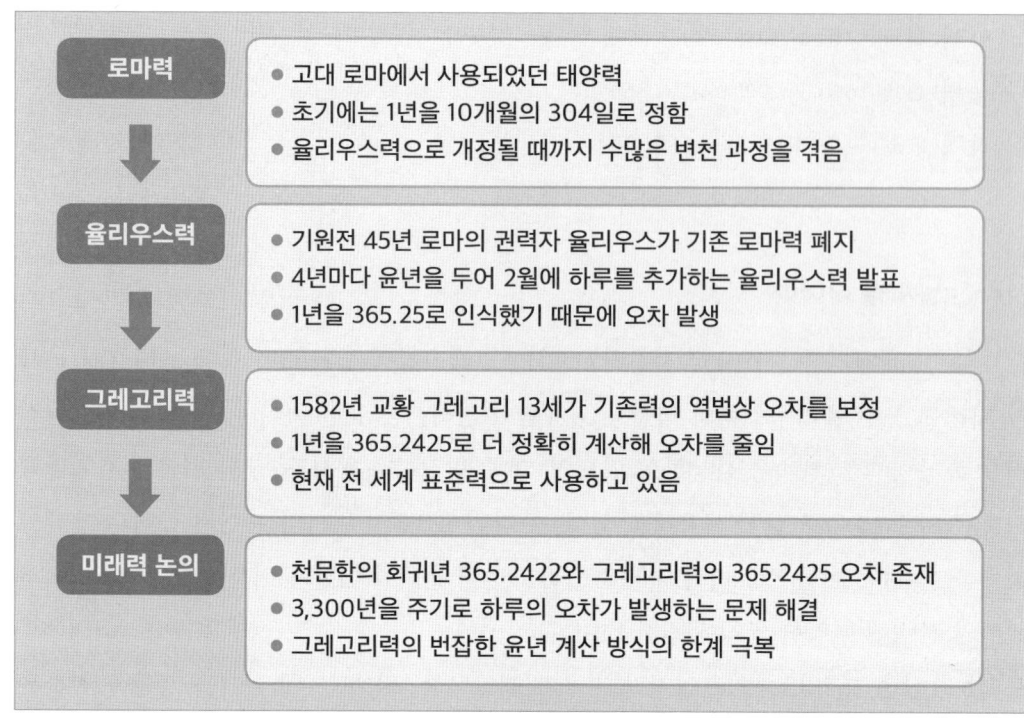

그림 23-1 율리우스력과 그레고리력

이 29일까지 존재함).

- 둘째, 1582년 이후의 연도는 100년으로 나누어지면 평년으로 한다(100년, 200년, …. 1500년은 윤년, 1700년, 1800, …년은 평년).
- 셋째, 1582년 이후의 연도는 400년으로 나누어지면 윤년으로 한다(1600년, 2000년, 2400년, …년은 윤년).
- 넷째, 1582.10.05 ~ 1582.10.14 기간은 존재하지 않는 날이다(1582년까지 누적된 역법상의 오차를 일괄 해소하고자 10일의 기간을 달력에서 제거).

그레고리력과 오라클 DB

소프트웨어 개발자들에게 달력의 역법은 중요한 부분이다. 특히 전 세계를 상대로 소프트웨어를 개발하는 개발자에겐 더욱 그렇다. 예를 들어 세계 표준인 그레고리력을 사용하지 않거나 혼용해 사용하는 나라에 소프트웨어를 수출하는 경우에는 그 나라의 특성에 맞게 소프트웨어를 개발해야 한다. 번거로운 일인 것은 분명하나 그레고리력 이외의 역법에 대해서도 추가적으로 지원할 수 있도록 고려돼야 한다. 하지만 이번 스토리에서는 다른 역법은 배제하고 그레고리력에 기반한 오라클 DB의 날짜 관련 규칙에 한정해 설명한다.

우리는 프로그램의 쿼리문에서 다음과 같은 조건을 빈번하게 사용한다.

```
WHERE 일자 BETWEEN ? AND ?
```

여러분은 이러한 쿼리문에서 조건의 시작과 끝에 대해 고민한 적이 있는가? 그레고리력에서 날짜의 끝은 없지만 오라클에서는 끝이 있다. 다음 쿼리를 실행해 보자.

```
SELECT TO_DATE('99991231', 'YYYYMMDD') + 1 FROM DUAL

======================
 ORA-01841
----------------------------------------
```

앞 쿼리를 실행하면 오라클 에러가 발생한다. 날짜의 범위를 넘어섰기 때문이다. 그렇다면 날짜의 처음으로 가서 테스트해 보자.

```
SELECT TO_DATE('00010101', 'YYYYMMDD') - 1 FROM DUAL

======================
 0000/12/31  00:00:00
----------------------------------------
```

0001년 01월 01일에서 하루를 뺀 쿼리를 실행하면 0000년 12월 31일의 결과가 리턴됨을 알 수 있다. 그렇다면 0000년 12월 31일은 실제로 존재하는지 다시 한 번 쿼리를 실행해 보자.

```
SELECT TO_DATE('00001231', 'YYYYMMDD') FROM DUAL


=======================
 ORA-01841
-----------------------------------------
```

오라클 에러가 발생한다. 0001년 01월 01일에서 하루를 빼면 0000년 12월 31의 결과가 리턴되지만, 정작 그 날짜로 다시 조회하면 없는 날짜라고 에러가 발생한다. 앞서 오라클은 수학같이 확실한 정답이 있는 것이 아니라고 언급한 적이 있다. 단지 오라클은 규칙이 있을 뿐이고 우리는 그것을 지켜야 하는 것이다. 혼란스럽지만 어쩔 수 없다.

날짜와 관련해 시작과 끝에 대해서는 주의해야 한다. 오라클 프로시저를 작성할 때나 혹은 데이터 컨버전시 날짜의 시작과 끝의 경계가 모호한 상황에서 날짜 타입으로 형 전환 시 예기치 않은 오류가 발생하는데 그 원인을 찾는 것이 쉽지 않기 때문이다.

이번에는 그레고리력에서 존재하지 않는 1582.10.05 ~ 1582.10.14 기간을 오라클은 어떻게 인식하고 있는지 알아보자. 이 기간은 율리우스력의 누적된 오차를 보정하고자 그레고리력에서 10일치를 일괄적으로 제거한 날이다. 존재한 날을 제거한 것이 아니고 애초에 존재하지 않았던 날이다.

```
SELECT TO_DATE('15821004', 'YYYYMMDD') + 1 FROM DUAL


=======================
 1582/10/15  00:00:00
-----------------------------------------
```

1582년 10월 04일 다음날은 1582년 10월 15일이라고 조회된다. 즉 1582.10.05 ~

1582.10.14 기간이 사라진 것을 알 수 있다. 그렇다면 사라진 날짜 중 하루로 조회해 보자.

```
SELECT TO_DATE('15821011', 'YYYYMMDD') FROM DUAL

======================
1582/10/15 00:00:00
----------------------------------------
```

사라진 기간 중의 하루인 1582년 10월 11일을 조회하니 1582년 10월 15일로 나타난다. 결국 사라진 열흘 동안의 날짜는 모두 1582년 10월 15일로 인식됨을 알 수 있다.

이번에는 윤년에 대해 알아보자. 그레고리력에서 윤년은 다음과 같다. 연도가 4년으로 나누어지면 윤년이다. 단 1582년 이후에 100년으로 나누어지는 경우는 평년이고, 400년으로 나누어지면 다시 윤년으로 한다. 그렇다면 2016년은 윤년인지 평년인지 오라클 쿼리로 다음과 같이 작성할 수 있다.

```
SELECT DECODE(CASE WHEN MOD(연도, 4) = 0 THEN 1 ELSE 0 END
            + CASE WHEN MOD(연도, 100) = 0 AND 연도 > '1582' THEN -1 ELSE 0 END
            + CASE WHEN MOD(연도, 400) = 0 AND 연도 > '1582' THEN  1 ELSE 0 END,
              1, 'Y', 'N') AS 윤년
FROM (SELECT '2016' AS 연도 FROM DUAL)       -- 입력 값
```

그레고리력 규칙을 이용해 요일 구하기

오라클에서 제공하는 날짜 관련 함수를 사용하지 않고 요일을 구하는 방법을 알아보자. 그러기 위해서는 그레고리력의 역사적인 사실을 먼저 이해해야 한다. 그에 앞서 오라클 함수를 이용해 요일을 구하는 쿼리를 살펴보자.

```
SELECT TO_CHAR(TO_DATE('20151110', 'YYYYMMDD'), 'DAY') AS 요일 FROM DUAL
```

아주 간단한 쿼리다. 하지만 오라클에서 제공하는 날짜 관련 함수들을 전혀 사용하지 않고 요일을 구하는 방법은 쉽지 않지만 천천히 살펴보자.

요일은 월, 화, 수, 목, 금, 토, 일 7일 주기로 반복됨을 우리는 안다. 먼저 요일 구하는 공식에 대해 알아 보자. 기본적이고 중요한 공식이다.

| (연번호 + 월번호 + 일번호) / 7 = 요일번호

각각의 연, 월, 일에 대한 고유 번호가 있으며 그 합을 7로 나눈 나머지 값이 요일번호다. 만약 요일번호가 1이라면 월요일이고 2라면 화요일이다. 즉 1, 2, 3, 4, 5, 6, 0 각각의 번호가 월, 화, 수, 목, 금, 토, 일 각각의 요일에 대응한다. 만약 연번호, 월번호, 일번호의 합이 14라면 14 / 7의 나머지가 0이므로 일요일이 된다. 그렇다면 연번호, 월번호, 일번호를 구하는 방법에 대해 구체적으로 알아보자. 2015년 11월 15일 일요일을 예로 들어 설명한다.

일번호는 15일 그 자체이므로 15다.

월번호는 11월이므로 4다. 그에 대한 설명은 [그림 23-2]로 대신한다.

월	1월	2월	3월	4월	5월	6월	7월	8월	9월	10월	11월	12월
일수	31일	28일	31일	30일	31일	30일	31일	31일	30일	31일	30일	31일
7로 나눈 나머지	3	0	3	2	3	2	3	3	2	3	2	3
월번호	1	4	4	0	2	5	0	3	6	1	4	6
설명	1월의 고유 월 번호는 1이고 이후부터는 이전 월의 나머지 값을 더한다.											

그림 23-2 1월부터 12월까지의 월번호

1월부터 12월까지의 월번호는 각각 1, 4, 4, 0, 2, 5, 0, 3, 6, 1, 4, 6이다. 그 중에서 11월의 번호는 4이다. 일번호와 월번호를 구했으니 연번호는 역으로 구해보자. 우리는 2015년 11

월 15일이 일요일임을 이미 알고 있다. 일요일의 요일번호가 0인 것도 이미 알고 있다.

> 일요일 = 0 = (연번호 ? + 월번호 4 + 일번호 15) / 7

일요일의 요일번호가 0이므로 나머지가 0이 되기 위해서 연번호는 2가 돼야 한다. 즉 2015년의 연번호는 항상 2가 될 것이다. 그렇다면 2015년 크리스마스는 무슨 요일인지 계산해 보자.
2015년 12월 25일의 연번호는 2이고 월번호는 6이고 일번호는 25이다.

> (연번호 2 + 월번호 6 + 일번호 25) / 7 = 5 = 금요일

와우! 황금 연휴의 시작이다. 그렇다면 2014년의 연번호는 무엇일까? 일년은 365일이므로 7로 나누면 나머지가 1이다. 하루가 남는다. 그러므로 다음 연도는 항상 1씩 증가하고 이전 연도는 항상 1씩 감소한다. 그러므로 2014년의 연번호는 1이다. 2014년 크리스마스는 무슨 요일인지 검증해 보자.

> (연번호 1 + 월번호 6 + 일번호 25) / 7 = 4 = 목요일

그럼 2016년의 연번호는 3이므로 크리스마스는 토요일일까? 절대 아니다. 그레고리력에 따라 내년, 즉 2016년은 4로 나누어지기 때문에 윤년이다. 윤년은 2월이 29일까지 있으므로 1년은 366일이며 7로 나눈 나머지가 2다. 이틀이 남는다. 그러므로 윤년인 경우에 연번호는 2가 증가한다. 2015년 연번호가 2이므로 2016년(윤년)의 연번호는 4가 되는 것이다. 2016년의 크리스마스 요일은 다음과 같다.

| (연번호 4 + 월번호 6 + 일번호 25) / 7 = 0 = 일요일

우리는 이미 그레고리력의 내용을 알고 있다. 또한 일번호와 월번호도 알고 있다. 이제 윤년에 따른 연번호를 계산할 수 있다면 요일을 쉽게 구할 수 있다. 그것이 비록 수천년 이후라도….

달력 팝업 창 쿼리 만들기

달력 팝업 창 쿼리는 이전 스토리에서 한번 언급한 적이 있으나 이번 스토리의 주제와 연관이 있어서 다시 한번 내용을 소개한다.

그림 23-3 달력 팝업 창

[그림 23-3]은 웹사이트에서 빈번하게 볼 수 있는 달력 팝업 화면이다. 이전달, 다음달 표시 버튼을 클릭 시 해당월의 달력을 구현하는 쿼리는 여러 방법이 있다. 대개 GROUP BY 절을 이용하지만 다음 쿼리는 GROUP BY 절을 이용하지 않는 방식으로 구현해 보았다. 쿼리에서 LAST는 해당월의 마지막 날을 의미하며 WEEK는 해당월의 주간 시작 위치를 의미한다(단 입력 변수는 YYYYMM).

```
SELECT    CASE WHEN (LEVEL*7-6-WEEK) BETWEEN 1 AND LAST THEN TO_CHAR(LEVEL*7-6-WEEK) END AS 일
        , CASE WHEN (LEVEL*7-5-WEEK) BETWEEN 1 AND LAST THEN TO_CHAR(LEVEL*7-5-WEEK) END AS 월
        , CASE WHEN (LEVEL*7-4-WEEK) BETWEEN 1 AND LAST THEN TO_CHAR(LEVEL*7-4-WEEK) END AS 화
        , CASE WHEN (LEVEL*7-3-WEEK) BETWEEN 1 AND LAST THEN TO_CHAR(LEVEL*7-3-WEEK) END AS 수
        , CASE WHEN (LEVEL*7-2-WEEK) BETWEEN 1 AND LAST THEN TO_CHAR(LEVEL*7-2-WEEK) END AS 목
        , CASE WHEN (LEVEL*7-1-WEEK) BETWEEN 1 AND LAST THEN TO_CHAR(LEVEL*7-1-WEEK) END AS 금
        , CASE WHEN (LEVEL*7-0-WEEK) BETWEEN 1 AND LAST THEN TO_CHAR(LEVEL*7-0-WEEK) END AS 토
  FROM  DUAL
        , (SELECT  TO_CHAR(LAST_DAY(TO_DATE('201412','YYYYMM')),'DD') AS  LAST  FROM  DUAL)
        , (SELECT  TO_CHAR(TO_DATE('201412','YYYYMM'),'D')-1          AS  WEEK  FROM  DUAL)
CONNECT  BY  LEVEL <= CEIL((WEEK + LAST) / 7)
```

스토리를 마무리하며

요일 구하는 함수 하나 설명하기 위해 이번 스토리에 많은 지면을 할애했다. 비록 함수 하나에 불과하지만 그 안에는 수많은 노력과 땀이 포함돼 있다. 이번 스토리를 통해 배운 사실은 결코 쉽게 만든 함수는 없다는 것이다. 그러한 함수를 만들어준 오라클 엔지니어들에게 감사한 마음을 전하면서 이번 스토리를 마친다.

원리를 이해하고 논리로 풀어가는 쉬어가는
스토리 DB 문제 ㉓

각 스토리의 끝에 간단하면서도 재미있고 생각해 보는 DB 문제를 출제한다. 모든 문제는 DB의 원리를 이해할 수 있는 기준으로 출제한다. 문제를 풀어보면서 DB 원리를 하나씩 배우고 이해할 수 있다.

철수는 스마트폰 앱을 만들고 있다. 어린이용 영단어 학습용 앱이다. 앱에서 가장 핵심적인 부분은 다음 그림과 같은 알파벳판을 구현하는 것이다. 알파벳판에 알파벳이 무작위로 나열돼 있고 특정 단어가 숨겨져 있다. 숨겨져 있는 단어는 가로, 세로, 대각선 등 어느 방향으로도 배치가 가능하다. 다음과 같은 알파벳판을 구현하는 쿼리를 작성하시오(단 입력값은 가로행 크기, 세로행 크기, 영단어 한 개다).

H	B	S	V	R	X	K	O	M	R
T	Q	L	U	A	Z	W	P	F	O
D	C	K	F	M	C	B	K	O	F
T	C	I	A	C	K	F	A	J	V
I	C	E	J	Z	T	X	Q	R	U
S	R	G	K	F	U	D	T	G	H
D	E	P	U	K	U	B	Q	V	J
V	F	R	J	X	D	V	I	V	F
W	T	J	U	P	Y	W	L	L	H
Q	I	F	Y	Q	S	W	F	B	V

※ 정답과 풀이는 '스토리 DB 문제 풀이와 정답'에 있다.

KEY WORD 랜덤 함수

오라클 랜덤 함수와 사용자 정의 함수

오라클 내장 함수는 오라클에서 자체적으로 제공하는 함수다. 반면에 사용자가 필요에 따라 직접 만든 함수는 사용자 정의 함수라 한다. 이처럼 기본적으로 제공하지 않는 함수는 개발자 혹은 DBA가 필요에 따라 직접 만들어야 한다.

오라클이 제공하는 DBMS_RANDOM 패키지는 랜덤값을 제공하는 함수 기능을 포함하고 있다. 이 패키지는 오라클 8.0버전부터 지원했는데 그 사용 분야가 다양하고 폭넓다. 다음과 같은 경우에 주로 사용한다.

- 이벤트 당첨에서 당첨자를 랜덤하게 추출할 수 있다.
- 로그인 화면에서 자동 가입 방지를 위한 숫자와 문자의 조합을 랜덤하게 추출할 수 있다.
- 자격증 관련 시험은행에서 카테고리별·가중치별로 랜덤하게 시험 문제를 추출할 수 있다.
- 윈도우 운영체제의 기본 제공 게임인 지뢰찾기의 지뢰판을 랜덤하게 추출할 수 있다.
- 포털 사이트의 메인 화면에서 제공하는 각종 콘텐츠를 랜덤하게 추출할 수 잇다.
- 쇼핑몰에서 물품 구매시 SMS 인증에 사용하는 번호를 랜덤하게 추출할 수 있다.
- 기타 여러 분야에서 다양한 방법으로 랜덤값을 추출하는 데 사용된다.

오라클 랜덤 패키지 DBMS_RANDOM

가장 기본적인 예시인 1~10 사이의 값을 추출하는 방법을 살펴보자.

```
SELECT DBMS_RANDOM.VALUE(1, 10) FROM DUAL

===============================
3.56757192841058651735473361019736900258
-------------------------------------------------------
```

소수점 이하 값을 포함하는 1에서 10사이의 값을 리턴한다. 물론 실행할 때마다 다른 값을 리턴할 것이다. 그렇다면 쇼핑몰에서 물품 구매 시 SMS 인증에 사용하는 6자리 번호를 추출하는 다음 예제를 살펴보자.

```
SELECT ROUND(DBMS_RANDOM.VALUE(100000, 999999), 0) FROM DUAL

===============================
731132
-------------------------------------------------------
```

100000~999999 사이의 값을 리턴하는 데 ROUND 함수를 사용해 소수점 이하 값을 제외한 6자리 숫자를 랜덤하게 리턴함을 알 수 있다.

DBMS_RANDOM.VALUE 함수를 이용해 랜덤 숫자를 구했다. 그렇다면 랜덤 문자를 구하려면 어떤 함수를 써야 할까? 바로 DBMS_RANDOM.STRING이다.

```
SELECT DBMS_RANDOM.STRING('U', 10) FROM DUAL      -- 대문자 10자리
SELECT DBMS_RANDOM.STRING('L', 10) FROM DUAL      -- 소문자 10자리
SELECT DBMS_RANDOM.STRING('A', 10) FROM DUAL      -- 대소문자 10자리
```

로그인 화면에서 자동 가입 방지를 위한 숫자와 문자 조합 10자리를 추출하기 위해서는 다음과 같은 형식으로 함수를 사용하면 된다.

```
SELECT DBMS_RANDOM.STRING('X', 10) FROM DUAL      -- 대문자 및 숫자 10자리
```

그 외에 특수 문자도 포함하는 랜덤 문자를 추출하기 위해서는 다음과 같이 한다.

```
SELECT DBMS_RANDOM.STRING('P', 10) FROM DUAL      -- 대소문자 및 특수문자
```

이벤트 참가 대상자 중에서 1등 당첨자 1명, 2등 당첨자 10명, 3등 당첨자 100명을 추첨하는 쿼리는 다음과 같이 작성할 수 있다.

```
SELECT 참가자ID, 참가자명,
    CASE WHEN 순위 BETWEEN  1 AND   1 THEN '1등'
         WHEN 순위 BETWEEN  2 AND  11 THEN '2등'
         WHEN 순위 BETWEEN 12 AND 111 THEN '3등' END AS 당첨자
FROM
(
   SELECT 참가자ID, 참가자명,
        ROW_NUMBER() OVER (ORDER BY DBMS_RANDOM.VALUE) AS 순위
    FROM 이벤트참가대상자
)
ORDER BY 순위
```

윈도우 운영체제의 기본 제공 게임인 지뢰찾기의 지뢰판을 랜덤하게 구성하는 쿼리도 다음과 같이 만들 수 있다. 지뢰판은 5행 5열이고 지뢰는 10개인 경우다.

```
WITH 지뢰판 AS
(
    SELECT 행,열,
         CASE WHEN ROW_NUMBER() OVER (ORDER BY DBMS_RANDOM.VALUE) <= 10 THEN
              '*' ELSE '' END AS 지뢰
    FROM (SELECT LEVEL 행 FROM DUAL CONNECT BY LEVEL <= 5)
```

```
            , (SELECT LEVEL 열 FROM DUAL CONNECT BY LEVEL <= 5)
       )
SELECT MAX(DECODE(열, 1, 지뢰)) AS 열1
     , MAX(DECODE(열, 2, 지뢰)) AS 열2
     , MAX(DECODE(열, 3, 지뢰)) AS 열3
     , MAX(DECODE(열, 4, 지뢰)) AS 열4
     , MAX(DECODE(열, 5, 지뢰)) AS 열5
FROM 지뢰판
GROUP BY 행
ORDER BY 행
```

문자열을 역순으로 리턴하는 REVERSE 함수

오라클에서 제공하는 함수 중에는 문자열을 역순으로 리턴하는 함수가 있다.

```
SELECT REVERSE('ABCDEFGHIJKLMNOPQRSTUVWXYZ') FROM DUAL


================================
ZYXWVUTSRQPONMLKJIHGFEDCBA
--------------------------------------------------------
```

그렇다면 다음과 같은 경우도 가능할까?

```
SELECT REVERSE('12345') FROM DUAL      -- 문자형인 경우 역순으로 리턴
SELECT REVERSE(12345) FROM DUAL        -- 숫자형인 경우 오라클 에러 발생
```

문자형인 경우는 정상적으로 리턴하지만 숫자형인 경우 오라클 에러가 발생함을 확인할 수 있다. 그렇다면 다음과 같이 한글이나 한글 자모인 경우도 살펴보자.

```
SELECT REVERSE('대한민국만세') FROM DUAL      -- 한글인 경우 오라클 에러 발생
SELECT REVERSE('ㄷㅎㅁㄱㅁㅅ') FROM DUAL       -- 한글 자모인 경우 오라클 에러 발생
```

한글이나 한글 자모인 경우에는 에러가 발생함을 확인할 수 있다. 결국 오라클에서 기본적으로 제공하는 내장 함수인 REVERSE는 한글을 제외한 문자형에서만 역순으로 변환 가능함을 알 수 있다. MAX 함수인 경우에는 문자형, 숫자형, 날짜형 모두 가능하지만 REVERSE 함수는 다름을 알 수 있다. 그렇다면 한글에 대해 역순의 문자열을 리턴 받으려면 어떻게 해야 할까? 바로 사용자가 직접 함수를 만들어야 한다. 이와 같은 함수를 사용자 정의 함수라고 한다.

사용자 정의 함수를 만들어 쓰기

오라클 내장 함수는 오라클에서 자체적으로 제공하는 함수다. 반면에 사용자가 필요에 따라 직접 만든 함수는 사용자 정의 함수라 한다. REVERSE 함수는 오라클에서는 기본적으로 제공하지만 IBM의 DB2에서는 제공하지 않는다. 반면에 ISNUMERIC 함수는 SQL Server에서는 제공하지만 오라클에서는 제공하지 않는다. 이와 같이 기본적으로 제공하지 않는 함수는 필요에 따라 개발자 혹은 DBA가 직접 만들어야 한다.

우리가 사용하는 DB 종류는 많다. 지금 사용하는 DB에서 지원하는 함수가 다른 DB에서는 지원하지 않을 수도 있다. 또한 그 반대인 경우도 있을 것이다. 기본적으로 제공하지는 않지만 꼭 필요한 함수라면, 개발자가 스스로 만들 수 있어야 한다. 그리고 DBA에게 생성 요청을 해야 한다. 솔직히 개발자가 새로운 함수 생성을 요청해도 DBA가 부담 없이 해 줄지는 미지수다. 왜냐하면 관리해야 하는 자원이 늘어나는 것을 어떤 DBA도 좋아하지 않기 때문이다.

사용자 정의 함수는 호출 시 별도의 실행 엔진에서 구동된다고 한다. 곧 부하가 있다는 얘기다. DB를 안정적으로 유지·관리해야 하는 DBA 입장에선 조심스러울 수밖에 없다. 개발자들은 DBA에게 사용자 정의 함수가 반드시 필요한 이유를 명확히 제시할 필요가 있다. 그것은 개발자의 몫이다.

사용자 정의 함수 ISNUMERIC

간단한 사용자 정의 함수를 만들어 보자. SQL Server에서는 ISNUMERIC 함수가 있다. 숫자이면 1을 리턴하고 아니면 0을 리턴하는 함수다. 오라클에서는 제공하지 않는 함수이므로 개발자가 사용자 정의 함수로 직접 만들어야 한다.

```
CREATE OR REPLACE FUNCTION ISNUMERIC (P_NUM IN VARCHAR2) RETURN NUMBER
AS
    V_NUM NUMBER;
BEGIN
    V_NUM := TO_NUMBER(P_NUM);
    RETURN 1;
EXCEPTION
    WHEN OTHERS THEN
        RETURN 0;
END;
```

사용자 정의 함수를 생성하지 않고 기존 함수 중에서 TRANSLATE를 이용하는 방법도 고려해 볼 만하다. 다음 예시와 같이 사용하면 ISNUMERIC 함수와 동일한 결과를 얻을 수 있다.

```
SELECT NVL2(LENGTH(TRANSLATE('123ABC', '+-.0123456789', ' ')), 0, 1) FROM DUAL
```

이번 스토리에서는 오라클에서 제공하는 랜덤 함수에 대해 주로 설명했다. 흔히 접하는 함수는 아니지만 여러 분야에서 요긴하게 사용할 수 있다. 또한 사용자 정의 함수에 대해서도 설명했다. DB에서 기본적으로 제공하지 않아서 사용자가 직접 만들어서 사용하는 함수다. 필자는 예전에 필요한 함수를 수십 개 정도 미리 만들어서 사용했는데 서로 다른 DB 환경에서 지원하지 않는 함수가 있는 경우에 요긴하게 활용한 기억이 있다.
또한 내장 함수를 사용하면서 간혹 이건 어떻게 만들었을까 궁금증을 갖곤 했다. 그러한 궁금증이 함수에 대한 이해를 높이는 계기가 되기도 했다. 지금도 필자 스스로에게 그러한 노력이 필요하다고 생각한다.

원리를 이해하고 논리로 풀어가는 쉬어가는
스토리 DB 문제 ㉔

각 스토리의 끝에 간단하면서도 재미있고 생각해 보는 DB 문제를 출제한다. 모든 문제는 DB의 원리를 이해할 수 있는 기준으로 출제한다. 문제를 풀어보면서 DB 원리를 하나씩 배우고 이해할 수 있다.

오라클에서 기본적으로 제공하는 REVERSE는 문자열을 역순으로 리턴하는 함수다. 이 함수를 직접 만들어 보자(단 아래 예시가 모두 가능해야 함).

숫자역순: 1234567890 → 0987654321
영문역순: I LOVE YOU → UOY EVOL I
한글역순: 무궁화 꽃이 피었습니다 → 다니습었피 이꽃 화궁무
자모역순: ㅁㄱㄷㄱㅈㅇㄹ → ㄹㅇㅈㄱㄷㄱㅁ

※ 정답과 풀이는 '스토리 DB 문제 풀이와 정답'에 있다.

KEY WORD 공정쿼리

그림으로 배우는 '공정쿼리와 인덱스 생성도'

공정쿼리는 무엇을(What) 어떻게(How) 조회할지에 대한 내용을 담고 있다. 공정쿼리 그 자체만으로 인덱스 생성 위치와 실행계획을 알 수도 있다. 나는 쿼리를 올바르게 작성하고 있는가? 하고 스스로를 돌아보는 시간을 가져보자.

이번 스토리는 공정쿼리와 인덱스 생성도에 관한 것이다. 이전 스토리에서 이미 한 번씩 언급한 내용이지만, 높은 관심을 보여 주었던 부분이었다. 따라서 이번에는 이전 스토리의 내용에서 빠진 부분을 추가하고 내용을 보완해 더 자세하고 쉽게 설명하고자 한다.

오라클 CBO 방식과 통계정보

이번 스토리를 본격적으로 풀어내기에 앞서 오라클 CBO(Cost Based Optimizer) 방식과 통계정보에 대해 간단히 소개한다. 우리가 알고 있는 오라클 CBO 방식은 통계정보를 이용해 비용을 계산한 후 SQL을 수행한다. 통계정보가 존재하고 비교적 정확하다면, 오라클은 대부분의 쿼리에서 올바르고 적절한 실행계획(plan)을 우리에게 제공하고 쿼리를 수행할 것이다.

만약 통계정보가 존재하지 않는다면 혹은 존재하지만 실제와는 차이가 있다면, 오라클은 우리에게 정확한 실행계획을 제공하지도 않을 뿐더러 쿼리 수행의 최적화도 기대할 수 없다. 실제로 운영을 하다 보면, 이런 경우가 빈번히 발생함을 알 수 있다. 설사 통계정보가 존재하고 정확하다고 해도 항상 올바른 실행계획을 제공한다고 보장하지도 못한다.

오라클 CBO 방식에서 비용이란 물리적인 비용이 아니라 논리적인 비용을 의미한다. 여기서 논리적인 비용이란 어떤 근거로 비용이 산출됐는지 명확하게 알 수 없다는 말과 동일할 수도 있다. 혹은 오라클에서 명시적으로 비용 산출 계산 방식을 공개하지 않는다는 말과도 같다.

> **철수의 일기**
> **무엇을 살 것인가?**
>
> 다가오는 설 차례를 준비하기 위해 엄마가 장보러 가자고 하셨다. 시장 이곳 저곳을 돌아 다니면서 많은 것을 샀다. 그런데 너무 많이 걸어 다녀서 다리가 무척 아팠다. 엄마가 돌아다니다가 같은 곳을 몇 번이나 다시 오곤 하셨다. 빨리 물건을 샀으면 좋으련만 엄마는 여전히 가게를 찾아 다니신다. 맛있는 떡볶이를 사준다고 해서 따라 나서기는 했지만 너무 힘들었다. 맨 처음에 샀던 쌀 한 포대 때문에 어깨가 너무 아팠다. 다음부터는 절대로 따라 가지 않을 것이다. 사탕 두 개로는 어림도 없다 ㅠㅠ
> (사온 것: 쌀 1포대, 콩나물, 금복주 1병, 사탕 2개, 쇠고기 1근, 사과, 가래떡, 고등어)

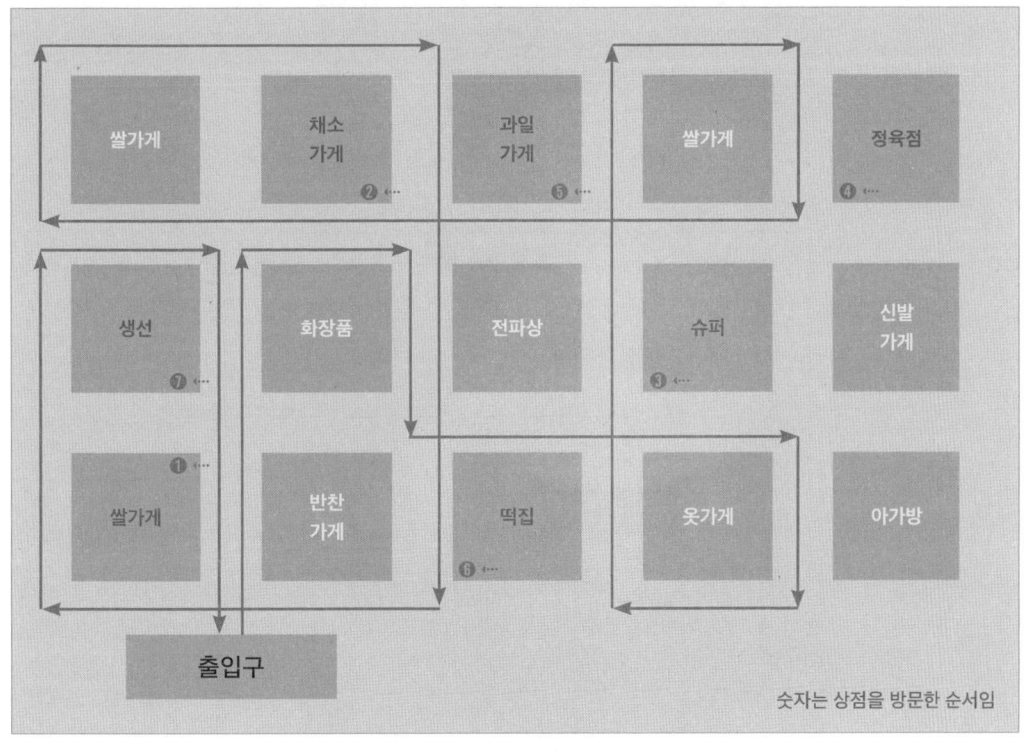

그림 25-1 재래시장에서 철수네의 이동 경로

이와 같은 여러 가지 이유로 인해 우리는 알고 있는 업무 지식을 바탕으로 스스로 비용을 예측하고 실행계획을 예상할 수 있어야 한다. 이번 스토리의 주된 내용은 테이블 접근 순서를 정하고 인덱스 생성도를 그리고 공정쿼리를 작성하는 것이다.

> **영희의 일기**
> 무엇을 살 것인가? + 어떻게 살 것인가?
>
> 다가오는 설날을 맞이하기 위해 엄마와 함께 재래시장에 다녀왔다. 시장 이곳 저곳을 돌아 다니면서 많은 물건을 샀다. 엄마는 내가 좋아하는 사탕 2개도 사주셨다. 하나는 내가 먹었고 나머지 하나는 집에서 기다리는 귀여운 동생에게 주었다. 시장에는 많은 사람이 있었고 가게도 무지 많았다. 신기한 것도 많이 구경했다. 더 구경하고 싶었으나, 옆집에 맡겨 놓은 동생 때문에 엄마는 발걸음을 재촉하신다. 내년에는 동생도 같이 데리고 와야겠다고 생각하니 발걸음이 가벼웠다.
> (사온 것: 가래떡, 사탕 2개, 금복주 1병, 쇠고기 1근, 사과, 콩나물, 고등어, 쌀 1포대)

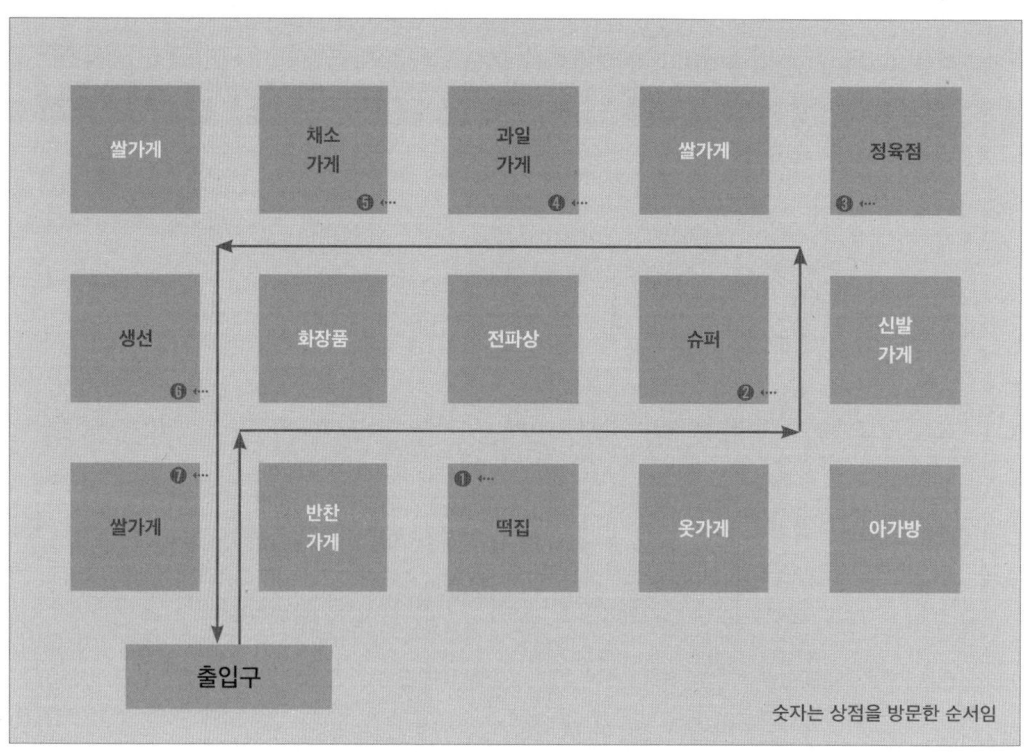

그림 25-2 재래시장에서 영희네의 이동 경로

앞 철수의 일기를 읽어 보니 무척 힘들었던 하루였음을 짐작할 수 있다. 철수 엄마는 사야 할 물건은 알고 있었지만, 재래시장의 이동 경로에 대해서는 고민하지 않았던 것 같다. 또한 쌀 포대처럼 무거운 것은 제일 나중에 샀으면 아들이 덜 힘들었을 것이다. 아마도 철수는 내년에도 어머니를 따라 재래 시장에 갈 것이다. 그리고 힘든 경험을 또 할 것이다. 우리는 그것을 충분히 짐작할 수 있다.

영희의 일기를 읽어 보니 무척 즐거운 하루였음을 짐작할 수 있다. 영희 엄마는 사야 할 물건도 정확히 알고 있었으며, 재래시장의 이동 경로에 대해서도 생각을 많이 하고 온 것 같다. 또한 쌀 포대처럼 무거운 것을 제일 마지막에 사는 센스도 갖고 있다. 아마도 영희는 내년에도 어머니를 따라 재래시장에 올 것이다. 물론 동생도 함께 올 것이다. 우리는 그것을 충분히 짐작할 수 있다.

장바구니 = 무엇을 + 어떻게

동일한 장바구니 목록이지만 철수네는 무엇을 사야 하는지에 대한 고민만 있었고, 영희네는 어떻게 사야 하는지에 대한 고민까지 있었다. 영희네 장바구니 목록에는 구입해야

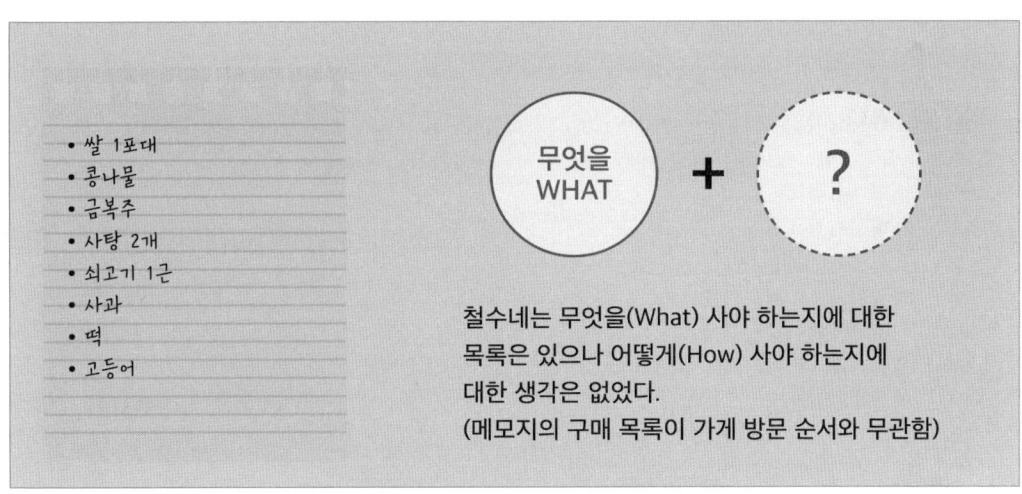

그림 25-3 철수네 장바구니: 무엇을 + ?

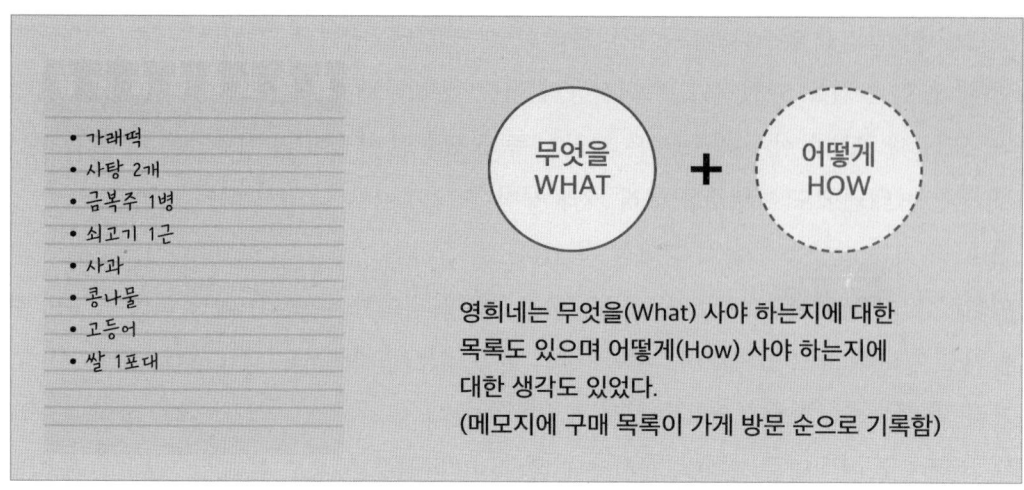

그림 25-4 영희네 장바구니: 무엇을 + 어떻게

할 목록이 가게 방문 순으로 적혀 있다.

영희네의 장보기 과정을 다음과 같이 쿼리로 표현해 보았다. SELECT 절에는 사야 할 목록이 있다. 또한 FROM 절에는 방문해야 할 가게가 순서대로 나열돼 있고, 조인 절에는 접근 경로에 대한 조인 정보가 순서대로 표시돼 있다. 조건절에는 각각의 가게에서 사야 할 물품들이 적혀 있다.

```
SELECT 가래떡, 사탕2개, 금복주 1병, 쇠고기1근, 사과, 콩나물, 고등어, 쌀 1포대
FROM   떡집, 슈퍼, 정육점, 과일가게, 채소가게, 생선가게, 쌀가게
WHERE  떡집 → 슈퍼
AND    슈퍼 → 정육점
AND    정육점 → 과일가게
AND    과일가게 → 채소가게
AND    채소가게 → 생선가게
AND    생선가게 → 쌀가게
AND    떡집 → 가래떡
AND    슈퍼 → 과자 2봉지, 금복주 1병
AND    정육점 → 쇠고기 1근
AND    과일가게 → 사과
AND    채소가게 → 콩나물
AND    생선가게 → 고등어
AND    쌀가게 → 쌀 1포대
```

개발자들이 작성하는 쿼리도 장보기의 과정과 별반 다르지 않다. 여러분은 장보기를 효과적으로 하는가? 쿼리를 올바르게 작성하고 있는가? 자신 스스로에게 자신 있게 반문할 수 있어야 한다. 영희네와 같은 방법으로 구현한 쿼리를 공정쿼리라 부른다. 우리는 쿼리 작성에 있어서 영희네의 장보기 메모지처럼 무엇을(What) 조회할지에 대한 쿼리 결과뿐만 아니라 어떻게(How) 조회할지에 대한 쿼리 과정도 포함돼야 할 것이다. 잘 작성된 공정쿼리에서 우리는 실행계획을 알 수 있고 인덱스 생성 포인트도 알 수 있다.

공정무역(Fair Trade)과 더불어 최근에는 공정여행(Fair Travel)이란 말까지도 자주 회자되고 있다. 그렇다면 공정쿼리란 무엇인가? 공정쿼리란 한마디로 개발자 간 의사소통이 되는 쿼리다. A 개발자가 작성한 쿼리를 B 개발자가 충분히 이해해야 한다.

다른 사람이 작성한 쿼리를 여러분이 쉽게 이해를 못한다면 이것은 공정쿼리가 아니다. 또한 여러분이 작성한 쿼리를 다른 사람이 쉽게 이해하지 못한다면 이 또한 공정쿼리가 아니다. 공정쿼리는 서로가 쉽게 이해할 수 있도록 약속된 규칙에 의해서 작성된 것이다.

공정쿼리 = 무엇을 + 어떻게

아마 상당수 개발자들은 쿼리를 작성할 때, 무엇을(What) 조회해야 할지에 대한 사실과 결과만을 중시하고 어떻게(How) 조회할 것인가에 대한 고민과 과정을 무시한 채 쿼리를 작성했을 것이다. [그림 25-5]를 보면서 우리가 작성해야 할 공정쿼리(Fair Query)의 모습에 대해 고민해 보자.

무엇을 조회할지에 대한 쿼리 결과도 중요하지만 어떻게 조회할지에 대한 쿼리 과정도 중요하다. 한마디로 공정쿼리는 무엇을 어떻게 조회할지에 대한 내용이 모두 포함돼야 하는 것이다. **공정쿼리로 작성한 쿼리에서는 쿼리의 결과뿐만 아니라 쿼리의 과정, 즉 생성해야 할 인덱스 정보와 접근해야 할 실행계획(Plan) 정보를 모두 알 수 있다.** 믿기 어렵겠지만 사실이다.

우리는 공정쿼리를 통해 실행계획 정보를 알 수 있고 인덱스 생성 포인트도 알 수 있다. [그림 26-6]은 공정쿼리로 작성한 쿼리가 우리에게 어떠한 정보를 주는지를 분명하게 보여준다.

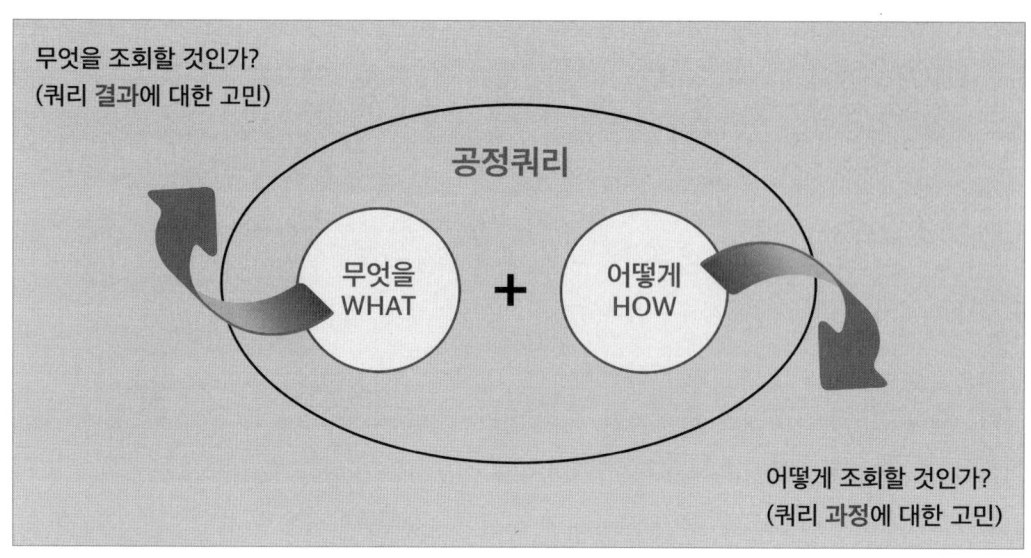

그림 25-5 공정쿼리: 무엇을 + 어떻게

```
SELECT    *
FROM      주문, 고객, 부서              -- 테이블 접근 순서를 알 수 있다(실행계획 순서)
WHERE     주문.고객번호 = 고객.고객번호   -- 조인절의 우측편 컬럼에 인덱스 생성
AND       주문.부서번호 = 부서.부서번호(+) -- 조인절의 우측편 컬럼에 인덱스 생성
AND       주문.상품코드 = ?              -- 첫 번째 접근 테이블의 조건절에 인덱스 생성
AND       주문.주문일자 = ?              -- 첫 번째 접근 테이블의 조건절에 인덱스 생성
AND       주문.배송여부 = ?
AND       고객.고객명   LIKE ?
AND       고객.성별    = ?
AND       부서.사용여부(+) = ?
```

그림 25-6 공정쿼리로 얻을 수 있는 것

공정쿼리에서 우리는 무엇을 조회하는지 알 수 있고 어떻게 실행계획을 하는지, 어떻게 인덱스를 만들어야 하는지 알 수 있다. 공정쿼리는 모든 개발자가 동일한 방법으로 쿼리를 작성함으로써 무엇을 어떻게 할 건지에 대한 내용을 서로 공유할 수 있게 해준다. 공정쿼리를 작성하기 위한 가장 기본적인 규칙은 다음과 같다.

- SELECT 절에 나열할 컬럼들은 테이블 접근 순서대로 나열한다.
- FROM 절에 나열할 테이블은 접근 순서대로 나열한다.
- JOIN 절의 순서는 테이블 접근 순서대로 나열한다.
- JOIN 절의 순서는 테이블 접근 순서대로 나열한다.

참 단순하다. 결국 규칙은 딱 한 가지다. 테이블 접근 순서가 그것이다. 그렇다면 테이블 접근 순서는 어떻게 정할 것인가? 테이블 접근 순서는 다음과 같은 규칙을 적용해야 한다.

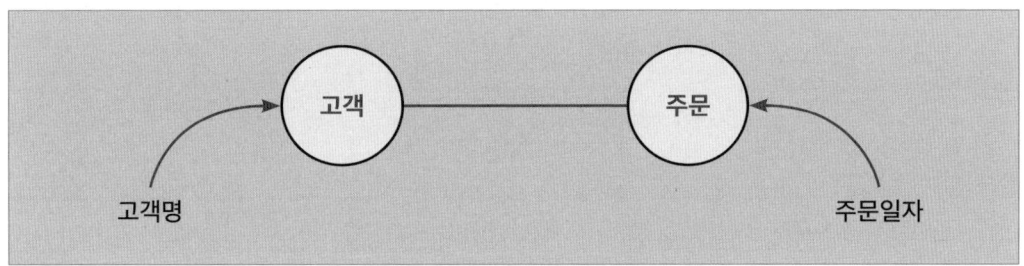

그림 25-7 테이블 접근 순서 규칙 1

테이블 접근 순서 규칙 1: 진입형 테이블을 결정하라!

쿼리의 조건 중에서 가장 선택도가 좋은 컬럼의 테이블을 최초 진입형 테이블로 결정한다. [그림 25-7]에서 주문일자 컬럼의 선택도가 좋다면 주문 테이블을 먼저 접근해야 하며, 고객명 컬럼의 선택도가 좋다면 고객 테이블을 먼저 접근해야 한다.

테이블 접근 순서 규칙 2: OUTER JOIN보다 INNER 조인을 우선하라!

[그림 25-8]에서 INNER 테이블인 주문 테이블을 먼저 접근한다(주문→ 고객).
[그림 25-9]에서 OUTER 테이블인 테이블 3을 마지막에 접근한다(테이블 1→ 테이블 2→ 테이블 3).

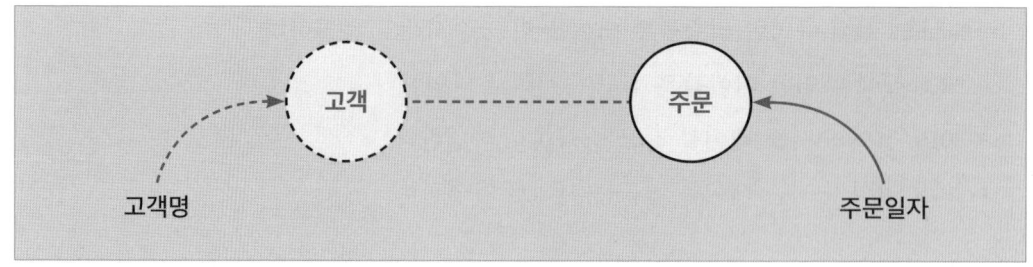

그림 25-8 테이블 접근 순서 규칙 2-1

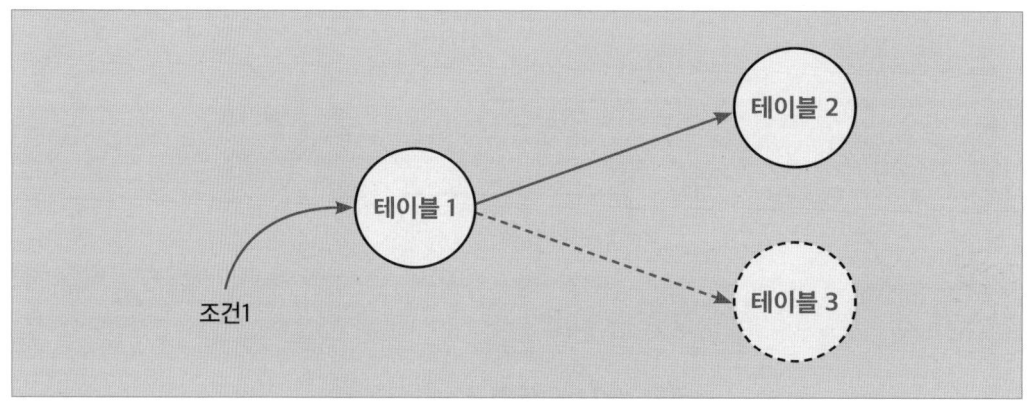

그림 25-9 테이블 접근 순서 규칙 2-2

테이블 접근 순서 규칙 3: 연결 확장형보다는 연결 축소형 테이블을 우선하라!

조인절 연결 시 레코드 확장형보다는 레코드 축소형을 우선한다. [그림 25-10]에서 테이블 2와의 조인이 레코드 축소형이고 테이블 3과의 조인이 레코드 확장형이라면, 테이블 3보다 테이블 2를 우선해 접근한다(테이블 1 → 테이블 2 → 테이블 3).

이와 같이 테이블 접근 순서를 정하는 규칙은 다음 3가지 규칙을 기본으로 한다.

- 테이블 접근 순서 규칙 1: 진입형 테이블을 결정하라!
- 테이블 접근 순서 규칙 2: OUTER JOIN보다 INNER 조인을 우선하라!
- 테이블 접근 순서 규칙 3: 연결 확장형보다는 연결 축소형 테이블을 우선하라!

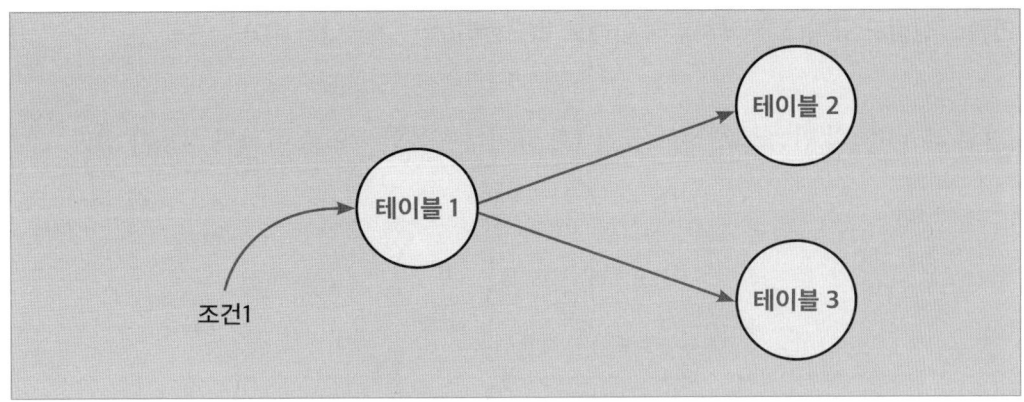

그림 25-10 테이블 접근 순서 규칙 3

이러한 테이블 접근 순서를 그림으로 그린 것을 **인덱스 생성도**라 한다. 인덱스 생성도를 그리는 기본 규칙은 다음과 같은 2가지가 있다.

인덱스 생성도 규칙 1: 왼쪽에서부터 오른쪽으로 접근한다(A → B → C).

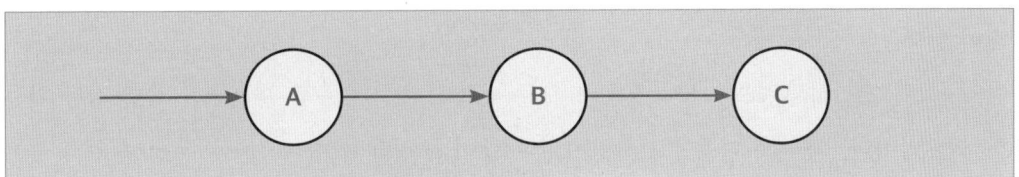

그림 25-11 인덱스 생성도 규칙 1

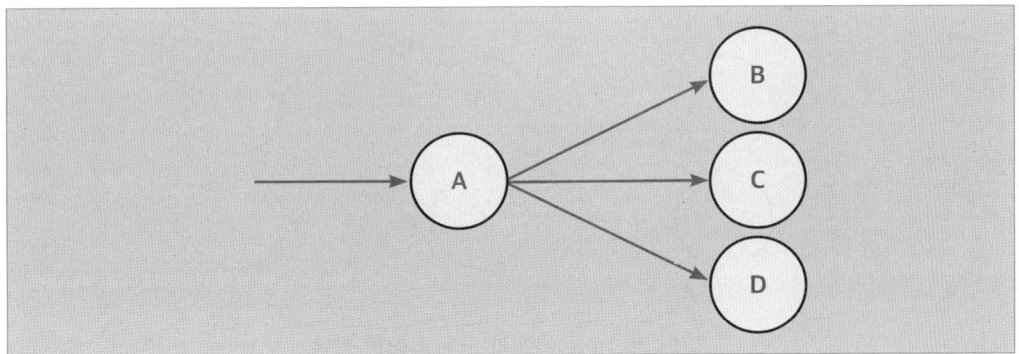

그림 25-12 인덱스 생성도 규칙 2

인덱스 생성도 규칙 2: 위에서부터 아래로 접근한다(A → B → C → D).

[그림 25-13]처럼 인덱스 생성도 규칙 1과 규칙 2가 복합적으로 이뤄진 경우가 있다.

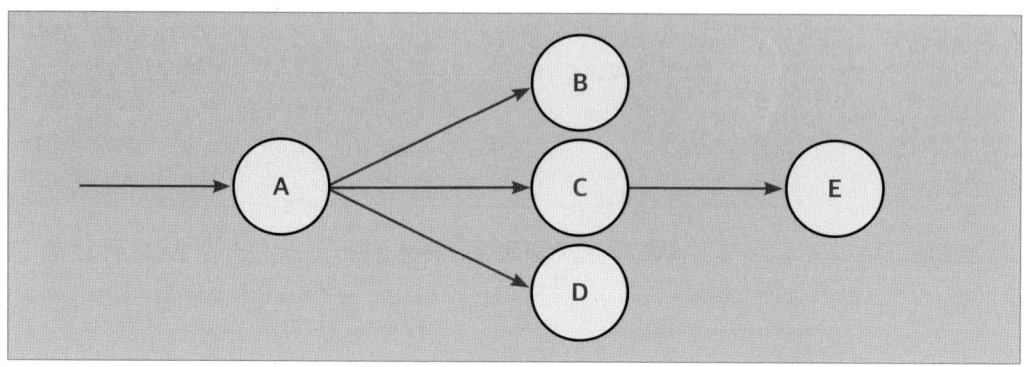

그림 25-13 인덱스 생성도 규칙 1과 규칙 2가 복합적으로 이뤄진 경우

테이블 접근 순서는 A→ B→ C→ D→ E 혹은 A→ B→ C→ E→ D이다. 규칙 1과 규칙 2가 공존하는 위치인 테이블 C에서는 규칙 1과 규칙 2 중에서 어떤 것을 우선할지는 판단해야 한다.

만약 [그림 25-14]처럼 두 가지 경우가 모두 가능하다면 A→ B 혹은 A→ C로 접근 가능하다는 의미다. 따라서 다음 [그림 25-15]와 같이 구성해야 한다. 물론 우선 순위가 높은 것이 위로 온다.

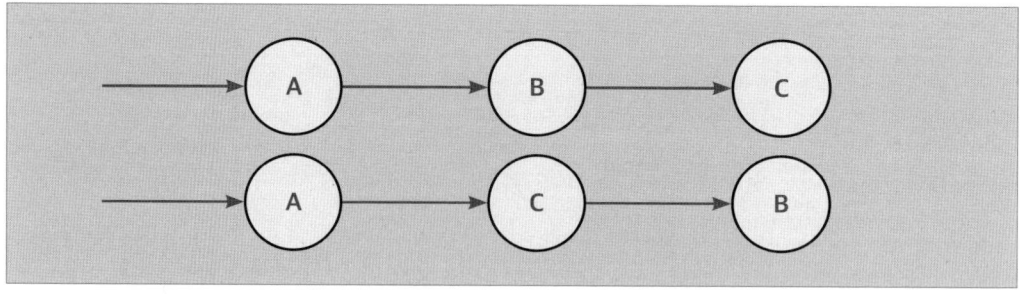

그림 25-14 두 가지가 모두 가능한 경우

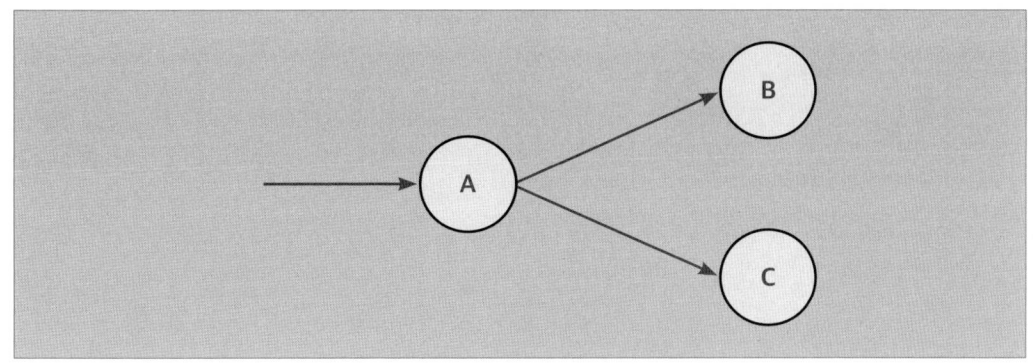

그림 25-15 우선 순위가 높은 것을 위로

인덱스 생성도에 대한 이해

CBO(Cost Based Optimizer) 방식에서 실행계획의 결정은 오라클이 주도적으로 하는 것처럼 보이지만, 실제로는 수동적인 역할만 할 뿐이다. 단지 현재 시점에서 알고 있는 통계정보의 범위 내에서, 최소의 비용이 소요되는 실행계획을 보여주는 것뿐이다.

일부 개발자들은 쿼리를 만들기만 하면 오라클이 최선의 실행계획을 알아서 척척 제공할 것으로 생각하지만 그렇지 않다. 오라클은 인덱스가 없으면 풀스캔 실행계획(plan)을 보여줄 것이고, 잘못된 인덱스가 있다면 잘못된 실행계획을 보여주는 수동적인 역할만 한다. 풀스캔 발생 시 필요한 인덱스를 적시해 주거나, 잘못된 인덱스 사용 시 최선의 인덱스를 조언해 주는 그런 능동적인 역할은 전혀 하지 못한다. 결국 개발자가 인덱스 생성도를 통해 최적의 인덱스를 생성해 주도적으로 실행계획을 결정해야 한다.

인덱스 생성도는 여러분이 작성한 복잡한 쿼리를 간단하게 도식화한 그림이다. 또한 인덱스를 생성할 위치를 알기 쉽게 해주는 그림이다. 아무리 복잡한 쿼리라도 인덱스 생성도를 이용한다면 인덱스 생성 위치를 쉽게 알 수 있다. 복잡한 쿼리에 대해서 인덱스 생성 포인트를 알고자 한다면, 우선 테이블 접근 순서 규칙과 인덱스 생성도 규칙에 따라서 [그림 25-16]과 같이 인덱스 생성도를 그린다.

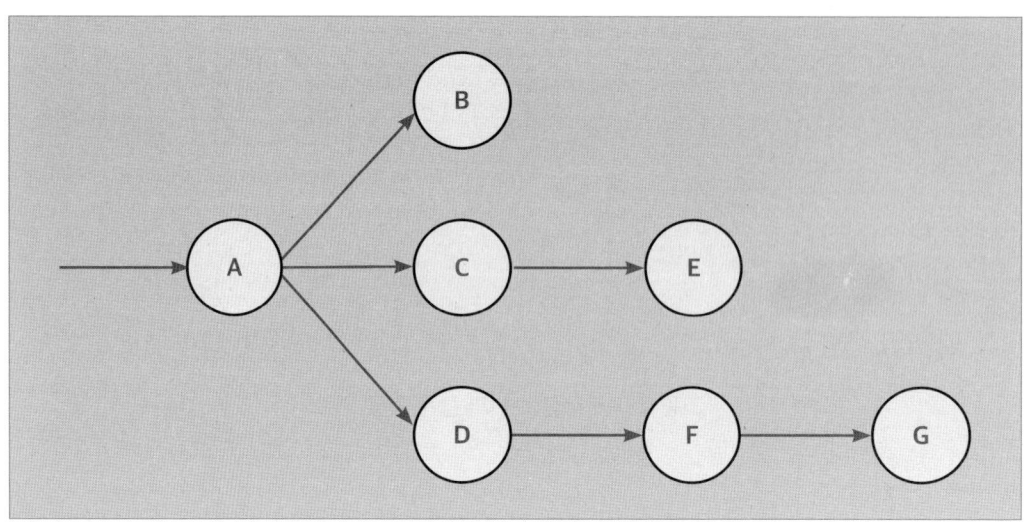

그림 25-16 인덱스 생성도

이때 화살표가 있는 부분에 인덱스가 있어야 한다. 만약 그 위치에 인덱스가 존재하지 않는다면 생성해야 한다. [그림 25-17]의 화살표 부분, 즉 별도의 색으로 구분한 점에 인덱스가 있어야 한다.

지금까지 인덱스 생성도에 대해 그림을 통해 자세히 설명했다. 인덱스 생성도는 복잡한

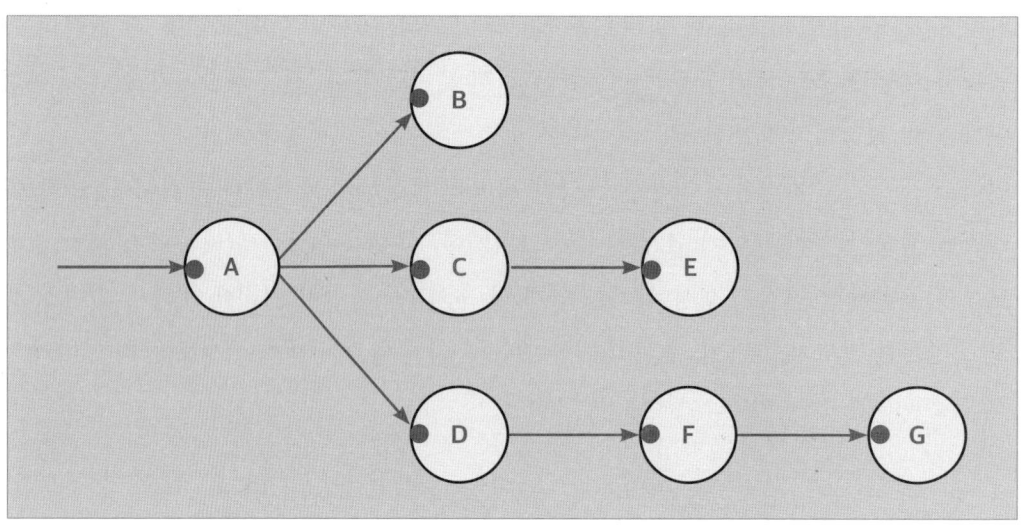

그림 25-17 인덱스가 있어야 할 부분

쿼리를 단순하게 도식화할 수 있고, 인덱스 생성 포인트에 대해 정확하게 이해할 수 있는 좋은 방법이다. 많은 개발자가 적극적으로 활용해 좋은 결과를 얻기를 바란다.

인덱스 생성도는 개발자가 흔히 접하는 OLTP 쿼리의 대부분에 적용할 수 있다. 하지만 배치성 쿼리, OLTP High concurrency Table, Critical SQLs에 빈번히 사용되는 테이블의 인덱스 생성 시에는 충분한 영향도 검증을 해야 함을 명심하자.

원리를 이해하고 논리로 풀어가는 쉬어가는
스토리 DB 문제 ㉕

각 스토리의 끝에 간단하면서도 재미있고 생각해 보는 DB 문제를 출제한다. 모든 문제는 DB의 원리를 이해할 수 있는 기준으로 출제한다. 문제를 풀어보면서 DB 원리를 하나씩 배우고 이해할 수 있다.

문장에서 공백을 제거하려 한다. REPLACE 함수나 TRIM 함수를 사용하면 가능은 하지만 필요로 하는 기능은 연속된 공백에서 하나만 남기고 나머지 공백을 제거하는 것이다. 다음 예시와 같은 기능을 하는 사용자 정의 함수를 만들어 보시오.

무궁화   꽃이   피었습니다. → 무궁화 꽃이 피었습니다.

※ 정답과 풀이는 '스토리 DB 문제 풀이와 정답'에 있다.

KEY WORD 오라클 파라미터

디폴트 세팅의 함정과 오라클 파라미터

디폴트 세팅의 함정에 대해 소개한다. '설정 당할 것인가, 설정할 것인가?'에 대한 고민이 있다. 오라클의 주요 파라미터의 디폴트 세팅에 대해서 소개하면서 필요에 따라 디폴트 세팅에서 벗어나볼 필요도 있다는 것을 말하고 싶다.

디폴트 세팅은 디폴트 옵션이라고도 하는데 사전적인 의미는 의사 결정 과정을 미리 정해 놓은 것을 말한다. 우리가 가장 흔하게 하는 디폴트 세팅은 바로 컴퓨터에 운영체제를 설치할 때다. 운영체제 설치 시 대부분 디폴트로 세팅할 것이다. 또한 스마트폰 등 모바일 기기를 구매할 때도 디폴트 세팅 그대로 사용하는 경우가 많다.

디폴트 세팅의 영향

디폴트 세팅은 운영체제 설치나 기기의 설정에 국한되지는 않는다. 컴퓨터를 켜고 웹 브라우저를 실행했을 때, 처음 나타나는 사이트도 디폴트 세팅의 영향이다. 필자의 컴퓨터는 네이버가 뜬다. 우리나라에서 디폴트 세팅의 효과를 가장 많이 보는 회사가 네이버가 아닐까 한다.

[그림 26-1]은 유럽 국가들의 사후 장기 기증 동의율을 나타낸 것이다. 독일과 오스트리아는 지리적으로 인접한 국가이지만 사후 장기 기증에 동의한 비율은 12퍼센트와 99.98 퍼센트로 그 차이가 크다. 이와 같은 차이는 그 나라 국민성과는 아무런 관련이 없다. 단지 동의서 양식의 디폴트 세팅에 따라 달라진다고 한다.

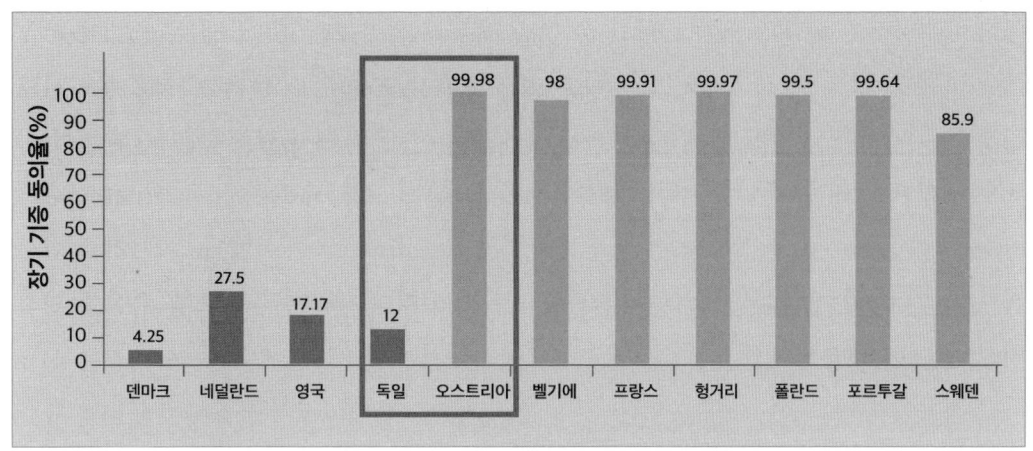

그림 26-1 유럽 국가별 장기 기증 동의율 현황

(출처: Johnson, E. J. & Goldstein, D. G. (2003). Do defaults save lives? Science, 302, 1338-1339.)

오스트리아·프랑스·스웨덴과 같이 사후 장기 기증 동의율이 높은 나라의 신청 양식에는 동의하는 것이 디폴트 세팅으로 돼 있었지만, 덴마크·네덜란드·독일과 같이 사후 장기 기증 동의율이 낮은 나라의 신청 양식에는 동의하는 것이 디폴트 세팅으로 돼 있지 않았다.

☑ 장기 기증 프로그램에 동의합니다.　→　오스트리아, 프랑스, 스웨덴 …
☐ 장기 기증 프로그램에 동의합니다.　→　덴마크, 네덜란드, 독일 …

이와 같이 디폴트 세팅의 방법에 따라서 동의 비율이 확연하게 차이가 난다. 그렇다면 우리나라의 사후 장기 기증 양식은 어떻게 돼 있을까? 참고로 우리나라 장기 이식술은 세계적 수준이지만 2005년 우리나라의 뇌사 시 장기 기증률은 1.78퍼센트라고 한다.

디폴트 세팅의 함정

대부분의 사람들은 현재의 상태를 그대로 유지하고 싶어한다. 쉽게 말해 '귀차니즘'이 존재하는 것이다. '시청률이 높은 TV 프로그램 뒤에 편성한 프로그램 또한 시청률이 높다'는 말이 있다. 특별한 이유가 있지 않은 한 채널을 바꾸지 않으려는 사람들의 자연스런

성향 때문이라고 한다.

기업 마케팅에서 이러한 사람들의 성향을 적극 활용하고 있다. 고객 정보 활용 동의서의 경우에는 '동의함'에 디폴트 세팅돼 있고, 이메일 수신 거부 의사 표시에는 '거부함'이 디폴트 세팅으로 돼 있지 않는 것이 그러한 예이다. 결국 고객 정보 활용 동의서는 별다른 반대 의지가 있지 않는 한 자연스레 동의하게끔 유도하고 있다. 이메일 수신 거부 의사 표시도 반대 의사를 적극적으로 나타내지 않으면 우리의 생각과는 다르게 수신 동의하게끔 유도하고 있다.

- ☑ 고객 정보 활용에 동의합니다. → '고객 정보 활용 동의서'의 디폴트 세팅
- ☐ 이메일 수신에 동의하지 않습니다. → '이메일 수신 동의서'의 디폴트 세팅

다양한 분야에서 사람들의 귀차니즘 행태를 이용하려는 기업의 노력들은 치열하다. 인터넷 브라우저 시장의 경쟁도 좋은 예이다. 크롬(구글), 인터넷 익스플로러(마이크로소프트), 사파리(애플), 오페라(오페라), 파이어폭스(모질라) 등이 디폴트 세팅을 차지하려고 치열하게 경쟁하고 있다. 우리나라는 IE의 점유율이 높다. 마이크로소프트가 운영체제에서 디폴트 세팅으로 제공하기 때문이다.

'사용자 설정은 의지의 설정'

일반적으로 가장 사용 빈도가 높거나 가장 효율적인 것을 디폴트 세팅으로 해야 하지만 현실은 그렇지 않다. 기업들은 디폴트 세팅을 자기들에게 유리하게 이용하려고 최대한 애쓴다. 이러한 디폴트 세팅의 사례는 기업에 국한된 것은 아니다. 4년마다 다가오는 국회의원 선거에서 3번보다는 2번이 유리하고 2번 보다는 1번이 유리하다는 것은 널리 알려진 사실이다. 이것도 디폴트 세팅이라 할 수 있다. 우리의 생활 구석 구석에 디폴트 세팅의 함정이 있다. 귀차니즘의 폐해다.

- 페이스북: 너무 많은 개인 정보를 공유하게 만드는 SNS의 디폴트 세팅
- 스마트폰: 애플과 삼성의 충성 고객을 확보하기 위한 디폴트 세팅 전략

- 검색 사이트: 과거 네이버, 다음, 라이코스, 야후, 드림위즈 간의 치열했던 디폴트 세팅 경쟁
- 여론조사: 여론 조사 기관의 편익에 부합하는 설문지의 디폴트 세팅

이와 같이 디폴트 세팅은 단지 어떤 옵션의 설정에 대한 부분을 넘어서, 일상 생활에서 폭넓게 적용될 수 있다. 디폴트 세팅은 여러분의 입장이 아닌 기기의 제조사 및 판매자, 국가 정보기관, 프로그램 제작사의 이익을 추구하는 입장에 서 있는 경우가 훨씬 더 많다. 디폴트 세팅은 간편하지만 의도하지 않았던 나쁜 결과를 초래할 수 있다. 지금도 많은 영역, 많은 부분에서 디폴트 세팅이 유도되고 있다. '어떻게 내 의지를 지킬 것인가?'를 놓고 고민해야 한다. 우리는 항상 본인의 정보나 권리가 침해 받지 않도록 행동할 필요가 있다.

이번 스토리의 내용은 오라클 파라미터에 관한 것이다. 오라클 설치시 디폴트로 세팅되겠지만 사용자의 의지에 따라서 재설정돼야 하는 부분이 있을 것이다. 오라클의 선택이 아닌 사용자의 의지에 따라 설정해야 할 것이다. 귀차니즘이 지금 당장은 편리함을 주지만, 항상 편의를 보장하는 것은 아니며 최선의 선택이 아닐 수도 있다. 설정될 것인가, 설정할 것인가? 이제는 결정해야 한다. 사용자 설정은 곧 의지의 설정이다.

오라클 파라미터의 이해

오라클 환경을 구성하는 속성을 오라클 파라미터라 하고, 파라미터 설정값에 대한 저장 파일을 오라클 파라미터 파일이라고 한다. 이는 DB 구동 시에 파라미터 파일을 참조해 SGA(System Global Area)와 기타 필요한 환경을 구성한다. 서버의 성능이나 운영 업무의 특성에 따라서 파라미터의 설정값을 변경할 수 있다.

오라클 파라미터 파일은 정적 파라미터 파일과 동적 파라미터 파일 2가지가 있다. 가장 큰 차이점은 동적 파라미터는 DB의 재기동 없이 ALTER SYSTEM SET 명령어로 변경해 적용이 가능하나 휘발성이기 때문에 DB 재기동 시 설정이 해제된다. 변경 후 파라미터 파일에서도 설정값을 변경해야만 다음 DB 재기동 시에도 유지된다. 반면 정적 파라미터는 대상 파라미터를 변경한 후에 DB를 재기동해야만 적용되는 특징이 있다. 결국 DB 운영

중에는 동적 파라미터만 변경이 가능하고 즉시 적용된다. 이것은 큰 장점이지만 모든 파라미터가 동적으로 적용되는 것은 아니다.

정적 파라미터 파일(Static parameter file)
- 텍스트 형식의 파일로서 사용자가 관리(텍스트 편집기로 수정 가능)
- V$PARAMETER 뷰로 확인 가능
- initSID.ora 파일로 저장하며 pfile이라고 함
- 변경 후 DB를 재기동해야만 변경 내역이 적용됨

동적 파라미터 파일(Dynamic parameter file)
- 바이너리 형식의 파일로서 오라클이 관리(SQL 명령어로 수정 가능)
- V$SPPARAMETER 뷰로 확인 가능
- spfileSID.ora 파일로 저장하며 spfile이라고 함
- DB 재기동 없이 ALTER SYSTEM SET 명령어로 변경 내역이 적용됨

먼저 DB 오픈 시 pfile을 사용하는지, spfile을 사용하는지 확인해 보자.

```
SQL> show parameter spfile  -- 현재 인스턴스가 사용하는 파일이 spfile인지 pfile인지 확인 가능
SQL> show parameter pfile   -- 현재 인스턴스가 사용하는 파일이 spfile인지 pfile인지 확인 가능
```

pfile 사용 시에는 initSID.ora 파일의 파라미터를 수정하고 DB를 다시 올리면 변경된 파라미터 값들이 적용된다. spfile 사용 시에는 spfileSID.ora 파일의 파라미터를 오라클 명령어로 수정해 사용하면 된다. 파라미터 파일의 위치는 기본적으로 %ORACLE_HOME/dbs다.

이제 파라미터와 관련된 SQL 명령어를 알아보자. 다음은 현재 DB의 정적 파라미터 파일과 동적 파라미터 파일을 조회하는 뷰다. 모든 파라미터 값들을 조회할 수 있다.

```
SQL> SELECT * FROM V$PARAMETER    -- 정적 파라미터 파일의 파라미터 값들을 조회
SQL> SELECT * FROM V$SPPARAMETER  -- 동적 파라미터 파일의 파라미터 값들을 조회
```

하나의 특정 파라미터 값을 조회할 수도 있다. 다양한 파라미터 예시를 살펴보자.

```
SQL> show parameter db_name       -- DB 이름을 알 수 있음
SQL> show parameter nls_language  -- DB에서 기본적으로 사용할 언어 지정
SQL> show parameter open_cursors  -- 1개의 세션당 사용하는 커서의 최대 오픈 개수 지정
SQL> show parameter sessions      -- 오라클 서버에서 생성 가능한 최대 세션 수 지정
SQL> show parameter processes     -- 동시에 접속할 수 있는 사용자 프로세스의 최대 수
```

만약 최대 프로세스 수치를 초과해 ORA-00020 에러가 발생했다면 spfile인 경우 다음과 같은 명령어로 파라미터 값을 변경할 수 있다.

```
SQL> alter system set processes=400 scope=spfile -- 범위가 spfile이므로 즉시 적용은 안 됨
SQL> shutdown immediate -- 오라클 내림
SQL> startup -- 오라클 올림
SQL> show parameter processes -- 변경된 동시 접속 사용자 프로세스의 최댓값 확인
```

scope는 파라미터 적용 범위를 말하는데 memory, spfile, both가 있다.

- **memory**: 메모리 영역에만 적용되므로 DB 재기동 시 변경된 속성값은 적용되지 않는다.
- **spfile**: 메모리 영역에는 적용되지 않았지만 DB 재기동 시 변경된 속성값은 적용된다.
- **both**: 메모리 영역에도 적용되고 DB 재기동 시에도 변경된 속성값은 적용된다.

참고로 memory는 DB가 운영중인 상태에서도 파라미터에 즉시 적용 가능하지만, 모든 파라미터에 사용 가능한 것은 아님에 유의하자. 사용 가능 여부는 다음 명령어로 확인할 수 있다.

```
SQL> show parameter parameter_name
```

다음과 같이 각각의 파라미터에서 사용 가능한 **scope**를 운영 상황에 맞게 적절히 선택하면 된다.

```
SQL> alter system set parameter_name = parameter_value scope = memory  -- 메모리에만 적용
SQL> alter system set parameter_name = parameter_value scope = spfile  -- spfile에만 적용
SQL> alter system set parameter_name = parameter_value scope = both    -- 모두 적용
```

다음은 파라미터 파일을 복사하는 명령어다.

```
SQL> create spfile from pfile  -- pfile로부터 spfile 생성
SQL> create pfile from spfile  -- spfile로부터 pfile 생성
```

오라클은 DB 오픈 시 어떤 파라미터 파일을 사용할지 선택할 수 있다. DB 오픈 상태에서 파라미터 파일의 성격에 따라서 어떤 방식의 어떤 범위에서 변경해 적용할지 결정하면 된다. PFILE 파라미터인 경우 오라클 명령어로는 변경할 값이 파라미터 파일에 기록되지 않으므로 반드시 vi 편집기를 통해 파라미터를 수정하고 DB를 재기동해야 변경 값이 적용된다. SPFILE 파라미터인 경우에는 SQL 명령어로 적용할 수 있다.

오라클의 주요 파라미터

수많은 파라미터가 있지만 그 중에서도 중요하다고 생각되는 파라미터를 소개한다.
10여년 전 전국 250여 개 시군구 DB 서버를 관리한 적이 있었다. 당시 오라클 파라미터 설정 작업을 진행했는데, 250여 개 시군구 서버 각각에 맞는 최적의 파라미터 설정은 무리한 작업이었다. 그래서 서버의 성능, 사용자 수, 운영 업무의 특성을 고려해 몇 개의 큰 그룹으로 분류해 관리했다.

파라미터	설명
db_name	데이터베이스 이름 파악 가능
contorl_files	컨트롤 파일의 경로 지정
db_block_size	DB 생성 지정과 DB에 사용될 표준 블록 사이즈 지정
nls_language	DB에서 기본적으로 사용할 언어 지정
pga_aggregate_target	하나의 인스턴스에 접속한 서버 프로세스가 사용 가능한 총 PGA 크기
open_cursors	1개의 세션당 사용하는 커서의 최대 오픈 개수 지정
sessions	오라클 서버에서 생성 가능한 최대 세션 수 지정
processes	동시에 접속할 수 있는 사용자 프로세스의 최대 개수
recyclebin	휴지통과 같은 개념으로 기본값은 on. off로 하면 table drop 후 바로 삭제
remote_login_passwordfile	외부 접속 시 암호 파일 사용 여부
db_cache_size	DB 크기 지정
complex_view_merging_false	실행계획 시 뷰 쿼리를 메인 쿼리와 합쳐서 수행하는 머지기능
sga_target	ASSM(Automatic Shared Memory Management) 사용시 SGA 전체 사이즈 지정
undo_tablespace	언두 테이블스페이스 이름 지정
undo_management	언두 데이터의 관리 방법 지정(Auto, Manual)
closed_cached_open_cursors	세션이 강제 종료된 자주 안 쓰는 커서 클로즈
open_links	하나의 세션에 동시에 사용할 수 있는 DB 링크의 개수 지정
open_links_per_instance	하나의 인스턴스에 동시에 사용할 수 있는 DB 링크의 개수 지정
session_chached_cursors	하나의 세션당 캐싱되는 커서의 개수

표 26-1 오라클의 주요 파라미터

무모한 도전과 경험 사이에서

그때까지 개발자로서의 경험만을 쌓아 오다가 처음으로 맡은 DBA 역할이어서 흥분되고 아찔했지만 돌이켜 생각하면 아주 좋은 경험이었다. 주변인들은 DB 경력도 경험도 없었는데 너무 무모한 도전이었다고 말했지만, 어차피 우리나라 대통령도 경험이 있는 사람이 하는 것은 아니지 않는가? 경험했던 것이 중요한 것이 아니라 경험하는 것이 중요하다고 생각한다.

이번 스토리에서는 오라클 파라미터에 대해 살펴보았다. 개발자들은 파라미터 관련 이슈가 생겼을 때 DBA에게 파라미터 변경을 주장할 필요가 있다. 현재 설정된 파라미터가 가장 최적의 설정이라고 믿지는 말자. 중소 규모의 회사에서는 오라클 설치 초기의 파라미터를 한 번의 변경도 없이 계속 유지하는 경우도 많기 때문이다. 또한 전담 DBA가 없는 회사에서는 개발자 스스로 오라클 파라미터를 설정·변경할 필요도 있으므로 몇몇의 중요한 파라미터에 대해서는 공부할 필요가 있고 파라미터 설정 방법에 대해서도 알아둘 필요가 있다. 오라클 파라미터 설정이 오라클의 디폴트 설정이 아닌 여러분의 의지에 따른 설정이 되길 기대해 본다.

참고로 '디폴트 세팅의 함정'에 대한 더 자세한 내용은 한겨레신문 구본권 기자(사람과디지털연구소장)가 쓴 『당신을 공유하시겠습니까?』란 책을 읽어 보기를 권한다.

원리를 이해하고 논리로 풀어가는 쉬어가는
스토리 DB 문제 ㉖

각 스토리의 끝에 간단하면서도 재미있고 생각해 보는 DB 문제를 출제한다. 모든 문제는 DB의 원리를 이해할 수 있는 기준으로 출제한다. 문제를 풀어보면서 DB 원리를 하나씩 배우고 이해할 수 있다.

다음 그림은 4 x 4 마방진이다. 가로, 세로, 대각선의 합이 모두 동일하다. 숫자는 1부터 16까지 한 번씩만 사용된다. 마방진은 일정한 패턴이 있어서 쿼리로도 구현 가능하다. 4 x 4 마방진 규칙에 맞는 가능한 모든 케이스를 구하시오.

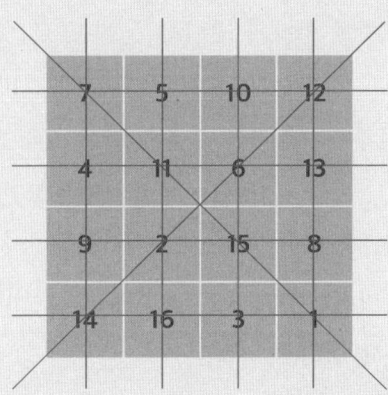

※ 정답과 풀이는 '스토리 DB 문제 풀이와 정답'에 있다.

KEY WORD 쿼리, 쉬어가는 이야기

재미있는 DB 이야기
SQL로 구현하는 마방진

개인적으로 애착이 많이 가는 스토리 가운데 하나다. 4차 마방진 결과를 구하기 위해 작성한 쿼리의 수행 시간이 15시간 이상 소요되기도 했다.

중국 하나라의 우왕 시대에 매년 황하가 범람해 물이 흐르는 길을 고치는 공사를 했다. 어느 해에 큰 거북이 나타나서 잡았는데 이 거북의 등에 신비한 무늬가 새겨져 있었다. 거북의 등에 새겨진 그림은 1부터 9까지의 숫자를 점의 개수로 나타낸 것이었다. 자세히 살펴보니 놀랍게도 가로, 세로, 대각선의 합이 항상 15로 같았다고 한다. 이것이 바로 마방진의 시초라고 전해지는 이야기다. 당시 사람들은 이것을 아주 귀하게 여겨서 '낙서(洛書)'라고 이름을 지었다. 마방진이라는 명칭은 방진에 빠지면 마귀에게 홀린 듯 빠져 나올 수 없다고 해 마귀 마(魔)자를 붙였다고 한다.

마방진은 현재 진행형

거북의 등에 그려진 신기한 수의 배열에서 유래된 마방진에 대한 기본 규칙은 [그림 27-1]과 같으며 1부터 n2까지의 연속된 자연수를 가로, 세로, 대각선의 합이 같도록 배치하는 것이다.

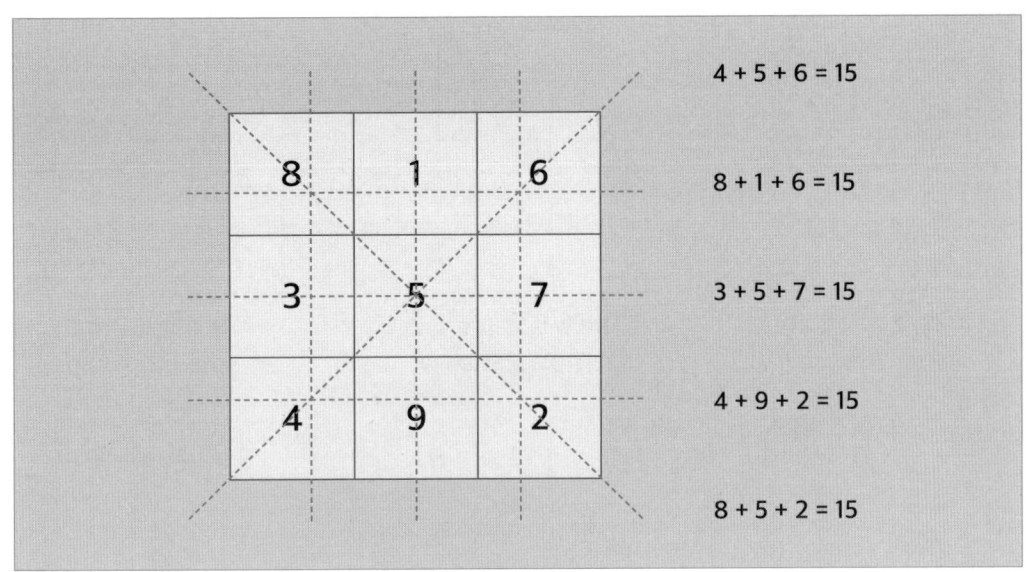

그림 27-1 마방진의 기본 규칙

동양에서 마방진은 중국 송나라 때의 『양휘산법』이라는 책에서 최초로 소개됐는데 여기서 8방진까지 설명하고 있다. 한국에서는 조선 숙종 때 영의정을 지낸 수학자 최석정이 절묘한 방진을 발견해 그의 저서 『구수략』에 실었다. 유럽에서 마방진은 한때 점성술의 대상이 되기도 했다. 마방진을 새긴 부적 등이 만들어지기도 했으며 페르마, 오일러 등이 방진을 연구했다. 지금도 세계적으로 수많은 사람들이 새로운 마방진을 발견하고자 노력하고 있다. 마방진은 현재 진행형이다.

3차 마방진

마방진의 가장 기본인 3×3 마방진에 대해서 알아 보자. 1부터 9까지의 숫자를 한 번씩만 사용하며 가로, 세로, 대각선의 합이 같아야 한다.

3차 마방진 구현 방법은 [그림 27-2]처럼 일정한 패턴이 있다. 이 방법은 3차, 5차, 7차 등 홀수 마방진에 동일하게 적용된다. 홀수 마방진은 쿼리로도 구현 가능한데, 검색 사이트에서 검색한 결과 다음과 같은 마방진 쿼리를 찾을 수 있었다.

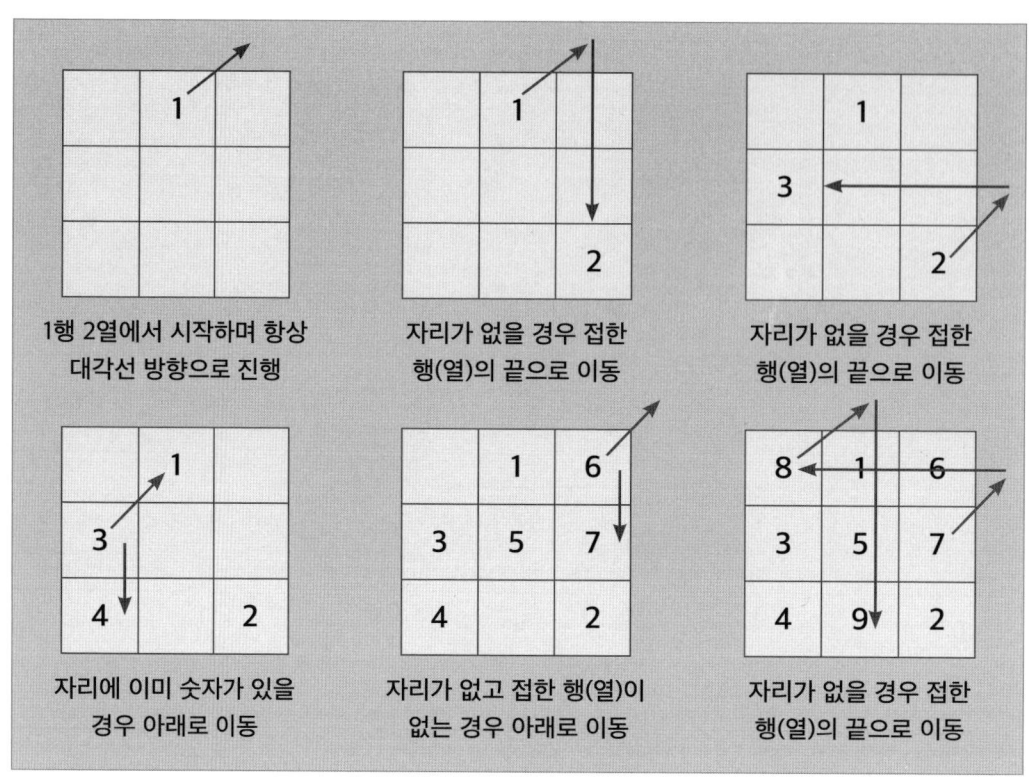

그림 27-2 3 x 3 마방진 구현 방법

[코드 27-1] 쿼리를 보면 정말 놀랍다. 작성한 이가 누군진 몰라도 대단하다는 생각이 든다. 하지만 홀수 마방진에 국한되고 한 가지 패턴만 가능하다는 것이 문제다. 필자는 다른 방법으로 마방진 쿼리를 생각해 보았다.

[그림 27-3]처럼 3×3 마방진 각 위치를 A에서 I까지 변수로 치환해 [코드 27-2] 쿼리로 작성했다.

[코드 27-1] 홀수 마방진 쿼리

```sql
SELECT TRIM(MAX(SYS_CONNECT_BY_PATH(LPAD(NO,LENGTH(POWER(:NUM,2)),'0'),' '))) AS  BANGGIN
FROM
(
    SELECT ((A.NO-1) * :NUM) + B.NO NO
         , CASE WHEN A.X - B.MV > 0 THEN A.X - B.MV ELSE :NUM + (A.X - B.MV) END AS X
         , CASE WHEN A.Y - B.MV > 0 THEN A.Y - B.MV ELSE :NUM + (A.Y - B.MV) END AS Y
    FROM
    (
        SELECT LEVEL                                      AS NO
             , MOD((:NUM + 1) / 2 + LEVEL - 2, :NUM) + 1    AS X
             , :NUM - MOD((:NUM + 1) / 2 + LEVEL - 1, :NUM) AS Y
        FROM DUAL
        CONNECT BY LEVEL <= :NUM
    ) A
    ,(
        SELECT LEVEL     AS NO
             , LEVEL - 1 AS MV
        FROM DUAL
        CONNECT BY LEVEL <= :NUM
    ) B
)
START WITH X = 1
CONNECT BY PRIOR X = X - 1 AND PRIOR Y = Y
GROUP BY Y
ORDER BY Y
```

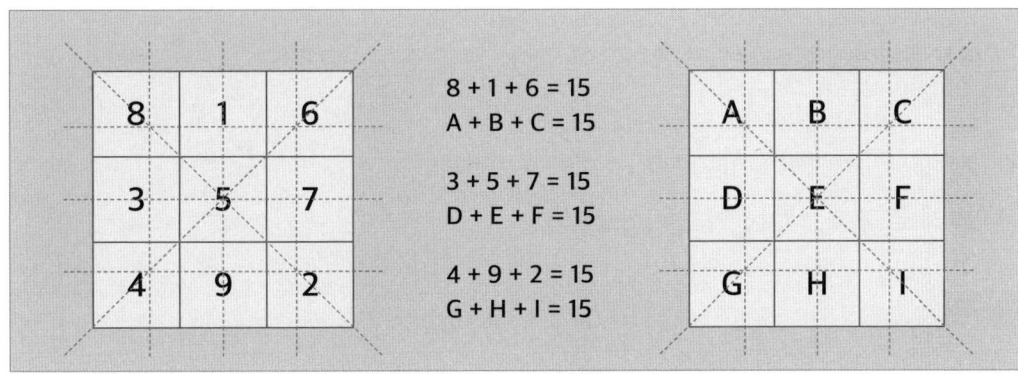

그림 27-3 3 x 3 마방진 쿼리 구현 원리

[코드 27-2] 3×3 마방진 쿼리

```
WITH TMP AS
(
    SELECT *
    FROM (SELECT LEVEL A FROM DUAL CONNECT BY LEVEL <= 9),   -- 1행 1열
         (SELECT LEVEL B FROM DUAL CONNECT BY LEVEL <= 9),   -- 1행 2열
         (SELECT LEVEL C FROM DUAL CONNECT BY LEVEL <= 9),   -- 1행 3열
         (SELECT LEVEL D FROM DUAL CONNECT BY LEVEL <= 9),   -- 2행 1열
         (SELECT LEVEL E FROM DUAL CONNECT BY LEVEL <= 9),   -- 2행 2열       ❶
         (SELECT LEVEL F FROM DUAL CONNECT BY LEVEL <= 9),   -- 2행 3열
         (SELECT LEVEL G FROM DUAL CONNECT BY LEVEL <= 9),   -- 3행 1열
         (SELECT LEVEL H FROM DUAL CONNECT BY LEVEL <= 9),   -- 3행 2열
         (SELECT LEVEL I FROM DUAL CONNECT BY LEVEL <= 9)    -- 3행 3열
)
SELECT *
FROM TMP
WHERE  A + B + C = 15      -- 가로
AND    D + E + F = 15      -- 가로
AND    G + H + I = 15      -- 가로
AND    A + D + G = 15      -- 세로       ❷
AND    B + E + H = 15      -- 세로
AND    C + F + I = 15      -- 세로
AND    A + E + I = 15      -- 대각선
AND    C + E + G = 15      -- 대각선
AND    A * B * C * D * E * F * G * H * I = 1 * 2 * 3 * 4 * 5 * 6 * 7 * 8 * 9
AND    ROUND(1/A + 1/B + 1/C + 1/D + 1/E + 1/F + 1/G + 1/H + 1/I, 5)       ❸
     = ROUND(1/1 + 1/2 + 1/3 + 1/4 + 1/5 + 1/6 + 1/7 + 1/8 + 1/9, 5)
```

구현한 쿼리를 간단히 설명하면 다음과 같다.

❶ 마방진 각각의 위치 값을 집합으로 정의한다.
❷ 가로, 세로, 대각선의 합이 15이다.
❸ 숫자는 1부터 9까지 한 번씩만 사용한다.

쿼리를 실행하면 8개의 결과가 리턴되지만 동서남북 4방향으로 회전에 따른 4개와 더불어 각각을 거울에 비친 반대의 경우도 있으므로 8로 나눠야 한다. 그러므로 실제 3×3 마

방진의 패턴은 하나임을 알 수 있다. 또한 우리는 마방진 위치 값에 대한 집합의 크기에 대해서 알아야 할 필요가 있다.

- $9 \times 9 \times 9 \times 9 \times 9 \times 9 \times 9 \times 9 \times 9 = 387,420,489$

3억 건이 넘는 어마어마한 크기다. 하지만 실제 쿼리 수행 시간은 1초 미만이었다. 왜냐하면 FROM 절에서 엄청난 부하가 예상됐지만 실제로는 조인 전에 이미 조건절에 대한 필터가 먼저 발생했기 때문이다. 즉 조인절이 모두 끝난 후에 조건절이 실행된 것이 아니라, 조인절 진행 중간 중간에 조건절이 실행됐기 때문에 실제 작업 대상인 집합의 크기가 많이 줄었다.

4차 마방진

3차 마방진은 패턴이 한 가지인데 비해 4차 마방진은 수많은 패턴이 있다. 패턴에 의한 쿼리로 구현하기보다는 집합에 의한 쿼리로 구현해야만 4차 마방진을 만족하는 모든 패턴을 한 번에 구할 수 있다.

[코드 27-3] 쿼리를 실행한 결과 7,040개의 레코드가 리턴됐다. 동서남북 4방향으로의 회전에 따른 4개와 더불어 각각을 거울에 비친 반대의 경우도 있으므로 8로 나눠야 한다. 그러므로 실제 4×4 마방진은 880개의 패턴이 있음을 알 수 있다.

- $16 \times 16 \times 16 \times 16 \times 16 \times 16 \times 16 \times 16 \times 16 \times 16 \times 16 \times 16 \times 16 \times 16 \times 16 \times 16 = 18,446,744,073,709,551,616$

4×4 마방진 위치 값에 대한 집합의 크기는 1,844경으로 엄청나다. 그렇다면 쿼리 수행 시간은 얼마나 걸릴까? 필자가 실행한 결과 15시간이 걸렸다.

컴퓨터가 존재하기 이전 옛날에는 4차 마방진 880개 모두를 구하기 위해서는 평생을 바쳐야 했지만 지금은 하루 만에 구할 수 있으므로 그나마 위안이 된다.

[코드 27-3] 4차 마방진을 만족하는 모든 패턴을 한 번에 구하는 쿼리

```
WITH TMP AS
(
    SELECT *
    FROM (SELECT LEVEL A FROM DUAL CONNECT BY LEVEL <= 16),   -- 1행 1열
         (SELECT LEVEL B FROM DUAL CONNECT BY LEVEL <= 16),   -- 1행 2열
         (SELECT LEVEL C FROM DUAL CONNECT BY LEVEL <= 16),   -- 1행 3열
         (SELECT LEVEL D FROM DUAL CONNECT BY LEVEL <= 16),   -- 1행 4열
         (SELECT LEVEL E FROM DUAL CONNECT BY LEVEL <= 16),   -- 2행 1열
         (SELECT LEVEL F FROM DUAL CONNECT BY LEVEL <= 16),   -- 2행 2열
         (SELECT LEVEL G FROM DUAL CONNECT BY LEVEL <= 16),   -- 2행 3열
         (SELECT LEVEL H FROM DUAL CONNECT BY LEVEL <= 16),   -- 2행 4열
         (SELECT LEVEL I FROM DUAL CONNECT BY LEVEL <= 16),   -- 3행 1열
         (SELECT LEVEL J FROM DUAL CONNECT BY LEVEL <= 16),   -- 3행 2열
         (SELECT LEVEL K FROM DUAL CONNECT BY LEVEL <= 16),   -- 3행 3열
         (SELECT LEVEL L FROM DUAL CONNECT BY LEVEL <= 16),   -- 3행 4열
         (SELECT LEVEL M FROM DUAL CONNECT BY LEVEL <= 16),   -- 4행 1열
         (SELECT LEVEL N FROM DUAL CONNECT BY LEVEL <= 16),   -- 4행 2열
         (SELECT LEVEL O FROM DUAL CONNECT BY LEVEL <= 16),   -- 4행 3열
         (SELECT LEVEL P FROM DUAL CONNECT BY LEVEL <= 16)    -- 4행 4열
)
SELECT *
FROM TMP
WHERE A + B + C + D = 34    -- 가로
AND   E + F + G + H = 34    -- 가로
AND   I + J + K + L = 34    -- 가로
AND   M + N + O + P = 34    -- 가로
AND   A + E + I + M = 34    -- 세로
AND   B + F + J + N = 34    -- 세로
AND   C + G + K + O = 34    -- 세로
AND   D + H + L + P = 34    -- 세로
AND   A + F + K + P = 34    -- 대각선
AND   D + G + J + M = 34    -- 대각선
AND   A*B*C*D*E*F*G*H*I*J*K*L*M*N*O*P = 1*2*3*4*5*6*7*8*9*10*11*12*13*14*15*16
AND   ROUND(1/A+1/B+1/C+1/D+1/E+1/F+1/G+1/H+1/I+1/J+1/K+1/L+1/M+1/N+1/O+1/P,5)
    = ROUND(1/1+1/2+1/3+1/4+1/5+1/6+1/7+1/8+1/9+1/10+1/11+1/12+1/13+1/14+1/15+1/16,5)
```

4차 슈퍼 마방진

4차 마방진은 가로 4줄, 세로 4줄, 대각선 2줄을 포함해 총 10가지 경우의 합만 같으면 되지만, 4차 슈퍼 마방진은 [그림 27-4]와 같이 총 56가지 경우의 합이 모두 같아야 한다. 쿼리를 작성해 실행해 보면 48개의 레코드가 리턴된다. 8로 나누면 결국 6개의 4×4 슈퍼 마방진 패턴이 존재함을 알 수 있다.

- $16 \times 16 \times 16 \times 16 \times 16 \times 16 \times 16 \times 16 \times 16 \times 16 \times 16 \times 16 \times 16 \times 16 \times 16 \times 16 = 18,446,744,073,709,551,616$

4×4 슈퍼 마방진 위치 값에 대한 집합의 크기는 1,844경으로 4×4 마방진과 동일함을 우리는 안다. 그렇다면 쿼리 수행 시간은 얼마나 걸릴까? 필자가 실행한 결과 수초에 불과했다.

- 4×4 마방진 쿼리 수행 시간: 15시간
- 4×4 슈퍼 마방진 수행 시간: 수초

이와 같이 쿼리 수행 시간이 극단적으로 차이 나는 이유는 무엇일까? 4차 마방진의 조건절은 10개에 불과한데, 4차 슈퍼 마방진의 조건절은 56개로 훨씬 더 많기 때문이다. 또한 조인절 이전에 이미 조건절에 대한 필터가 먼저 발생했다. 즉 조인절 진행 중간 중간에 조건절이 먼저 실행돼서 집합의 규모가 크게 줄었기 때문이다. 이와 같은 사례는 배치 프로그램의 튜닝에서 자주 경험할 수 있다.
[그림 27-4]에서 4차 슈퍼 마방진의 실제 예를 살펴볼 수 있다.

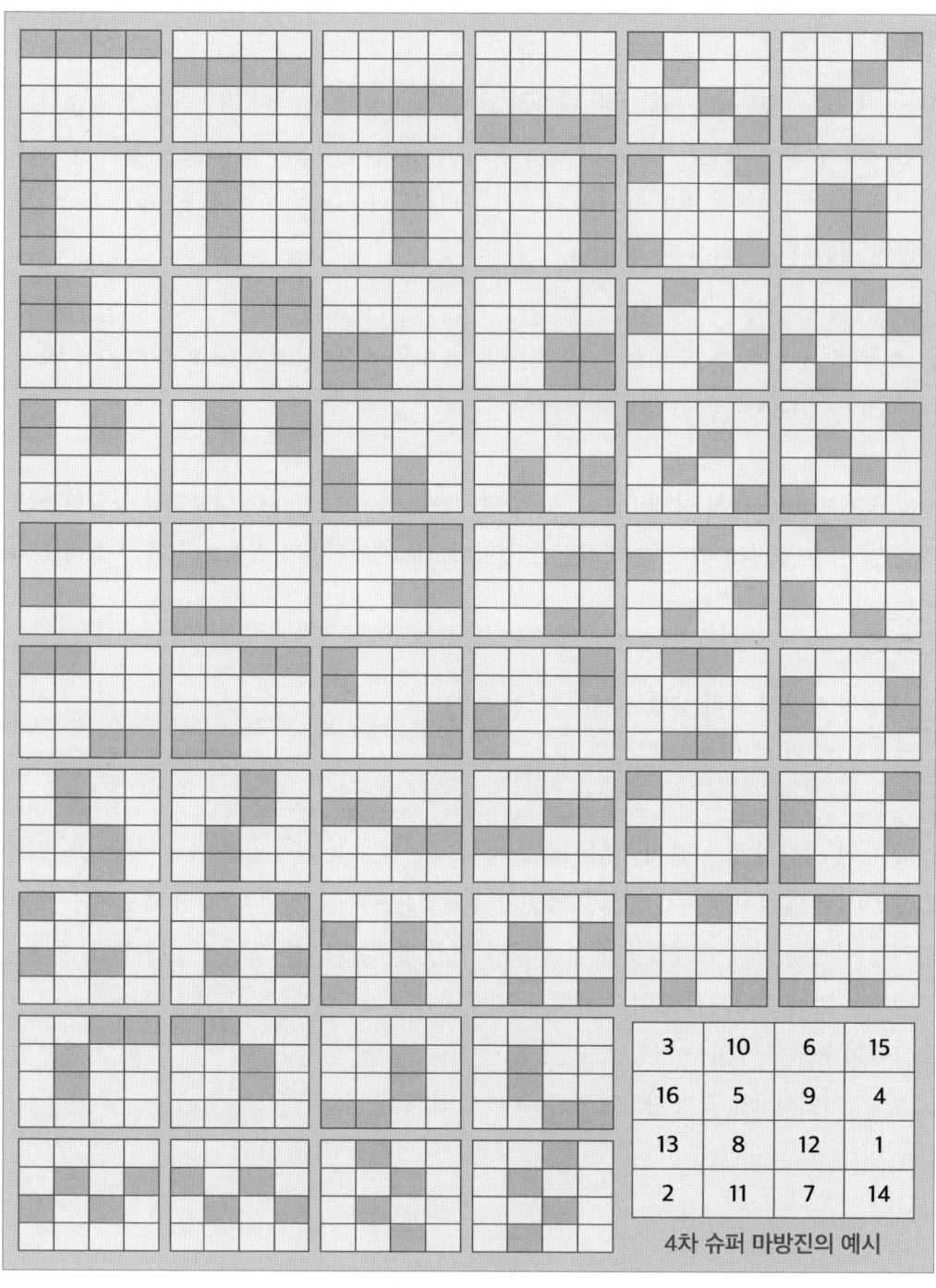

그림 27-4 4×4 슈퍼 마방진의 규칙과 예시

3차 입체 마방진

마방진의 가장 기본인 3×3 마방진이 3층으로 쌓여진 3×3×3 입체 마방진에 대해 알아 보자. 입체 마방진은 각 면 또는 단면에서 가로줄, 세로줄, 대각선, 입체대각선의 합이 같은 것을 의미한다. 지금까지 3차 입체 마방진은 발견하지 못한 것으로 알려져 있었다.

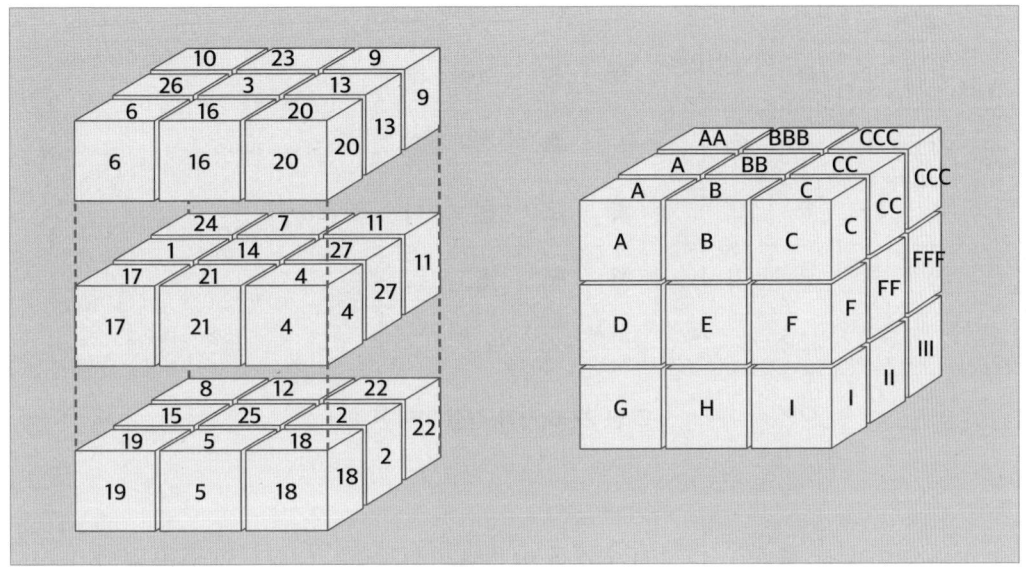

그림 27-5 3×3×3 입체 마방진

입체 마방진의 존재를 주장하는 사람들 혹은 지금도 입체 마방진을 찾으려고 노력하는 사람들이 실망할지도 모르지만, 필자가 쿼리로 작성해 확인한 결과 3차 입체 마방진은 존재하지 않았다. 단지 [그림 27-5]와 같이 대각선을 제외한 가로, 세로의 합이 같은 3차 입체 마방진은 존재함을 확인했다.

기타 각종 마방진

지금까지 3차 마방진, 4차 마방진, 4차 슈퍼 마방진, 3차 입체 마방진 등을 살펴 보았다. 마방진은 이외에도 무수히 많지만 몇 가지만 더 간단히 살펴보자.

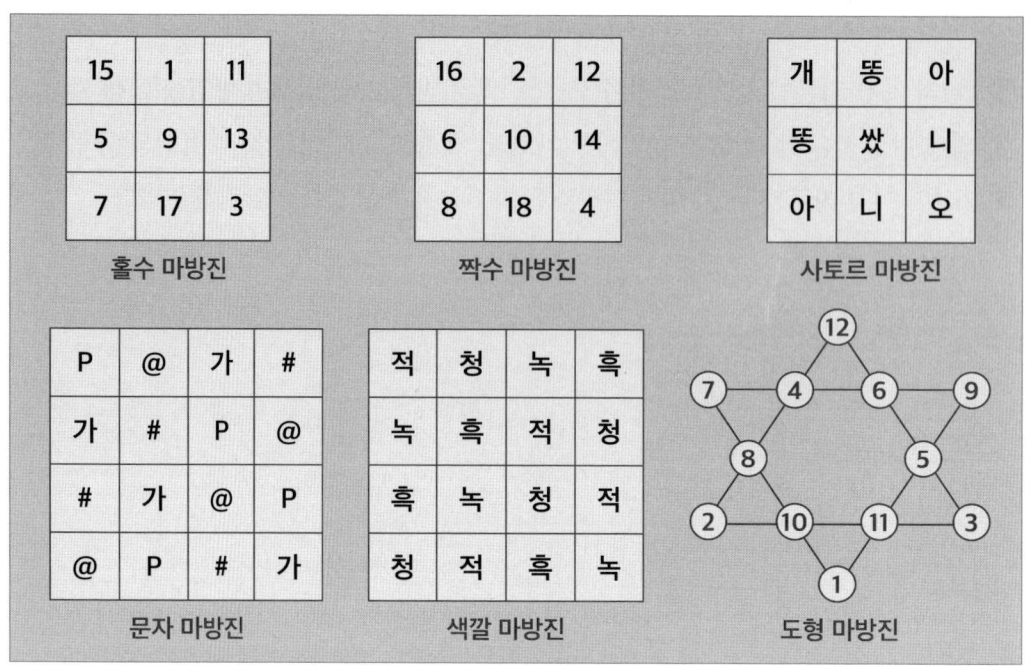

그림 27-6 기타 각종 마방진

- 홀수 마방진: 홀수 1~17까지 숫자를 이용해 가로, 세로, 대각선의 합이 같다.
- 짝수 마방진: 짝수 2~18까지 숫자를 이용해 가로, 세로, 대각선의 합이 같다.
- 사토르 마방진: 가로로 읽으나 세로로 읽으나 똑같이 읽히는 다음절의 문장
- 문자 마방진: 각각의 문자는 가로, 세로, 대각선에 오로지 하나만 존재한다.
- 색깔 마방진: 각각의 색깔은 가로, 세로, 대각선에 오로지 하나만 존재한다.
- 도형 마방진: 도형 각 변의 숫자 합은 같다.

이와 같이 수많은 종류의 마방진이 있으며, 각각의 마방진은 N차로 확장 가능하다.

원리를 이해하고 논리로 풀어가는 쉬어가는
스토리 DB 문제 ㉗

각 스토리의 끝에 간단하면서도 재미있고 생각해 보는 DB 문제를 출제한다. 모든 문제는 DB의 원리를 이해할 수 있는 기준으로 출제한다. 문제를 풀어보면서 DB 원리를 하나씩 배우고 이해할 수 있다.

다음 그림은 별모양의 마방진이다. 각 변의 4개 숫자의 합은 같아야 한다. 또한 1부터 12까지의 숫자는 한 번씩만 사용된다. 그렇다면 물음표 위치에 올 수 있는 숫자를 모두 구하시오.

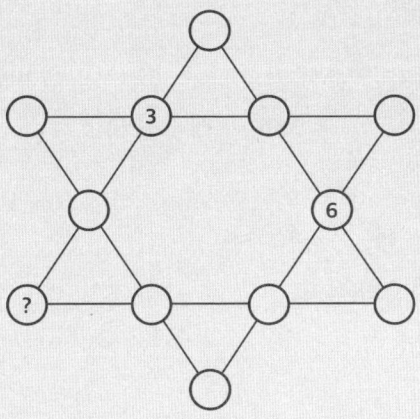

※ 정답과 풀이는 '스토리 DB 문제 풀이와 정답'에 있다.

KEY WORD 블록

오라클 운반 최소 단위 블록

오라클 블록(Block)은 데이터가 저장되는 디스크의 공간을 의미한다. 오라클 블록에 대해 이해하고 블록과 오라클 성능을 연계해 설명한다. 블록은 튜닝에 있어서 중요한 한 부분이다. 오라클 블록은 I/O의 가장 작은 단위이며 오라클 성능에도 중요한 요소다.

우리 민족은 예로부터 물건이나 대상을 세는 다양한 단위를 사용했다. 다른 나라들은 면적, 크기, 부피, 길이 등에 따른 몇 가지의 단위가 전부인데 반해 우리 나라는 면적, 크기, 부피, 길이뿐 아니라 단위를 세는 구체적인 대상에 따라서도 세분화해 사용했다.

- 접: 마늘이나 감 등을 세는 단위(100개)
- 톳: 김 40장 또는 100장의 한 묶음
- 축: 오징어 20마리
- 쾌: 북어 20마리
- 톨: 밤, 도토리를 세는 단위
- 태: 나무 꼬챙이에 꿰어 말린 명태 20마리
- 치: 손가락 한마디의 크기를 의미한다. 한치 앞도 못 본다는 말이 있는데 바로 눈 앞의 것도 못 본다는 의미다. 그런데 실제로 눈에서 한치 앞의 사물을 보면 초점이 안 맞아서 어지럽고 눈물이 난다. 틀린 말은 아닌 것이다.
- 자: 한자로는 척이라 하고 팔뚝에서 손까지의 길이를 의미한다(약 30cm).
- 통: 광목 60자

- 필: 명주 40자(명주 한 필)
- 필: 말이나 소를 세는 단위를 의미한다. 대개 동물은 마리라는 단위가 있지만 말이나 소를 헤아리는 단위는 마리뿐만 아니라 필이라는 단위도 같이 사용한다. 아마 옛날 농경 및 국방에 대한 중요성 때문에 특별히 붙어진 단위가 아닐까 생각해 볼 수 있다.
- 모: 두부나 묵의 수를 세는 단위
- 길: 사람의 키를 의미한다(천 길 낭떠러지, 열 길 물속은 알아도 한 길 사람 속은 모른다).
- 닢: 잎, 쇠붙이, 동전 등 얇은 물건을 세는 단위
- 단: 푸성귀, 짚, 땔나무 따위의 묶음을 세는 단위
- 손: 고등어, 배추, 미나리, 파를 세는 단위
- 매: 젓가락 한 쌍을 의미하기도 하고, 종이 따위를 세는 것
- 장: 종이처럼 얇은 것을 세는 단위
- 연: 종이 전지 500장
- 쌈: 바늘 24개
- 벌: 옷이나 그릇의 짝을 이룬 단위, 세트의 개념
- 홰: 닭이 홰를 치며 우는 횟수를 세는 단위를 의미하는데, 이런 단위도 있구나 싶어서 놀람
- 땀: 바느질에서 한 번 바늘로 뜬 것(한 땀 한 땀 정성들인 옷)
- 촉: 난초의 포기 수를 세는 단위
- 첩: 한약 한 봉지
- 제: 한약 20첩
- 홉: 양손으로 움켜진 양, 1되의 1/10, 작은 소주가 2홉이므로 소주 반 병 정도의 부피
- 되: 10홉을 의미하며 주로 쌀 등을 세는 단위
- 되가웃: 한 되 반 정도의 쌀
- 되드리: 한 홉의 1/10
- 말: 10되를 의미하며 두와 같은 단위
- 가마니: 5말

- 섬: 10말, 2가마니, 만석꾼에서 석과 같은 단위
- 담불: 벼 100섬
- 거리: 오이나 가지 50개(반 접과 같은 단위)
- 우리: 기와를 세는 단위(기와 2000장)
- 사리: 국수나 실 등의 둥그런 뭉치를 세는 단위
- 바리: 마소가 실어 나르는 짐을 세는 단위('바리바리 짐을 싣고'라는 말도 있음)
- 리: 0.4km 의미, 십 리는 4km
- 마장: 십 리나 오 리가 못 되는 거리
- 평: 가로, 세로 방향으로 한 사람의 키 정도 되는 넓이(3.3평방미터)
- 묘: 30평
- 단보: 10묘, 300평
- 정보: 10단보, 100묘, 3000평
- 마지기: 논은 200~300평, 밭은 300평 내외로 지역마다 의견이 분분한데 그 이유는 면적에 대한 단위가 아니기 때문이다. 정확한 표현은 한 말의 씨를 뿌릴 만한 땅을 의미한다.
- 가리: 계곡 안에 자리잡은 한나절 밭갈이를 할 수 있는 정도의 땅을 의미하며 아침가리, 연가리, 가리, 명지가리가 우리나라에서 유명한 4가리에 속한다. 특히 아침가리는 우리나라 최고로 각광받는 계곡 트레킹 코스다. 손에 꼽을 오지이지만 땅 값은 매물이 없어서 매길 수가 없다고 한다.

이 외에도 무수히 많은 세는 단위가 있지만 요즘은 사람들이 잘 사용하지 않고 잊혀지는 것이 많아져 아쉽다. 이번 스토리의 내용은 오라클 I/O 최소 운반 단위인 블록에 관한 것이다. 조금은 딱딱한 주제이지만 튜닝에 있어서 중요한 부분이므로 정독을 필요로 한다.

오라클 블록에 대한 이해

오라클 블록은 사용자가 입력한 데이터를 디스크에 저장하거나 혹은 저장된 데이터를 작업하려고 메모리에 로드할 때 처리하는 최소 작업 단위이자 최소 운반 단위다. 오라클

블록은 데이터 블록 또는 페이지라고 불리기도 한다. 한마디로 블록이란 물리적 데이터가 저장되는 디스크 공간이라고 이해하면 된다.

오라클 9i 이전에는 데이터베이스를 생성할 때 블록의 크기를 결정할 수 있었으며, 한 번 정해진 블록의 크기는 변경할 수 없어서 재설정하려면 데이터베이스를 다시 설치해야 했다. 하지만 오라클 9i부터는 재설치 않고도 블록 사이즈를 변경할 수 있도록 지원한다 (multiple oracle block size 지원).

블록 크기 설정은 초기 파라미터인 `db_block_size`에 의해 결정된다. OS 종류에 따라 2KB에서 32KB까지 제공되며 간혹 64KB를 제공하기도 한다. 블록의 크기는 홀수보다는 짝수 및 그 배수로 설정을 권장한다. [그림 28-1]은 오라클의 저장 구조를 순서대로 간략히 표현한 것이다.

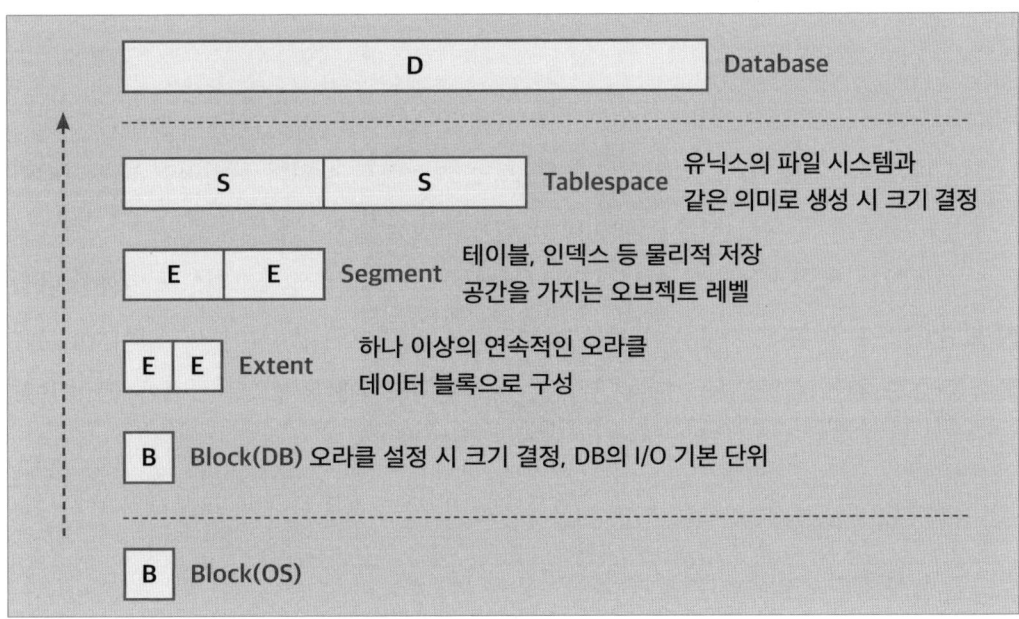

그림 28-1 오라클의 저장구조

[그림 28-1]에 따르면 오라클 저장 구조의 순서는 다음과 같다.

● 블록 → 오라클 블록 → 익스텐트 → 세그먼트 → 테이블스페이스 → 데이터베이스

오라클 블록은 하나 이상의 OS 블록의 집합으로 이루어졌다. 오라클 블록의 사이즈는 입출력을 원활히 하기 위해 OS 블록 사이즈의 배수로 선택해야 한다. 만약 오라클 블록이 OS 블록보다 작다면 나머지의 데이터들은 항상 따로 읽히게 돼, 읽기 수행 속도에 문제를 일으킨다. 또한 OS 블록의 배수가 되지 않는다면 공간 낭비를 초래한다.

오라클 데이터 블록은 실제 물리적 하드디스크 상의 저장 공간으로 데이터베이스가 생성될 때 오라클 파라미터 db_block_size에 의해 결정된다. 다음과 같은 쿼리로 설정된 블록의 크기를 확인할 수 있다.

```
SELECT VALUE FROM V$PARAMETER WHERE NAME = 'db_block_size'
```

익스텐트(Extents)는 오라클 데이터 블록의 연속적인 집합으로 이루어지며, 데이터가 데이터 파일에 추가될 때마다 할당된다. 세그먼트는 익스텐트 상위의 논리적인 데이터베이스 레벨이다. 세그먼트는 특정 논리적 구조를 위해 할당된 익스텐트의 집합이다. 세그먼트에는 데이터 세그먼트, 인덱스 세그먼트, 롤백 세그먼트, 임시 세그먼트 등 4가지 타입이 있다.

오라클은 존재하는 세그먼트의 익스텐트들이 풀이 됐을 때 동적으로 공간을 할당한다. 그러므로 오라클은 필요로 하는 만큼 또 다른 세그먼트의 익스텐트를 할당한다.

오라클 블록의 크기와 OLTP & OLAP

오라클은 작업의 효율성과 속도 향상을 위해 블록 단위로 작업을 수행한다. 데이터를 하나씩 처리하는 것이 아니라 블록 단위로 처리하기 때문에 효율성과 속도를 향상시킬 수 있다.

블록의 사이즈가 크면 한 번에 담는 양이 많아서 I/O 횟수가 줄어드는 장점이 있다. 반면에 공간 낭비 및 경합이 발생할 수 있어 전체 성능 저하의 원인이 되기도 한다. 대체적으

로 OLTP(Online Transaction Processing, 일반적인 업무 처리, 즉 현황 처리에 적합 블록 사이즈↓) 시스템에서는 블록의 사이즈를 작게 하고, OLAP(Online Analytical processing, 분석을 위한 통계나 미래 예측이 목적, 블록 사이즈↑) 시스템에서는 블록의 사이즈를 크게 하는 것이 좋다.

많은 DML을 유발시키는 OLTP에서는 작은 블록이 유리하다. 왜냐하면 블록 내에 적은 로우가 있어서 경합이 적게 발생하기 때문이다. 반면에 통계 또는 집계를 내기 위한 OLAP 환경의 데이터베이스는 블록 사이즈를 크게 잡는 것이 좋다. 이러한 여러 가지 상황을 고려해 사이즈를 결정하는데 대개 8KB 정도로 잡는 것이 무난하다.

오라클 블록 사이즈와 연관된 중요한 또 하나의 파라미터가 있다. db_file_multiblock_read_count 파라미터가 그것이다. 데이터베이스 성능에 영향을 미치는 파라미터로서 한 번의 I/O로 운반할 수 있는 블록의 개수를 정할 수 있다.

```
SELECT VALUE FROM V$PARAMETER WHERE NAME = 'db_file_multiblock_read_count'
```

오라클 블록과 Row Chaining & Row Migration

블록과 관련해 Row Chaining과 Row Migration이 발생하는데 블록 단위의 작업을 하는 오라클에서 성능 저하를 일으키기도 한다.

Row chaining은 해당 블록에 저장 공간이 부족해서 다른 블록에 데이터를 이어서 저장한 상황에 대한 것이다. 관리상의 문제로 인해 성능 저하가 발생한다. 블록의 크기를 키우는 것이 해결책이 될 수 있으나 블록을 키우면 Wait 현상이 발생해 오히려 성능이 떨어질 수도 있다.

Row migration은 해당 블록에 저장된 데이터가 공간이 부족해서 다른 블록으로 이동한 경우를 말하며, 원래 블록에는 이동한 주소 정보를 남겨야 한다. 이것도 역시 관리상의 성능 이슈가 있다. 해결책은 reorg 하거나 pctfree 값을 높이면 되지만, pctfree 값을 높이면 공간 낭비 발생으로 오히려 성능이 떨어질 수도 있다.

오라클 블록과 성능의 연관성

오라클 블록은 성능과 밀접한 관련이 있다. 예를 들어 [그림 28-2]와 같이 여러 개의 로우를 조회할 때, 서로 다른 블록에 존재한다면 우리는 그 로우를 조회하기 위해 각각의 블록을 읽어야 한다. 디스크 I/O 운반 횟수가 많으므로 성능상으로 손해를 보았다.

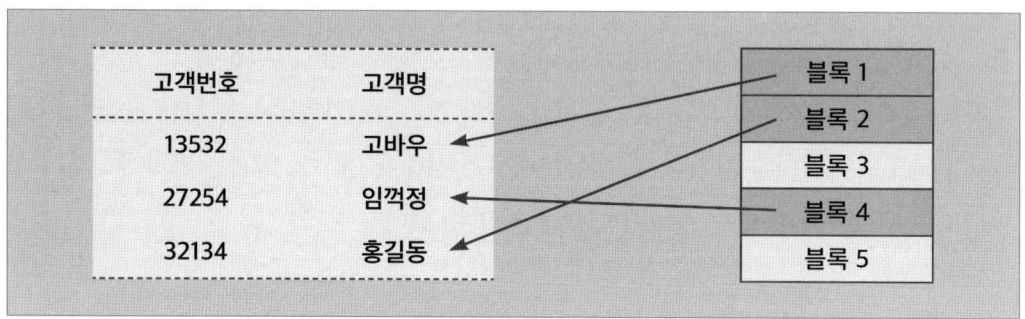

그림 28-2 서로 다른 블록에 있는 조회 대상 로우

또 다른 예를 보자. [그림 28-3]과 같이 여러 개의 로우를 조회할 때 모두 같은 블록에 존재한다면 우리는 해당 로우를 조회하기 위해서 오직 하나의 블록만 읽으면 된다. 디스크 I/O 운반 횟수가 적으므로 성능상으로 이익을 보았다.

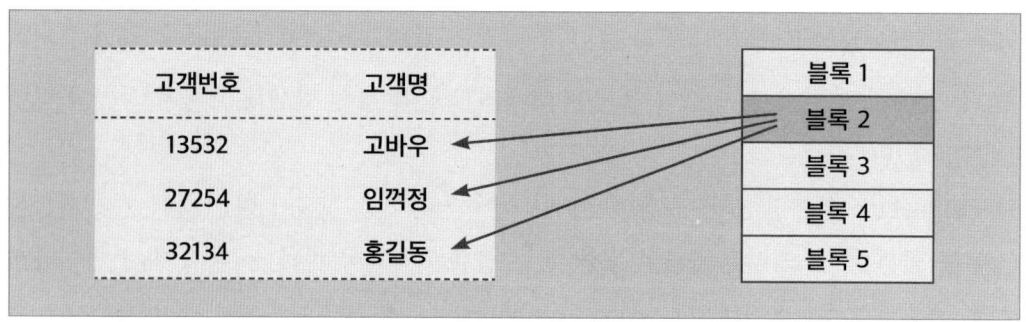

그림 28-3 동일한 블록에 있는 조회 대상 로우

결론적으로 블록의 크기도 성능에 영향을 미치는 중요한 요소이지만, 블록에 적재된 데이터의 내용도 성능에 영향을 미치는 중요한 변수가 됨을 알 수 있다.

원리를 이해하고 논리로 풀어가는 쉬어가는
스토리 DB 문제 ㉘

각 스토리의 끝에 간단하면서도 재미있고 생각해 보는 DB 문제를 출제한다. 모든 문제는 DB의 원리를 이해할 수 있는 기준으로 출제한다. 문제를 풀어보면서 DB 원리를 하나씩 배우고 이해할 수 있다.

다음 그림은 별모양의 마방진이다. 각 변의 4개 숫자의 합이 같아야 한다. 또한 1부터 10까지의 숫자는 한 번씩만 사용된다. 별 마방진을 쿼리로 구현하고 규칙에 맞는 패턴은 몇 개인지 알아보시오.

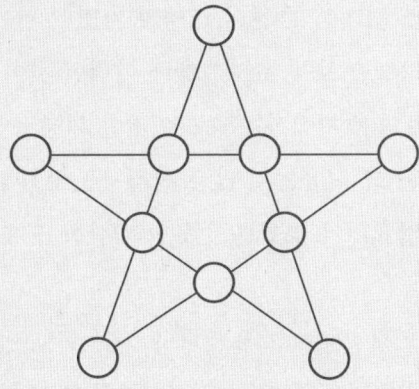

※ 정답과 풀이는 '스토리 DB 문제 풀이와 정답'에 있다.

KEY WORD 인공지능, 쉬어가는 이야기

데이터가 촉발한 인공지능과 그 새로운 도전

데이터의 인기와 함께 인공지능이 대중의 관심거리로 떠올랐다. 이와 관련해 인공지능, 머신러닝, 딥러닝에 대해 데이터 관점에서 알아본다.

1997년, 세계 체스 챔피언 게리 카스파로프는 IBM 컴퓨터 딥블루와의 체스 대결에서 졌다. 사람들은 컴퓨터의 승리에 놀라워했지만 사실 딥블루는 카스파로프의 수많은 경기 기보를 기억하고 분석해 만반의 준비를 하고 시합에 나섰다. 즉 딥블루는 체스 경기를 사고(思考)로서 주도한 게 아니라 기억된 정보를 바탕으로 최적의 경우의 수를 찾은 것이었다. 그래서 딥블루의 승리는 컴퓨터의 승리가 아니라 알고리즘을 만든 사람의 승리였다고 할 수 있다. 미국의 체스 챔피언 출신의 조엘 벤자민이 과거 100년 동안의 주요 기보와 체스 대가들의 경기 스타일을 모두 프로그램에 입력한 것이 크게 기여한 결과였다. 딥블루는 세계 체스 챔피언과의 경기에서는 승리했지만 세계적인 토너먼트 대회에서는 결과가 신통치 않았다고 한다. 그 이유는 수많은 참가자들에 대한 분석이 완벽하게 이루어지지 않았기 때문이었다. 컴퓨터가 경험하지 못한 이상한 수에 대해 제대로 대응할 수 없었다고 한다.

사람과 슈퍼 컴퓨터의 퀴즈 대결에서 컴퓨터가 우승한 적도 있지만, 이때도 사고에 의한 것이 아니라 방대한 데이터 축적과 이 분석에 최적화한 슈퍼 컴퓨터에 의한 것이었다. 여러 부분에서 사람을 이긴 컴퓨터지만, 바둑에서는 한동안 사람의 능력에 미치지 못했었다. 바둑에서 컴퓨터가 사람을 이기려면 최소 10~50년 이상 걸릴 것이라고 많은 전문가들은 예상했었다. 가로 세로 19줄 바둑의 복잡도는 체스의 '10의 452승'배에 달한다고 한다. 아무리 게임을 많이 하더라도 같은 게임은 나올 수 없다는 의미며, 그 복잡한 정도가 마치 우주의 크기와 같다는 어느 과학자의 말도 있다. 하지만 이변이 일어났다.

컴퓨터와 인간의 대결?

지난 2016년 3월, 알파고와 이세돌 9단의 세계 최정상 바둑 대결이 있었다. 상금 100만 달러를 두고 벌어지는 구글의 인공지능 알파고와 바둑기사 이세돌 간의 자존심을 건 세기적 대결이었다. 지금까지 인공지능은 많은 분야에서 좋은 성과를 내었으나 바둑에서는 그렇지 못했다. 바둑은 수많은 경우의 수로 인공지능 컴퓨터 분야의 난공불락으로 여겨졌었다.

바둑은 4,000여 년 전 중국에서 시작했으며 15세기 이후 일본에서 체계화됐다. 그리고 한중일이 바둑을 겨루기 시작한 1980년대 말 이후 세계 챔피언은 대부분 한국에서 나왔다. 조훈현·이창호·이세돌로 이어지는 한국의 바둑은 세계 최강이라 자부할 만하다. 그래서 인류를 대표해서 인공지능 알파고와 시합할 프로 기사로 우리나라의 이세돌 9단이 결정됐을 때 당연하다고 생각했다.

처음 이 세기적 대결이 성사됐을 때 사람들은 대부분 인간의 승리를 점쳤다. 일부 과학자나 구글 관계자는 알파고의 승리를 예상하기도 했으나 바둑계에서는 알파고의 실력으로는 이세돌 9단을 이길 수 없다고 단언했었다. 이세돌 9단조차도 압도적인 승리를 자신했다. 하지만 경기 결과는 우리의 기대와는 전혀 다르게 나타났다.

인간 대표 이세돌 9단이 인공지능 알파고에 1국을 패한 뒤에 어떤 이는 엄청난 충격을 받았다고 했고, 어떤 이는 방심해서 패했다고 했다. 아직까지는 인간의 패배를 인정하기 싫은 분위기였다. 인간이 컴퓨터에게 패한다는 것을 상상할 수 없었을 것이다. 그러나 2국, 3국 마저 패한 후에는 모든 사람들이 인공지능의 능력을 인정할 수밖에 없었다. 처음으로 이긴 4국에서 그나마 인간 능력에 대한 존엄을 다시금 살려 놓았지만 결국 최종적으로 1승 4패라는 충격적인 패배로 경기는 끝났다.

이세돌과 알파고의 바둑 대결에 앞서 구글딥마인드 공동 창업자인 '데미스 하사비스(Demis Hassabis)'는 대국 승리의 확률을 50:50으로 생각한다며 자신감을 피력했다. 한술 더

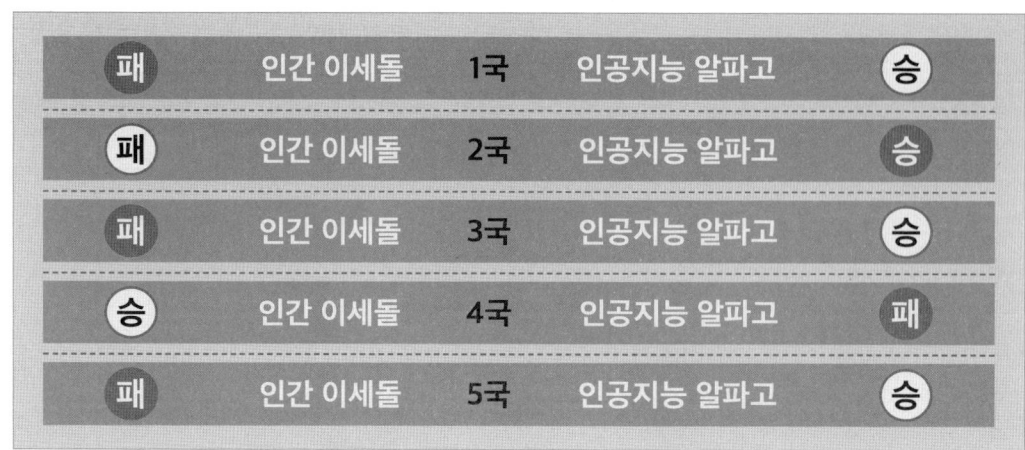

그림 29-1 이세돌과 알파고의 대국 결과

떠서 대국 이후 이세돌 9단이 어떤 소감을 말해줄지 기대된다고 했다. 이에 반해 이세돌 9단은 "바둑 역사에 의미 있는 대결로 내가 이길 것"이라고 자신 있게 말했다. 하지만 대국은 인공지능 알파고의 승리로 끝났다. 이세돌이 한 말이 귓가에 맴돈다. "이세돌이 패배한 것이지 인간이 패배한 것이 아니다."

인간과 인공지능의 대결은 이번이 처음은 아니었다. 첫 대결은 1967년 MIT 출신 해커가 만든 체스 프로그램 '맥핵'이다. 아마추어 체스 고수를 이기면서 인간과 인공지능과의 첫 대결로 기록됐다. 그 후 딥블루(Deep Blue)를 제작해 카스파로프에게 재도전했다. 딥블루가 인간과 체스 대결에서 승리했고, 왓슨(Watson)이 인간과의 퀴즈 대결에서 승리했다. 마지막 성역이라고 불리는 바둑에서는 구글에서 개발한 '알파고'가 유럽 챔피언인 중국계 바둑기사 판후이 2단에게 5:0으로 완승했다. 세계 최고의 바둑기사라 불리는 이세돌 9단까지 무릎 꿇린 인공지능은 인간과 컴퓨터 간 대결 역사를 새롭게 썼다.

구글의 알파고는 인공지능 바둑 프로그램이지만 이세돌과의 대국에서 승리함으로써 인공지능의 대명사로 여겨질 정도에 이르렀다. 예전 인간과의 체스 대결에서 이긴 초기의 인공지능도 있으나, 그때와는 상황이 많이 다르다. 체스는 바둑과는 다른 방식의 보드 게임이다. 체스는 분석에 근거해 경기를 해야 하지만, 바둑은 직관적으로 경기를 해야 한다.

바둑에서 경우의 수는 10의 170 제곱으로 우주의 원자 수보다도 많다고 한다. 이러한 수많은 경우의 수를 모두 분석할 수는 없으므로 인간은 직관적으로 바둑을 두었다. 그리고

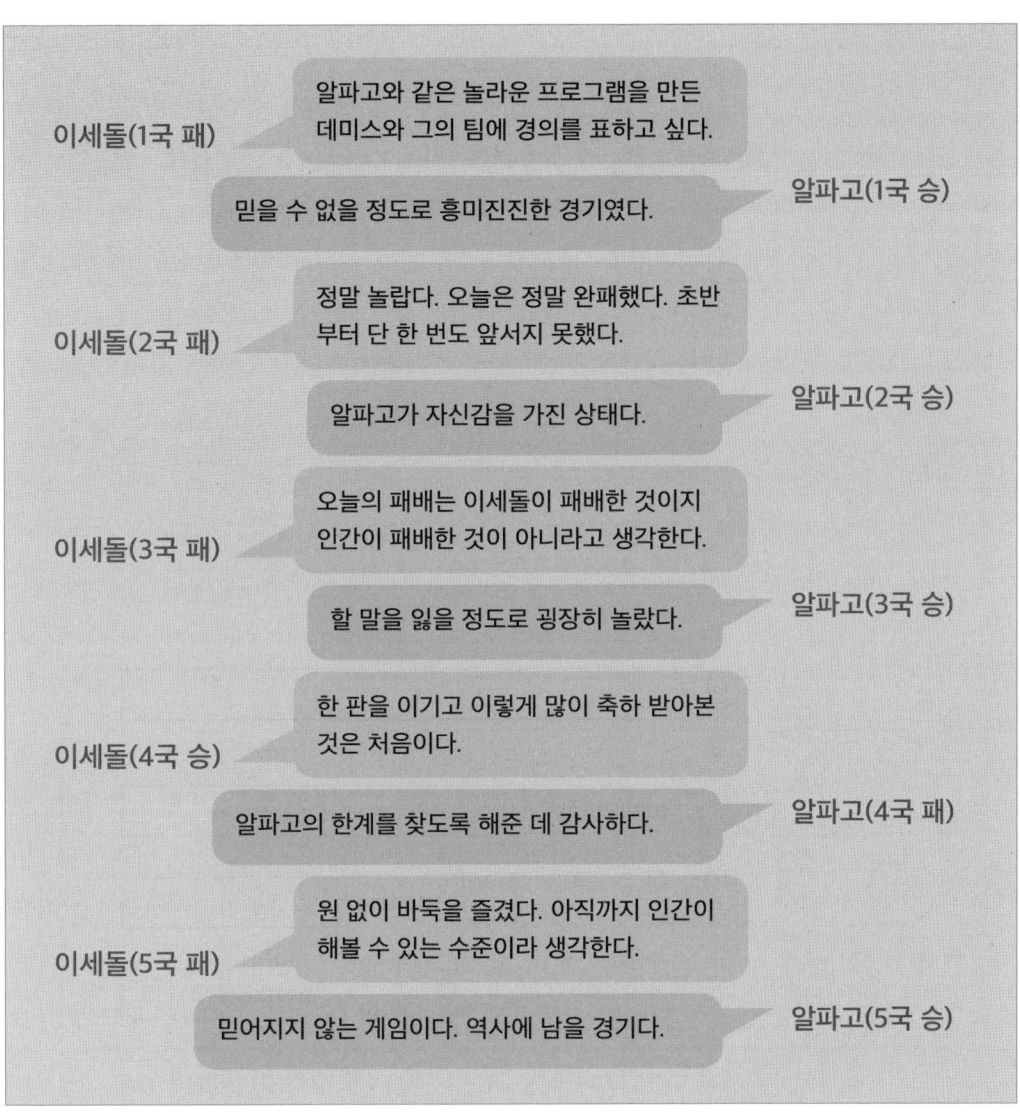

그림 29-2 이세돌과 알파고의 대국 소감

지금까지는 직관적인 능력을 가진 기계는 없었으므로 바둑은 영원히 인간의 영역이라고 생각됐지만 이제는 아니다. 알파고의 승리로 인해 인간의 분석 능력뿐만 아니라 직관 능력까지도 위협 받게 됐다. 직관력은 더 이상 인간의 고유한 능력이 아님을 알게 됐다. 도대체 알파고는 어떠한 방법으로 직관력을 갖게 됐을까?

1967	맥핵	vs	체스고수	인공지능	승
1989	딥소트	vs	체스 챔피언	인공지능	패
1997	딥블루	vs	체스 챔피언	인공지능	승
2011	왓슨	vs	퀴즈 챔피언	인공지능	승
2015	알파고	vs	바둑 유럽 챔피언	인공지능	승
2016	알파고	vs	이세돌 기사	인공지능	승

그림 29-3 인공지능 vs. 인간 대결

구글의 인공지능 알파고

알파고(AlphaGo)는 구글딥마인드(DeepMind)에서 개발한 인공지능 바둑 프로그램이다. 최초 또는 최고의 뜻을 가진 Alpha와 영어 단어 Go를 합쳐서 만든 이름이다. 알파(Alpha)는 그리스어 자모의 첫째 글자로 영어의 A에 해당한다. 이 때문에 최초 또는 최고의 의미를 지니고 있다. 고(Go)는 바둑을 뜻하는 한자 '기(碁)'의 일본식 발음이다. 일본이 서양으로 바둑을 전파했기 때문에 영어권에서는 바둑을 'The game Go'라고 부른다. 결국 알파고는 최고의 바둑 프로그램을 의미한다.

구글의 인공지능 알파고는 바둑을 학습한 시간만 인간의 시간으로 환산 시 약 1000년이라고 한다. 알파고의 하루는 인간의 35.7년에 해당되며 하루 3만 번의 바둑을 연습했으며, 지금까지 3억 4000만 번의 복기와 128만 번의 셀프 대국을 했다고 한다.

인공지능 알파고가 어떤 원리로 바둑을 두는지 구체적으로 알아 보자. 바둑은 경우의 수가 10의 170제곱으로 우주의 원자 수를 합친 10의 80제곱보다 월등히 많기 때문에 모든 경우의 수를 시뮬레이션해 경기를 두는 것이 아니라, 사람의 직관처럼 패턴 인식을 통해 확률적으로 최선의 수를 찾아내는 방식을 사용했다고 한다.

이를 위해 알파고는 기사들의 경험이 들어간 바둑 기보 16만 건과 3000만 가지의 바둑판

그림 29-4 알파고(AlphaGo)의 의미

상황을 이미지 인식방법으로 학습했다. 또한 우리 뇌와 비슷한 신경망 알고리즘인 딥러닝의 정책망과 가치망 알고리즘을 활용했다.

정책망은 일반적으로 바둑기사들이 많이 사용하는 경우 수를 찾는 역할을 하고, 가치망은 승리할 확률이 높은 수를 찾는 역할을 한다. 그리고 쌍둥이 알파고 프로그램과 128만 번 이상 대국을 펼치면서 실력을 쌓았다. 뿐만 아니라 알파고는 최고급 컴퓨터 5000대를 한꺼번에 돌려 초당 경우의 수 10만 개를 검색할 수 있다. 프로 바둑기사는 다음 수를 놓기 위해 보통 초당 100개의 경우 수를 고려 한다고 하니 1000배가 넘는 능력을 갖고 경기를 한 셈이다.

구글딥마인드 공동 창업자 데미스 하사비스는 알파고에 대해 다음과 같이 설명했다.

'알파고는 단순히 숙련된 시스템이 아니다. 딥블루처럼 바둑 규칙을 일일이 입력해서 개발된 시스템이 아니라 범용 머신러닝 기법을 활용해 알파고 스스로가 어떻게 이기는지를 학습하는 방식으로 진화됐다는 것에 의미가 있다. 기존의 바둑 프로그램은 방대한 경우의 수를 무작위로 입력하고 검색하는 데 그쳐서 한계가 있었다. 이런 바둑에서 알파고가 승리할 수 있었던 기술은 바로 컴퓨터 스스로 학습하는 머신러닝 기술 중 하나인 딥러닝 기술을 채택했기 때문이다.'

인공지능·머신러닝·딥러닝

알파고를 검색하면 자주 등장하는 단어 중에 인공지능, 머신러닝, 딥러닝이 있다. 인공

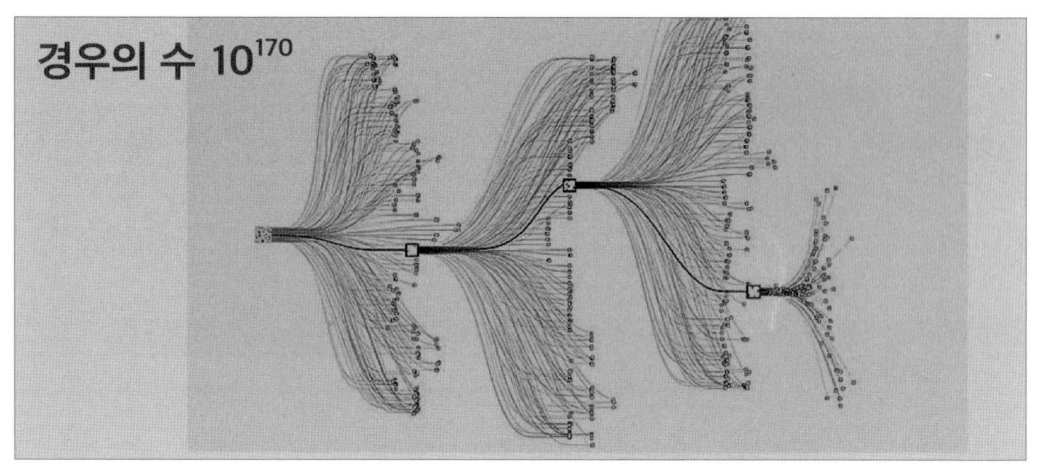

그림 29-5 알파고의 패턴인식을 통한 학습원리(출처: 구글딥마인드)

지능은 로봇으로 비유되며 사고나 학습 등 인간이 가진 지적 능력을 컴퓨터를 통해 구현하는 기술이다. 인공지능의 한 분야인 머신러닝은 컴퓨터가 사람처럼 학습하는 것을 말하며 데이터를 통해 학습을 시키거나 컴퓨터가 스스로 학습해 인공지능의 성능을 향상시키는 기술이다. 머신러닝의 한 분야인 딥러닝은 사람의 뇌가 사물을 구분하는 것처럼 사물을 분류하도록 훈련시킨다. 인공신경망과 유사하며 사람의 뉴런과 비슷한 방식으로 정보를 처리한다.

머신러닝

머신러닝(Machine Learning)은 앞서 설명한 것처럼 인공지능의 한 분야로, 기계학습이라고도 한다. 기계의 머신과 학습의 러닝의 합성어로 컴퓨터가 학습할 수 있도록 하는 알고리즘 기술 분야를 말한다. 1956년 아서 사무엘(Arthur Samuel)은 컴퓨터에게 배울 수 있는 능력, 즉 코드로 정의하지 않은 동작을 실행하는 능력에 대한 연구 분야로 정의했다. 데이터에 내재된 패턴, 규칙, 의미 등을 알고리즘을 기반으로 컴퓨터에게 스스로 학습하게 해 새롭게 입력되는 데이터에 대한 결과를 예측할 수 있도록 하는 기술이다.

컴퓨터는 어려운 수학 문제는 척척 풀지만 계단을 오르내리거나 문을 여는 것은 어려워한다. 또한 고양이와 개 등 사물도 구별하지 못한다. 사람은 학습을 통해 사물을 인지하

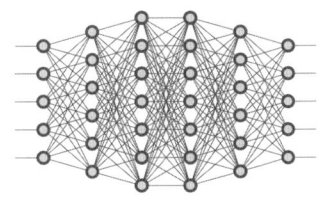

인공지능
사고나 학습 등 인간이 가진 지적 능력을 컴퓨터를 통해 구현하는 기술

머신러닝
컴퓨터가 스스로 학습하여 인공지능의 성능을 향상 시키는 기술 방법

딥러닝
인간의 뉴런과 비슷한 인공신경망 방식으로 정보를 처리

그림 29-6 인공지능 - 머신러닝 - 딥러닝

고 학습된 정보들이 신경망을 거치면서 이를 설명하지 않아도 구별하게 되는 것이다. 컴퓨터에게도 이런 능력을 갖고 학습하기 위해 고안된 방법이 머신러닝이다.

머신러닝은 축적된 데이터를 분석해 미래를 예측하는 기술이다. 입력된 적 없는 단어나 사진이 데이터에 들어올 때 머신러닝이 해당 단어나 문장과 유사한 의미를 찾아 검색 결과로 내보내는 원리다. 머신러닝은 우선 데이터를 모으고, 패턴을 분석하고, 패턴 안에서 알고리즘을 파악하고, 미래를 예측한다. 정보를 수집해 소비 패턴을 찾고 필요한 자료를 주는 데 그치지 않고 새로 들어오는 정보를 스스로 학습해 예측하는 것이다. 머신러닝은 빅데이터보다 한 단계 더 진화한 기술이다.

구글의 검색 알고리즘이 바로 이 머신러닝 기술을 담고 있다. 구글은 앞으로 머신러닝의 예측 분석이 더 널리 쓰일 것으로 기대해 머신러닝 기술을 오픈소스 버전으로 내놓았으며, 향후 더욱 다양한 서비스를 소개할 예정이라고 한다. 페이스북도 이미 사람의 얼굴을 97.25%의 정확도로 알아내는 딥페이스란 인공지능 기술을 개발했다.

마이크로소프트도 애저 머신러닝 시험판을 이미 공개했고, 세계 많은 기업에 관련 솔루션으로 제공했다. 사실 머신러닝은 이미 1959년 등장한 오래된 기술이다. 머신러닝이 지금 더욱 이슈가 되고 기술이 가속화되는 이유는 크게 세 가지가 있다.

- 첫째, 인터넷의 등장과 IT 기기의 폭발적인 발전에 따라 다양한 데이터를 쉽게 많이 확보 가능
- 둘째, 기존 인공신경망의 한계를 극복할 수 있는 우수한 알고리즘의 개발, 즉 딥러닝의 등장
- 셋째, 데이터와 알고리즘을 빠르게 처리하고 학습할 수 있는 고성능 컴퓨터 기술 출현

머신러닝은 자연어 처리, 로봇, 패턴인식, 전문가시스템 등 인공지능의 모든 분야와 관련돼 발전됐다. 글로벌 소통을 구현하는 통역 분야, 작은 의사결정을 보조하는 개인비서 분야, 수요를 빠르게 예측하는 예측분석 분야, 의사 치료계획 보조 역할을 수행하는 의료분야 등으로 다양하다. 음성인식 분야에는 애플의 시리(siri)가 대표적인 솔루션이다. 사용자의 음성 명령을 받아 적절한 대답이나 기능을 구현해주는 시리는 지능형 음성인식 기능을 갖고 있으며 사용자들의 뜨거운 호응을 얻었다.

머신러닝은 데이터가 많아질수록 성능이 향상된다. 그 이유는 컴퓨터는 사람처럼 타고난 재능을 갖고 있지 않기 때문이다. 따라서 사람이 후천적인 노력으로 지식 및 다른 능력을 보유하듯 컴퓨터 역시 많은 데이터를 통한 후천적인 학습으로 능력을 향상 시키기 때문이다. 이런 능력은 많은 데이터를 통해 가능하며, 확률을 높이는 역할을 수행한다.

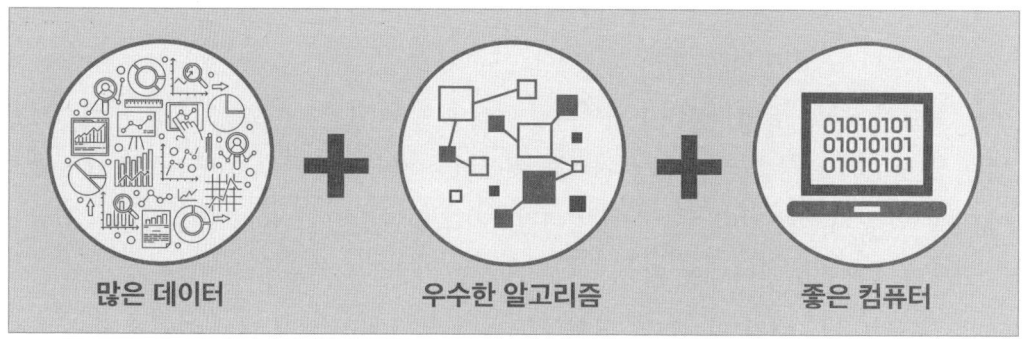

그림 29-7 머신러닝 기술의 가속화 조건

딥러닝

가트너가 2014년 주목해야 할 기술로 딥러닝을 뽑았다. 딥러닝(Deep Learning)은 인공지능 및 머신러닝 발전의 획기적인 전환의 계기를 만들었다. 딥러닝은 사람의 뇌가 사물을 구분하는 것처럼 사물을 분류하도록 훈련시킨다. 인공신경망과 유사하며 사람의 뉴런과 비슷한 방식으로 정보를 처리한다.

딥러닝은 다량의 데이터나 복잡한 자료들 속에서 핵심적이고 의미 있는 내용을 요약하는, 큰 틀에서 사람의 사고 방식을 컴퓨터에게 가르치는 머신러닝의 한 분야다. 딥러닝은 2010년 이후 각광 받고 있는 연구 분야로서 딥러닝 프로그램은 인간 신경 세포를 모방해 컴퓨터가 마치 사람처럼 스스로 자기 학습을 할 수 있도록 한 기술이다.

최근 논란을 일으킨 로봇 저널리즘은 딥러닝을 활용한 좋은 예이다. 알고리즘이 기사를 대신 써 주는 로봇 저널리즘의 탄생은 우리를 놀라게 했다. 논평 기사는 어렵지만 사실 위주의 간단한 기사는 충분한 경쟁력이 있는 걸로 생각된다. 비록 아직까지는 로봇 저널리즘의 한계가 있겠지만 극복할 날도 멀지 않음을 우리는 알 수 있다.

신석기 시대의 종말은 돌이 없어서가 아니었듯이 기술의 발전은 우리의 필요나 의지와는 무관하게 진행되기도 한다. 인간의 뇌를 닮은 딥러닝이 사람만이 가진 마음과 사회성까지 대체하는 날은 오지 않을까? 보고 듣고 말하고 생각하고 움직이는 본격적인 기계의 시대가 오지 않을까? 인간의 능력을 훨씬 뛰어 넘는 기계가 출현하지 않을까? 스스로 학습하는 기계, 스스로 판단하는 기계, 그날이 오고 있음을 우리는 안다. 이세돌의 패배 충격은 시작일 뿐이다. 앞으로 더 큰 충격이 다가올 것이다.

이번 스토리는 이세돌과 인공지능 알파고의 대결 의미에 대해 살펴 보았다. 또한 이와 관련해서 인공지능, 머신러닝, 딥러닝에 대한 내용들도 알아 보았다. 비록 DB 스토리의 주제와는 직접적인 관련은 없지만, 언젠가는 우리의 직무 환경에 영향을 미칠 것이다. 스스로 미래를 예측하는 기계의 등장과 함께 더욱 숨가쁘게 진보하는 정보통신 환경에서 우리는 위험에 노출됐을 수도 있고, 새로운 도전에 직면해 있을 수도 있다. 우리 앞에 놓인 그 길을 우리는 비켜갈 수 없음을 안다. 지금 필자의 처지와도 무관하지 않다. 이 글을 쓰는 동안 고민이 많아졌다. 쓸데없는 고민이었으면 좋겠다.

KEY WORD 쉬어가는 이야기

DB 엔지니어의 계산 방식과 기계의 계산 방식

이번 스토리는 DB와는 약간은 동떨어진 이야기다. 배와 비행기를 흔적도 없이 사라지게 하는 버뮤다 삼각지대에 빗대어 우리나라의 택배 물건을 오랜 시간 붙잡는 옥뮤다에 관한 내용이기 때문이다. 덧붙여 인간의 계산 방식과 기계의 계산 방식에 대한 차이점에 대해 이야기한다.

버뮤다 삼각지대는 '마의 바다'라고 불리는 곳이다. 이곳은 버뮤다 제도와 플로리다와 푸에르토리코를 잇는 삼각형의 해역을 의미한다. 배와 비행기가 흔적도 없이 사라지는 바다다. 지금까지 수많은 배와 비행기가 사라졌다. 전 세계 미스터리 실종 사건 중에서 상당수가 이곳에서 발생했다.

'옥뮤다' 택배 실종사건

최근 미국의 해양 지질학자인 메키버 박사는 이러한 원인이 해저에 있는 메탄가스 때문이라고 주장한다. 깊은 바닷속에 있는 엄청난 양의 메탄가스가 갑자기 떠오르면 지나가는 배들이 부력을 잃고 갑자기 가라 앉기 때문이라고 한다. 또한 비행기의 통풍구로 흡입된 메탄가스가 폭발을 일으켜서 사라지게 만든다는 이야기다.

최근 우리나라에도 이러한 버뮤다 삼각지대가 있다는 주장을 하는 인터넷 커뮤니티가 있다. 택배 물건이 옥천 허브에 가기만 하면 빠져 나오지 못하는 것을 빗대어 '옥뮤다'에 갇혔다고 한다. 금방 도착할 물건도 배달이 늦어져서 찾아보면 옥천에 있다든지, 심지어 서울에서 서울로 부친 택배 물건도 옥천에서 대기 중이라는 것이다. 우스갯소리 같지만 실제로 필자도 이런 일을 여러 번 겪어봐서 충분히 공감이 간다.

그러면 이러한 일들은 왜 발생하는 것일까? 바로 옥천이 지리적으로 우리나라의 중심에 있다는 이유 때문이다. 더군다나 토지 가격이 대도시에 비해 상대적으로 저렴하기 때문이다. 택배 회사 입장에서는 지리적인 이점에다가 비용적인 측면을 고려한다면 최고의 택배 물류기지로 옥천만한 데가 없다. 우리나라의 택배 회사들은 대부분 이러한 '허브앤스포크(Hub & Spoke)'라는 택배 시스템을 구축하고 있다.

세계적으로 유명한 물류 회사인 '페덱스(FedEx)'가 이러한 물류 방식을 적용했다. 페덱스 방식 이전에는 주로 포인트 투 포인트(Point to Point) 방식으로 배달됐다. 이는 배송하려는 두 지역을 최대한 단거리로 이동하는 방식이었다. 페덱스는 이러한 포인트 투 포인트 배송 방식에서 허브, 즉 중심지의 개념을 도입했다.

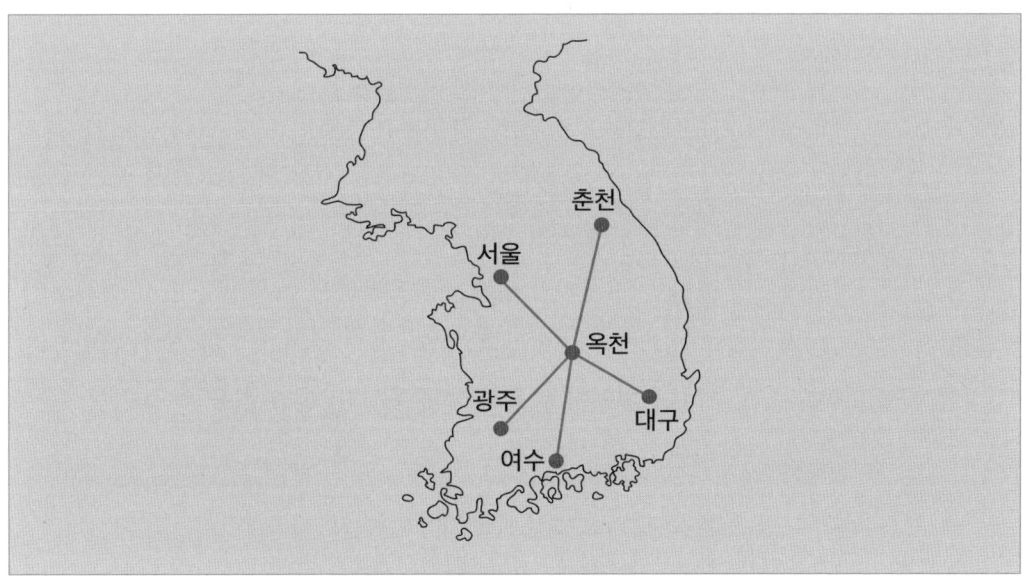

그림 30-1 허브앤스포크 방식의 배송

페덱스의 창업자인 프레드릭 스미스가 평소 즐겨 타던 자전거 바퀴에서 영감을 얻은 것으로 알려진 허브앤스포크 방식에서 허브는 자전거 바퀴를 의미하며, 스포크는 바퀴살을 의미한다. 이런 아이디어는 항공 화물운송이 대중화되지 않은 당시 매우 획기적인 것이었다. 하지만 기존의 운송 체계인 포인트 투 포인트 방식에 익숙해진 사람들은 허브앤스포크 방식을 선뜻 잘 이해하지 못했다. 인천에서 가까운 서울로 부치는 화물을 굳이 멀리 떨어져있는 옥천으로 보낸다면 여러분은 그것을 이해할 수 있을까? 어느 누구라도 이해할 수 없을 것이다. 이러한 허브앤스포크 배송으로 인해 옥뮤다라는 용어도 생겨났다. 인접한 스포크 간의 배송은 허브를 거치지 않는 것이 더 큰 이익이다. 허브앤스포크 운송방식은 비록 이처럼 단점도 있지만 운송비 절감과 운송의 효율화가 분명하므로 현재 전 세계적인 물류 방식으로 통용되고 있다. 지점에서 발생하는 물량들을 중심지(허브)로 집결시키고 다시 지점(스포크)으로 분류해 배송시키는 허브앤스포크 방식에서 제일 중요한 것은 바로 물량이다. 물량이 대규모로 확보될수록 이 배송 방식의 장점은 커질 것이다. 반대로 대규모의 물량이 확보되지 않는다면 이러한 방식은 장점보다 단점이 많은 비효율적인 운송 방식이 될 것이다. 결국 관건은 물동량이 규모의 경제가 되느냐 마느냐이다.

두 번째 버스를 타자

현재 우리나라 택배 회사 가운데 압도적인 시장 점유율을 확보한 곳은 없다. 물량을 비슷하게 나누어 가졌기 때문에 물동량의 크기가 규모의 경제를 이룰 만큼 충분치 않다. 또한 대부분의 회사가 옥천과 같은 소규모 도시를 기반으로 하나의 허브에 여러 개의 스포크를 구성했다. 국가차원에서 본다면 중복 투자로 인해 비효율적인 운송 방식을 갖춘 것이다.

앞으로 옥뮤다라는 용어를 없애기 위해서는 물류 회사 간 전략적 제휴나 인수 합병을 통해 지역별 거점 허브를 구축하는 노력이 필요하지 싶다. 이러한 노력을 하지 않는 한 옥뮤다라는 용어는 결코 사라지지 않을 것이다. 그 불편함은 고스란히 고객에게 돌아 올 것이며 경제적인 손실은 택배업에 종사하는 근로자에게 전가될 것이기 때문이다. 필자가 희망하는 허브앤스포크의 구성은 [그림 30-2]와 같다.

아무리 좋은 배송 시스템도 규모의 경제가 이루어지지 않으면, 즉 물량이 많지 않으면 오히려 역효과를 낼 수도 있다. 이러한 경우는 DB에서도 많이 경험된다. 규모에 상관없이 모든 테이블에 반드시 인덱스가 있어야만 한다고 주장한다든지 혹은 테이블 풀스캔이 발생하므로 반드시 튜닝을 해야 한다고 주장하는 경우가 그럴 수 있다. 이런 주장들은 어느 일정 수준 이상의 규모에서만 의미를 찾을 수 있다.

지금 사는 곳에서 회사에 가려면, 버스를 타고 양재역에 가서 지하철을 타야 한다. 매일

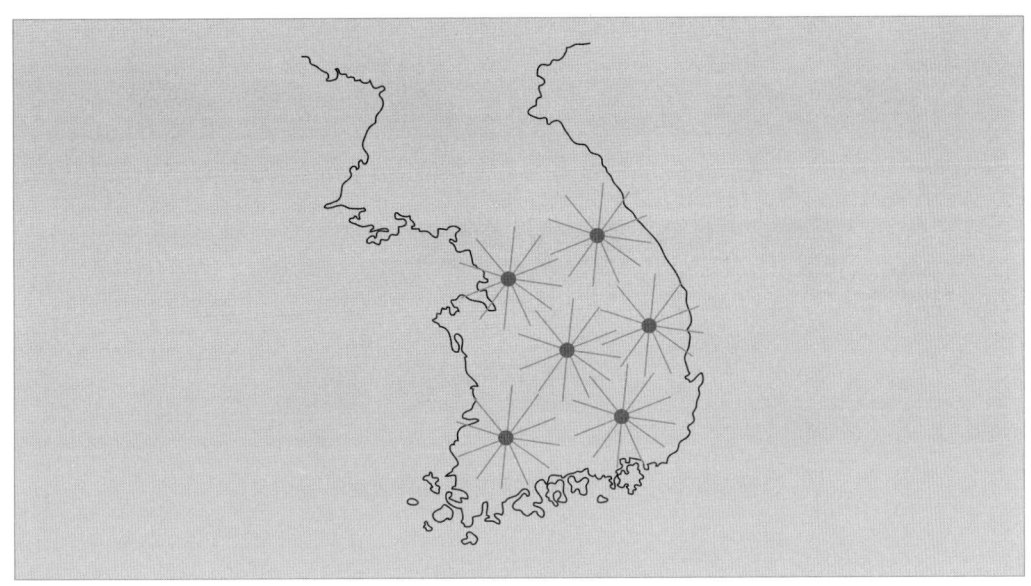

그림 30-2 개선된 허브앤스포크 방식의 배송

반복되는 왕복 3시간의 출퇴근 시간은 아무리 젊더라도 체력적인 부담이 없지 않을 것이다. 더군다나 나는 20~30대의 젊음을 가진 것도 아니고 체력도 강한 편이 아니다. 매번 버스에 앉아서 가면 좋겠지만 현실은 그렇지 않다. 운이 좋은 날은 앉아서 가기도 하지만 서서 가는 날이 더 많다. 이러한 상황에서 나만의 방법을 찾았다. 급한 날은 먼저 오는 버스를 타야지만, 급하지 않는 날은 두 번째 버스를 탔다. 두 번째 버스를 타는 날엔 대부분 편하게 앉을 수 있었다.

[그림 30-3]에서 오랜 기다림 끝에 오는 첫 번째(1) 버스는 항상 많은 사람들로 붐빈다. 하지만 두 번째(2) 버스는 승객들이 그리 많지 않아서 편하게 이용할 수 있다. 이러한 정보들은 요즘 널리 사용되는 버스정보 앱을 이용하면 충분히 알 수 있다.

대부분의 버스 회사들은 배차 간격을 균등하게 두고 버스 간 간격을 일정 수준으로 유지하려 하지만 서울의 교통 상황상 쉽지 않은 것이 현실이다. 대부분 첫 번째 버스는 운전 경력이 별로 없는 초보 운전사일 가능성이 높다. 혹은 승객의 안전을 위해서 승하차 시간을 충분히 제공하는 꽤 괜찮은 운전사일 경우도 있다. 이러한 경우는 현실적인 경험이지만 필자는 DB 환경에서도 이와 유사한 경험을 종종 하기도 한다.

[그림 30-4]에서 배치 1, 2, 3, 4, 5는 동일한 대용량 주문 테이블을 풀스캔해 정보를 구성

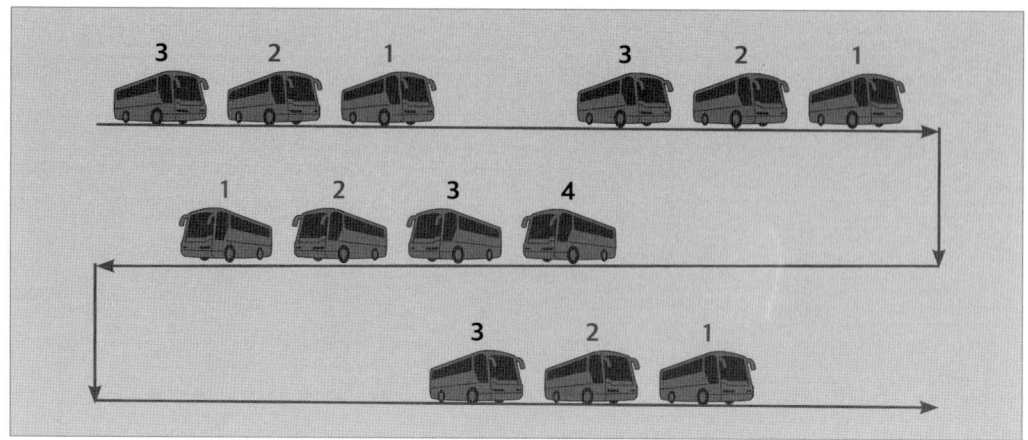

그림 30-3 버스 운행 간격에 따른 좌석 확보의 용이성

하는 배치 프로그램이라 하자. 이러한 경우 배치 1번과 배치 4번은 매우 느린 수행 결과를 보여주지만, 배치 2번, 배치 3번, 배치 5번은 빠른 시간 내에 수행을 마칠 것이다. 이와 같은 이유는 무엇일까? 선행 배치는 많은 I/O 부담을 안는 반면, 메모리에 적재한 데이터의 후행 배치는 I/O 부담 없이 활용만 하면 되기 때문이다. 만약 배치 개발자가 서로 다른 경우라면 여러분은 자기가 만든 배치가 어떤 순서에 있어야만 좋은지 판단할 수 있다. 그것이 관리자로부터 문책을 피할 수 있는 하나의 방법이기도 하다(^^).

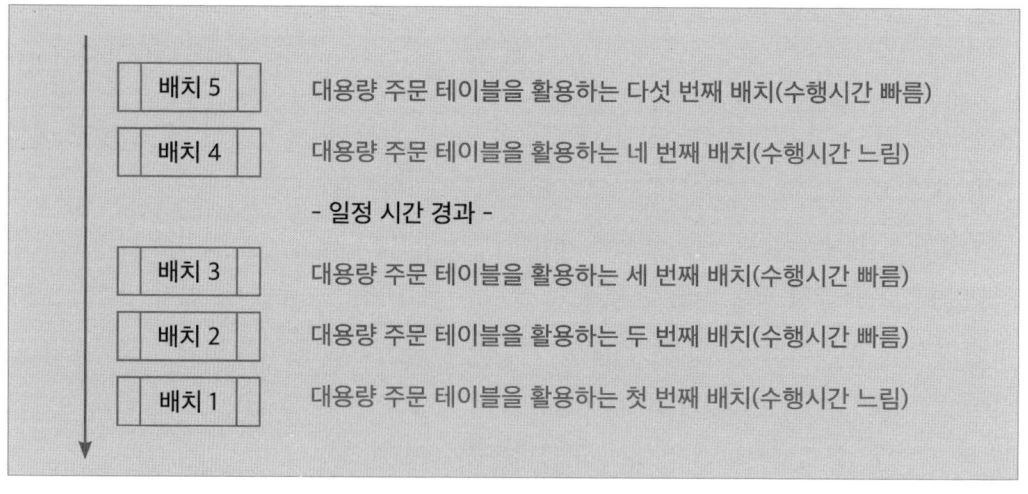

그림 30-4 배치 수행 순서에 따른 수행 시간 차이

인간의 계산 방식 vs. 기계의 계산 방식

다음 문제 1과 문제 2의 정답은 같을까, 다를까?

- 문제 1: 1/2 + 1/3 + 1/4 + 1/5 + 1/6 + 1/7 + 1/8 + 1/9
- 문제 2: 1/9 + 1/8 + 1/7 + 1/6 + 1/5 + 1/4 + 1/3 +1/2

이러한 문제를 접했을 때 인간의 계산력은 상상을 초월한다. 초등학생이라도 수초 이내에 같다고 답을 한다. 이것이 인간의 능력인지 자만인지 잘 모르겠다. 왜냐하면 위와 같은 문제를 실제로 풀어서 정답을 비교해 본 사람은 없었을 것이기 때문이다. 나누어 떨어지는 숫자가 아니기 때문에 무한의 시간을 사용해도 결코 답을 구할 수 없는 문제다. 하지만 세상의 모든 인간들은 위 문제의 정답이 동일하다고 이야기할 것이다. 이것이 가능한 이유는 계산의 결과가 아니라 판단의 결과이기 때문이다.

그렇다면 인간이 아닌 기계가 이 문제를 푼다면 어떤 결과를 내놓을까? 현재 우리들이 사용중인 DB 혹은 프로그램 언어들은 위 문제의 정답은 '서로 다르다'고 결정할 가능성이 높다. 왜냐하면 기계는 사람과 달리 판단하지 않고 계산하기 때문이다. 여기서 우리

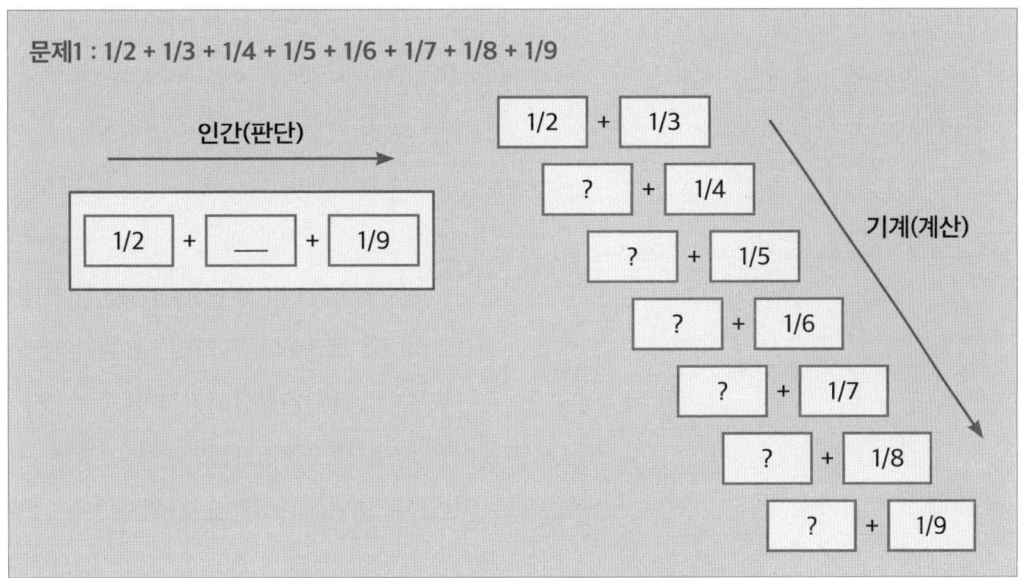

그림 30-5 인간의 계산 방식과 기계의 계산 방식

는 인간과 기계의 계산 방식의 차이에 대해서 이해할 필요가 있다.

인간의 계산 방식은 계산이라기보다는 전체적인 수식의 이해와 판단에 따른 것이다. 반면 기계의 계산 방식은 실제 계산에 의한 것으로서 수식의 순서가 매우 중요한 의미를 지닌다. 미리 정의된 규칙에 따라서 지정된 자릿수만큼만 계산하고, 그 자릿수를 초과하는 오버플로 부분은 라운드 처리되므로 수식의 순서에 따라서 그 결과가 달라질 여지가 충분히 있을 수 있다.

이러한 일련의 과정을 이해해야만 오라클 DB나 프로그램의 계산식에서 다른 결과 값의 원인을 찾는 데 도움이 된다. 인간의 잣대로 기계의 계산 능력을 무시해서도 안 되지만 그렇다고 맹신해서도 안 될 것이다.

이번 스토리는 DB와는 약간은 동떨어진 이야기다. 그렇다고 전혀 무관한 내용도 아니다. 단지 가끔씩은 주제를 벗어나서 이야기하고 싶었으며, 여러분들도 부담 없이 읽었으면 좋겠다.

KEY WORD 튜닝, 페이징

페이징 처리에 대한 이해

페이징에 관한 내용이다. 일반적인 게시판에 대한 내용이지만 잘못된 페이징 기법을 사용한다면 시스템은 큰 부하를 일으키게 된다. 페이징 처리는 실무에서 가장 기본적이면서도 중요한 튜닝 방법 중 하나다.

페이징이란 한 화면에서 보여주는 데이터의 범위를 결정하는 일련의 방법을 말한다. 우리가 흔히 접하는 일반적인 웹 게시판이나 조회 화면을 생각하면 된다. 조회 대상 데이터가 10만 건이라면 한 화면에서 모두 보여줄 수는 없다. 한 화면에서 보여줄 수 있는 범위를 결정하는 것이 페이징이다. 페이징을 처리하는 방법은 많다. 그 중에서 좋은 방법도 있을 것이고 그러지 못한 방법도 있을 것이다. 지금까지의 경험을 따르면, 페이징 구현이 쉬우면 성능이 아쉽고, 성능이 만족되면 페이징 구현이 아쉬운 경우가 많았다.

프로그램 페이징 처리와 서버 페이징 처리

프로그램 소스에서 페이징 처리를 구현한 것을 프로그램 페이징이라 하고, 서버에서 페이징 처리를 구현한 것을 서버 페이징이라 한다. 지금은 웹 환경에서의 개발이 대부분을 이루지만 과거에는 클라이언트/서버 환경에서의 개발이 주를 이루었다. 클라이언트/서버 환경에서는 DB 연결을 유지한 상태에서 결과 데이터를 계속해서 패치할 수 있었다. 하지만 웹이 도입이 되면서 DB 연결을 유지한 상태에서 결과 데이터를 컨트롤할 수 없게 됐다. 따라서 개발자들은 개별적인 SQL 문을 반복 수행하는 방법으로 페이징 처리를 구현했다. 초기에 구현됐던 페이징 방법 중에는 프로그램 소스를 통한 방법도 있었다. 그 중에서 다음과 같은 프로그램 페이징 구현 방법에는 많은 문제점이 있었다.

```
i := 1;
loop
    fetch data into record;
    exit when data not found;
    if (i > (페이지번호-1) * 페이지크기) and (i < 페이지번호 * 페이지크기 + 1) then
        print record;
    end if;
    i := i + 1;
end loop;
```

조회 페이지에 해당하는 레코드를 표시하기 위해 검색된 전체 데이터를 패치하는 비효율적인 방법이다. 불필요한 네트워크 트래픽을 유발하는 이런 구현 방식은 시스템에 큰 악영향을 미친다. 다음 구문과 같이 약간의 수정을 통해 개선의 여지가 있으나 전체 성능에는 크게 영향을 미치지 않으므로 무의미하다.

```
i := 1;
loop
    fetch data into record;
    exit when data not found;
    exit when i > 페이지번호 * 페이지크기;
    if i > (페이지번호-1) * 페이지크기 then
        print record;
    end if;
    i := i + 1;
end loop;
```

위의 프로그램 페이징 구문은 앞 페이지 조회보다 뒤 페이지 조회에 더 많은 패치가 발생한다. 프로그램 소스에서 페이징을 처리하는 방식은 근본적인 개선의 여지가 거의 없다. 해결 방법은 페이징 처리 로직을 서버 단에 두는 것이다. 서버 단에서 페이징을 구현하고 프로그램 단에서는 실제 화면에 뿌려질 데이터만 패치하는 것이다.

전체 범위 페이징 처리와 부분 범위 페이징 처리

프로그램 소스에서 페이징 처리를 구현한 것을 프로그램 페이징 처리라고 했고, 서버에서 페이징 처리를 구현한 것을 서버 페이징 처리라고 앞서 언급했다. 서버 페이징 처리라고 해서 특별한 것은 아니고 그냥 단순하게 쿼리 페이징 처리라고 생각하면 쉬울 것이다. 즉 서버 단에서 페이징 처리를 구현한다는 의미는 쿼리문 안에서 페이징 처리를 구현한다는 의미와 동일하다.

서버 페이징 처리는 크게 전체 범위 페이징 처리와 부분 범위 페이징 처리로 나눌 수 있다. 구체적인 내용을 설명하기 전에 전체 범위와 부분 범위에 대해 한번 짚고 넘어 가야 할 필요가 있다. 다음 쿼리는 전체 범위 조회와 부분 범위 조회로 구분할 수 있다.

전체 범위 조회

```
SELECT * FROM 고객
```

고객 테이블 전체 범위를 조회하는 쿼리이다. 고객 테이블 전체를 스캔한다.

부분 범위 조회

```
SELECT * FROM 고객
WHERE ROWNUM <= 10
```

고객 테이블 부분 범위를 조회하는 쿼리이다. WHERE 절의 ROWNUM 건수만큼 스캔한다.

부분 범위 조회

```
SELECT * FROM 고객
WHERE ROWNUM <= 10
ORDER BY 고객번호
```

고객 테이블 부분 범위를 조회하는 쿼리이다. WHERE 절의 ROWNUM 건수만큼 스캔 후에 고객번호로 정렬한다. 혹시나 고객번호로 정렬 후에 10건을 갖고 온다고 착각하지 말자. 쿼리문의 수행 순서는 조건절이 가장 먼저 수행되고, 그 다음 ORDER BY 절이다. 같은 조건절이라면 인덱스가 있는 조건절이 먼저 수행된다.

전체 범위 조회

```
SELECT * FROM 고객
ORDER BY 고객번호
```

고객 테이블 전체 범위를 조회하는 쿼리다. 고객 테이블 전체를 스캔한 후에 고객번호로 정렬한다.

부분 범위 조회 혹은 전체 범위 조회

```
SELECT * FROM 고객
WHERE 고객명 = '홍길동'
ORDER BY 고객번호
```

고객 테이블 부분 범위를 조회하거나 전체 범위를 조회하는 쿼리다. 만약 조건절로 사용하는 고객명 컬럼에 인덱스가 있다면 부분 범위 조회를 한다. 반면에 고객명 컬럼에 인덱스가 없다면 전체 범위 조회를 한다.

부분 범위 조회 혹은 전체 범위 조회

```
SELECT * FROM
(
    SELECT * FROM 고객
    ORDER BY 고객번호
)
WHERE ROWNUM <= 10
```

고객 테이블 부분 범위를 조회하거나 전체 범위를 조회하는 쿼리이다. 만약 ORDER BY 절로 사용하는 고객번호 컬럼에 인덱스가 있다면 부분 범위 조회를 한다. 반면에 고객번호 컬럼에 인덱스가 없다면 전체 범위 조회를 한다.

페이징 처리의 의미는 한 화면에서 보여줄 수 있는 한 페이지 분량의 데이터를 조회하는 것을 말한다. 전체 범위 페이징 처리는 많은 데이터를 조회하지만 극히 일부분만 실제로 화면에 표시하는 데에 사용하므로 아주 비효율적인 페이징 처리 방법이다. 한 페이지 분량의 데이터만 필요함에도 화면에 보이지도 않을 전체 데이터를 불필요하게 조회하므로 성능에 나쁜 영향을 미친다. 다음 쿼리문은 전체 범위 페이징 처리에 대한 예시다.

```
SELECT B.* FROM
(
    SELECT A.*, ROWNUM AS NUM FROM
    (
        SELECT * FROM 고객 ORDER BY 등록일시 DESC
    ) A
) B
WHERE NUM BETWEEN ? AND ?
```

부분 범위 페이징 처리는 실제로 화면에 표시 하는 데에 필요한 분량만큼의 데이터를 조회해서 처리하므로 아주 효율적인 방법이다. 화면에 보여줄 필요한 분량만큼만 조회해야 하므로 인덱스와 밀접한 관계가 있고 인덱스를 적절히 잘 활용해야 한다. 다음 쿼리문은 부분 범위 페이징 처리에 대한 예시다(단 조건절에 있는 고객명 컬럼은 인덱스 있음).

```
SELECT B.* FROM
(
    SELECT A.*, ROWNUM AS NUM FROM
    (
        SELECT * FROM 고객 WHERE 고객명 = ? ORDER BY 등록일시 DESC
    ) A
    WHERE ROWNUM <= ?      -- (페이지번호 * 페이지크기)
) B
WHERE NUM >= ?      -- ((페이지번호 - 1) * 페이지크기 + 1)
```

비록 인덱스를 활용해 부분 범위 페이징 처리를 했어도 뒤 페이지로 갈수록 부하가 커지는 것은 불가피하다. 조회할 데이터의 범위가 크고 수행 빈도가 높다면 더욱 그러하다.

MySQL의 LIMIT와 오라클의 ROW_NUMBER

MySQL은 페이징을 더 쉽게 할 수 있게 LIMIT를 제공한다. 다음 쿼리문은 21번째 레코드부터 30번째 레코드까지 조회하는 내용이다.

```sql
SELECT * FROM 고객
WHERE 고객명 = ?
ORDER BY 등록일시 DESC
LIMIT 21 AND 10
```

오라클은 ROW_NUMBER를 활용하면 MySQL의 LIMIT와 같은 기능을 구현할 수 있지만, MySQL 만큼 편리하지는 않다. 다음 쿼리문은 21번째 레코드부터 30번째 레코드까지 조회하는 내용이다.

```sql
SELECT A.* FROM
(
    SELECT *, ROW_NUMBER() OVER(ORDER BY 등록일시 DESC) AS NUM
    FROM 고객
    WHERE 고객명 = ?
) A
WHERE NUM BETWEEN 21 AND 30
```

최고의 페이징 처리와 최적의 페이징 처리

지금까지 페이징 처리와 관련해 여러 내용을 확인했다. 대부분의 개발자들은 페이징과 관련해 한 번쯤은 고민해 봤을 것이다. 필자도 고민을 많이 했으나 최고의 성능을 내는 가장 좋은 페이징 처리 방법은 존재하지 않음을 알았다. 단지 여러 물리적 상황과 프로젝트 여건 등 업무적 협의를 통해 성능 이슈가 발생하지 않도록 가장 적합한 페이징 방법을 찾아야 한다.

인덱스를 활용한 부분 범위 페이징 처리뿐만 아니라 고객과의 업무 협의를 통한 화면 인터페이스 변경만으로도 충분한 효과를 볼 수도 있다. 최고의 페이징 처리 방법을 찾을 것이 아니라 상황에 맞는 최적의 페이징 처리 구현을 목표로 삼아야 한다.

KEY WORD 튜닝, 쿼리

보기 좋은 떡이 먹기도 좋다
좋은 쿼리 좋은 성능

'보기 좋은 떡이 먹기도 좋다' 듯이 좋은 쿼리가 좋은 성능을 낸다. SQL 구문에서 문법적 오류가 없고, 정확한 결과가 나온다고 좋은 쿼리가 되는 것은 아니다. 좋은 쿼리에 대한 개념을 새롭게 가져야 한다. 어떤 쿼리가 좋은 쿼리일까?

보기 좋은 떡이 먹기도 좋다! 사람들은 미각만으로 맛의 좋고 나쁨을 결정하지는 않는다. 시각과 후각으로도 맛을 느낀다. 보기 좋게 차려 놓은 음식이 맛있어 보이고, 맛있는 냄새가 식욕을 돋운다.

무질서와 질서

무질서한 도로를 달리는 차가 빠른 속도를 내기는 어렵다. 서로 먼저 가려고 교통 법규를 무시한다면 모두가 느려지게 되기 때문이다. 반면 교통 법규를 준수하면서 운전하는 도로를 달리면, 상대적으로 빨리 달릴 수 있다. 약속된 규칙을 준수한다면, 나만 빨리 가지는 못하더라도 모두가 빨리 갈 수 있는 최선의 결과를 얻을 수 있다. 질서를 지켜야만 하는 이유는 그것이 올바른 일이기 때문이 아니라, 최선의 안전과 효율을 제공하기 때문이다. 이와 같은 이유로 SQL 작성 시에도 정해진 규칙에 따라 쿼리를 작성해야 좋은 쿼리가 되고 좋은 성능도 보장한다.

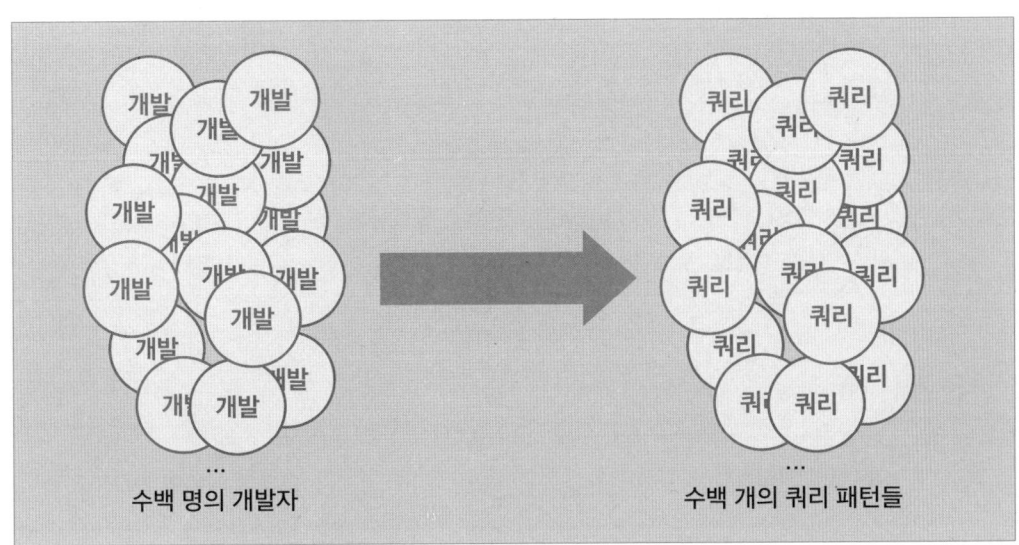

그림 32-1 쿼리 작성규칙 없이 제작된 쿼리

만약 대규모 프로젝트에서 [그림 32-1]과 같이 수백 명의 개발자가 어떠한 규칙도 없이 각자 SQL 구문을 작성한다면 수백 개의 쿼리 패턴이 나타날 것이다. 프로젝트가 끝나고 모든 개발자가 떠난 후에는 수십 명의 운영자가 인수인계를 받아서 운영을 하게 되는데, 이때 많은 문제가 나타나기 시작한다. 운영자들은 수백 개의 쿼리 패턴과 맞닥뜨리게 될 것이고 그 패턴에 익숙해져야만 제대로 된 운영이 가능할 것이다. 만약 수많은 쿼리 패턴에 익숙해지지 않은 상태에서는 문제 발생 시 빠르게 대응할 수 없다.

하지만 [그림 32-2]와 같이 정해진 규칙에 따라 쿼리를 작성한다면 아무리 많은 개발자가 쿼리를 작성하더라도 동일한 패턴의 쿼리들만 나올 것이다. 이후 소수의 운영 인력만으로도 충분히 유지보수할 수 있다.

필자가 경험한 바로는 여러 개발자가 작성한 각각의 쿼리 패턴도 달랐지만, 개발자 한 명이 작성한 쿼리의 패턴도 다른 경우를 많이 보았다. 쿼리 패턴의 다름은 정해진 규칙 없이 SQL 문이 작성된다는 뜻이다. 정해진 규칙에 따라 쿼리를 작성하는 것이 좋은 쿼리이고 좋은 성능을 보장한다고 했다. 이는 약속된 규칙에 따라 작성된 쿼리는 불필요한 오해와 혼란을 최소화하고, 그에 따른 비용을 줄여준다. 여기서 비용은 인건비에 대한 부분을 의미한다.

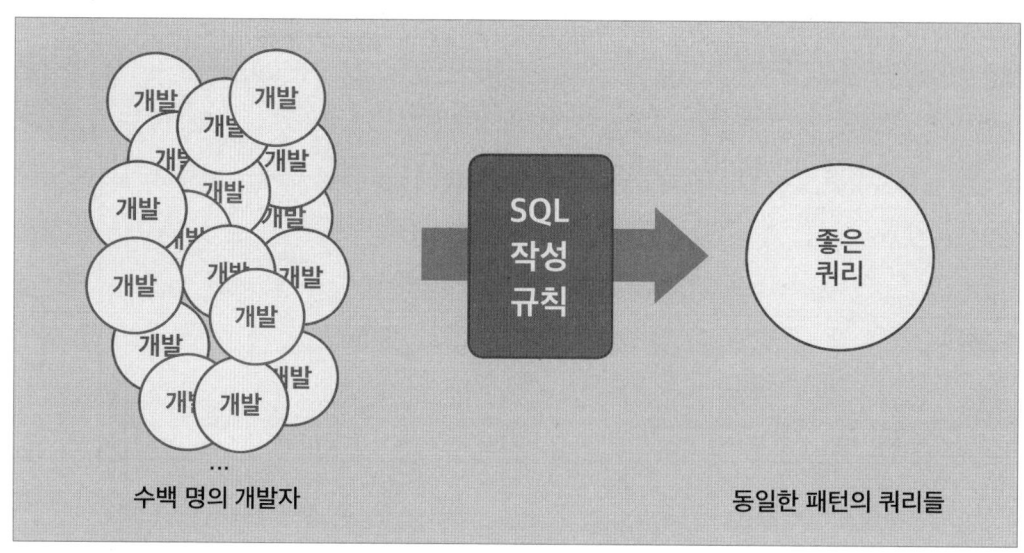

그림 32-2 쿼리 작성규칙에 따라 제작한 쿼리

옵티마이저가 동일한 쿼리로 인식하도록 작성

SQL 구문은 문법적 오류가 없고 정확한 결과가 나온다고 해서 선의의 쿼리라 할 수는 없다. 다음 SQL 구문을 살펴보자.

```
SELECT * FROM 고객정보
Select * From 고객정보
select * from 고객정보
select   *   from   고객정보
```

위의 SQL 구문은 문법적 오류가 없으며 동일한 결과를 얻을 수 있다. 하지만 개발자의 성향에 따라서 이와 같이 서로 다른 방식으로 표현한다면 이는 비용 증가로 이어질 수 있다. 왜냐하면 사람은 동일한 쿼리로 인식하지만, 오라클 옵티마이저는 서로 다른 쿼리로 인식하기 때문이다. 이 비용은 오라클 옵티마이저의 분석 비용을 의미한다. 즉 인적 비용이 아닌 물적 비용에 대한 부분이다.

SQL 문은 일반적인 프로그래밍 언어와 달리 처리 절차에 대한 내용은 기술하지 않는다.

단지 원하는 처리 결과만을 표시할 뿐이다. 어떤 인덱스를 사용하고, 어떤 조인을 할 것인가에 대한 결정은 전적으로 오라클 옵티마이저의 분석에 의존한다. 오라클 옵티마이저는 동일한 SQL 문이 연이어 호출되면 분석 작업을 생략한다. 이는 비용 절감을 의미한다. 우리는 SQL 구문을 작성할 때 사람뿐만 아니라 오라클 옵티마이저도 동일한 쿼리로 인식하게끔 작성해야 할 필요가 있다. 즉 동일한 쿼리가 서로 다른 쿼리로 인식되지 않도록 주의해야 한다. 따라서 SQL 구문을 작성할 때 대문자로 할 건지, 소문자로 할 건지, 공백은 어떻게 띄울 건지, 라인은 어느 경우에 바꿀지 등 여러 규칙을 사전에 정의할 필요가 있다. 다음 SQL 구문을 살펴보자.

```
SELECT * FROM 고객 WHERE 고객번호 = 1234
SELECT * FROM 고객 WHERE 고객번호 = 5678
```

오라클 옵티마이저는 앞 SQL 구문을 서로 다른 쿼리로 인식한다. 하지만 다음과 같이 바인드 변수를 사용하면 동일한 쿼리로 인식한다.

```
SELECT * FROM 고객 WHERE 고객번호 = :CUST_NO
```

표현 방식이 다르면 다른 SQL 문으로 인식

사람은 SQL 구문의 내용을 보면서 쿼리의 동일성 여부를 판단하지만, 오라클 옵티마이저는 SQL 구문을 아스키 값으로 계산해 동일성 여부를 판단한다. 따라서 같은 결과를 얻더라도 대소문자, 띄어쓰기, 줄넘기기, 주석 등의 표현 방식이 조금이라도 다르다면 다른 SQL 문으로 인식한다.

만약 다른 쿼리로 인식한다면 SQL 문을 실행할 때마다 라이브러리 캐시에서 하드 파싱을 하게 된다. 빈번한 하드 파싱은 많은 자원을 소모하게 되므로 가능한 한 SQL을 재사용하는 소프트 파싱을 하도록 유도해야 한다. 조건 값 대신에 바인드 변수를 사용하는 것이 대표적인 소프트 파싱의 한 방법이다. 옵티마이저는 바인드 변수에 어떠한 값이 들어와도 동일한 SQL 구문으로 인식해 소프트 파싱을 하게 된다. 하드 파싱과 소프트 파싱의 구분은 라이브러리 캐시에서 SQL 존재 여부로 결정된다.

이번 스토리에서는 SQL 구문에서 문법적 오류가 없고, 정확한 결과가 나온다고 해서 좋은 쿼리가 되는 것이 아니라 SQL 작성 시에 정해진 규칙에 따라서 쿼리를 작성하는 것이 좋은 쿼리이고 좋은 성능을 보장한다고 말했다. 또한 하드 파싱과 소프트 파싱에 대해 소개하면서 가능한 빈번한 하드 파싱을 피하고 소프트 파싱으로 유도해야 한다고 했다. 이것이 인적·물적 비용을 줄이는 방법이라고 다시 한번 강조하고 싶다. 표준화한 작성 규칙을 실천하고 가능한 한 하드 파싱을 소프트 파싱으로 유도한다면 유지보수 비용 절감 및 서버 성능 향상을 이룰 수 있다.

> **KEY WORD** 튜닝, 테이블 분할

성능 개선을 위한
테이블 수직분할과 수평분할

스토리 33

합치는 것보다 나누는 게 어렵다! 성능 개선을 위해 테이블을 분할한다. 데이터 용량이 늘어나면서 성능 이슈가 발생하는 테이블에 대해 분할을 검토해볼 필요가 있다. 빅데이터라는 단어가 이슈가 되는 요즘에는 개발자도 테이블 분할을 이해할 필요가 있다.

예전에는 배우자를 만나 결혼을 하면 그 생활이 대체로 유지됐다고 한다. 하지만 요즘은 시작보다 결혼 생활을 잘 유지함과 헤어짐이 더 중요한 시대가 된 것 같다. 누구나 상대를 만나서 결혼할 때는 행복한 가정을 꿈꾼다. 하지만 상대방에 대한 좁힐 수 없는 차이를 발견하고 현실의 벽 앞에서 많은 좌절을 하게 된다. 헤어지는 과정에서 자녀 양육에 대한 문제와 재산 분할에 대한 문제 등으로 힘든 과정을 겪는 것을 보게 된다.

이번 스토리는 테이블의 수직분할(Vertical Partitioning)과 수평분할(Horizontal Partitioning)에 관한 내용이다. 합치는 것보다는 나누는 것이 어렵다는 말이 있듯이 테이블의 분할에는 많은 어려움이 뒤따른다. 기존에 설계된 테이블 구조를 변경해야 하고, 이미 개발된 프로그램을 변경해야 하기 때문이다. 그럼에도 성능의 문제를 해결하기 위해 테이블을 나누어야 하는 경우를 우리는 간혹 경험한다. 이러한 원인은 DB 설계 시 정규화에 소홀했거나 용량 산정을 잘못했기 때문이다.

이유 없는 무덤 없듯이 처음 설계 시에 그렇게 잘못된 설계를 할 수밖에 없는 이유가 반드시 있게 마련이다. 개발 일정상의 문제 혹은 기술인력 지원상의 문제 등으로 인해 정규화 과정을 무시하거나 소홀히 하는 경우가 종종 발생한다. 그럼에도 정규화는 반드시 돼야 한다. 일부 소규모 회사나 1인 기업에서는 DB 설계 없이 소프트웨어를 개발하는 경우도 있다. 이는 말도 안 되는 일이다. 설계 없이 짓는 건축물이 얼마나 위험한 일인지 누구나 다 알듯이 DB 설계 없는 프로그램 개발은 아주 무모한 행동이다. 데이터 정규화를 포함함 데이터 모델링은 너무나 중요하지만 이 책의 범위에서 벗어난다. 이와 관련된 내용은 이 책의 감수자인 김기창 저자가 쓴 『관계형 데이터 모델링 프리미엄 가이드』(오픈메이드, 2010)와 『관계형 데이터 모델링 노트 개정판』(위즈덤마인드, 2018)을 참고하기 바란다.

테이블 분할을 알아야 하는 이유

테이블의 수직분할은 컬럼을 기준으로 테이블을 분리하는 것을 의미하고 수평분할은 로우(Row)를 기준으로 테이블을 분리하는 것이다. 테이블을 분리하는 이유는 성능을 개선하기 위해서다. 기본적으로 테이블의 로우 수가 많을수록 인덱스에 대한 부하가 따르고, 테이블의 컬럼 수가 많을수록 I/O에 대한 부하가 걸린다. 그렇다고 모든 테이블을 분리한다고 해서 성능 개선 효과를 보는 것은 아니다. 하지만 대용량이면서 성능 이슈가 있는 테이블은 분리해 성능 개선을 검토해 볼 필요가 있다.

테이블의 수직분할과 수평분할에 대해 정확히 이해하는 개발자는 그리 많지 않다. 뭔지 모르지만 특별한 것이 있을 것이라고 생각하거나 나와는 무관할 거라고 생각하는 경향

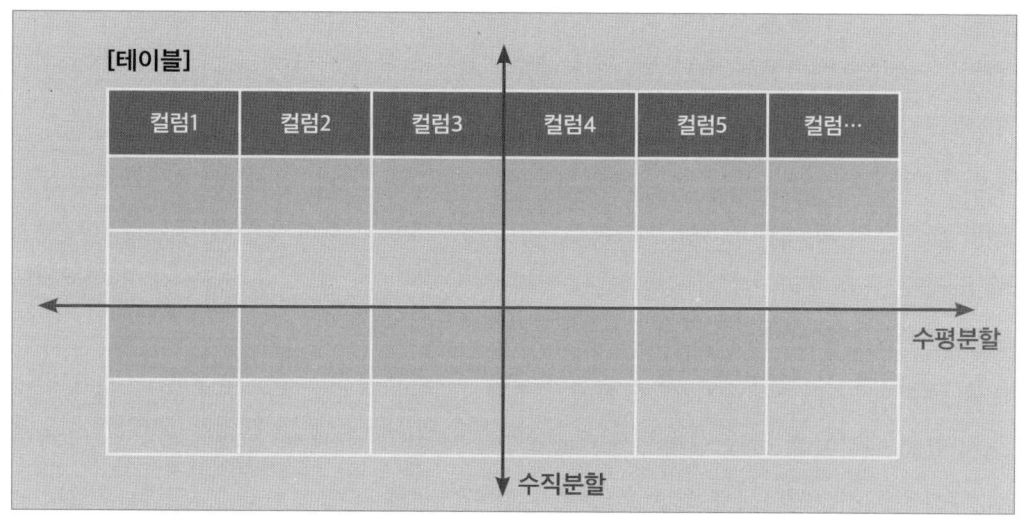

그림 33-1 테이블의 수직분할과 수평분할

이 있다. 하지만 [그림 33-1]을 보면, 테이블의 수직분할과 수평분할이 그리 특별한 게 아님을 알 수 있다.

[그림 33-1]과 같이 테이블을 수직으로 나누면 수직분할이 되고 수평으로 나누면 수평분할이 된다. 이보다 더 쉬울 수는 없다. 우리는 이 그림에서 컬럼을 기준으로 나누는 것이 수직분할이고, 로우를 기준으로 나누는 것이 수평분할이라는 사실을 쉽게 알 수 있다.

I/O 성능 개선을 위한 수직분할

만약 한 테이블에 수많은 컬럼이 존재한다면 디스크의 여러 블록에 데이터가 저장되므로 I/O 성능 저하를 불러올 수 있다. 이렇게 컬럼이 많아지면 로우 체이닝과 로우 마이그레이션이 많아져서 성능이 저하된다.

- 로우 체이닝(Row Chaining): 길이가 너무 커서 하나의 블록에 저장되지 못하고 다수의 블록에 나누어져 저장
- 로우 마이그레이션(Row Migration): 수정된 데이터를 해당 데이터 블록에 저장하지 못하고 다른 블록의 빈 공간에 저장

로우 체이닝과 로우 마이그레이션이 발생해 많은 블록을 사용하게 되면, 불필요한 I/O가 발생해 성능이 저하된다. 많은 I/O 발생은 성능에 직접적인 영향을 주므로 매우 중요한 문제다. 또한 데이터에 대한 범위 검색을 할 경우 더 많은 I/O를 유발하므로 성능 저하를 일으킨다. 수많은 컬럼을 동시에 조회하는 경우는 드물다. 각각의 조회 조건에 맞게 이용되는 컬럼들로 그룹을 묶어서 테이블 분할을 검토할 수 있다. 조회나 처리에 대한 분산을 가능하게 하는 컬럼들을 기준으로 테이블을 분리한다면 성능 개선에 큰 도움이 될 수 있다.

처리 성능 개선을 위한 수평분할

수평분할(Horizontal Partitioning)은 로우를 기준으로 테이블을 분리한다는 것을 앞서 언급했

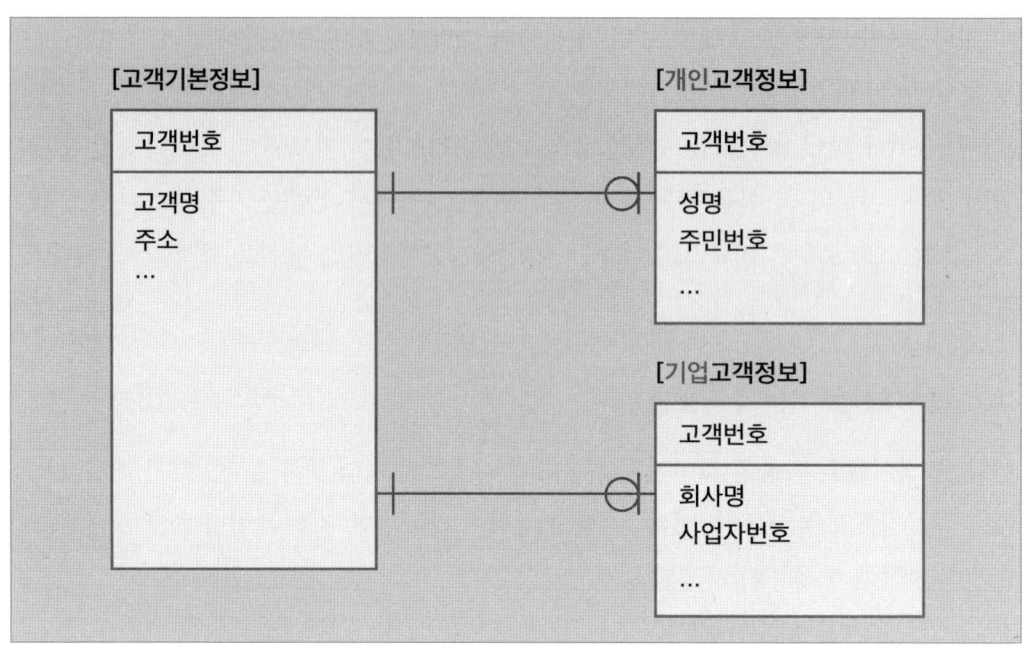

그림 33-2 수직분할의 예시

다. 만약 한 테이블에 대량의 데이터가 존재하고 트랜잭션이 몰린다면 성능 저하를 피하기 어렵다. 대량의 데이터가 하나의 테이블에 있으면 인덱스 정보 생성 시 부하가 올라간다. 인덱스를 찾아가는 깊이(Depth)가 깊어지고 인덱스가 커질수록 더 많은 성능 저하를 불러온다. 조회하는 성능보다는 데이터를 처리하는 성능에 더 큰 영향을 미치게 된다. 이런 경우 트랜잭션이 분산 처리될 수 있도록 테이블 수평분할을 검토해야 한다.

데이터 건수가 수천만 건을 넘고 처리가 많이 일어난다면 성능을 제대로 발휘할 수 없다. 이때 논리적으로는 같은 테이블이지만 물리적으로 서로 다른 여러 개의 테이블 스페이스에 나눠 저장하는 파티션 방법을 이용하면 성능 개선에 큰 도움이 된다.

파티션 종류로는 Range, Hash, List, Composite 파티션이 있다. 가장 널리 이용하는 Range 파티션은 주로 날짜를 기준으로 하는 경우가 많다. 이 경우 데이터가 균등하게 나누어져서 비슷한 성능 개선을 보장한다. 또한 보관 주기에 따라서 필요치 않는 데이터도 쉽게 지우고 관리할 수 있다. [그림 33-3]과 같이 분류가 가능한 PK 컬럼을 이용한 List 파티션도 많이 사용한다.

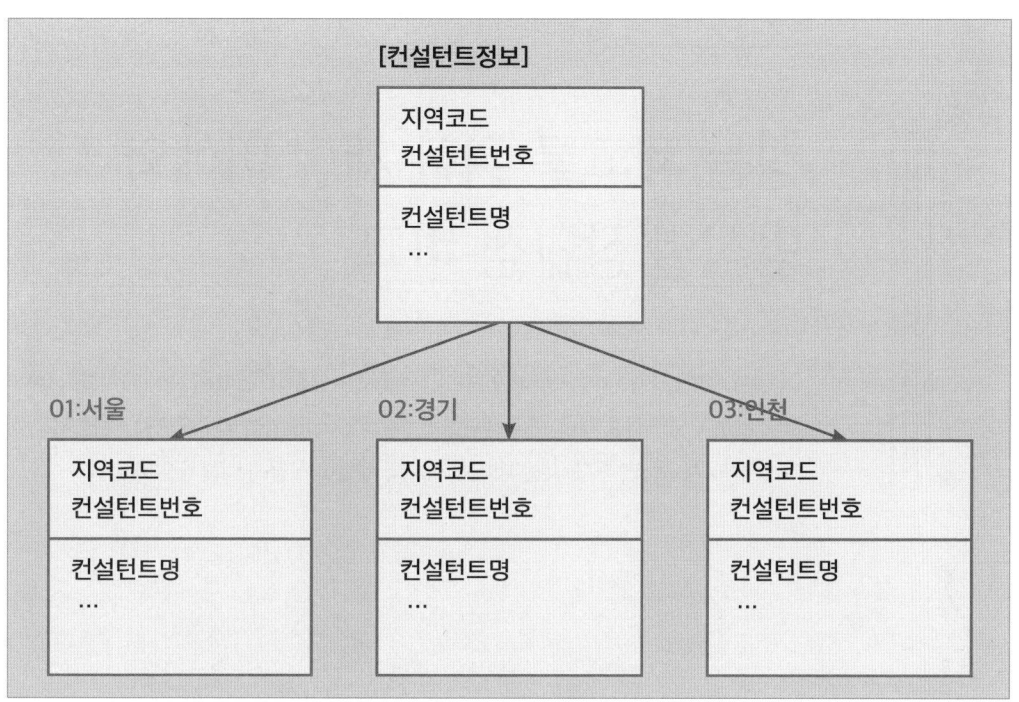

그림 33-3 수평분할의 예시

수직분할과 수평분할의 결정 기준

테이블의 컬럼 개수와 데이터 양을 종합적으로 판단해 양에 따른 대용량 테이블인지, 컬럼 개수에 따른 대용량 테이블인지 먼저 파악한다. 만약 컬럼 개수에 따른 것이라면, 트랜잭션의 특성에 따라 테이블을 1:1로 분리하는 수직분할을 하면 된다. 반면 데이터 양에 따른 것이라면, 적절한 파티션을 선택하고 여러 개의 물리적 스페이스로 저장하는 수평분할을 하면 된다. 결론은 컬럼 단위의 트랜잭션인지, 로우 단위의 트랜잭션인지 판단하면 된다.

이번 스토리의 내용은 테이블 분할에 따른 성능 개선에 관한 내용으로서 테이블의 수직분할은 컬럼을 기준으로 하고, 테이블의 수평분할은 로우를 기준으로 한다는 것이 핵심이다.

KEY WORD 튜닝, 채번

성능 제고를 위한 채번 이해와 방식별 장단점 비교

DB에서 채번은 PK(Primary Key) 컬럼의 용도로 사용한다. 채번은 자식 테이블이 많아서 조인이 부담스러울 때나 자식 테이블이 순차적으로 증가해 업무적으로 PK를 지정하기 힘들 때 사용하면 좋다. 채번에 대한 이해와 채번 방식들에 대해서 알아 본다.

며칠 전, 개인적인 용무가 있어서 수원에 갔다. 마침 점심시간이어서 그곳에서 유명하다는 어느 갈빗집을 찾아 갔다. 평일 낮임에도 손님들로 붐볐다. 번호표를 받고 한참을 기다린 후에야 식사를 할 수 있었다.

예전에는 관공서나 은행에서 주로 사용하던 번호표 발급기를 요즘은 음식점을 비롯해 웬만한 곳에서 모두 사용한다. 번호표가 없던 시절에는 음식점 앞에서 줄을 서거나 눈대중으로 자기 차례가 오면 알아서 입장했다. 그러다 보니 간혹 순서를 놓고 가벼운 다말툼을 벌이기도 했다. 그래도 서로간의 얼굴 표정을 보면서 순서를 정하던 예전이 그립기도 하다.

채번에 대한 이해

이번 스토리의 주제는 DB의 번호표에 대한 이야기다. 이것을 채번(採番, serial number assignment)이라 한다. 채번은 일본의 영향을 받은 말로서 새로운 번호를 딴다는 의미다. 전화번호, 차량번호 등 고유번호를 할당 받아 사용한다는 의미지만, 일상적으로 널리 사용되는 말은 아니다. 채번은 점점 잊혀져 가는 단어이나 아직까지 산업계에서는 사용되고 있다.

데이터베이스에서 채번은 대부분 PK(Primary Key) 컬럼의 용도로 사용한다. 업무적으로 의미 있는 컬럼들을 PK로 사용하는 경우가 많지만, 가끔은 필요에 의해서 아무런 의미가 없는 시스템적 일련번호 형식의 채번을 PK 컬럼으로 사용하기도 한다. 업무적으로 의미 있는 컬럼을 PK로 사용하는 것이 옳은지 아니면 의미 없는 채번을 PK로 사용하는 것이 더 옳은지는 중요하지 않다. 서로 사용하는 목적이 충분히 있기 때문이다. 이번 스토리는 채번에 대한 이해와 그 종류 및 장단점에 대해서만 소개하고자 한다.

채번을 사용할 때 한 컬럼으로 PK를 구성할 수 있어서 좋지만, 의미 없는 컬럼이므로 낭비일 수 있다. 또한 자식 테이블이 많을 경우 한 컬럼만 FK(Foreign Key)가 되기 때문에 조인이 많을 시 유리할 수 있다. 하지만 Insert 처리 시에 유니크하게 관리할 부담도 역시 존재한다. 결론적으로 채번은 자식 테이블이 많아서 조인이 부담이 될 때 사용하면 좋다. 덧붙여 순차적으로 계속 증가해 업무적으로 PK를 지정하기 힘든 경우에 사용하면 좋다. 데이터 생성 시 PK 값을 증가시켜서 유일하게 식별되게 하는, 채번을 생성하는 방식에는 여러 가지가 있는데 보편적으로 사용하는 방식은 다음과 같다.

- 첫째, 채번을 생성하고 관리하는 채번 테이블을 이용하는 방식
- 둘째, 채번이 필요한 각각의 테이블에서 최댓값을 이용하는 방식
- 셋째, DB에서 지원하는 시퀀스를 이용하는 방식

어느 방식이 좋은지 나쁜지에 대한 구분은 무의미하다. 세 가지 방식에 장단점이 있으므로 각자가 처한 상황에 맞는 가장 알맞은 방식을 선택·적용해야 한다.

채번 테이블을 이용하는 방식

채번을 생성하고 관리하는 채번 테이블을 이용하는 방식은 중복 에러의 가능성은 없고 순차적인 데이터 입력이 가능하다는 장점이 있다. 하지만 채번 테이블 관리에 대한 부담이 있다. 더 심각한 것은 잠금 현상에 의한 성능 저하를 불러 온다는 것이다.

- 1단계: 채번 테이블에 채번을 UPDATE 한다.
- 2단계: 대상 테이블에 채번 값을 INSERT 한다.
- 3단계: COMMIT 한다.

한 트랜잭션의 1, 2, 3단계 처리가 끝날 때까지 다른 트랜잭션은 대기 상태에 있으므로 성능 저하의 원인이 될 수 있다. 하지만 아래와 같이 COMMIT 단계를 하나 더 추가 한다면 채번 테이블의 잠금 현상은 방지할 수 있다. 하지만 순차적인 데이터 입력은 불가능하다. 순차적인 데이터 입력이 불가능하다는 의미는 우리가 의도한 데이터가 입력되지 않을 수도 있다는 말이다.

- 1단계: 채번 테이블에 채번을 UPDATE 한다.
- 2단계: COMMIT 한다.
- 2단계: 대상 테이블에 채번 값을 INSERT 한다.
- 3단계: COMMIT 한다.

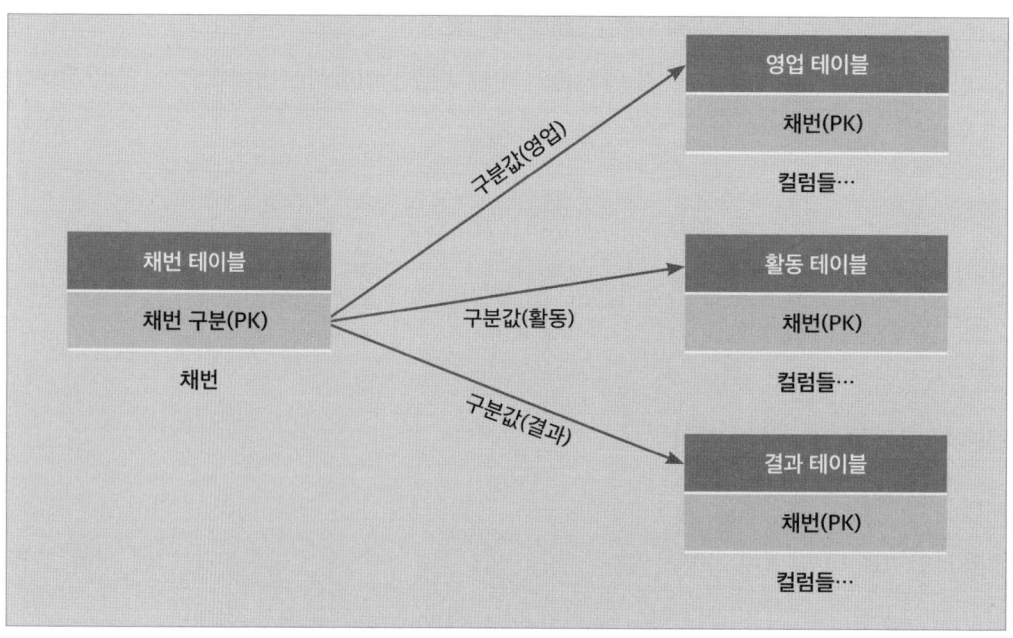

그림 34-1 채번 테이블을 이용하는 방식의 예시

채번이 필요한 테이블이 많을수록 채번 테이블의 채번 구분의 종류도 늘어난다. 즉 채번 테이블의 레코드 수는 채번이 필요한 테이블의 개수와 동일하다. 물론 더 세분화해 관리할 수도 있을 것이다. [그림 34-1]은 채번 테이블에 대한 기본적인 개념을 설명한 것이다.

테이블에서 최댓값을 이용하는 방식

채번이 필요한 테이블에서 최댓값(MAX)을 구해 이용하는 방식은 성능이 좋고, 순차적 데이터 입력이 가능하다. 또한 채번 테이블을 이용하는 경우보다 관리에 대한 부하는 없다. 다음과 같은 방법으로 사용하면 된다.

```
INSERT INTO MAX(컬럼) + 1 …
```

하지만 많은 트랜잭션이 동시에 발생할 때 중복 에러의 가능성이 존재한다. 특정 시점에 많은 사용자가 동시에 접근해야 하는 테이블에서는 주의가 요구된다. 이런 경우 PK를 추가로 구성해 다음과 같은 방법으로 중복 에러를 피할 수도 있다.

```
INSERT INTO 사용자, MAX(컬럼) + 1 …
INSERT INTO 구분코드, MAX(컬럼) + 1 …
```

이 예처럼 사용자별로 채번을 할 수도 있고 구분코드별로 채번을 할 수도 있다. 트랜잭션이 많이 발생하지 않는다면 사용을 권한다. 필자가 경험해 본 바로는 가장 많이 사용되는 채번 방식이다.

시퀀스를 이용하는 방식

오라클 DB 사용 시 시퀀스를 이용하는 방법이 있다. 오라클에서 지원하는 것이므로 성능이 좋으며 중복 에러나 잠금 가능성도 없다. 하지만 시퀀스도 오브젝트이므로 관리에 대한 부담이 약간 있다. 시퀀스는 읽기만 해도 증가하므로 간혹 예외사항 발생 시 중간 중간 빠지는 번호가 생길 수 있다.

여러 테이블에서 하나의 시퀀스를 사용할 수도 있겠지만 가능하면 하나의 테이블에 1:1 관계로 시퀀스를 생성해 사용하기를 바란다. SQL Sever 등 다른 데이터베이스에도 유사한 시퀀스 기능을 제공한다. 물론 충분히 신뢰할 수 있지만 의외로 사용하는 경우가 흔치 않아 보인다. 시퀀스 오브젝트 유실 시 복구가 쉽지 않는 것도 이유 가운데 하나일 것이다.

채번 방식에 대한 장단점 비교

지금까지 보편적으로 사용되는 3가지 경우의 채번 방식을 설명했다. [표 34-2]는 3가지 채번 방식에 대한 장단점을 정리한 것이다.

구분	채번 테이블 방식	테이블 최댓값 방식	시퀀스 방식
장점	중복 에러 없음 순차적 입력 가능	빠른 성능 순차적 입력 가능 관리 부하 없음	빠른 성능 중복 에러 없음 잠금 현상 없음
단점	잠금 현상 발생 성능저하 관리 부하 존재	중복 에러 존재	순차적 입력 불가 관리 부하 존재

그림 34-2 채번 방식에 대한 장단점 비교

이번 스토리는 채번에 대한 이해와 채번의 방식들, 이들의 장단점에 대한 것이었다. 각각의 장단점을 고려해 현재의 상황에 맞는 가장 적합한 방식을 선택·적용할 필요가 있다.

KEY WORD 튜닝

개발자를 위한 튜닝실전 1편: 생명체처럼 다뤄라

이 책에서 미처 소개하지 못한 튜닝 관련 내용을 모아서 3편으로 엮어 보았다. 현장에서 경험한 튜닝에 관한 내용이며 필자가 필드에서 겪은 내용을 바탕으로 엮었다.

인덱스를 사용하는 것이 쿼리 성능에 좋다는 사실은 대부분의 개발자들이 알고 있다. 하지만 모든 경우에 적용되는 것은 아니다. 온라인 쿼리에서는 인덱스가 유용하게 사용되겠지만 배치 쿼리에서는 오히려 성능 저하의 원인이 되기도 한다. 필자가 경험한 배치 튜닝의 상당수가 바로 여기에 해당됐다. 다음의 간단한 쿼리를 예로 들어 보자.

```
SELECT SUM(CASE WHEN 활동구분 = '방문' THEN 1 ELSE 0 END) AS 방문횟수
       SUM(CASE WHEN 활동구분 = '우편' THEN 1 ELSE 0 END) AS 우편횟수
       SUM(CASE WHEN 활동구분 = '전화' THEN 1 ELSE 0 END) AS 전화횟수
       SUM(CASE WHEN 활동구분 = 'SMS' THEN 1 ELSE 0 END) AS SMS건수
  FROM 영업활동                        -- 3000만 건 이상의 대용량 테이블(10년 활동 보관)
 WHERE 활동일자 BETWEEN ? AND ?         -- 조회 구간 최대 1년(인덱스 있음)
   AND 활동구분 IN ('방문', '우편', '전화', 'SMS')
```

이 쿼리에서 우리가 알 수 있는 사실은 영업활동 테이블은 3000만 건 이상의 대용량 테이블이며, 조건절로 사용되는 활동일자 컬럼에 인덱스가 있다는 것이다. 여기서 조회 기

간이 최대 1년이라는 사실에 주목해야 한다. 테이블 전체 건수의 1/10에 해당하는 300만 건을 추출해야 하는 것이다. 만약 이 쿼리에서 인덱스가 사용된다면 그 결과는 재앙에 가깝다. 쿼리 수행 시간은 아마도 수시간 이상 소요될 수도 있을 것이다.

인덱스, 필요한 데이터를 빨리 찾기

인덱스는 소량의 데이터를 빠르게 조회 가능하게 할 수 있지만, 대량의 데이터를 빠르게 조회할 수 있게 하지는 못한다. 인덱스의 생성 목적은 '모든 데이터를 빨리 찾게 하는 것이 아니라 필요한 데이터를 빨리 찾게 하는 것'임을 잊지 말아야 한다. 요약한다면 인덱스는 성능 향상의 만능키가 아니며 또한 그렇게 인식돼서도 안 된다.

앞 쿼리에서 인덱스를 사용하지 못하게 다음과 같이 힌트절을 추가하면 조회 결과를 수 분내에 얻을 수 있을 것이다.

```
SELECT /*+ FULL(영업활동) */
       SUM(CASE WHEN 활동구분 = '방문' THEN 1 ELSE 0 END) AS 방문횟수
       SUM(CASE WHEN 활동구분 = '우편' THEN 1 ELSE 0 END) AS 우편횟수
       SUM(CASE WHEN 활동구분 = '전화' THEN 1 ELSE 0 END) AS 전화횟수
       SUM(CASE WHEN 활동구분 = 'SMS'  THEN 1 ELSE 0 END) AS SMS건수
  FROM 영업활동                     -- 3천만 건 이상의 대용량 테이블(10년 활동 보관)
 WHERE 활동일자 BETWEEN ? AND ?     -- 조회 구간 최대 1년(인덱스 있음)
   AND 활동구분 IN ('방문', '우편', '전화', 'SMS')
```

그렇다면 언제 인덱스를 타게 할 건지 혹은 타지 않게 할 건지 결정하는 기준이 무엇인지 궁금할 것이다. 필자는 전체 건수에 대해 조회할 건수가 1/100보다 작으면 인덱스를 타게 하고, 크면 인덱스를 타지 않게 힌트절 FULL SCAN을 사용한다. 이 수치는 여러 주변 환경과 변수들이 많기 때문에 고정적이지는 않지만, 필자가 권고하는 수치다. 또한 필자가 경험으로부터 얻은 수치임을 이해해 주기 바란다.

어떠한 경우에 인덱스를 타야하는지 또한 어떠한 경우에 인덱스를 타지 말아야 하는지

에 대한 더 구체적인 이해는 3회에서 7회 스토리에서 소개한 '인덱스'와 28회에서 소개한 블록에 관한 글을 읽어 보기를 권한다. 이번 스토리에서는 [그림 35-1]처럼 버스와 택시의 예로서 설명을 마무리 한다.

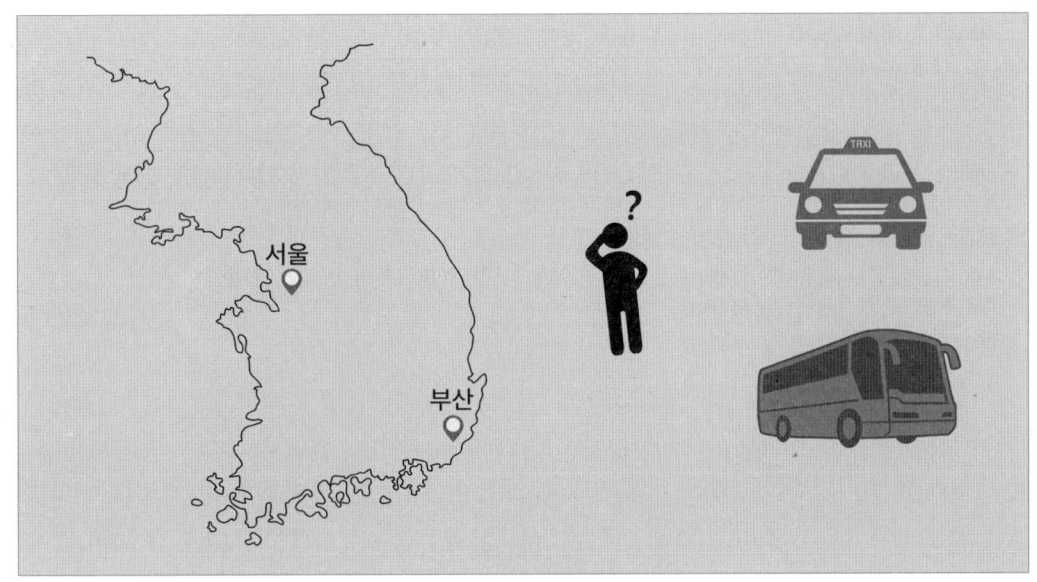

그림 35-1 버스 여행과 택시 여행

만약 서울에서 부산까지 여행을 해야 한다면 우리는 버스보다는 택시가 더 빠르고 편하다는 것을 안다. 2명 혹은 3명까지도 버스보다는 택시가 더 빠를 것이다. 하지만 4명 이상부터는 이야기가 달라진다. 많은 사람이 한꺼번에 여행을 해야 한다면 버스 한 대로 이동하는 것이 시간과 비용 측면에서 훨씬 유리하다. 버스 한 대로 한 번에 운행 가능한 것을 택시 한 대로 여러 번 반복 운행하는 것은 이치에 맞지 않다. 택시(인덱스)는 소규모 인원(데이터)의 운행(검색)에 적합한 운송 수단이다.

GROUOP BY 절 사용과 성능 이슈

GROUP BY 절의 사용 방법에 따라 튜닝 성능에 영향을 미치는 경우가 많다. GROUP BY 절은 온라인 쿼리나 배치 쿼리를 가리지 않고 흔하게 사용되는 구문이다. 따라서 성능에 영향을 미치는 경우도 자주 발생하곤 한다. 필자가 경험한 튜닝의 상당수가 바로 여기에 해당됐다. 다음의 간단한 쿼리를 예로 들어 보자.

```
SELECT A.부서코드
     , B.부서명
     , SUM(A.판매수량) AS 판매수량
     , SUM(A.판매금액) AS 판매금액
FROM   판매실적 A              -- 1000만 건 이상의 대용량 테이블(10년치 판매 실적)
     , 부서 B                  -- 수백 건 미만의 부서코드
WHERE A.부서코드 = B.부서코드
AND A.판매일자 BETWEEN ? AND ?  -- 조회 구간 최대 1주일(인덱스 있음)
GROUP BY A.부서코드, B.부서명
ORDER BY A.부서코드, B.부서명
```

앞 쿼리에서 우리가 알 수 있는 내용은 조회 구간이 최대 1주일이므로 최대 조회 건수는 수만 건 가량 된다는 것이다. 판매실적 테이블 전체 건수의 1/100, 즉 10만 건 미만에 해당하므로 인덱스를 반드시 타야 한다. 또한 부서명은 ORDER BY 절에 영향을 미치지 않으므로, 부서 테이블은 오로지 부서명을 조회하는 용도로만 사용됨을 알 수 있다. 그리고 부서 테이블과 관련된 조건절이 없으므로 OUTER JOIN으로 변경 가능함도 유추해 볼 수 있다. 따라서 우리는 다음과 같은 쿼리로 개선할 수 있다.

```
SELECT A.부서코드
     , (SELECT 부서명 FROM 부서 WHERE 부서코드 = A.부서코드) AS 부서명
     , SUM(A.판매수량) AS 판매수량
     , SUM(A.판매금액) AS 판매금액
FROM   판매실적 A              -- 1000만 건 이상의 대용량 테이블(10년치 판매 실적)
WHERE A.판매일자 BETWEEN ? AND ?  -- 조회 구간 최대 1주일(인덱스 있음)
GROUP BY A.부서코드
ORDER BY A.부서코드
```

앞처럼 쿼리를 변경해 부서 테이블에 대한 접근 빈도수를 최대한 줄일 수 있다. 이전 쿼리는 GROUP BY 절의 수행 이전에 부서 테이블을 접근했다. 반면 개선된 쿼리는 GROUP BY 절의 수행 이후에 부서 테이블을 접근하므로 접근 빈도수가 대폭 줄어드는 만큼 효과를 얻었다.

그러나 다음 쿼리처럼 ORDER BY 절의 선행컬럼에 부서명이 있거나 조건절에 부서 테이블의 컬럼이 있다면 OUTER JOIN 방식으로의 변경은 불가능하다. 다른 방법을 찾아야 한다는 말이다.

```
SELECT A.부서코드
     , B.부서명
     , SUM(A.판매수량) AS 판매수량
     , SUM(A.판매금액) AS 판매금액
FROM   판매실적 A                    -- 1000만 건 이상의 대용량 테이블(10년치 판매 실적)
     , 부서 B                        -- 수백 건 미만의 부서코드
WHERE A.부서코드 = B.부서코드
AND A.판매일자 BETWEEN ? AND ?      -- 조회 구간 최대 1주일(인덱스 있음)
AND B.사용여부 = 'Y'                 -- 현재 시점에 사용하는 부서코드
GROUP BY B.부서명, A.부서코드
ORDER BY B.부서명, A.부서코드
```

이와 같은 경우 다음의 쿼리처럼 인라인 뷰 방식의 쿼리로 개선할 수 있다.

```
SELECT A.부서코드
     , B.부서명
     , A.판매수량
     , A.판매금액
FROM
(
    SELECT 부서코드
         , SUM(판매수량) AS 판매수량
         , SUM(판매금액) AS 판매금액
    FROM 판매실적                    -- 1000만 건 이상의 대용량 테이블(10년치 판매 실적)
    WHERE 판매일자 BETWEEN ? AND ?  -- 조회 구간 최대 1주일(인덱스 있음)
    GROUP BY 부서코드
) A, 부서 B                         -- 수백 건 미만의 부서코드
```

```
WHERE A.부서코드 = B.부서코드
  AND B.사용여부 = 'Y'                    -- 현재 시점에 사용하는 부서코드
ORDER BY B.부서명, A.부서코드
```

이와 같이 쿼리를 변경해 부서 테이블에 대한 접근 빈도수를 최대한 줄일 수 있다. 이전 쿼리는 GROUP BY 절의 수행 이전에 부서 테이블을 접근했으나 개선된 쿼리는 GROUP BY 절의 수행 이후에 부서 테이블을 접근하므로 접근 빈도수가 대폭 줄어드는 만큼 효과를 얻었다.

그러나 이것이 성능 개선의 끝이 아니다. 만약 최종 집계된 부서의 개수가 부서코드 테이블의 전체 개수의 1/100이상이라면 우리는 다음 쿼리처럼 힌트절을 조정해 추가적으로 성능을 개선할 수 있다.

```
SELECT /*+ FULL(B) */
       A.부서코드
     , B.부서명
     , A.판매수량
     , A.판매금액
  FROM
  (
    SELECT 부서코드
         , SUM(판매수량) AS 판매수량
         , SUM(판매금액) AS 판매금액
      FROM 판매실적                        -- 1000만 건 이상의 대용량 테이블(10년치 판매 실적)
     WHERE 판매일자 BETWEEN ? AND ?        -- 조회 구간 최대 1주일(인덱스 있음)
     GROUP BY 부서코드
  ) A, 부서 B                              -- 수백 건 미만의 부서코드
 WHERE A.부서코드 = B.부서코드
   AND B.사용여부 = 'Y'                    -- 현재 시점에 사용하는 부서코드
 ORDER BY B.부서명, A.부서코드
```

이처럼 힌트절을 통해 부서 테이블에 대한 접근 부하를 더 줄일 수 있다. 이전 쿼리는 판매실적을 집계한 부서의 개수만큼의 인덱스로 부서 테이블을 접근했으나 개선된 쿼리는 부서 테이블을 직접 일괄적으로 읽어 와서 그만큼의 부하를 줄이는 효과를 얻었다.

만약 조건절의 판매일자 조회 구간이 한 달 이상이라면 어떻게 해야 할까? 이 역시 이번 스토리의 첫 번째 튜닝 실전과 같은 맥락이므로 인덱스를 사용치 않는 방법으로 다음과 같이 힌트절을 조정하면 된다.

```sql
SELECT /*+ FULL(A) FULL(B) */
       A.부서코드
     , B.부서명
     , A.판매수량
     , A.판매금액
FROM
(
    SELECT 부서코드
         , SUM(판매수량) AS 판매수량
         , SUM(판매금액) AS 판매금액
    FROM 판매실적                    -- 1000만 건 이상의 대용량 테이블(10년치 판매 실적)
    WHERE 판매일자 BETWEEN ? AND ?   -- 조회 구간 최대 1주일(인덱스 있음)
    GROUP BY 부서코드
) A, 부서 B                          -- 수백 건 미만의 부서코드
WHERE A.부서코드 = B.부서코드
AND B.사용여부 = 'Y'                 -- 현재 시점에 사용하는 부서코드
ORDER BY B.부서명, A.부서코드
```

조회 구간이 한 달 이상이라면 대규모의 집계 처리를 의미하므로 두 테이블 모두 인덱스를 타는 것보다는 타지 않는 것이 성능 측면에서 낫다. 이처럼 GROUP BY 절의 어떠한 형식 또는 조건에 따라서 성능 개선의 방법은 다를 수 있다. 튜닝은 살아있는 생명체를 대하듯 그때 그때 상황에 맞게 올바르게 대처해야 한다.

KEY WORD 튜닝

개발자를 위한 튜닝실전 2편: 줄이고 또 줄여라

이 책에서 미처 소개하지 못한 튜닝 관련 내용을 모아서 3편으로 엮어 보았다. 현장에서 경험한 튜닝에 관한 내용이며 필자가 필드에서 겪은 내용을 바탕으로 엮었다.

DB 성능을 높이려면 쿼리의 조건들을 가능하면 선행 테이블로 유도하라. 만약 [그림 36-1]과 같이 후행 테이블에서 사용하는 조건을 선행 테이블의 조건으로 대체가 가능하다면 쿼리의 성능 개선에 큰 도움이 된다.

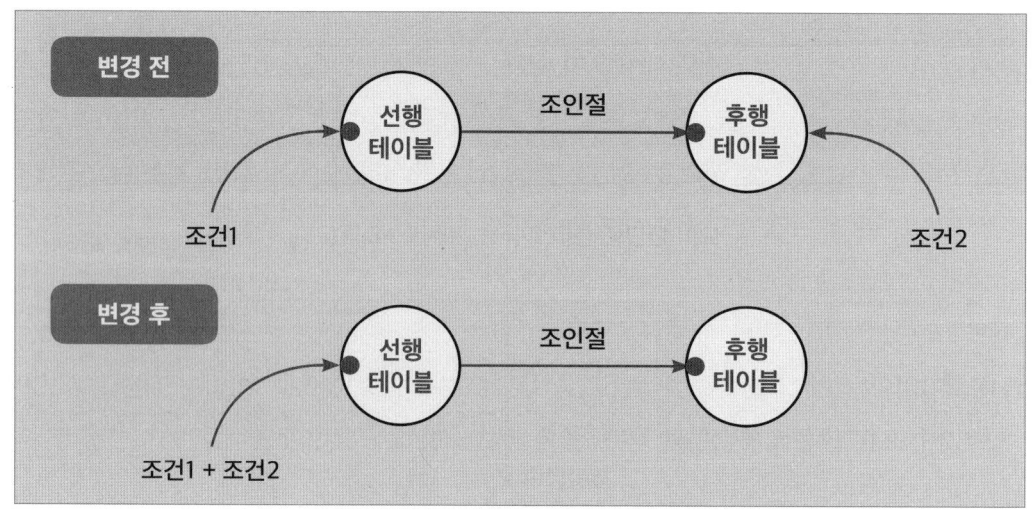

그림 36-1 선행 테이블의 조건 추가

선행 테이블에서 검색되고 필터 처리된 데이터 건수만큼, 후행 테이블로 For문 방식으로 접근하는 온라인 쿼리의 Nested Loop Join에서는 아주 큰 효과를 볼 수 있다. 하지만 배치 쿼리의 Hash Join에서는 효과를 기대하기 곤란하다. 그럼에도 개발자가 실제로 접하는 대부분의 쿼리는 온라인 쿼리의 Nested Loop Join 방식이므로 꼭 알아 두어야 할 튜닝 규칙임에는 틀림이 없다.

줄이고 줄이고 또 줄이자

다이어트에 성공하려면 먹는 것, 입는 것, 자는 것을 줄여야 한다는 말이 있다. 튜닝에서도 이 말은 동일하게 적용된다. 오라클 튜닝을 극단적으로 말하면 데이터 정보가 들어 있는 블록의 운반을 줄이는 것이라 할 수 있다. 여기서 블록이란 오라클 I/O의 가장 작은 단위, 즉 최소 운반 단위를 말하며 오라클 성능과 밀접한 관련이 있다.

오라클 블록은 사용자가 입력한 데이터를 하드디스크에 저장하거나 혹은 저장된 데이터를 작업하려고 메모리로 로드할 때 처리하는 최소 작업 단위이자 최소 운반 단위다. 오라클 블록은 데이터 블록 또는 페이지라고 불리기도 한다. 한마디로 블록이란 물리적 데이터가 저장되는 디스크 공간이라고 이해하면 된다.

그렇다면 블록의 운반을 어떤 방법으로 줄일 것인가? 그것은 바로 오라클 쿼리에서 사용하는 연산자를 쓰임새에 맞게 잘 선택하는 것이다.

[그림 36-2]는 서로 다른 연산자를 사용하는 쿼리이지만 수치의 값에 따라서는 동일한 결

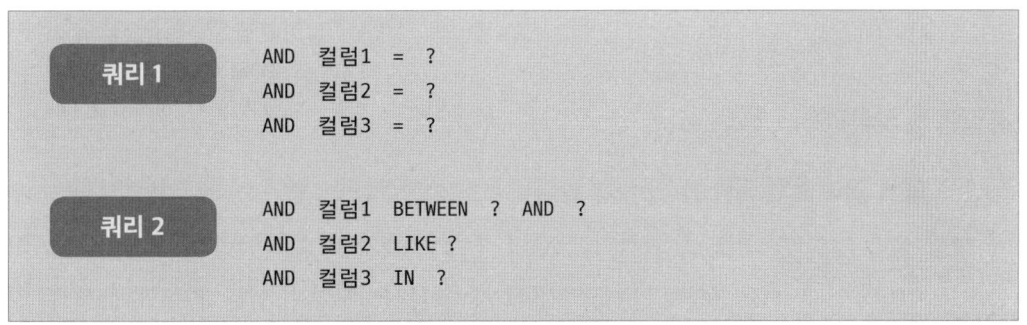

그림 36-2 연산자와 블록의 연관성

과를 나타내는 쿼리일 수도 있다. 만약 동일한 결과를 나타낸다면 블록의 운반을 최소한
으로 요구하는 연산자를 우선적으로 사용해야 한다. 결과로 리턴되는 블록 수는 비록 동
일할지라도 그 과정에서 어떠한 연산자를 사용하는가에 따라서는 운반되는 블록 수가
다르기 때문이다. 구체적인 예를 살펴보자.

```
AND (컬럼 = 'AAA' OR 컬럼 = 'AAB')
AND 컬럼 BETWEEN 'AAA' AND 'AAB'
AND 컬럼 LIKE 'AA%'
AND 컬럼 IN ('AAA', 'AAB')
```

앞 쿼리 구문은 모두 동일한 결과를 나타낸다. 하지만 검색되고 필터되는 과정에서 서로
다른 개수의 블록이 운반·사용됐다. 우리는 항상 최소한의 블록을 필요로 하는 연산자를
사용하도록 노력해야 한다. 쿼리의 실행 결과가 동일하더라도 그것의 성능이 동일하다
는 것을 보장하지는 않는다. 그렇다면 우선적으로 사용해야 하는 연산자의 순서는 어떻
게 될까?

```
=    IN    BETWEEN    LIKE
```

필자가 경험한 바로는 위 순서대로 우선 순위를 정할 수 있다. 어떤 상황에서나 항상
100%로 적용 가능하지는 않지만 99% 이상이라고 생각한다.

홍길동을 찾아라

사람을 쉽게 찾으려면 주소를 알아야 한다. 주소를 모른다면 우리는 전국 방방곡곡을 찾
아 다녀야 할 것이다. 참고로 현재의 도로명 주소 체계가 나오기 전의 주소는 시군구 +
읍면동 + 번지로 구성돼 있었다. 만약 주소를 알더라도 일부분만 안다면 어떻게 될까?

| ??? 용상동 7142번지에 사는 홍길동   -- 시군구를 모르는 경우
| 안동시 ??? 7142번지에 사는 홍길동   -- 읍면동을 모르는 경우
| 안동시 용상동 ???번지에 사는 홍길동   -- 번지수를 모르는 경우

앞 3가지 경우에서 홍길동을 가장 찾기 쉬운 경우는 어떤 경우인가? 또한 가장 찾기 어려운 경우는 어떤 것인가? 아마도 홍길동을 가장 찾기 쉬운 경우는 번지를 모르는 경우일 것이다. 또한 가장 찾기 어려운 경우는 시군구를 모르는 경우일 것이다. 찾기 쉬운 순서대로 나열하면 아래와 같다.

| 번지를 모르는 경우 : 읍면동을 모르는 경우 : 시군구를 모르는 경우

결론은 주소의 앞부분을 모르는 경우보다 뒷부분을 모르는 경우가 사람 찾기엔 훨씬 수월함을 알 수 있다. 주소의 뒷부분을 모른다면 한정된 지역만 찾으면 되지만 주소의 앞부분을 모른다면 전국을 찾아 다녀야 할지도 모른다. 오라클의 튜닝에서도 이와 크게 다르지 않다. 지금까지의 상황을 오라클에 빗대어 재해석해보자.

데이터를 쉽게 찾으려면 인덱스가 존재해야 한다. 인덱스가 없다면 우리는 테이블 전체를 풀스캔해야 할 것이다. 참고로 예전의 주소 테이블의 인덱스는 시군구 + 읍면동 + 번지로 구성됨을 우리는 이미 알고 있다. 만약 인덱스가 있더라도 일부분만 사용한다면 어떻게 될까?

```
AND 시군구 LIKE ?     -- 시군구를 잘 모르는 경우(EQUAL 미사용)
AND 읍면동 =    ?
AND 번지   =    ?

AND 시군구 =    ?
AND 읍면동 LIKE ?     -- 읍면동을 잘 모르는 경우(EQUAL 미사용)
AND 번지   =    ?

AND 시군구 =    ?
AND 읍면동 =    ?
AND 번지   LIKE ?     -- 번지를 잘 모르는 경우(EQUAL 미사용)
```

앞 3가지 쿼리에서 가장 빠른 쿼리는 어느 것일까? 또한 가장 느린 쿼리는 어느 것일까? 결론은 결합인덱스의 앞부분을 모르는 쿼리보다 뒷부분을 모르는 쿼리가 훨씬 더 빠르다는 것을 알아야 한다. 결합인덱스의 뒷부분을 모른다면 한정된 필터만 일어나지만, 결합인덱스의 앞부분을 모른다면 전체 인덱스를 필터해야 할 것이다.

KEY WORD 튜닝

개발자를 위한 튜닝실전 3편: 인덱스를 사용하지 않을 때 대처법

이 책에서 미처 소개하지 못한 튜닝 관련 내용을 모아서 3편으로 엮어 보았다. 현장에서 경험한 튜닝에 관한 내용이며 필자가 필드에서 겪은 내용을 바탕으로 엮었다.

인덱스가 생성된 컬럼이라도 다양한 경우에 의해서 인덱스가 사용되지 않는 경우가 많다. 다음 쿼리는 오라클 함수 사용으로 인해 컬럼 변형이 일어난 경우다. 이때 인덱스는 사용되지 않는다.

```
SELECT * FROM 주문
WHERE SUBSTR(상품코드, 1, 2) = '01'
```

인덱스를 사용하지 않는 경우 1: 컬럼 변형 시

해결 방안은 다음과 같이 크게 세 가지가 있다.

1. 상품코드 컬럼에 SUBSTR 함수를 사용한다는 것은 하나의 컬럼에 여러 가지 의미가 내포돼 있음을 뜻한다. 설계 단계부터 상품코드 컬럼 분리를 검토해야 하는 경우다. 하나의 컬럼에 여러 가지 의미를 담지 않아야 한다. 또한 여러 컬럼

을 합쳐서 하나의 의미가 되지 않도록 해야 하는 것은 설계 시에 중요하게 고려돼야 할 내용 중 하나다. 하나의 컬럼에는 오로지 하나의 의미만을 담고 있는 것이 가장 좋다.

2. 쿼리문을 수정해 오라클 함수로 인한 컬럼의 변형을 사전에 방지할 수 있다.

```
SELECT * FROM 주문
WHERE 상품코드 LIKE '12%'
```

3. 함수 기반 인덱스를 생성한다. 하지만 관리상의 문제로 인해 DBA가 싫어할 수도 있고, 여러 가지 이유로 인해 DB 기술 지침을 통해 사용을 제한하는 회사도 있을 수 있다.

인덱스가 생성된 컬럼이라도 다양한 경우에 의해 인덱스가 사용되지 않는 또 다른 경우의 쿼리를 살펴보자. 다음 쿼리 역시 오라클 함수 사용으로 인해 컬럼 변형이 일어난 경우다.

```
SELECT * FROM 주문
WHERE TO_CHAR(주문일자, 'YYYYMMDD') = '20161214'
```

해결 방안은 역시 세 가지가 있다.

1. 주문일자 컬럼은 날짜와 관련된 컬럼이지만 반드시 날짜 데이터 타입을 사용할 필요는 없다. 날짜 타입을 쓰는 장점보다 오히려 단점이 많은 경우에는 문자 데이터 타입을 사용하는 것이 더 유리할 수 있다.
2. 쿼리문 수정을 통해 오라클 함수로 인한 컬럼 변형을 사전에 방지할 수 있는데 그 방법은 조건절의 컬럼에 함수를 사용하는 것이 아니라 조건절의 값에 함수를 사용해야 한다.
3. 함수 기반 인덱스를 생성한다.

다음 쿼리 역시 오라클 함수 사용으로 인해 컬럼 변형이 일어난 경우다.

```
SELECT * FROM 주문
WHERE NVL(주문금액, 0) > 0
```

해결 방안은 테이블 생성시 주문금액 컬럼의 디폴트 값을 0으로 설정해 NULL 값이 발생하지 않도록 예방하는 것이다. 혹은 함수 기반 인덱스를 생성하는 것이다.

인덱스를 사용하지 않는 경우 2: 타입 변형 시

인덱스가 생성된 컬럼이라도 다양한 경우에 의해 인덱스가 사용되지 않는 경우가 많다. 다음 쿼리는 조건절의 상수 값에 따라서 데이터 타입의 변형이 일어난 경우다. 이때 인덱스는 사용되지 않는다.

```
SELECT * FROM 주문
WHERE 상품코드 = 1234
```

해결 방안은 두 가지가 있다.

1. 상품코드 컬럼의 데이터 타입은 문자형인데 조건절의 상수값이 숫자이므로 타입의 변형이 일어난다. 따라서 인덱스가 존재함에도 인덱스를 사용하지 못하는 경우다. 처음 테이블을 설계할 때부터 컬럼명은 상품번호로 하고 타입은 숫자형으로 했으면 더 좋았을 것이다. 컬럼값에 따라서 컬럼명을 결정하거나 데이터 타입 선언 시에 주의해야 함을 알 수 있다.
2. 쿼리문 수정을 통해 상수값에 의한 타입의 변형을 사전에 방지할 수 있다.

```
SELECT  *  FROM  주문
        WHERE  상품코드  =  '1234'
```

인덱스를 사용하지 않는 경우 3: NULL 사용 시

인덱스가 생성된 컬럼이라도 다양한 경우에 의해 인덱스가 사용되지 않는 경우가 많다. 다음 쿼리처럼 NULL을 사용한 경우다. 이때 인덱스는 사용되지 않는다.

```
SELECT  *  FROM  주문
WHERE  반품일자  IS  NULL

SELECT  *  FROM  주문
WHERE  반품일자  IS  NOT  NULL
```

인덱스는 알 수 있는 값에 대해 인덱싱한 값이며, NULL은 모르는 값에 대한 표현이므로 이 둘은 서로 마주할 수 없는 관계다. 결코 NULL은 인덱스와 관련될 수 없다.

인덱스를 사용하지 않는 경우 4: 부정형 사용 시

인덱스가 생성된 컬럼이라도 다양한 이유로 인덱스가 사용되지 않는 경우가 많다. 다음 쿼리처럼 부정형 연산자를 사용한 경우다. 이때 인덱스는 사용되지 않는다.

```
SELECT  *  FROM  테이블
WHERE  컬럼  <>  ?

SELECT  *  FROM  테이블
WHERE  컬럼  !=  ?
```

인덱스를 사용하지 않는 경우 5: LIKE 사용 시

인덱스가 생성된 컬럼이라도 다양한 이유 때문에 인덱스가 사용되지 않는 경우가 많다. 다음 쿼리처럼 LIKE를 사용한 경우가 그 예다. 이때 인덱스는 사용되지 않는다.

```
SELECT  *  FROM  테이블
WHERE  컬럼  LIKE  '%ABC'

SELECT  *  FROM  테이블
WHERE  컬럼  LIKE  'ABC%'
```

첫 번째 쿼리는 인덱스를 사용하지 않으며 두 번째 쿼리는 인덱스를 사용할 수도 있지만 조건 값이 얼마나 조회 대상 범위를 줄일 수 있는가가 관건이다.

인덱스를 사용하지 않는 경우 6: 인덱스 경합 발생 시

동시에 여러 개의 인덱스가 경합하는 경우 성능 문제를 야기할 수 있다. 다음 쿼리는 인덱스 경합이 발생하는 일반적인 사례다.

```
SELECT  *  FROM  조직
WHERE  지역단조직번호  =  ?
AND  지점조직번호  =  ?
```

각각의 조건절에 인덱스가 존재한다면 인덱스 경합이 발생해 INDEX MERGE가 유발될 수 있다. 이런 경우 반드시 나쁘다고 하기엔 무리가 있지만, 일반적으로 최적의 성능이 안 나올 가능성이 훨씬 더 높다. 해결 방안은 크게 세 가지가 있다.

1. 인덱스 경합을 해결하는 가장 일반적인 방법은 인덱스 조정이다. 각각의 단일 인덱스를 결합인덱스로 변경하는 것이다.

기존의 단일 인덱스: 지역단조직번호, 지점조직번호
변경된 결합인덱스: 지역단조직번호 + 지점조직번호

2. 위에 있는 인덱스에 힘을 실어주는 방법이다. 다음 쿼리와 같이 오라클 함수를 사용해 컬럼 변형을 일으켜 열등한 인덱스를 사용하지 못하게 하는 방법이 있다.

```
SELECT  *  FROM  조직
WHERE   RTRIM(지역단조직번호, '') = ?
AND     지점조직번호  = ?
```

3. 힌트절을 사용해 실제 사용할 인덱스를 직접 선택할 수 있다.

```
SELECT /*+ INDEX(조직, IDX_지점조직번호) */
       * FROM 조직
WHERE  지역단조직번호 = ?
AND    지점조직번호  = ?
```

인덱스를 회피하는 방법

지금까지 인덱스를 사용함에 있어서 주의해야 할 점에 대해서 알아 보았다. 인덱스는 사용하기 위해서 만들지만 때로는 사용을 원치 않을 경우도 있다. 이번 스토리의 내용을 반대의 경우로 적용해 보면 컬럼 변형, 타입 변형, 힌트절 사용 등 다양한 방법으로 인덱스를 회피할 수도 있음을 알 수 있다.

지금까지 튜닝 실전과 관련된 내용을 3편에 걸쳐서 소개했다. 하지만 스토리를 통해 필자가 강조하고 싶은 핵심 내용은 다음과 같이 두 가지로 추려진다.

첫째, 조회 대상의 범위를 줄이는 방법에 대해서 고민해야 한다: 대상에 대한 고민(양적)
둘째, 인덱스를 잘 활용해 찾는 속도에 대한 고민을 해야 한다: 속도에 대한 고민(질적)

스토리 DB

문제 풀이와 정답

스토리 01

다음은 지뢰찾기 게임 화면이다. 지뢰찾기 게임을 자동 생성하는 랜덤 쿼리를 만드시오. 이때 지뢰판의 크기는 10×10이고 지뢰 수는 20개로 한정한다.

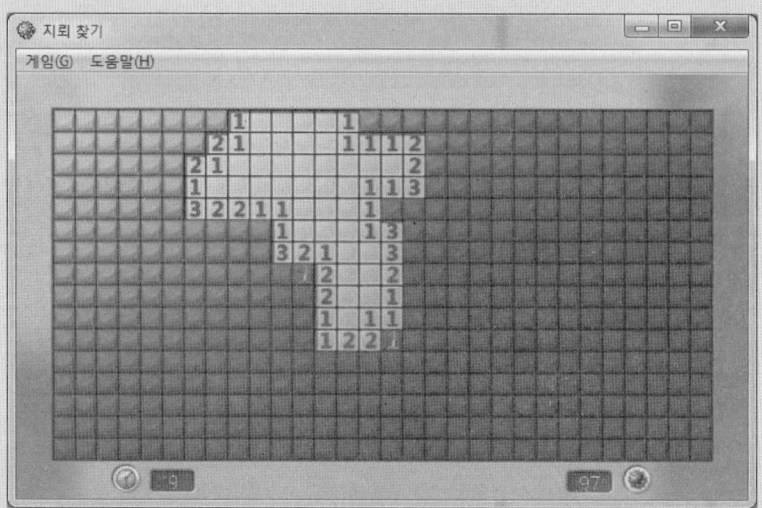

풀이와 정답

먼저 WITH 절에서 10 x 10 지뢰판에 20개의 지뢰를 생성했다. 각각의 셀에서 지뢰 개수는 해당 셀 위치의 전후 행과 좌우 열에서 구한다. 지뢰판의 크기는 NxM으로 유동적이며, 지뢰 개수도 변경할 수 있다.

```
WITH 지뢰찾기 AS
(
    SELECT CEIL(LEVEL / 10)         AS 행
         , MOD(LEVEL - 1, 10) + 1 AS 열
         , CASE WHEN ROW_NUMBER() OVER (ORDER BY DBMS_RANDOM.VALUE) <= 20
             THEN '*' END AS 지뢰
    FROM DUAL
    CONNECT BY LEVEL <= 10 * 10      ....................... N행 x M열
    ORDER BY LEVEL
)
SELECT  MAX(DECODE(열, 1, 지뢰)) AS 열1, MAX(DECODE(열, 2, 지뢰)) AS 열2
      , MAX(DECODE(열, 3, 지뢰)) AS 열3, MAX(DECODE(열, 4, 지뢰)) AS 열4
      , MAX(DECODE(열, 5, 지뢰)) AS 열5, MAX(DECODE(열, 6, 지뢰)) AS 열6
      , MAX(DECODE(열, 7, 지뢰)) AS 열7, MAX(DECODE(열, 8, 지뢰)) AS 열8
      , MAX(DECODE(열, 9, 지뢰)) AS 열9, MAX(DECODE(열,10, 지뢰)) AS 열10
```

```
                ······ M열 크기에 따라 컬럼의 개수는 가변적
FROM
(
    SELECT  행, 열
          , CASE WHEN 지뢰 = '*' THEN '*' ELSE
            (
                SELECT  TO_CHAR(SUM(CASE WHEN 지뢰 = '*' THEN 1 ELSE 0 END))
                FROM    지뢰찾기
                WHERE   행 BETWEEN T.행 - 1 AND T.행 + 1
                AND     열 BETWEEN T.열 - 1 AND T.열 + 1
            )   END AS 지뢰
    FROM    지뢰찾기  T
)
GROUP BY 행
ORDER BY 행
```

스토리 02

다음 두 개의 쿼리 결과가 왜 다른지 고민해 보시오.

```
SELECT          1/4 + 1/6 + 1/7 + 1/8 + 1/9 + 1/11 + 1/12 + 1/14 + 1/15 FROM DUAL
SELECT  1/15 +  1/4 + 1/6 + 1/7 + 1/8 + 1/9 + 1/11 + 1/12 + 1/14        FROM DUAL
```

풀이와 정답

number 타입은 precision이 38자리까지만 보장된다. number(38, n) 38자리를 초과하는 overflow 부분은 round 처리된다. sum 처리되는 순서에 따라서 그 round 처리된 overflow 값이 달라지므로 최종 연산 결과도 달라진다. 오라클의 버그는 아니며, 단지 계산 순서에 따른 결과 값이 다를 뿐이다.

스토리 03

다음은 웹사이트에서 빈번하게 볼 수 있는 달력 팝업 화면이다. 이전달, 다음달 표시 버튼 클릭 시 해당월의 달력을 보여주는 쿼리를 가장 단순하게 작성하시오(단 입력 변수는 YYYYMM).

		2014년 12월				
일	월	화	수	목	금	토
30	1	2	3	4	5	6
7	8	9	10	11	12	13
14	15	16	17	18	19	20
21	22	23	24	25	26	27
28	29	30	31	1	2	3
4	5	6	7	8	9	10

달력을 구현하는 쿼리는 여러 방법이 있다. 대개 GROUP BY 절을 이용하지만 GROUP BY 절을 이용하지 않는 방식으로 쿼리를 구현해 보았다.
(LAST는 해당월의 마지막 날을 의미하며, WEEK는 해당월의 주간 시작 위치를 의미한다.)

```
SELECT CASE WHEN (LEVEL*7-6-WEEK) BETWEEN 1 AND LAST
            THEN TO_CHAR(LEVEL*7-6-WEEK) ELSE ' ' END AS 일
     , CASE WHEN (LEVEL*7-5-WEEK) BETWEEN 1 AND LAST
            THEN TO_CHAR(LEVEL*7-5-WEEK) ELSE ' ' END AS 월
     , CASE WHEN (LEVEL*7-4-WEEK) BETWEEN 1 AND LAST
            THEN TO_CHAR(LEVEL*7-4-WEEK) ELSE ' ' END AS 화
     , CASE WHEN (LEVEL*7-3-WEEK) BETWEEN 1 AND LAST
            THEN TO_CHAR(LEVEL*7-3-WEEK) ELSE ' ' END AS 수
     , CASE WHEN (LEVEL*7-2-WEEK) BETWEEN 1 AND LAST
            THEN TO_CHAR(LEVEL*7-2-WEEK) ELSE ' ' END AS 목
     , CASE WHEN (LEVEL*7-1-WEEK) BETWEEN 1 AND LAST
            THEN TO_CHAR(LEVEL*7-1-WEEK) ELSE ' ' END AS 금
     , CASE WHEN (LEVEL*7-0-WEEK) BETWEEN 1 AND LAST
            THEN TO_CHAR(LEVEL*7-0-WEEK) ELSE ' ' END AS 토
FROM DUAL
     , (SELECT TO_CHAR(LAST_DAY(TO_DATE('201412','YYYYMM')),'DD') AS LAST FROM DUAL)
     , (SELECT TO_CHAR(TO_DATE('201412','YYYYMM'),'D')-1 AS WEEK FROM DUAL)
CONNECT BY LEVEL <= CEIL((WEEK + LAST) / 7)
```

스토리 04

대용량 고객 테이블에 1,000만 건의 고객 정보가 있다. 현재 존재하는 인덱스는 지역 + 고객이다. 다음 ①, ②, ③ 예시를 보고 문제를 풀어보자(데이터는 균등 분포됐다고 가정).

예시
① 성별이 남자인 고객 100명 조회하기
② 특정 지역에 거주하는 고객 100명 조회하기
③ 고객명이 홍길동인 사람 1명 조회하기

1) ①, ②, ③ 중에서 보편적으로 비용이 가장 적게 드는 경우는 몇 번인가?
2) 최소 비용이 발생할 수 있는 경우는 몇 번이며 어떤 경우인가?
3) 최대 비용이 발생할 수 있는 경우는 몇 번이며 어떤 경우인가?

풀이와 정답

①번의 경우는 분포도가 50%이므로 테이블에서 200건의 레코드를 읽는다.
②번의 경우는 인덱스 접근 및 테이블 랜덤 액세스 100번 발생
③번의 경우는 홍길동이 첫 번째에 있을 수도 있고 극단적으로 마지막에 위치할 수도 있음

1) 보편적으로 비용이 가장 적게 드는 경우는 몇 번인가?
   ② < ① < ③

2) 최소 비용이 발생할 수 있는 경우는 몇 번인가?
   ③ 홍길동이 첫 번째 블록에 있는 경우

3) 최대 비용이 발생할 수 있는 경우는 몇 번인가?
   ③ 홍길동이 마지막 블록에 있는 경우

스토리 05

다음 3가지 쿼리를 보고, 수행 시간이 가장 빠른 순으로 나열하시오(우편번호 테이블 10만 건, 고객 테이블 100만 건, 동 이름 조건 100건).

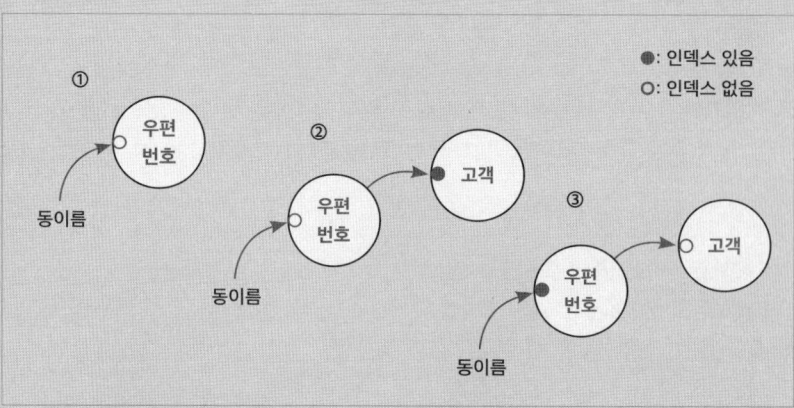

풀이와 정답

① > ② > ③(1번이 가장 빠름, 2번이 중간, 3번이 가장 느림)
①은 우편번호 테이블 10만 건에 대한 풀스캔이 발생하기 때문이다. ②는 우편번호 테이블 10만 건에 대한 풀스캔 발생 + 고객 인덱스(Random Access)가 발생한다. ③은 우편번호 인덱스(Random Access) + 고객 테이블 100만 건 풀스캔이 한 번 이상 발생한다.
조건절에 인덱스가 없는 것보다 조인절에 인덱스가 없는 것이 더 치명적이다. 조건절에 인덱스가 없다면 풀스캔은 한 번만 발생하지만, 조인절에 인덱스가 없다면 테이블간 조인 방식에 따라서 풀스캔은 한 번 혹은 그 이상이 발생할 수 있다.

스토리 06

다음 쿼리 구성도, 즉 인덱스 생성도에서 조건 1로 진입시 테이블 접근 순서는? 또한 반드시 존재해야 할 인덱스 생성 포인트는 어디인가(이때 영문자는 테이블, 숫자는 컬럼, 실선은 Inner Join, 점선은 Outer Join을 의미함).

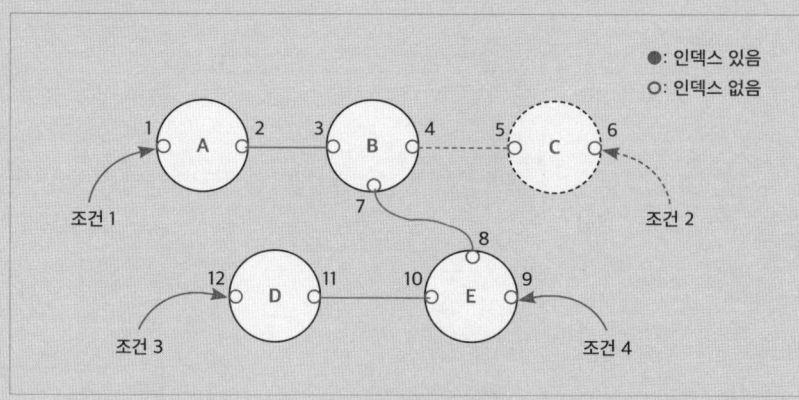

> **풀이와 정답**
>
> 테이블 접근 순서: A → B → E → D → C
> 인덱스 생성 포인트: 1, 3, 8, 11, 5

테이블 접근 순서는 첫 번째 진입 테이블에서부터 자연스럽게 조인절을 따라가면 된다. 단 Inner Join이 Outer Join보다 우선 한다는 것만 잊지 말자. 그러므로 테이블 A로 진입해 조인절을 따라 B, E, D 테이블로 접근하며, C 테이블은 Outer Join이므로 마지막으로 접근한다. 인덱스 생성 포인트는 항상 목적지(target) 테이블의 컬럼에 존재하면 된다. 우편배달부가 편지를 배달할 때 발송처 주소보다 목적지 주소가 중요하듯이, 인덱스 생성 포인트도 항상 목적지 테이블의 컬럼에만 존재하면 된다.

스토리 07

1) 다음 쿼리에 적합한 인덱스 생성도는?

```
SELECT *
FROM   고객
WHERE  고객명 LIKE ? || '%'
AND    우편번호 IN (
                SELECT 우편번호
                FROM 우편
                WHERE 읍면동명 = ?
              )
```

2) 다음 쿼리에 적합한 인덱스 생성도는?

```
SELECT *
FROM   고객 A
WHERE  고객명 LIKE ? || '%'
AND    EXISTS (
                SELECT 'X'
                FROM 우편
                WHERE 읍면동명 = ?
                AND   우편번호 = A.우편번호
              )
```

풀이와 정답

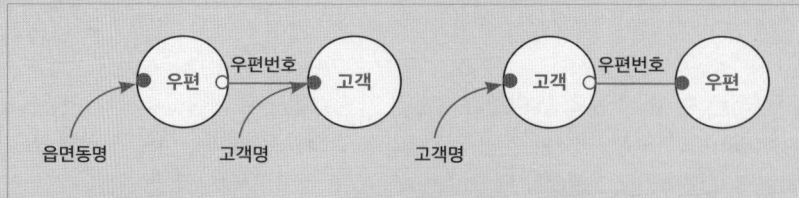

다수의 블로그에서 주장하는 'IN 절과 EXISTS 중에서 어떤 것이 더 좋은가'라는 논쟁은 무의미하다고 생각한다. 기존에 이미 인덱스가 존재한다면 그 인덱스 상황에 따라 IN 절과 EXISTS 중에서 적합한 것을 선택해 쿼리를 작성하면 된다.

만약 인덱스가 없는 상태라면, 작성한 쿼리에 따라서 IN 절에 적합한 인덱스를 생성하든지 혹은 EXISTS에 적합한 인덱스를 생성하면 된다. IN 절과 EXISTS 중에서 어떤 것이 더 낫다는 논쟁보다는 그때그때 상황에 따라서 최적의 방법을 결정해 사용하면 된다.

스토리 08

나신입 사원이 작성한 다음 쿼리에 대해 인덱스 생성도와 공정쿼리를 작성하시오.

```
SELECT  *
FROM    고객, 부서, 주문, 반품
WHERE   주문.고객번호 = 고객.고객번호
AND     부서.부서번호 = 주문.부서번호
AND     반품.주문번호 = 주문.주문번호
AND     주문.배송여부 = ?
AND     고객.고객명   LIKE ?
AND     주문.상품코드 = ?
AND     반품.반품일자 = ?
AND     주문.주문일자 BETWEEN ? AND ?
AND     고객.성별     = ?
AND     부서.사용여부 = ?
AND     반품.반품코드 IN (
                    SELECT 반품코드
                    FROM   반품코드
                    WHERE  코드분류 = ?
                    AND    사용여부 = ?
                )
```

풀이와 정답

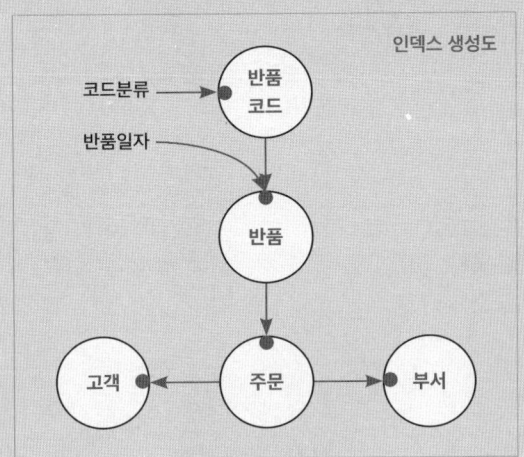

```
SELECT  *
FROM    반품, 주문, 고객, 부서
WHERE   반품.주문번호 = 주문.주문번호
AND     주문.고객번호 = 고객.고객번호
AND     주문.부서번호 = 부서.부서번호
AND     반품.반품일자 = ?
AND     반품.반품코드 IN (
                        SELECT …
                       )
AND     주문.상품코드 = ?
AND     주문.주문일자 BETWEEN ? AND ?
AND     …..
```

FROM 절, 조인절, 조건절 모두에 테이블 접근 순서에 따라서 쿼리를 작성한다. 이렇게 작성한 공정쿼리에서는 누구라도 실행계획을 알 수 있고 인덱스 생성 포인트를 쉽게 알 수 있다.

스토리 09

나신입 사원이 작성한 다음 쿼리에 대해 공정쿼리와 인덱스 생성도를 작성하시오.

```
SELECT  *
FROM    고객, 주문
WHERE   주문.고객번호 = 고객.고객번호(+)
```

```
AND    고객.고객명(+) = ?
AND    주문.주문일자 BETWEEN ? AND ?
ORDER BY 주문.주문일자, 주문.상품코드
```

풀이와 정답

```
SELECT  *
FROM    주문, 고객                        ……… 테이블 접근 순서대로 나열
WHERE   주문.고객번호 = 고객.고객번호(+)   ……… 조인절의 우측편 컬럼에 인덱스 생성
AND     주문.주문일자 BETWEEN ? AND ?     ……… 첫 번째 접근 테이블의 조건절에 인덱스 생성
AND     고객.고객명(+) = ?
ORDER BY 주문.주문일자, 주문.상품코드
```

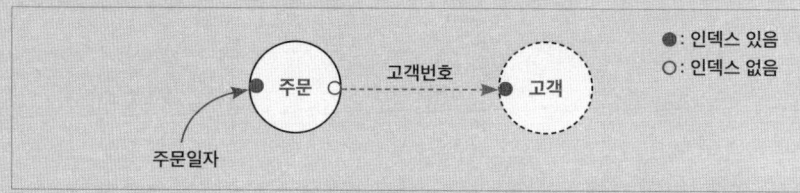

Outer Join 대상 테이블에 먼저 접근하지 않는다는 것을 명심하자. 만약 Inner Join이었다면 다음과 같은 인덱스 생성도가 돼야 한다.

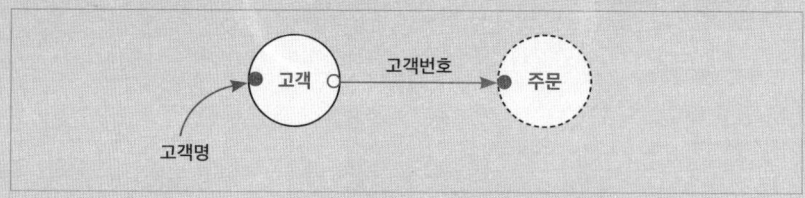

스토리 10

다음 순환 쿼리(Tree 구조)에 대해 올바른 인덱스 생성도를 그리시오.

```
SELECT   조직번호
       , 상위조직번호
       , 구분코드
       , …
       , …
       , …
```

```
           , 팀코드
           , (SELECT 팀명 FROM 팀정보 WHERE 팀코드 = A.팀코드) AS 팀명
FROM    조직정보 A
WHERE   등급코드 = ?
AND     생성일자 BETWEEN ? AND ?
START WITH 지역단조직번호 = ?
       AND 지점조직번호    = ?
CONNECT BY PRIOR 상위조직번호 = 조직번호
```

풀이와 정답

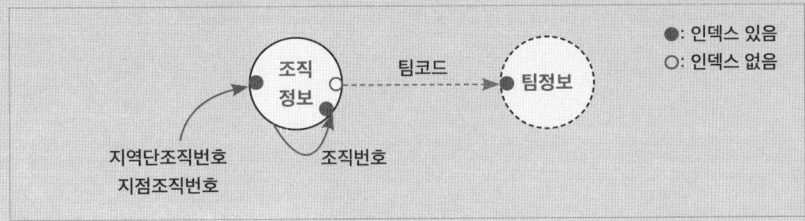

스토리 11

다음에 나열된 쿼리 중에서 소트가 발생하지 않는 쿼리를 모두 고르시오(단 현재 존재하는 결합인덱스는 A + B + C + D 컬럼으로 구성됨).

```
1) SELECT * FROM 테이블 WHERE A = ? AND B = ? ORDER BY D
2) SELECT * FROM 테이블 WHERE A = ? AND C = ? ORDER BY B
3) SELECT * FROM 테이블 WHERE A = ? AND B = ? ORDER BY D, C
4) SELECT * FROM 테이블 WHERE A = ? AND C = ? ORDER BY B, D
5) SELECT * FROM 테이블
6) SELECT * FROM 테이블 ORDER BY A, B, C, D
7) SELECT * FROM 테이블 WHERE A = ? AND B = ? ORDER BY C
8) SELECT * FROM 테이블 WHERE C = ? AND D = ? ORDER BY A, B
90 SELECT * FROM 테이블 WHERE A = ? AND B BETWEEN ? AND ? ORDER BY C, D
```

풀이와 정답

2), 4), 5), 7)

소트가 발생하는 경우는 다음 3가지로 요약할 수 있다.

경우 1 ORDER BY 절이 있으면서 인덱스를 타지 않는 경우
경우 2 ORDER BY 절의 컬럼 위치와 결합인덱스의 컬럼 위치가 뒤바뀐 경우
경우 3 결합인덱스 컬럼에서 Equal 조건절 컬럼을 제거하고, ORDER BY 절의 컬럼을 제거한 후
       남은 컬럼이 결합인덱스의 중간 컬럼일 때

1)번 쿼리: 3번 발생 → A + B + C + D
3)번 쿼리: 2번 발생 → D와 C 컬럼 위치가 뒤바뀜
6)번 쿼리: 1번 발생 → ORDER BY 절이 있으면서 인덱스 타지 않음
8)번 쿼리: 1번 발생 → ORDER BY 절이 있으면서 인덱스 타지 않음
9)번 쿼리: 3번 발생 → A + B + C + D

스토리 12

다음은 서기 1년부터 2014년까지의 갑자를 조회하는 쿼리다. 주어진 쿼리를 참고해 다음의 정보도 포함하는 쿼리를 만들어 보시오(연도, 갑자, 동물, 음양, 오행, 방위, 계절, 색상, 월 등).

```
SELECT  LEVEL  AS  년도
      , SUBSTR('신임계갑을병정무기경',  MOD(LEVEL - 1, 10) + 1, 1) ||
        SUBSTR('유술해자축인묘진사오미신', MOD(LEVEL - 1, 12) + 1, 1) AS 갑자
FROM  DUAL
CONNECT  BY  LEVEL  <=  2014
```

풀이와 정답

```
SELECT  LEVEL                                                      AS 년도
      , SUBSTR('신임계갑을병정무기경',      MOD(LEVEL - 1, 10) + 1, 1) AS 천간
      , SUBSTR('辛壬癸甲乙丙丁戊己庚',      MOD(LEVEL - 1, 10) + 1, 1) AS 천간한자
      , SUBSTR('유술해자축인묘진사오미신',  MOD(LEVEL - 1, 12) + 1, 1) AS 지지
      , SUBSTR('酉戌亥子丑寅卯辰巳午未申',  MOD(LEVEL - 1, 12) + 1, 1) AS 지지한자
      , SUBSTR('신임계갑을병정무기경',      MOD(LEVEL - 1, 10) + 1, 1) ||
        SUBSTR('유술해자축인묘진사오미신',  MOD(LEVEL - 1, 12) + 1, 1) AS 갑자
      , SUBSTR('닭개돼쥐소범토용뱀말양원',  MOD(LEVEL - 1, 12) + 1, 1) AS 동물
      , SUBSTR('금수수목목화화토토금',      MOD(LEVEL - 1, 10) + 1, 1) AS 천간오행
      , SUBSTR('음양음양음양음양음양',      MOD(LEVEL - 1, 10) + 1, 1) AS 천간음양
      , SUBSTR('백흑흑청청적적황황백',      MOD(LEVEL - 1, 10) + 1, 1) AS 천간색깔
      , SUBSTR('서북북동동남남중중서',      MOD(LEVEL - 1, 10) + 1, 1) AS 천간방위
      , SUBSTR('추동동춘춘하하사사추',      MOD(LEVEL - 1, 10) + 1, 1) AS 천간계절
```

```
            , SUBSTR('음양양음음양음양양음음양', MOD(LEVEL - 1, 12) + 1, 1) AS 지지음양
            , SUBSTR('추추동동동춘춘춘하하하추', MOD(LEVEL - 1, 12) + 1, 1) AS 지지계절
            , DECODE(MOD(LEVEL+7, 12), 0, 12,  MOD(LEVEL+7, 12))         AS 지지월
      FROM DUAL
      CONNECT BY LEVEL <= 2014
```

10천간 및 12지지로 구성되는 60갑자는 띠운세, 사주팔자, 성명학 등 생활 전반에서 사용하고 있다. 우리 선조들은 60갑자에 단순한 시간의 수치 개념만 담은 것이 아니라 음양오행의 원리도 포함하고 있어서 지혜로운 선조들의 정신 세계도 엿볼 수 있다. 더 자세한 내용은 스토리 11회를 참고하기 바란다.

스토리 13

다음에 나열된 조건절 중에서 인덱스를 타는 조건절을 모두 고르시오.

```
1)  WHERE 주문일자 BETWEEN  20150101  AND  20150102
2)  WHERE 주문일자 BETWEEN '20150101' AND  20150102
3)  WHERE 주문일자 BETWEEN  20150101  AND '20150102'
4)  WHERE 주문일자 BETWEEN '20150101' AND '20150102'
5)  WHERE 주문일자 BETWEEN '00010101' AND '99991231'

6)  WHERE 이름 LIKE '%홍길동%'
7)  WHERE 이름 LIKE '홍길동%'
8)  WHERE 이름 LIKE '%홍길동'
9)  WHERE 이름 LIKE '홍길동'
10) WHERE 이름 = '%홍길동%'

11) WHERE 상품코드 <> ?
12) WHERE 상품코드 != ?
13) WHERE 상품코드 IS NULL
14) WHERE 상품코드 = NULL
15) WHERE 상품코드 = ''
16) WHERE 상품코드 = ' '
17) WHERE 상품코드 = TRIM(' ')
18) WHERE NVL(상품코드, ' ') = ?
19) WHERE SUBSTR(상품코드, 1, 2) = ?
20) WHERE 상품코드 = 777
```

풀이와 정답

인덱스를 타는 조건절 번호는 4번, 7번, 9번, 10번, 16번

조건값이 컬럼 타입과 일치하지 않으면 인덱스를 사용하지 않는다. → 1번, 2번, 3번, 20번
조회 구간 범위가 크면 인덱스를 사용하지 않는다. → 5번
LIKE 문에서 값의 앞쪽에 %가 있으면 인덱스를 사용하지 않는다. → 6번, 8번
부정형 관련한 조건은 인덱스를 사용하지 않는다. → 11번, 12번
NULL 관련한 조건은 인덱스를 사용하지 않는다. → 13번, 14번, 15번, 17번
함수를 사용해 컬럼을 변형 시 인덱스를 사용하지 않는다. → 18번, 19번

DB는 1+1= 2처럼 명확하게 답이 나오는 수학이 아니다. CBO 기반에서 상식 수준에서 답을 구해보자.

스토리 14

다음은 부분 범위 처리가 가능한 온라인 집계 쿼리에 대한 인덱스 생성도다. 나 테이블의 금액 컬럼을 집계(SUM)하는 쿼리로서 Group by 절은 없으며 조건 1 이외의 조건절도 없다.

1) 이때 테이블 접근 순서는?
2) 인덱스 생성 위치(번호)는?
3) 반드시 유니크해야 하는 컬럼 번호는?

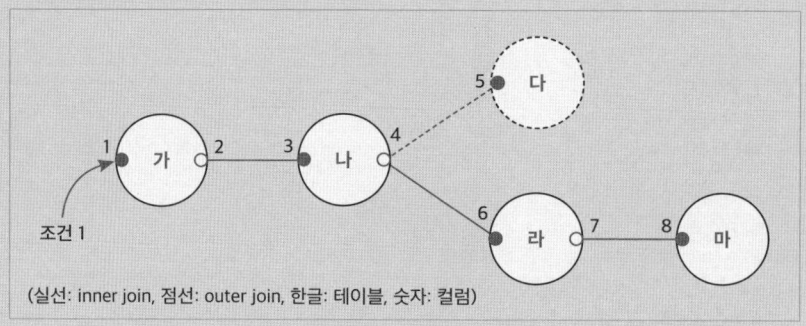

(실선: inner join, 점선: outer join, 한글: 테이블, 숫자: 컬럼)

풀이와 정답

1) 테이블 접근 순서: 가 → 나 → 라 → 마 → 다

2) 인덱스 생성 위치(번호): 1번, 3번, 6번, 8번, 5번
3) 반드시 유니크해야 하는 컬럼의 번호: 1번+2번, 5번, 6번, 8번

테이블 접근 순서는 가 테이블이 가장 먼저이며, 그 이후 outer join보다는 inner join 우선으로 접근하면 된다. 인덱스 생성 위치는 제일 먼저 접근해야 할 테이블이 정해지면, 이후는 조인절 방향으로 진행하면서 목적지 컬럼에 인덱스가 존재하면 된다.

SUM 관련 쿼리에서는 SUM 컬럼이 있는 테이블이 출발지이고, 그 외 테이블은 목적지라고 가정하자. 이때 목적지 테이블의 조인절 컬럼 혹은 목적지 테이블의 조인절 컬럼 + 조건절 컬럼은 유니크해야 한다. 만약 이러한 규칙이 지켜지지 않는다면 SUM의 결과값이 '뻥튀기' 되기 때문에 주의해야 한다. 아마 많은 개발자들은 SUM 값의 뻥튀기 현상을 경험해 보았을 것이다. 이때 원인을 찾는 가장 쉬운 방법이 이번 문제의 정답처럼 목적지 테이블의 조건절 혹은 조인절 컬럼의 유니크 여부를 확인하는 것이다.

스토리 15

다음 그림은 부분 범위 처리가 가능한 온라인 쿼리에 대한 인덱스 생성도다.

1) 만약 고객 테이블을 가장 먼저 접근하게 된다면, 꼭 필요한 인덱스 생성 위치(번호)는?
2) 이때 테이블 접근 순서를 결정하는 힌트절을 주어야 한다면?

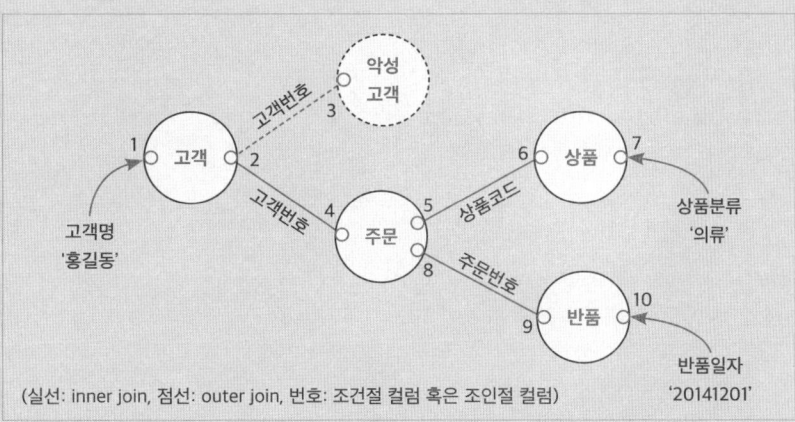

풀이와 정답

1) 인덱스 생성 위치(번호): 1번, 4번, 9번, 6번, 3번

2) 접근 순서 위한 힌트절은: /*+ LEADING(고객 주문 반품 상품 악성고객) */

우편물이 제대로 배달되기 위해 필수적인 것은 발신지 주소가 아니라 수신지 주소다. 마찬가지로 쿼리에서도 조인절의 출발지 컬럼이 아니라 도착지 컬럼에 인덱스가 존재해야 한다. 그러므로 1번, 4번, 9번, 6번, 3번 컬럼에 인덱스가 존재해야 한다. 만약 그 이외의 컬럼에 인덱스가 존재한다면, 앞의 쿼리에서는 그 인덱스가 사용되지 않는다.
테이블 접근 순서에서 고객 테이블이 가장 먼저이며, 그 이후 outer join보다는 inner join이 우선이다. 또한 같은 Inner Join에서는 레코드 축소가 일어날 가능성이 더 높은 테이블부터 접근한다. 그러므로 고객, 주문, 반품, 상품, 악성고객 테이블 순서대로 접근한다.

스토리 16

다음에 나열된 NULL 관련 케이스의 정답을 구하시오(각 1점, 12점 이상은 우수).

1) 사칙연산 NULL + NULL 결과값은?
2) 사칙연산 10 / 0 결과값은?
3) 사칙연산 NULL / 0 결과값은?

4) 비교연산 NULL <> 3 결과값은?
5) 비교연산 NULL = NULL 결과값은?
6) 비교연산 NULL <> NULL 결과값은?

7) 집계함수 AVG(10, 20, NULL) 결과값은?
8) 집계함수 AVG(10, 20, NVL(NULL, 0)) 결과값은?
9) 집계함수 NVL(AVG(10, 20, NULL), 0) 결과값은?

10) 문자열 결합 3 || NULL * 2 * 2 결과값은?
11) 문자열 결합 3 + NULL || 'ABC+ 결과값은?
12) 문자열 결합 'ABC   L || NULL 결과값은?

13) 논리연산 NULL OR NULL 결과값은?
14) 논리연산 NOT(NULL AND FALSE) 결과값은?
15) 논리연산 NOT(NULL OR TRUE) 결과값은?

풀이와 정답

1) 사칙연산 NULL + NULL 결과값: NULL
2) 사칙연산 10 / 0 결과값은: 오라클 에러(ORA-01476)
3) 사칙연산 NULL / 0 결과값은: NULL

4) 비교연산 NULL <> 3 결과값: NULL
5) 비교연산 NULL = NULL 결과값: NULL
6) 비교연산 NULL <> NULL 결과값: NULL

7) 집계함수 AVG(10, 20, NULL) 결과값: 15
8) 집계함수 AVG(10, 20, NVL(NULL, 0)) 결과값: 10
9) 집계함수 NVL(AVG(10, 20, NULL), 0) 결과값: 15

10) 문자열 결합 3 || NULL * 2 * 2 결과값: 3
11) 문자열 결합 3 + NULL || 'ABC' 결과값: ABC
12) 문자열 결합 'ABC' || NULL + 3 결과값: 오라클 에러(ORA-01722)

13) 논리연산 NULL OR NULL 결과값: NULL
14) 논리연산 NOT(NULL AND FALSE) 결과값: TRUE
15) 논리연산 NOT(NULL OR TRUE) 결과값: FALSE

사칙연산에서의 NULL 계산 결과는 항상 NULL이다.
비교연산에서의 NULL 계산 결과는 항상 NULL이다.
집계함수에서의 NULL은 계산 과정에서 제외된다(결과에 영향을 미치지 않음).
문자열 결합에서의 NULL은 길이가 0인 문자열로 인식된다(연산자 우선 순위에 주의).
논리연산에서의 NULL은 연산 과정에서 영향을 미치지 않는다(논리 연산식에 집중).

스토리 17

다음 내용은 실행 쿼리와 GATHER_PLAN_STATISTICS 힌트절을 이용한 분석 내용의 일부분이다.
성능 개선 방향에 대해서 설명하시오.

```
SELECT /*+ GATHER_PLAN_STATISTICS */
       *
FROM 테이블1 A
   , 테이블2 B
```

```
WHERE A.컬럼1 = B.컬럼2
AND    A.컬럼3 = '값3'
AND    A.컬럼4 = '값4';

SELECT * FROM TABLE(dbms_xplan.display_cursor(null,null,'ALLSTATS LAST'));
```

| Id | Operation | Name | Starts | E-Rows | A-Rows | Buffers |

0	SELECT STATEMENT		1		1	803
1	NESTED LOOPS		1		1	803
2	NESTED LOOPS		1	1	1	802
* 3	TABLE ACCESS BY INDEX ROWID	테이블1	1	1	3	799
* 4	INDEX RANGE SCAN	테이블1_I1	1	43	1338	14
* 5	INDEX UNIQUE SCAN	테이블2_PK	3	1	1	3
6	TABLE ACCESS BY INDEX ROWID	테이블2	1	1	1	1

Predicate Information (identified by operation id):
----
   3 - filter("A"."컬럼4"='값4')
   4 - access("A"."컬럼3"='값3')
   5 - access("A"."컬럼1"="B"."컬럼2")

풀이와 정답

테이블1(A)에 존재하는 기존 인덱스에 후행컬럼을 추가한다.

기존 인덱스: 테이블1_I1 = 컬럼3
개선 인덱스: 테이블1_I1 = 컬럼3 + 컬럼4

쿼리와 실행계획 정보를 근거로 인덱스 생성도를 그려보면 다음과 같다.

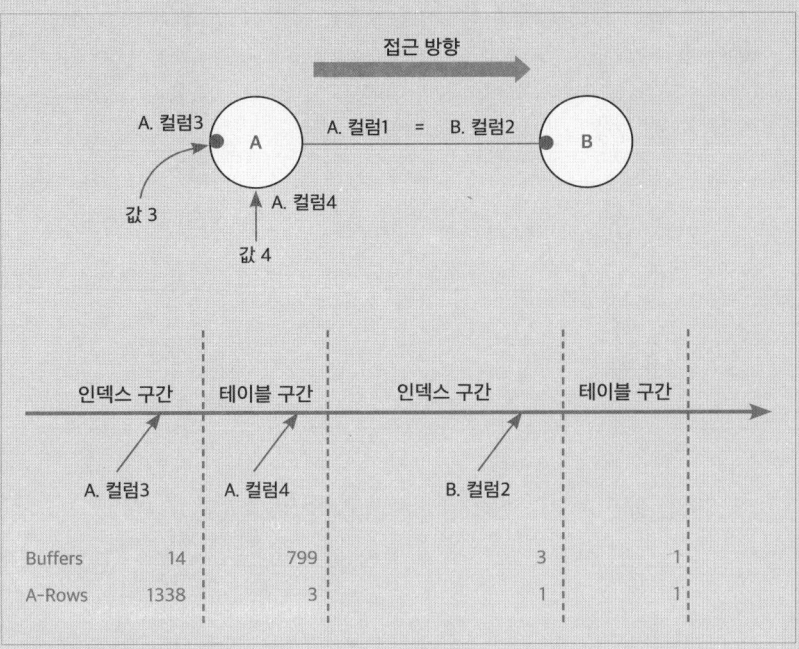

스토리 18

다음 내용은 실행 쿼리와 GATHER_PLAN_STATISTICS 힌트절을 이용한 분석 내용의 일부분이다. 성능 개선 방향에 대해서 설명하시오.

```
SELECT /*+ GATHER_PLAN_STATISTICS */  *
FROM 테이블1 A, 테이블2 B, 테이블3 C
WHERE A.컬럼1 = B.컬럼2
AND   A.컬럼3 = C.컬럼4
AND   A.컬럼5 = '값1';


SELECT * FROM TABLE(dbms_xplan.display_cursor(null,null,'ALLSTATS LAST'));
```

```
-------------------------------------------------------------------------------------
| Id  | Operation                      | Name      | A-Rows |  Buffers |
-------------------------------------------------------------------------------------
|   0 | SELECT STATEMENT               |           |     11 |     2670 |
|   1 |  NESTED LOOPS                  |           |     11 |     2670 |
|   2 |   NESTED LOOPS                 |           |   4148 |     2658 |
|   3 |    TABLE ACCESS BY INDEX ROWID | 테이블1   |    218 |      217 |
| *  4 |     INDEX RANGE SCAN          | 테이블1_I1|    218 |        5 |
```

```
|  5  | TABLE ACCESS BY INDEX ROWID | 테이블2    | 4148 | 2441 |
| * 6 | INDEX RANGE SCAN            | 테이블2_I1 | 4148 |  108 |
|  7  | TABLE ACCESS BY INDEX ROWID | 테이블3    |   11 |   12 |
| * 8 | INDEX RANGE SCAN            | 테이블3_I1 |   11 |    3 |
----------------------------------------------------------------

Predicate Information (identified by operation id):
---------------------------------------------------
   4 - access("A"."컬럼5"='값1')
   6 - access("A"."컬럼1"="B"."컬럼2")
   8 - access("A"."컬럼3"="C"."컬럼4")
```

풀이와 정답

힌트절을 추가해 테이블 접근 순서를 변경한다. /*+ LEADING(A C B) */

힌트절 추가 이전의 테이블 접근 순서: 테이블1(A)→ 테이블2(B) → 테이블3(C)
힌트절 추가 이후의 테이블 접근 순서: 테이블1(A)→ 테이블3(C) → 테이블2(B)

스토리 9회에서 CBO 방식에서의 테이블 접근 순서에 대한 규칙을 다음과 같이 설명했다.

규칙 1: 진입형 테이블을 결정한다(진입형 테이블은 A).
규칙 2: OUTER JOIN보다 INNER JOIN을 우선한다(B, C 모두 INNER JOIN으로 접근).
규칙 3: 연결 확장형보다는 연결 축소형 테이블을 우선한다(Rows 변화 추이를 보면 B는 연결 확장형이며, C는 연결 축소형임을 알 수 있음).

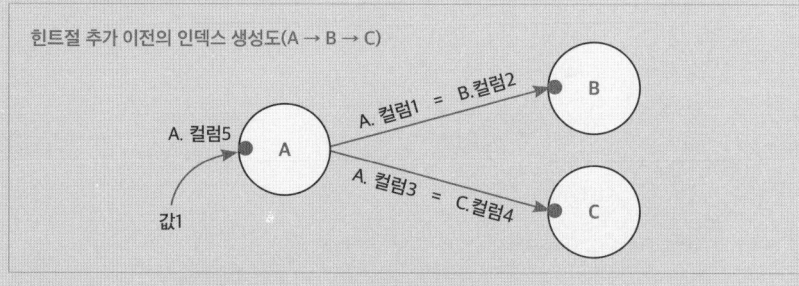

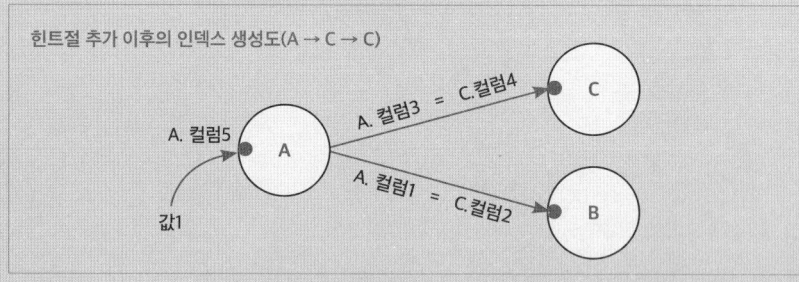

스토리 19

스토리 21에서 뉴스, 공시에 의한 주식자동매매 프로그램을 만들었다. 만약 호재성 뉴스를 사람이 직접 보고 판단한다면 쉽게 매수 결정을 할 수 있겠지만, 주식자동매매 프로그램에서는 호재성 뉴스인지 악재성 뉴스인지 프로그램이 스스로 판단해서 매수 결정을 해야 한다. 결국 뉴스 내용에 대한 분석 알고리즘이 좋아야 한다. 당시 필자는 테이블 하나와 쿼리 한 개로 간단히 해결했다.

'검색단어' 테이블의 내용은 아래와 같다.

번호	단어	구분	점수(10점 만점)	…
1	최초	긍정	5	
2	특허	긍정	7	
3	수출	긍정	3	
4	무산	부정	0	
5	무상증자	긍정	5	
6	부도	부정	0	

뉴스 내용은 아래와 같다.

```
[종목 041460] 한국전자인증
핀테크 관련해 정부는 향후 10년간 3,000억원의 기술 지원금을
책정했고 정책적으로 기술 진입에 대한 불합리한 제도적 장벽을
조기에 없애기로 국무회의에서 논의했다.
이와 관련해 최대 수혜주로 한국전자인증이 떠오르고 있다.
세계 최초로 모바일과 생체인식에 기반한 비접촉 결제 방식을 특허
출원했다고 회사 관계자는 전했다.
```

위 뉴스 내용과 '검색단어' 테이블을 이용해 자동 주문이 가능한 호재성 뉴스인지 아닌지 판단하는 쿼리를 작성하시오(단 부정적인 단어는 없어야 하고, 긍정적인 단어의 점수합은 10점 이상이어야 함).

풀이와 정답

이 문제서 핵심은 LIKE 구문이다. 일반적인 LIKE 구문은 다음과 같다.

```
WHERE 컬럼 LIKE '%값%'
```

컬럼이 왼쪽에 위치하고 값은 오른쪽에 위치한다. 하지만 이 문제와 같은 특수한 경우에는 다음과 같이 사용해야 한다.

```
WHERE  '값'  LIKE  '%' || 컬럼 || '%'    ……… 컬럼과 값의 위치가 바뀌었다
```

쿼리문은 아래와 같이 작성하면 된다.

```
SELECT  NVL(SUM(점수),0)  AS  점수
FROM    검색단어
WHERE   '뉴스내용'  LIKE  '%' || 단어 || '%'
AND     NOT EXISTS (
                SELECT  'X'
                FROM    검색단어
                WHERE   '뉴스내용'  LIKE  '%' || 단어 || '%'
                AND     구분 = '부정'
            )
```

스토리 22

다음은 날짜 형식에 맞는 YYYYMMDD 값을 입력하면 요일을 리턴하는 쿼리다. 오라클에서 제공하는 날짜 관련 함수들을 전혀 사용하지 않고 요일을 구하는 쿼리를 구현하시오(단 입력값은 날짜 형식에 맞는 YYYYMMDD 값에 한함).

```
SELECT  TO_CHAR(TO_DATE('20151010', 'YYYYMMDD'), 'DAY')  AS  요일  FROM  DUAL
```

풀이와 정답

```
WITH TMP AS
(
    SELECT 년월일, 년, 월, 일,
           DECODE(CASE WHEN MOD(년, 4) = 0 THEN 1 ELSE 0 END
                + CASE WHEN MOD(년, 100) = 0 AND 년 > '1582' THEN -1 ELSE 0 END
                + CASE WHEN MOD(년, 400) = 0 AND 년 > '1582' THEN 1 ELSE 0 END,
                1, 'Y', 'N') AS 윤년
    FROM
```

```
        (
                SELECT   년월일
                       , SUBSTR(년월일, 1, 4) AS 년
                       , SUBSTR(년월일, 5, 2) AS 월
                       , SUBSTR(년월일, 7, 2) AS 일
                  FROM (SELECT '20151010' AS 년월일 FROM DUAL)  ········· 날짜 형식의 입력 값
        )
)
SELECT CASE WHEN 년월일 BETWEEN '15821005' AND '15821014' THEN
                '금'
            ELSE
                SUBSTR('월화수목금토일', MOD(년_번호 + 월_번호 + 일 - 1, 7) + 1, 1)
            END AS 요일
  FROM
(
        SELECT 년월일, 년, 월, 일, 윤년
             , CASE WHEN 년월일 < '15821015' THEN
                        년 + TRUNC(년/4) + 10      ········· 역사에서 사라진 열흘에 대한 보정
                    ELSE
                        년 + TRUNC(년/4) - TRUNC(년/100) + TRUNC(년/400) + 12
                    END AS 년_번호
             , CASE WHEN 윤년 = 'N' THEN
                        SUBSTR('144025036146', 월, 1)
                    ELSE
                        SUBSTR('034025036146', 월, 1)
                    END AS 월_번호
          FROM TMP
)
```

오라클에서 제공하는 날짜 관련 함수들을 전혀 사용하지 않고 요일을 구하기 위해서는 다음과 같은 내용을 이해해야 한다.

1. 그레고리력의 역사적인 사실을 알아야 한다.
2. 입력년도가 평년인지 윤년인지 알아야 한다.
3. 입력년월 고유의 연_번호, 월_번호를 알아야 한다.

스토리 23

철수는 스마트폰 앱을 만들고 있다. 어린이용 영단어 학습용 앱이다. 앱에서 가장 핵심적인 부분은 다음 그림과 같은 알파벳판을 구현하는 것이다. 알파벳판에 알파벳이 무작위로 나열돼 있고 특정 단어가 숨겨져 있다. 숨겨져 있는 단어는 가로, 세로, 대각선 등 어느 방향으로도 배치가 가능하다. 아래와 같은 알파벳판을 구현하는 쿼리를 작성하시오(단 입력값은 가로행 크기, 세로행 크기, 영단어 한 개다).

H	B	S	V	R	X	K	O	M	R
T	Q	L	U	A	Z	W	P	F	O
D	C	K	F	M	C	B	K	O	F
T	C	I	A	C	K	F	A	J	V
I	C	E	J	Z	T	X	Q	R	U
S	R	G	K	F	U	D	T	G	H
D	E	P	U	K	U	B	Q	V	J
V	F	R	J	X	D	V	I	V	F
W	T	J	U	P	Y	W	L	L	H
Q	I	F	Y	Q	S	W	F	B	V

풀이와 정답

가로와 세로의 크기가 5×5이고 영어 단어 길이가 4인 HOPE의 경우에 대해 살펴보자. 다음 그림과 같이 알파벳판과 단어판을 결합하면 우리가 원하는 결과를 얻게 된다.

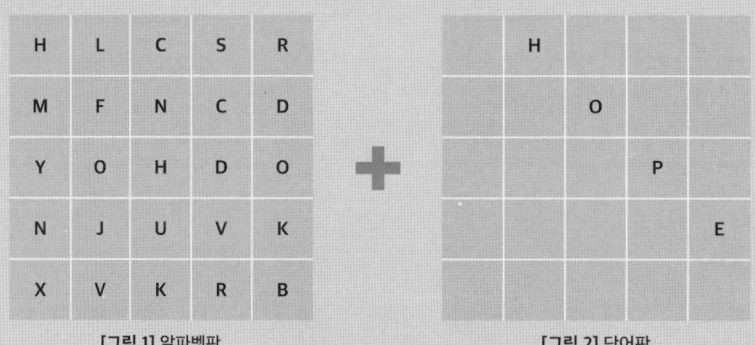

[그림 1] 알파벳판　　　　　　[그림 2] 단어판

알파벳판은 다음과 같이 쉽게 구현할 수 있다.

```
WITH 알파벳판 AS
(
    SELECT 행, 열,
           SUBSTR('ABCDEFGHIJKLMNOPQRSTUVWXYZ',ROUND(DBMS_RANDOM.VALUE(1,26)),1) AS 철자
    FROM (SELECT LEVEL AS 행 FROM DUAL CONNECT BY LEVEL <= 5)
         , (SELECT LEVEL AS 열 FROM DUAL CONNECT BY LEVEL <= 5)
)
SELECT MAX(DECODE(열, 1, 철자)) AS 열1
     , MAX(DECODE(열, 2, 철자)) AS 열2
     , MAX(DECODE(열, 3, 철자)) AS 열3
     , MAX(DECODE(열, 4, 철자)) AS 열4
     , MAX(DECODE(열, 5, 철자)) AS 열5
FROM 알파벳판
GROUP BY 행
ORDER BY 행
```

반면에 단어판의 구성은 생각보다 쉽지 않다. 단어의 길이에 따라서 시작점의 위치에 대한 가능 여부가 결정되기 때문이다. 또한 가로, 세로, 대각선에 대한 가능 여부도 판단돼야 한다. 이 모든 것에 대한 선택도 랜덤하게 이루어져야 한다.
단어판을 구성하기 전에 다음의 방향표 그림을 살펴 보면, 8개 방향에 대한 고유한 번호와 값이 부여돼 있다. 또한 방향에 따른 행과 열의 증감 값이 설정돼 있다. 만약 동남쪽 방향이면 행과 열은 각각 1씩 증가 해야 하며, 서북쪽 방향이면 행과 열은 각각 1씩 감소해야 한다.

방향	번호	값	행	열
동	1	1	0	1
서	2	②	0	-1
남	3	4	1	0
북	4	⑧	-1	0
동남	5	16	1	1
서북	6	㉜	-1	-1
남서	7	64	1	-1
북동	8	128	-1	1

[그림 3] 방향표

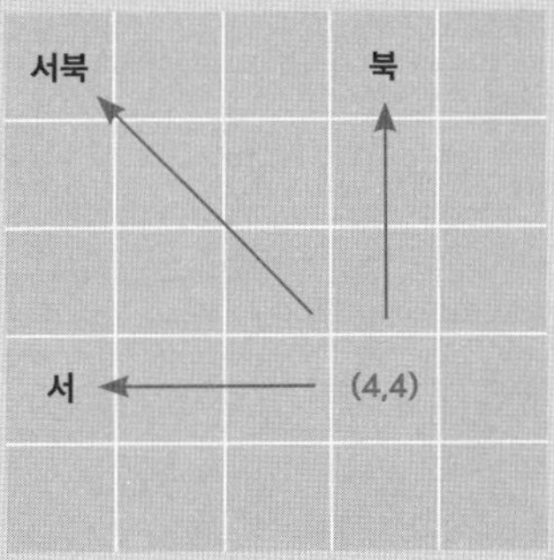

[그림 4] 방향도

위 방향도 그림의 (4,4) 위치에서는 HOPE 단어를 나열할 수 있는 방향은 북쪽, 서북쪽, 서쪽 3가지만 가능함을 알 수 있다. 이와 같이 다른 모든 좌표에서도 단어를 나열할 수 있는 방향을 구할 수 있다. [그림 5]는 각각의 좌표에서 단어 배치가 가능한 방향의 번호를 문자열로 결합시킨 것이며, [그림 6]은 각각의 좌표에서 단어 배치가 가능한 방향의 ㊎을 합한 값이다. 쿼리 구현에는 두 가지 경우가 모두 사용 가능한데 여기서는 [그림 5]의 경우로 쿼리를 작성했다.

135	135	3	237	237
135	135	3	237	237
1	1		2	2
148	148	4	246	246
148	148	4	246	246

21	21	4	70	70
21	21	4	70	70
1	1	0	2	2
137	137	8	㊷	42
137	137	8	42	42

[그림 5] 방향판_번호: 가능한 방향 번호의 결합

[그림 6] 방향판_번호: 가능한 방향 ㊷의 합

알파벳판 + (단어판 + 방향판)
```
SELECT MAX(DECODE(X.열, 1, DECODE(Y.철자, NULL, X.철자, Y.철자))) AS 열1
     , MAX(DECODE(X.열, 2, DECODE(Y.철자, NULL, X.철자, Y.철자))) AS 열2
     , MAX(DECODE(X.열, 3, DECODE(Y.철자, NULL, X.철자, Y.철자))) AS 열3
     , MAX(DECODE(X.열, 4, DECODE(Y.철자, NULL, X.철자, Y.철자))) AS 열4
     , MAX(DECODE(X.열, 5, DECODE(Y.철자, NULL, X.철자, Y.철자))) AS 열5
  FROM
  (
     -- 알파벳판
     SELECT 행, 열,
            SUBSTR('ABCDEFGHIJKLMNOPQRSTUVWXYZ',ROUND(DBMS_RANDOM.VALUE(1,26)),1) AS 철자
       FROM (SELECT LEVEL AS 행 FROM DUAL CONNECT BY LEVEL <= 5)
          , (SELECT LEVEL AS 열 FROM DUAL CONNECT BY LEVEL <= 5)
  ) X,
  (
     -- 단어판 + 방향판
     SELECT A.방향, A.행 + B.행 AS 행, A.열 + B.열 AS 열, A.철자
       FROM
       (
          -- 단어판
          SELECT 방향, 행, 열, 철자
            FROM
            (
               SELECT '1' AS 방향,        0 AS 행,  LEVEL-1 AS 열, SUBSTR('HOPE', LEVEL, 1)
                   AS 철자 FROM DUAL CONNECT BY LEVEL <= 4 UNION ALL    -- 동
               SELECT '2' AS 방향,        0 AS 행, -LEVEL+1 AS 열, SUBSTR('HOPE', LEVEL, 1)
                   AS 철자 FROM DUAL CONNECT BY LEVEL <= 4 UNION ALL    -- 서
               SELECT '3' AS 방향,  LEVEL-1 AS 행,        0 AS 열, SUBSTR('HOPE', LEVEL, 1)
                   AS 철자 FROM DUAL CONNECT BY LEVEL <= 4 UNION ALL    -- 남
               SELECT '4' AS 방향, -LEVEL+1 AS 행,        0 AS 열, SUBSTR('HOPE', LEVEL, 1)
                   AS 철자 FROM DUAL CONNECT BY LEVEL <= 4 UNION ALL    -- 북
               SELECT '5' AS 방향,  LEVEL-1 AS 행,  LEVEL-1 AS 열, SUBSTR('HOPE', LEVEL, 1)
```

```sql
                        AS 철자 FROM DUAL CONNECT BY LEVEL <= 4 UNION ALL    -- 동남
            SELECT '6' AS 방향, -LEVEL+1 AS 행, -LEVEL+1 AS 열, SUBSTR('HOPE', LEVEL, 1)
                        AS 철자 FROM DUAL CONNECT BY LEVEL <= 4 UNION ALL    -- 서북
            SELECT '7' AS 방향,  LEVEL-1 AS 행, -LEVEL+1 AS 열, SUBSTR('HOPE', LEVEL, 1)
                        AS 철자 FROM DUAL CONNECT BY LEVEL <= 4 UNION ALL    -- 남서
            SELECT '8' AS 방향, -LEVEL+1 AS 행,  LEVEL-1 AS 열, SUBSTR('HOPE', LEVEL, 1)
                        AS 철자 FROM DUAL CONNECT BY LEVEL <= 4              -- 북동
       )
     ) A,
     (
         -- 방향판
         SELECT 행, 열, 방향리스트, 방향, 선택
         FROM
         (
           SELECT 행, 열, 방향리스트
                , SUBSTR(방향리스트,ROUND(DBMS_RANDOM.VALUE(1,LENGTH(방향리스트))),1) 방향
                , CASE WHEN ROW_NUMBER() OVER (ORDER BY DBMS_RANDOM.VALUE) <= 1 THEN
                       'Y' END AS 선택
           FROM
           (
             SELECT 행, 열
                  , CASE WHEN 5-열+1   >= 길이                      THEN '1' END   -- 동
                  || CASE WHEN 5-(5-열) >= 길이                      THEN '2' END   -- 서
                  || CASE WHEN 5-행+1   >= 길이                      THEN '3' END   -- 남
                  || CASE WHEN 5-(5-행) >= 길이                      THEN '4' END   -- 북
                  || CASE WHEN 5-열+1   >= 길이 AND 5-행+1   >= 길이 THEN '5' END   -- 동남
                  || CASE WHEN 5-(5-열) >= 길이 AND 5-(5-행) >= 길이 THEN '6' END   -- 서북
                  || CASE WHEN 5-(5-열) >= 길이 AND 5-행+1   >= 길이 THEN '7' END   -- 남서
                  || CASE WHEN 5-열+1   >= 길이 AND 5-(5-행) >= 길이 THEN '8' END   -- 북동
                       AS 방향리스트
             FROM (SELECT LEVEL AS 행 FROM DUAL CONNECT BY LEVEL <= 5)      -- 행 크기
                , (SELECT LEVEL AS 열 FROM DUAL CONNECT BY LEVEL <= 5)      -- 열 크기
                , (SELECT LENGTH('HOPE') AS 길이 FROM DUAL)                 -- 단어 길이
           )
           WHERE 방향리스트 > 0
           ORDER BY 행, 열
         )
         WHERE 선택 = 'Y'
     ) B
     WHERE A.방향 = B.방향
) Y
WHERE X.행 = Y.행(+)
AND   X.열 = Y.열(+)
```

```
GROUP BY X.행
ORDER BY X.행
```

스토리 24

오라클에서 기본적으로 제공하는 REVERSE는 문자열을 역순으로 리턴하는 함수다. 이 함수를 직접 만들어 보시오(단 아래 예시가 모두 가능해야 함).

숫자역순: 1234567890 → 0987654321
영문역순: I LOVE YOU → UOY EVOL I
한글역순: 무궁화 꽃이 피었습니다 → 다니습었피 이꽃 화궁무
자모역순: ㅁㄱㄷㄱㅈㅇㄹ → ㄹㅇㅈㄱㄷㄱㅁ

풀이와 정답

```
CREATE OR REPLACE FUNCTION F_REVERSE(P_STR VARCHAR2) RETURN VARCHAR2
IS
    V_STR VARCHAR2;
    V_LEN NUMBER;
BEGIN
    V_STR := '';
    V_LEN := LENGTH(P_STR);
    WHILE V_LEN > 0 LOOP
        V_STR := V_STR || SUBSTR(P_STR, V_LEN, 1);
        V_LEN := V_LEN - 1;
    END LOOP;
    RETURN V_STR;
END F_REVERSE;
```

다음과 같이 WM_CONCAT 함수를 이용하는 방법도 있다.

```
SELECT REPLACE(WM_CONCAT(STR), ',','') AS STR
FROM
(
    SELECT SUBSTR('무궁화 꽃이 피었습니다', LEVEL, 1) AS STR
    FROM DUAL
    CONNECT BY LEVEL <= LENGTH('무궁화 꽃이 피었습니다')
    ORDER BY LEVEL DESC
)
```

스토리 25

문장에서 공백을 제거하려 한다. REPLACE 함수나 TRIM 함수를 사용하면 가능하지만, 필요로 하는 기능은 연속된 공백에서 하나만 남기고 나머지 공백을 제거하는 것이다. 다음 예시와 같은 기능을 하는 사용자 정의 함수를 만들어 보시오.

무궁화   꽃이   피었습니다. → 무궁화 꽃이 피었습니다.

풀이와 정답

```
CREATE OR REPLACE FUNCTION F_SPACE(P_STR VARCHAR2) RETURN VARCHAR2
IS
    V_STR VARCHAR2;
    V_LEN NUMBER;
BEGIN
    V_STR := '';
    V_LEN := 1;
    WHILE V_LEN <= LENGTH(P_STR) LOOP
        IF SUBSTR(P_STR, V_LEN, 1) <> ' ' OR SUBSTR(P_STR, V_LEN + 1, 1) <> ' ' THEN
            V_STR := V_STR || SUBSTR(P_STR, V_LEN, 1);
        END IF;
        V_LEN := V_LEN + 1;
    END LOOP;
    V_STR := LTRIM(RTRIM(V_STR, ' '), ' ');
    RETURN V_STR;
END F_SPACE;
```

다음과 같이 REGEXP_REPLACE 정규식을 이용하는 방법도 있다.

```
SELECT LTRIM(RTRIM(STR, ' '), ' ')
FROM
(
    SELECT REGEXP_REPLACE(' 무궁화    꽃이    피었습니다 ', '( ){1,}', ' ') STR
FROM DUAL
)
```

스토리 26

다음 그림은 4×4 마방진이다. 가로, 세로, 대각선의 합이 모두 동일하다. 숫자는 1부터 16까지 한 번씩만 사용된다. 마방진은 일정한 패턴이 있어서 쿼리로도 구현 가능하다. 4×4 마방진 규칙에 맞는 가능한 모든 케이스를 구하시오.

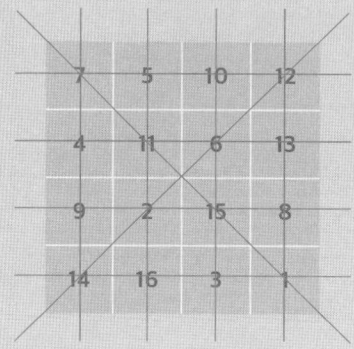

풀이와 정답

```
WITH TMP AS
(
    SELECT *
    FROM (SELECT LEVEL A FROM DUAL CONNECT BY LEVEL <= 16),   -- 1행 1열
         (SELECT LEVEL B FROM DUAL CONNECT BY LEVEL <= 16),   -- 1행 2열
         (SELECT LEVEL C FROM DUAL CONNECT BY LEVEL <= 16),   -- 1행 3열
         (SELECT LEVEL D FROM DUAL CONNECT BY LEVEL <= 16),   -- 1행 4열
         (SELECT LEVEL E FROM DUAL CONNECT BY LEVEL <= 16),   -- 2행 1열
         (SELECT LEVEL F FROM DUAL CONNECT BY LEVEL <= 16),   -- 2행 2열
         (SELECT LEVEL G FROM DUAL CONNECT BY LEVEL <= 16),   -- 2행 3열
         (SELECT LEVEL H FROM DUAL CONNECT BY LEVEL <= 16),   -- 2행 4열
         (SELECT LEVEL I FROM DUAL CONNECT BY LEVEL <= 16),   -- 3행 1열
         (SELECT LEVEL J FROM DUAL CONNECT BY LEVEL <= 16),   -- 3행 2열
         (SELECT LEVEL K FROM DUAL CONNECT BY LEVEL <= 16),   -- 3행 3열
         (SELECT LEVEL L FROM DUAL CONNECT BY LEVEL <= 16),   -- 3행 4열
         (SELECT LEVEL M FROM DUAL CONNECT BY LEVEL <= 16),   -- 4행 1열
         (SELECT LEVEL N FROM DUAL CONNECT BY LEVEL <= 16),   -- 4행 2열
         (SELECT LEVEL O FROM DUAL CONNECT BY LEVEL <= 16),   -- 4행 3열
         (SELECT LEVEL P FROM DUAL CONNECT BY LEVEL <= 16)    -- 4행 4열
)
SELECT *
FROM TMP
WHERE A + B + C + D = 34    -- 가로
AND   E + F + G + H = 34    -- 가로
```

```
      AND    I + J + K + L = 34      -- 가로
      AND    M + N + O + P = 34      -- 가로
      AND    A + E + I + M = 34      -- 세로
      AND    B + F + J + N = 34      -- 세로
      AND    C + G + K + O = 34      -- 세로
      AND    D + H + L + P = 34      -- 세로
      AND    A + F + K + P = 34      -- 대각선
      AND    D + G + J + M = 34      -- 대각선
      AND    A*B*C*D*E*F*G*H*I*J*K*L*M*N*O*P = 1*2*3*4*5*6*7*8*9*10*11*12*13*14*15*16
      AND    ROUND(1/A+1/B+1/C+1/D+1/E+1/F+1/G+1/H+1/I+1/J+1/K+1/L+1/M+1/N+1/O+1/P,5)
           = ROUND(1/1+1/2+1/3+1/4+1/5+1/6+1/7+1/8+1/9+1/10+1/11+1/12+1/13+1/14+1/15+1/16,5)
```

스토리 27

다음 그림은 별모양의 마방진이다. 각 변의 4개 숫자의 합은 같아야 한다. 또한 1부터 12까지의 숫자는 한 번씩만 사용된다. 물음표 위치에 올 수 있는 숫자를 모두 구하시오.

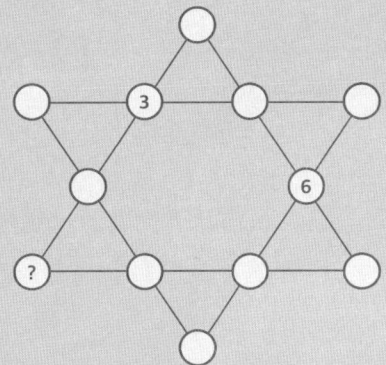

풀이와 정답

4, 11, 12

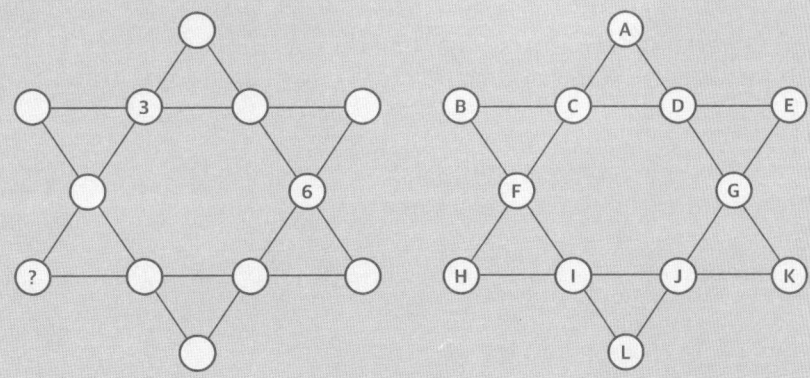

```sql
WITH TMP AS
(
    SELECT * FROM (SELECT LEVEL A FROM DUAL CONNECT BY LEVEL <= 12),
                  (SELECT LEVEL B FROM DUAL CONNECT BY LEVEL <= 12),
                  (SELECT LEVEL C FROM DUAL CONNECT BY LEVEL <= 12),
                  (SELECT LEVEL D FROM DUAL CONNECT BY LEVEL <= 12),
                  (SELECT LEVEL E FROM DUAL CONNECT BY LEVEL <= 12),
                  (SELECT LEVEL F FROM DUAL CONNECT BY LEVEL <= 12),
                  (SELECT LEVEL G FROM DUAL CONNECT BY LEVEL <= 12),
                  (SELECT LEVEL H FROM DUAL CONNECT BY LEVEL <= 12),
                  (SELECT LEVEL I FROM DUAL CONNECT BY LEVEL <= 12),
                  (SELECT LEVEL J FROM DUAL CONNECT BY LEVEL <= 12),
                  (SELECT LEVEL K FROM DUAL CONNECT BY LEVEL <= 12),
                  (SELECT LEVEL L FROM DUAL CONNECT BY LEVEL <= 12)
)
SELECT DISTINCT H
FROM TMP
WHERE A + C + F + H = 26
AND   H + I + J + K = 26
AND   K + G + D + A = 26
AND   B + F + I + L = 26
AND   L + J + G + E = 26
AND   E + D + C + B = 26
AND   C = 3
AND   G = 6
AND   A*B*C*D*E*F*G*H*I*J*K*L = 1*2*3*4*5*6*7*8*9*10*11*12
AND   ROUND(1/A+1/B+1/C+1/D+1/E+1/F+1/G+1/H+1/I+1/J+1/K+1/L,5)
    = ROUND(1/1+1/2+1/3+1/4+1/5+1/6+1/7+1/8+1/9+1/10+1/11+1/12,5)
```

스토리 28

다음 그림은 별모양의 마방진이다. 각 변의 4개 숫자의 합은 같아야 한다. 또한 1부터 10까지의 숫자는 한 번씩만 사용된다. 별 마방진을 쿼리로 구현하고 또한 규칙에 맞는 패턴은 몇 개인지 알아보시오.

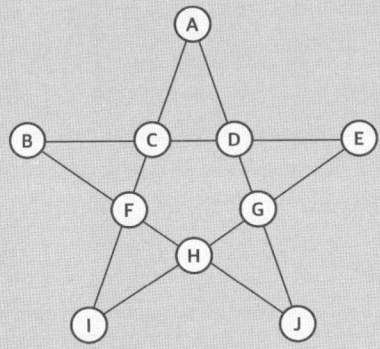

풀이와 정답

별 마방진 쿼리는 다음과 같이 구현 가능하지만 규칙에 맞는 패턴은 존재하지 않는다.

```
WITH TMP AS
(
    SELECT *
    FROM (SELECT LEVEL A FROM DUAL CONNECT BY LEVEL <= 10),
         (SELECT LEVEL B FROM DUAL CONNECT BY LEVEL <= 10),
         (SELECT LEVEL C FROM DUAL CONNECT BY LEVEL <= 10),
         (SELECT LEVEL D FROM DUAL CONNECT BY LEVEL <= 10),
         (SELECT LEVEL E FROM DUAL CONNECT BY LEVEL <= 10),
         (SELECT LEVEL F FROM DUAL CONNECT BY LEVEL <= 10),
         (SELECT LEVEL G FROM DUAL CONNECT BY LEVEL <= 10),
         (SELECT LEVEL H FROM DUAL CONNECT BY LEVEL <= 10),
         (SELECT LEVEL I FROM DUAL CONNECT BY LEVEL <= 10),
         (SELECT LEVEL J FROM DUAL CONNECT BY LEVEL <= 10)
)
SELECT *
FROM TMP
WHERE A + C + F + I = 22    -- (1+2+3+4+5+6+7+8+9+10) * 2 / 5 = 22
AND   I + H + G + E = 22
AND   E + D + C + B = 22
AND   B + F + H + J = 22
AND   J + G + D + A = 22
AND   A*B*C*D*E*F*G*H*I*J = 1*2*3*4*5*6*7*8*9*10
AND   ROUND(1/A+1/B+1/C+1/D+1/E+1/F+1/G+1/H+1/I+1/J,5)
    = ROUND(1/1+1/2+1/3+1/4+1/5+1/6+1/7+1/8+1/9+1/10,5)
```

찾아보기

숫자
10천간 132
12지지 132
60갑자 132

A
ACCESS FULL 145
Actual Elapsed Time 190
Actual Rows 189
API 222, 227, 228
A-Rows 188
ASSM(Automatic Segment Space Management 21
A-Time 190

B
Block 302
B-tree 39, 51
Buffers 190

C
Card 145
Cardinality 145
CBO(Cost Based Optimizer) 66, 68, 75, 79, 106, 119, 120, 143, 158, 266
COMMIT 198
CONCAT 203
Cost 145
Critical SQLs 87, 279

D
DA(Data Architect) 12
DAP(Data Architecture Professional) 13
DBA(DataBase Administrator) 12, 20
db_block_size 305
db_file_multiblock_read_count 307
DBGuide.net 12
DBMS 209
DBMS_RANDOM 259, 260
Dynamic parameter file 284

E
E-Rows 188
Estimated Rows 189

F
FindWindow 228, 233
FindWindowEx 228, 233
FLASHBACK 198
FreeSQL 236
FULL 168, 169, 170
FULL SCAN 350

G
GATHER_PLAN_STATISTICS 187, 383
Get Block 66, 70
GetCursorPos 228
GetWindowText 228, 233

H
Hash Join 57, 67, 77, 82, 135, 136, 139, 141, 151, 357
Horizontal Partitioning 339, 341
HTS(Home Trading System) 225

I
INDEX 67, 168
Index Split 68
INNER JOIN 78, 107
ISNUMERIC 263

J
JOB_QUEUE_PROCESSES 200

L
LEADING 162
LIMIT 332
Logical Reads 190

M
MIS(Management Information System) 222

N
Nested Loop 357
Nested Loop Join 57, 58, 67, 77, 135, 136, 141, 151
NULL 174

O

OLAP 306
OLTP 87, 136, 279, 306, 307
OLTP High Concurrency Table 87, 279
ORA-00001 240
ORA-00904 242
ORA-00911 244
ORA-00942 241
ORA-01017 242
ORA-01476 245
ORA-01555 243
ORA-01722 243
ORA-03113 244
ORA-12541 244
ORDERED 162
OUTER JOIN 107
overflow 369

P

PARALLEL 168, 169, 170
PCTFREE 16, 18
PCTUSED 16, 19
Physical Reads 190
precision 369

R

랜덤 액세스(Random Access) 67, 150, 372
RBO(Rule Based Optimizer) 75, 119, 120
Reads 190
REGEXP_SUBSTR 204, 205
reorg 307
REVERSE 262
Reverse Index 69
rollback 198
Row Chaining 307
Row Migration 307
ROW_NUMBER 332

S

SAMPLE BLOCK 202
SAMPLE SCAN 202
SendMessage 228, 233
SetForegroundWindow 228, 233
SNP_PROCESS 200
SORT MERGE 82
Sort Merge Join 57, 67, 77, 135, 136, 137, 141, 151
spfile 285
Spy++ 227
SQL 337
SQLP(SQL Professional) 13
Static parameter file 284
SUBSTR 204

U

UNION 152
UNION ALL 152
UNIQUE 149
UNIQUE INDEX 241
UNIQUE SCAN 148
USE_HASH 164, 170, 188
USE_MERGE 188
USE_NL 164, 188

V

V$LOCK 214
V$SESSION 188, 214
Vertical Partitioning 339

W

WindowFromPoint 228
Windows API 정복 233
WM_CONCAT 203

ㄱ

가치망 알고리즘 315
검색에서의 NULL 180
결합인덱스 42, 44, 69
공정무역(Fair Trade) 89
공정여행(Fair Travel) 90
공정쿼리(Fair Query) 89, 91, 95, 103, 105, 109, 154, 266, 268
구글딥마인드(DeepMind) 314
그레고리력 250, 253

ㄴ

논리연산에서의 NULL 178
논리적 분류 32, 36, 37, 50

ㄷ

단일인덱스 44
데이터베이스 사랑넷(http://database.sarang.net) 117
동적 쿼리 114
동적 파라미터 파일 284
디폴트 세팅 280, 283
딕셔너리(DICTIONARY) 209
딥러닝 315, 317, 319

ㄹ

레몬시장이론 12
레코드 38

ㅁ

마방진 128, 291
만능 쿼리 113
머신러닝(Machine Learning) 316, 317
목차 38, 45, 51
문자열 결합에서의 NULL 177
물리적 분류 32, 37, 50

ㅂ

부분 범위 조회 330
부분 범위 페이징 처리 329
분류 대상 35, 38, 62
분류 정보 35, 38, 62
분포도 42, 43, 79, 371
뷰 37
비교연산에서의 NULL 175

ㅅ

사칙연산에서의 NULL 174
색인 51
서버 페이징 처리 327, 329
선행컬럼 44
세그먼트 306
수직분할 339, 341

수평분할 339, 341
순서정보 65, 66
실행계획(plan) 64, 75, 79, 92, 95, 98, 100, 103, 122, 143, 144, 147, 153, 154

ㅇ

알고리즘 315
알파고(AlphaGo) 312, 314
연결 축소형 108
연결 확장형 108
오라클 에러 메시지 240
옵티마이저 86, 122, 153, 154, 160, 337
위치정보 65, 66
인공신경망 316
인공지능 317
인덱스 29, 31, 37
인덱스 경합 365
인덱스는 논리적 분류 31, 39
인덱스 밸런싱 55
인덱스 부하 59
인덱스 생성도 48, 86, 105, 109, 154, 266, 268
인덱스 생성 포인트 83, 95, 98, 154
인덱스에서 NULL 178

ㅌ

테이블 37
테이블 접근 순서 108, 154
통계정보(Analyze Object) 68, 75, 81, 120, 122, 153, 161, 266
튜닝(Tuning) 101, 158, 186, 197, 327, 334, 339, 344, 349, 356, 361

ㅍ

파라미터 283
파라미터 적용 범위 285
페이징 327
풀스캔 64
프로그램 페이징 처리 327

ㅎ

한방 쿼리 113
함수에서의 NULL 181
핸들값 227
허브앤스포크(Hub & Spoke) 321
후보컬럼 60
후행컬럼 44
힌트절 81, 154, 158, 354

ㅈ

자원 사용을 결정하는 힌트절 159
전체 범위 조회 330
전체 범위 페이징 처리 329
접근 방법을 결정하는 힌트절 159
접근 순서를 결정하는 힌트절 159
정적 파라미터 파일 284
조인 방식 141
조인에서의 NULL 183
조인의 연결고리 57
집계함수에서의 NULL 176

ㅊ

채번 344
최소 운반 단위 148, 304

ㅋ

쿼리 최적화 103